한국유학사상연구

한국유학사상연구

황의동 지음

서광사

한국유학사상연구

황의동 지음

펴낸이 | 김신혁, 이숙
펴낸곳 | 도서출판 서광사
출판등록일 | 1977. 6. 30.
출판등록번호 | 제 406-2006-000010호

(413-756) 경기도 파주시 교하읍 문발리 534-1
Tel: (031) 955-4331 | Fax: (031) 955-4336
E-mail: phil6161@chol.com
http://www.seokwangsa.co.kr | http://www.seokwangsa.kr

제1판 제1쇄 펴낸날 | 2011년 11월 10일

ISBN 978-89-306-4011-4 93150

| 이 책을 내면서 |

몇 달 전 도원 유승국(道原 柳承國) 선생님께 문병을 갔었다. 죽음을 앞에 두고 기력이 쇠미한 가운데, 당신의 유언 같은 마지막 강의를 제자들에게 하셨다. 그리고 그 모습에서 이 시대에 보기 드문 스승 한 분을 다시금 생각하게 했다. 역리(易理)에 기반을 둔 인류문명사의 과거와 현재 그리고 미래를 논리 정연하게 설파하셨다. 선생님의 아언(雅言)으로 늘 들었던 말씀이지만 그날따라 나의 가슴에 깊이 다가왔다. 그리고 내가 무엇을 해야 할지에 대해서도 숙고하는 계기가 되었다. 재주도 없고 학문적 기초도 부족한 내가 선생님의 지도를 받는답시고 걱정을 끼쳐드린 나날들을 생각하니 참으로 송구스럽기만 하다. 학문의 길을 몰라 방황했던 시절이 엊그제 같은데, 어느덧 정년을 몇 해 앞두고 있다. 정신없이 달려온 이 길은 분명 나에게 행복한 길이었다. 물론 회한과 반성 그리고 나름대로의 작은 보람도 있었다.

이 책은 그동안 발표한 학술 논문을 모아 체계를 세워 만든 것이다. 제1부 "한국유학의 사상적 기반"은 "유학에 있어서 윤리와 경제", "전통예학과 현대사회", "한국사상의 조화적 전통"으로 이렇게 3장으로 구성되어 있다. "유학에 있어서 윤리와 경제"는 유학을 윤리와 경제라는 두 영역에서 보고, 이에 대한 형이상학적 논의를 바탕으로 의리(義理)와 실리(實利)의 가치관, 윤리와 경제의 왕도론(王道論)을 논한 글이다. "전통예학과 현대사회"는 예학의 현대화를 짚어 본 글이고, "한국사상의 조화적 전통"은 나의 변함없는 철학적 사색의 화두로서, 이에 대한 본격적인 연구에 앞서 하나의 시론으로 쓴 글이다.

제2부는 "율곡사상의 심층이해"로 "율곡 이통기국(理通氣局)의 이론체계와 그 의의", "도덕 교육론의 철학적 기초", "경세사상의 철학적 배경"을 논구하였다. 평생 율곡철학에 천착해 온 나로서는 다소 중언부언한 감이 없지 않지만, 그래도 하나의 체계로 엮어 소개하고 싶었다.

제3부는 "율곡학의 계승과 발전"으로 사계 김장생(沙溪 金長生), 신독재 김집(愼獨齋 金集), 우암 송시열(尤庵 宋時烈)을 중심으로 율곡학의 계승과 창신(創新)의 측면을 검토해 보았다.

제4부는 "한국유학에서의 도학과 의리"로서, 하서 김인후(河西 金麟厚), 중봉 조헌(重峰 趙憲), 화서 이항로(華西 李恒老)의 도학과 의리에 대해 논하였다.

제5부는 "한국유학의 산책"에서는 고려 말 정신보(鄭臣保), 정인경(鄭仁卿) 부자의 행적과 유학, 명재 윤증(明齋 尹拯)의 학문적 특성, 진주강문 유학자들의 학문과 사상에 대해 논구하였다. 정신보, 정인경 부자에 대한 연구는 성리학의 전래와 연관해 중요한 의미를 갖는다. "명재 윤증의 학문적 특성"은 그의 복잡한 학문연원에 따라 야기되는 오해와 논란에 대한 대안으로 씌어진 글이다. 진주강문 유학자들의 학문과 사상은 문중학문 연구라고 볼 수 있는데, 조선의 유학이 가학이나 문중에 그 기반을 두고 있다고 볼 때 사상사의 측면에서 그 의미가 있다.

제6부는 "이학(異學)과의 대화"인데, 논자는 먼저 율곡을 중심으로 정통과 이단의 본질과 그 역사를 서술하였고, 또 16세기의 선승 진묵(禪僧

震黙)을 유교적 시각에서 접근해 보았다. 이를 통해 유교와 불교의 소통과 대화를 시도해 보았다. 끝으로 신흥 종교인 대순(大巡)사상을 유교적 관점에서 논구해 보았는데, 이는 대진대 대순학술원에서 발표한 글이다.

이 책은 하나의 주제를 담고 체계적으로 쓰인 저술은 아니지만, 한국유학이라는 큰 틀에서 논리를 구성하고 체계를 세운 것이다.

첨단과학의 중심에서 물질적 풍요와 편리를 구가하며 살고 있는 현대인들은 인간소외와 윤리적 위기를 절감하고 있으며, 전통문화와 민족의 정체성은 글로벌시대, 다문화사회를 표방하는 현대사회에서 외롭게 그 자리를 지켜 나가고 있다. 이렇듯 전통과 현대의 조화, 윤리와 경제의 조화, 인간과 자연의 조화는 우리가 가야 할 철학적 지평이다. 바로 이것이 이 책에 담긴 본의이며 나아가 자랑스러운 전통문화에 대한 새로운 인식과 미래의 희망찬 한국사회를 열어 가는 데 하나의 지남(指南)이 되었으면 하는 바람이다.

끝으로 항상 나를 바르게 지켜 준 아내 오정희에게 감사의 정을 전하고 싶다. 그리고 힘들고 어려울 때 곡차 마시며 위로와 정을 준 나의 친우들에게 고마움을 전한다. 어려운 여건에서도 졸고를 책으로 출간해 주신 서광사 김신혁 사장님을 비롯한 편집부 여러분께도 감사의 인사를 드린다.

2011년 8월

台巖書齋에서 황의동 올림

| 차 례 |

제1부

한국유학의 사상적 기반

1장
유학에 있어서 윤리와 경제

1. 서론

현대사회는 경제적 가치가 다른 가치보다 우위인 데에 그 특징이 있다. 이는 개인적, 국가적 그리고 국제적 관계에서도 그렇다. 따라서 물질, 돈과 같은 경제는 현대사회에 있어 매우 중요한 위치에 있다. 왜냐하면 경제는 개인의 생존을 보장하는 가장 기초적인 조건일 뿐만 아니라 개인의 행복과 사회, 국가의 발전에 있어 원동력이 되기 때문이다. 더욱이 정치, 교육, 국방, 복지, 후생, 과학, 문화의 발전은 경제적 조건에 영향을 받는다. 따라서 오늘날 현대사회는 개인이나 국가 모두가 경제적 부를 추구한다. 경제적 부의 극대화를 위해 인간의 본능적인 욕구를 자극하고, 이를 최대한 활용해 온 것이 자본주의다. 여기에 인간은 경제적 부의 창출을 위해 경쟁적으로 참여하고, 보다 많은 부의 축적과 향유를 위해 수단과 방법을 가리지 않게 되었다. 이와 같이 경제는 분명 인간에게 반드시 필요한 것이고, 또 인간은 자신의 행복을 위해 경제적 부를 향유하고 이용할 필요가 있다.

그러나 이러한 경제지상의 편중된 가치관과 생활 행태 그리고 국가정책의 편향성은 많은 부작용과 문제점을 안고 있다. 이를테면 물질에 의한 인간소외, 인간의 경제도구화, 경제적 불평등, 부정부패 등이 그러한 예다. 이러한 문제는 결국 경제의 윤리문제 내지 도덕적 문제로 귀착되고, 윤리도덕이 수반되지 아니한 경제, 인간을 생각하지 않은 물질은 인간에게 해악이 될 수 있다. 이와 같이 현대사회는 경제발전에 비례하여 윤리도덕의 필요성을 절실히 요구한다. 이는 인류가 오랜 세월 동안 이를 경험해 왔기 때문이다.

그런데 실제로 우리는 경제적 욕구와 도덕적 욕구의 갈등을 경험할 수 있고, 정치적으로는 경제적 처방과 윤리적 처방을 놓고 갈등을 빚는 경우가 많다. 그러나 분명한 것은 도덕과 경제는 어느 하나가 정답이 아니라 양자의 조화가 최선이며, 이들 양자는 대립의 관계가 아니라 상보적 관계에 있다는 점이다. 그럼에도 특히 유학에 대해서는 윤리도덕만이 있고 경제사상은 없다는 식의 편견과 오해가 없지 않았다. 이러한 문제의식에서 윤리와 경제의 상관성에 대한 유가철학적 논리가 무엇인가를 모색함은 중요한 의미가 있다. 이런 관심에 대한 연구성과는 극히 적은 편이며,[1] 그나마도 일면적인 연구에 지나지 않는다.

필자는 이를 위해 먼저 윤리와 경제의 형이상학적 근거를 고찰해 볼 것인데, 도(道)와 기(器), 태극(太極)과 음양(陰陽), 리(理)와 기(氣)를 중심으로 한 유학의 자연관을 살펴볼 것이다. 그리고 이에 기초한 인간관을 심(心), 성(性), 정(情)을 중심으로 고찰해 보고, 도덕적 욕구와 경제적 욕구의 갈등과 조화의 문제를 다룰 것이다. 이를 위

1 이명수, 「인간욕구의 근대적 해석」, 『동양철학의 자연과 인간』, 아세아문화사, 1998.
신하령, 「주희의 천리인욕론」, 『동양철학』, 제4집, 한국동양철학회, 1993.
김덕균, 「선진유가의 욕망이론」, 『동양철학』, 제6집, 한국동양철학회, 1995.

해 『맹자』의 항심(恒心)과 항산(恒産)의 관계, 성리학에서의 천리(天理)와 인욕(人欲)의 관계, 수양론에서의 본성의 존양(存養)과 기질의 변화문제도 다룰 것이다. 끝으로 도덕적 가치와 경제적 가치의 갈등과 조화의 문제를 검토해 보려 한다. 이를 위해 『대학』의 덕(德)과 재(財)의 문제, 『맹자』의 생(生)과 의(義)의 문제 그리고 유학 전반에 나타나 있는 의(義)와 이(利)의 관계에 대해 고찰할 것이다.

물론 유가철학이라 하더라도 동일한 것은 아니다. 철학자나 사상조류에 따라 색깔이 조금씩 다르다. 그럼에도 유가철학은 보편적인 논리가 있다. 이를 중심으로 유학에 있어서의 윤리와 경제의 상관성을 철학적으로 조명하고, 이를 바탕으로 현대사회가 직면한 양자의 갈등과 괴리를 극복하고 현대사회가 지향해야 할 새로운 지평을 모색해 보고자 한다.

2. 윤리와 경제의 형이상학적 근거

유학에 있어서 윤리와 경제의 상보적인 인식은 그것을 가능케 하는 형이상학적 근거에 있다. 그것은 유학에서의 인간관과 밀접한 연관을 갖는 것이며, 또 이는 천인합일(天人合一)에 입각해 유학의 자연관과 맞물려 있다. 다시 말하면 유학의 자연관을 토대로 인간관을 말할 수 있는데, 유학의 인간관은 필연적으로 정신과 물질, 도덕적 본성과 자연적 본성을 아울러 말하게 된다. 이에 따라 인간은 도덕적 욕구와 자연적인 욕구를 아울러 지닌 존재이며, 도덕적 가치와 자연적 가치를 아울러 추구하는 존재다. 이제 이러한 논리를 구체적으로 설명해 보기로 한다.

(1) 유학의 자연관

유학은 이 세계를 형이상자인 도(道)와 형이하자인 기(器)로 설명한다.[2] 형이상자는 이치로써 말한 것이고, 형이하자는 사물로써 말한 것이다. 사사물물이 모두 그 이치를 가지고 있는데 사물은 볼 수 있으나 그 이치는 알기 어렵다. 사물에 즉해서 그 이치를 볼 수밖에 없다.[3] 도는 기를 떠날 수 없고 기는 도를 어길 수 없다.[4] 기(器) 또한 도(道)요, 도 또한 기이니 분별이 있으면서도 서로 떨어질 수 없다. 이와 같이 형이상자로서의 도와 형이하자로서의 기는 불가분의 관계로 있지만, 도와 기는 엄연히 구별된다. 여기에서 도는 도리로서 사사물물이 모두 가지고 있는 도리를 의미하고, 기는 형적(形迹)으로써 사사물물이 모두 가지고 있는 형적을 의미한다. 도가 있으면 모름지기 기가 있고, 기가 있으면 모름지기 도가 있다. 무릇 형상이 있는 것은 모두 기요, 이 기의 리가 되는 까닭이 도다.[5] 이와 같이 형상이 있는 물건은 기이고 형상이 없는 이치가 도다. 도가 곧 기요, 기가 곧 도인 것이다. 양자는 일찍이 서로 떨어진 적이 없다.[6]

이와 같이 유학에서는 세계를 형이상자로서의 도(道)와 형이하자로서의 기(器)가 묘합된 세계로 인식하였다. 하나의 존재는 도와 기

---

2 『周易』, 「繫辭上」, "形而上者謂之道 形而下者謂之器."

3 『性理大全』, 卷34, 理, "形而上者謂之道 形而下者謂之器 形而上者 指理而言 形而下者 指事物而言 事事物物 皆有其理 事物可見 而其理難知 卽事卽物 便要見得此理."

4 같은 책, 卷34, 道, "道不離乎器 器不違乎道 …… 器亦道 道亦器 有分別 而不相離也."

5 같은 책, 卷34, 道, "道是道理 事事物物皆有箇道理 器是形迹 事事物物亦皆有箇形迹 有道須有器 有器須有道 凡有形有象者皆器也 其所以爲是器之理者則道也."

6 같은 책, 卷34, 理, "西山眞氏日 器者有形之物也 道者無形之理也 明道先生日 道亦器 器亦道 兩者未嘗相離."

로 구별되고, 또 양자는 하나의 존재양태로 존재한다. 도 없는 기나 기 없는 도는 불완전하다. 도와 기의 상함성(相涵性)과 상보성(相補性)을 전제하는 데서 우리는 이 세계의 진상(眞相)을 말할 수 있다.

또 같은 맥락에서 이 세계는 형이상자로서의 태극(太極)과 형이하자로서의 음양(陰陽)으로 설명된다.[7] 천지만물의 리(理)는 하나의 태극일 뿐이고 그 기(氣)는 하나의 음양일 뿐이다.[8] 음양의 양끝이 순환함에 그침이 없고, 본래 그 시작이 없어 음(陰)이 다하면 양(陽)이 생하고 양이 다하면 음이 생하는 것이다. 따라서 한 번 음하고 한 번 양함에 태극이 거기에 있지 아니함이 없다. 이것이 태극이 온갖 변화의 중심이 되고 만물의 근본이 되는 까닭이다.[9]

이렇게 유학에서는 이 세계를 형이상자로서의 태극과 형이하자로서의 음양의 묘합으로 보고, 이 양자는 불가분의 관계로 있다고 보았다. 즉 태극이 음양 속에 있다든가 태극이 음양의 위에 올라타 있다[10]고 보았다.

또한 유학, 특히 성리학에서는 이 세계를 『주역』의 '형이상자위지도(形而上者謂之道) 형이하자위지기(形而下者謂之器)'의 논리를 리(理)와 기(氣)로 대치시켜 설명하였다. 자연세계, 사사물물, 인간 그리고 인간의 심성세계까지도 형이상자로서의 리와 형이하자로서의 기로 설명하고, 이 양자는 서로 떨어질 수 없는 불가분의 관계라고 보

---

7 같은 책, 卷1, 「太極圖(朱子解)」, "太極 形而上之道也 陰陽 形而下之器也."

8 『栗谷全書』, 拾遺, 卷5, 「壽夭策」, "蓋嘗論之 天地萬物之理則一太極而已 其氣則一陰陽而已."

9 같은 책, 卷9, 書1, 「答朴和叔」, "大抵陰陽兩端 循環不已 本無其始 陰盡則陽生 陽盡則陰生 一陰一陽而太極無不在焉 此太極所以爲萬化之樞紐 萬品之根柢也."

10 율곡은 '氣發理乘'의 형식에 따라 '陰陽動靜而太極乘之'라고 설명하였다.

았다.[11] 리는 기의 주재요 기는 리의 탈 바이다. 따라서 리가 아니면 기는 근본할 바가 없고, 기가 아니면 리는 의착할 바가 없다.[12] 또 발하는 것은 기요, 발하는 까닭은 리다. 기가 아니면 발할 수 없고 리가 아니면 발할 바가 없다.[13] 그리고 리는 기 없는 리가 없으며, 기는 리 없는 기가 없다.[14] 공자가 형이상을 '도'라 하고 형이하를 '기'라 하였는데, 모름지기 상하를 모두 형자(形字)로 나타내고 또 나누어 도기(道器)로서 나타낸 뜻을 알아야 능히 이기지묘(理氣之妙)를 알 수 있는 것이다.[15]

이와 같이 리(理)와 기(氣)는 하나의 존재가 성립되기 위한 필요조건이다. 리는 무형(無形)의 형이상자로서 그 자신은 운동하지 아니하면서 기를 주재하고 기 운동의 원인이 된다. 기는 유형(有形)의 형이하자로서 운동변화의 당체이며 리를 담는 그릇과도 같아 리의 의착처가 된다. 즉 기는 리가 실현될 자구(資具)요 리가 구상화(具象化)될 재료요, 도구다. 따라서 양자는 서로 자기의 기능과 역할을 고유하게 지니고 있다. 그러나 리나 기는 그 홀로서는 자신의 고유한 기능을 온전히 발휘할 수 없다. 리나 기는 홀로서는 불완전하다. 리는 기를

---

11 『栗谷全書』, 卷10, 書2, 「答成浩原」, "理 形而上者也 氣 形而下者也 二者不能相離."

12 같은 글, "夫理者 氣之主宰也 氣者 理之所乘也 非理則氣無所根柢 非氣則理無所依著."

13 같은 글, "大抵發之者氣也 所以發者理也 非氣則不能發 非理則無所發."
退溪는 理發과 氣發의 互發을 말하지만, 주자를 비롯하여 성리학 일반의 理氣개념에서 보면 發하는 기능은 氣에 국한된다.

14 『一蠹集』, 續集, 卷1, 「理氣說」, "夫理而無無氣之理 氣而無無理之氣."

15 같은 글, "孔子曰 形而上謂之道 形而下謂之器 須知上下皆著形字 又分著道器之意 乃能知理氣之妙也."

통해 보완되고 기는 리를 통해 보완된다. 상보적 관계요 상호 의존적 관계로 있다.

이렇게 볼 때, 유학은 이 세계를 형이상자로서의 도(道; 太極, 理)와 형이하자로서의 기(器; 陰陽, 氣)의 묘합으로 인식하였음을 알 수 있다. 이 양자는 각기 고유한 특성과 기능을 가지고 있으면서도 하나의 존재양상으로 자리한다. 즉 하나이면서도 둘이요, 둘이면서도 하나로 있다.[16] 이러한 유학의 자연을 보는 태도는 그대로 인간에게도 적용되어 나타난다. 이제 유학에서의 인간관을 검토해 보기로 하자.

(2) 유학의 인간관

맹자는 인간을 대체(大體)와 소체(小體)로 구별해 설명하고, 대체는 사유하는 심지관(心之官)이며 소체는 감각하는 이목지관(耳目之官)이라고 하였다. 따라서 대체를 좇으면 대인(大人)이 되고 소체를 좇으면 소인(小人)이 된다 하였다.[17] 여기에서 인간 안에 작은 것(小者, 小體)은 식색(食色)을 가리키고, 큰 것(大者, 大體)은 사단(四端)을 가리킨다는 것은 의심할 여지가 없다.[18] 이러한 맹자의 인간관은 인간을 정신과 물질, 영혼과 육신, 마음과 몸으로 본 영육쌍전(靈肉雙全),

---

16 『栗谷全書』, 卷20, 「聖學輯要2」, "有問於臣者日 理氣是一物是二物 臣答日 考諸前訓 則一而二二而一者也."

17 『孟子』, 「告子章上」, "公都子問日 鈞是人也 或爲大人 或爲小人何也 孟子日 從其大體爲大人 從其小體爲小人 日鈞是人也 或從其大體 或從其小體何也 日耳目之官 不思而蔽於物 物交物則引之而已矣 心之官則思 思則得之 不思則不得也 此天之所與我者 先立乎其大者 則其小者不能奪也 此爲大人而已矣."

18 김승혜, 『유교의 뿌리를 찾아서』, 지식의 풍경, 2001, 215쪽.

심신일체(心身一體)의 인간관이라 할 수 있다. 그리고 이는 유학이 자연세계를 형이상과 형이하로 보았듯이, 인간도 그 틀 속에서 보고 있음을 의미한다. 인간은 형이상의 마음(즉 정신, 영혼)을 지닌 존재이면서 형이하의 몸(즉 물질, 육신)을 지닌 존재다. 그리고 이 양자는 불가분의 관계 속에 있다.

그러면 맹자와 순자(荀子)는 인간을 어떻게 보았는가? 맹자의 경우 근본적으로 인간의 성(性)을 심신양면에서 보았다. 인간은 대체와 소체를 지닌 인간이므로 대체의 성과 소체의 성을 갖게 마련이다. 그에 의하면 입이 좋은 맛을, 눈이 좋은 빛을, 귀가 좋은 소리를, 코가 좋은 냄새를, 사지가 편안함을 원하는 것은 모두 성이기는 하나, 거기에는 인간의 분한이 있으므로 군자는 이를 성이라 하지 않는다고 하였다.[19] 반면 부모와 자식 사이에 있어서의 인(仁)과 군신 사이에 있어서의 의(義)와 빈주(賓主)에 있어서의 예(禮)와 현자(賢者)에 있어서의 지(智)와 성인에 있어서의 천도(天道)는 운명적인 것이나, 인간이 노력해야 할 성이 있으므로, 군자는 그런 것을 명(命)이라 부르지 않는다고 하였다. 이를 통해서 볼 때, 맹자는 인의예지(仁義禮智)의 도덕적인 성은 물론이지만 이목구비사지(耳目口鼻四肢)의 본능적인 성도 인간의 본성임을 인정하고 있다. 그러므로 맹자는 미각의 보편성, 청각의 보편성, 시각의 보편성이 있듯이, 인간의 마음에도 보편성이 있으니 그것이 바로 리(理)요 의(義)라고 하였다.[20] 이와 같이 맹

---

19 『孟子』, 「盡心章下」, "孟子日 口之於味也 目之於色也 耳之於聽也 鼻之於臭也 四肢之於安佚也 性也 有命焉 君子不謂性也 仁之於父子也 義之於君臣也 禮之於賓主也 智之於賢者也 聖人之於天道也 命也 有性焉 君子不謂命也."

20 같은 책, 「告子章上」, "故日口之於味也 有同耆焉 耳之於聲也 有同聽焉 目之於色也 有同美焉 至於心 獨無所同然乎 心之所同然者何也 謂理也義也."

자는 근본적으로 인간을 신체와 정신의 양면을 지닌 존재로 보고, 이에 따라 신체적인 본성과 정신적인 본성을 아울러 지닌 존재임을 분명히 인정하였다.[21]

그러나 그는 신체적인 자연본능성은 다른 동물들도 가지고 있는 것이므로 인간만의 고유한 본성일 수 없고, 인의예지 내지 측은(惻隱), 수오(羞惡), 사양(辭讓), 시비(是非)의 마음은 인간만이 지니고 있는 본성이라고 보고 이를 강조하였다. 즉 맹자가 정의한 성의 개념은 협의의 것으로, 그는 인간 안에 욕망이 있다는 사실은 인정하면서도 그것을 배제한 인간고유의 도덕성만을 성이라고 명시한 것이다.[22]

그러면 순자에 있어서 인간은 어떻게 인식되었는가? 순자에 의하면 인간의 성은 주리면 배부르고 싶고 추우면 따뜻하고 싶으며 피곤하면 쉬고 싶은 것이 인간의 정성(情性)이라 하였다.[23] 마찬가지로 인간은 태어나서부터 욕망이 있다고 한다. 욕망을 추구해도 얻지 못하면 구하지 않을 수 없고, 구하는 데 분수와 한계가 없으면 다투지 않을 수 없다.[24] 따라서 인간의 성은 악하다고 말한다. 사람의 성은 태어나면서부터 이익을 좋아함이 있다. 이를 좇기 때문에 쟁탈이 생겨 사양하는 마음이 없어진다. 태어나면서부터 남을 미워함이 있다. 이를 좇기 때문에 잔적(殘賊)이 생겨 충신(忠信)이 없어진다. 또 태어나면서부터 이목의 욕망이 있어 성색(聲色)을 좋아함이 있다. 이를 좇기 때문에 음란이 생겨 문리(文理)가 없어진다. 이를 보면 인간의 성

21 김승혜, 『유교의 뿌리를 찾아서』, 204쪽.

22 서복관, 『중국인성론사』, 대만상무인서관, 1969, 165쪽.

23 『荀子』, 「性惡篇」, "今人之性 飢而欲飽 寒而欲煖 勞而欲休 此人之情性也."

24 같은 책, 「禮論篇」, "日人生而有欲 欲而不得 則不能無求 求而無度量分界 則不能不爭."

이 악한 것이 분명하다고 하였다.[25] 이와 같이 순자는 인간의 신체적인 욕구, 욕망을 선천적인 본성으로 보았다. 그러나 그는 모든 사람이 우(禹)와 같은 성인이 될 수 있다고 말한다. 그것은 인의법정(仁義法正)을 알 수 있고 할 수 있는 이치가 있기 때문이라 하였다. 즉 길거리에 모든 사람이 인의법정을 알 수 있는 소질이 있고 인의법정을 행할 수 있는 재능이 있기 때문이라는 것이다.[26] 그뿐만 아니라 인간은 기(氣)가 있고 생(生)이 있고 지(知)가 있고 또 의(義)가 있어 천하에서 가장 귀하다고 하였다.[27] 이렇게 볼 때, 순자도 인간의 선화(善化) 가능성을 인정하고 있음이 분명하다. 이는 인의법정을 알 수 있는 능력과 인의법정을 행할 수 있는 능력이 있기 때문이었다. 아울러 인간이 식물이나 다른 동물과 구별되어 천하에 가장 귀한 존재로 차별화 되는 까닭이 바로 의(義)에 있다고 한 데서도, 순자의 인간관이 결코 동물적인 본성이나 신체적인 욕구, 욕망에 국한되어 있지 않다고 생각된다. 태어난 그대로 내가 어떻게 할 수 없는 것이 성이라는 순자의 성개념은 협의의 성으로서 욕망만을 지칭하기 때문에 도덕적 방향성을 결여하고 있고, 이 점에서 고자(告子)의 성개념과 같은 것처럼 보인다.

그러나 넓은 의미의 성개념을 적용할 때 순자의 인간구조 곧 인성

---

25 같은 책, 「性惡篇」, "人之性惡 其善者僞 今人之性 生而有好利焉 順是故爭奪生而辭讓亡焉 生而有疾惡焉 順是故殘賊生而忠信亡焉 生而有耳目之欲 有好聲色焉 順是故淫亂 生而禮義文理亡焉 …… 用此觀之 然則人之性惡明矣."

26 같은 책, 「性惡篇」, "塗之人可以爲禹 曷謂也 日凡禹之所以爲禹者 以其爲仁義法正也 然則仁義法正有可知可能之理 然而塗之人也 皆有可以知仁義法正之質 皆有可以能仁義法正之具 然則其可以爲禹明矣."

27 같은 책, 「王制篇」, "人有氣有生有知亦且有義 故最爲天下貴也."

론 안에는 욕망뿐만 아니라 도를 알 수 있는 인식능력과 그에 합치되는 행동을 할 수 있는 행위능력을 포함하고 있으므로, 모든 인간은 화육(化育)될 수 있는 내적 요인을 자기 안에 잠재적으로 지니고 있는 것이다.[28] 「성악편(性惡篇)」을 제외하고 순자의 책 전체에서 그는 이 욕망을 악한 것이라고 단정하지는 않는다. 오히려 정치는 이 욕망을 긍정해 주는 데서 시작해야 되고, 사려를 통해 절제하면서도 가능한 한 욕망을 채울 수 있도록 하는 데 있다고 보았다.[29]

이렇게 볼 때, 맹자나 순자 모두가 인간을 신체와 정신, 몸과 마음, 신체적 본성과 도덕적 본성을 아울러 지닌 존재로 본 것은 분명하다. 다만 강조점이 다를 뿐이다. 맹자는 대체로서의 성, 즉 도덕성에 강조점을 갖고 있고, 순자는 소체로서의 성, 즉 본능적인 욕구, 욕망에 강조점을 갖고 있었다. 따라서 맹자라고 해서 신체적 본성을 결코 소홀히 하지 않았고, 순자 또한 지성, 덕성의 측면을 결코 잊지 않았다.

그러면 송대 성리학에서는 인간을 어떻게 설명하고 있는가? 장횡거(張橫渠)는 「서명(西銘)」에서 천지의 색(塞)이 나의 몸이 되고 천지의 수(帥)가 나의 성(性)이 되었다고 설명했는데,[30] 주자에 의하면 '색(塞)'이란 기(氣)를 말하고 '수(帥)'란 리(理)를 의미한다.[31] 그런데 그 성(性)과 형(形)은 비록 한 몸에서 벗어나는 것이 아니지만, 그 도기(道器)의 사이에는 경계가 분명하므로 이를 혼동해서는 안 된다.[32] 이처럼 성(性)은 형이상자로서의 도(道)이고 형(形)은 형이하자

---

28 陳大齊, 『荀子學說』, 중화문화출판, 1954, 62~63쪽 참조.

29 김승혜, 『유교의 뿌리를 찾아서』, 297쪽.

30 張載, 「西銘」, "天地之塞 吾其體 天地之帥 吾其性."

31 『性理大全』, 卷4, 「西銘」(朱子解), "塞只是氣 吾之體卽天地之氣 帥是主宰 乃天地之常理也 吾之性卽天地之理."

로서의 기(器)다. 양자는 분명히 구별되지만 또 떨어질 수 없는 하나로 있다. 이에 따라 퇴계도 사람이 태어남은 한 가지로 천지의 기(氣)를 얻어 체(體)가 되고 천지의 리(理)를 얻어 성(性)이 되었다고 하였고,[33] 정여창(鄭汝昌)도 인간이나 사물의 태어남은 이 '리'를 얻어 성이 되고 이 '기'를 받아 형이 되었다[34]고 하였다. 마찬가지로 권근(權近)도 천지의 리는 사람에 있어서는 성이 되고 천지의 기는 사람에 있어서는 형이 된다고 설명하였다.[35] 이처럼 인간의 성은 천지의 리를 부여받은 것으로, 형 내지 체는 천지의 기를 부여받은 것으로 설명되고 있다. 따라서 인간은 다름 아닌 천지의 이기(理氣)를 부여받아 성(性)과 형체(形體)를 지닌 존재로 규정되었다. 이는 앞서 『맹자』의 대체, 소체의 인간관과 연관되어 있다고 볼 수 있다. 즉 성(性)이란 인간의 정신적 본질을 의미하므로 심지관(心之官)을 의미하고, 형체(形體)란 인간의 육신, 신체를 의미하므로 이목지관(耳目之官)을 의미한다 하겠다.

또한 이러한 인간관은 실학자 다산 정약용의 경우에도 예외는 아니다. 그는 인간을 신형묘합(神形妙合)의 존재로 보았다.[36] 그러므로 고경(古經)에서는 인간을 총칭하여 '신(身)' 또는 '기(己)'라고 불렀다고 하였다.[37] 여기에서 신(身)이나 기(己)는 심과 신, 신(神)과 형

---

32 『朱子大全』, 卷58, 「答黃道夫」, "是以人物之生 必稟此理然後爲性 必稟此氣然後爲形 其性其形 雖不外乎一身 然其道器之間分際明 不可亂也."

33 『退溪全書』, 卷18, 「答奇明彦論改心統性情圖」, "夫人之生也 同得天地之氣以爲體 同得天地之理以爲性."

34 『一蠹集』, 續集, 卷1, 「善惡天理論」, "人物之生 得是理而爲性 稟是氣而爲形."

35 『三峰集』, 「心氣理篇」, "天地之理在人而爲性 天地之氣在人而爲形."

36 『與猶堂全書』, 「孟子要義」, "神形妙合 乃成爲人."

37 같은 책, 「心經密驗」, "神形妙合 乃成爲人 故其在古經 總名曰身 亦名曰己."

(形)을 분리하지 아니한 전체로서의 인간을 의미하는 말이다. 다산은 성리학에서의 성(性)과 형(形)을 신(神)과 형(形)으로 불렀고, 이 양자를 불가분적 관계로 보았다. 다만 우리 인간의 영체(靈體) 안에는 본래 원욕(願欲)의 한 끝이 있다 하고, 만약 이 욕심이 없다면 천하만사에 나아가 도무지 아무 것도 할 수 없을 것이라 하였다.[38] 이처럼 다산은 인간의 욕구, 욕망을 인간의 본성으로 보면서 매우 긍정적으로 평가했다.

또한 율곡은 인간의 형체가 있는 것은 신체이고 형체가 없는 것은 지각이라 하였다.[39] 그리고 사람의 지각은 정기(精氣)에서 나오는데, 이목(耳目)의 총명함은 백(魄)의 영(靈)이요 심관(心官)의 사려함은 혼(魂)의 영(靈)이라 하였다.[40] 이는 율곡이 맹자의 대체(心之官), 소체(耳目之官)의 이론을 가지고 인간의 지각능력을 분석한 것인데, 여기에서는 인간을 신체와 지각을 지닌 존재로 규정한 것이다. 이는 율곡이 주지적(主知的) 관점에서 인간을 표현한 것이지만, 인간을 신체와 지각, 이목지관과 심지관, 백령(魄靈)과 혼령(魂靈)을 지닌 묘합적 존재로 보고 있음은 마찬가지다. 이 모두가 『주역』에서 형이상자로서의 도와 형이하자로서의 기가 상즉해 있는 틀을 벗어나지 않는 데 공통점이 있다.

이제 성리학에서의 심(心), 성(性), 정(情)을 중심으로 인간에 대한 내면세계를 분석해 보기로 하자. 먼저 인심도심(人心道心)은 『서경』의 「대우모(大禹謨)」에 "인심은 오직 위태롭고 도심은 오직 은미(隱

---

38 같은 글, "吾人靈體之內 本有願欲一端 若無此欲心 卽天下萬事 都無可做."

39 『栗谷全書』, 拾遺, 卷4, 「死生鬼神策」, "夫人之有形者 身體也 無形者 知覺也."

40 같은 글, "蓋人之知覺 出於精氣焉 耳目之聰明者 魄之靈也 心官之思慮者 魂之靈也."

微)하니, 오직 정밀하게 구별하고 오직 한결같이 지켜 진실로 그 중(中)을 잡으라"고 한 16자의 심법(心法)에 연유한다. 그 이후 주자가 『중용장구』 서문에서 이를 다시 부연 설명함으로써 송대 성리학에서 중요한 과제로 등장하였다.

주자는 말하기를, 마음의 허령(虛靈)함과 지각(知覺)은 하나일 뿐인데, 인심도심의 다름이 있는 까닭은 혹은 형기(形氣)의 사사로움에서 생기고, 혹은 성명(性命)의 바름에 근원하기 때문에 지각이 같지 않은 것이다. 그러므로 혹 위태해서 불안하고 혹 미묘해서 보기가 어려울 뿐이라 하였다.[41] 마음은 하나지만 주리면 먹고 싶고 목마르면 마시고 싶은 마음이 인심이고, 마시고 먹는 데 올바름을 얻은 것이 곧 도심이다.[42] 다시 말하면 도의를 위해 생긴 마음이 도심이고 구체(口體)를 위해 생긴 마음이 인심이다.[43] 이렇게 볼 때, 인간의 마음은 본래 하나인데, 무엇을 위해 생긴 마음이냐에 따라 인심과 도심으로 구별되었던 것이다. 결국 인심은 신체적인 욕구에서 생긴 마음이라면, 도심은 도덕적인 욕구에서 생긴 마음이라 하겠다. 인간의 마음속에는 이 양자의 가능성이 본래 주어져 있다. 즉 인간의 마음도 형이상자인 리와 형이하자인 기로 이루어진 존재이기 때문이다.[44] 따라서 도덕적

---

41 『中庸章句』, 序, "蓋嘗論之 心之虛靈知覺一而已矣 而以爲有人心道心之異者 則以其或生於形氣之私 或原於性命之正 而所以爲知覺者不同 是以或危殆而不安 或微妙而難見耳."

42 『性理大全』, 卷32.「心」, (朱子曰)飢欲食 渴欲飮者 人心也 得飮食之正者 道心也.

43 『栗谷全書』, 卷14, 「人心道心圖說」, "有爲道義而發者 …… 此則謂之道心 有爲口體而發者 …… 此則謂之人心."

44 『三峰集』, 「心氣理篇」, "心者 合理與氣 以爲一身神明之舍."
『退溪全書』, 卷29, 答金而精, "心者 理氣之合."
『入學圖說』, 天人心性合一之圖, "心者 人所得乎天而主乎身 理氣妙合."

인 마음과 감성적, 신체적인 마음이 마음속에 본래 뿌리해 있다.[45] 성인이라 하더라도 인심은 피할 수 없다.[46]

또한 인간의 성(性)은 천지지성(天地之性; 本然之性)과 기질지성(氣質之性)으로 나누어 설명된다. 맹자, 순자 이래 다양하게 전개되었던 성설은 장횡거가 기질지성과 천지지성으로 나누어 설명함에 따라 어느 정도 정리되었다고 볼 수 있다. 장횡거는 형(形) 이후에 기질지성이 있으니, 잘 돌이키면 천지지성이 있게 된다고 하였다. 그러므로 군자는 기질지성을 성이라 하지 않는다고 하였다.[47] 이를 주자는 천지지성을 논하면 오로지 리를 가리켜 말한 것이고, 기질지성을 논하면 리와 기를 섞어 말한 것이라 하였다.[48] 이에 따라 퇴계도 성에는 두 가지가 있는 것이 아니라 하고, 단지 기질에 섞지 않고 말하면 본연지성이고, 기질에 나아가 말하면 기질지성이 된다 하였다.[49] 대체로 성리학자들은 이처럼 기(기질) 속에 내재된 성(리)을 기질지성이라 하여 이를 실제적인 성으로 보았다.

그러나 이 기질의 성은 선악 양면성이 있으므로 기질을 배제한 리만의 성, 즉 본연지성의 순선(純善)을 추구하였다. 사실 기질을 떠난 본연지성이란 관념적인 성이요 이상적인 성에 지나지 않는다. 왜냐하

---

45 『栗谷全書』, 卷10, 書2, 「答成浩原」, "發道心者氣也 而非性命則道心不發 原人心者性也 而非形氣則人心不發."

46 『中庸章句』, 序, "故雖上智 不能無人心 亦莫不有是性."

47 『正蒙』, 「誠明篇」, "形而後有氣質之性 善反之則天地之性存焉 故氣質之性 君子有弗性者焉."

48 『性理大全』, 卷5, 「正蒙」;(朱子註), "論天地之性 則專指理而言 論氣質之性 則以理與氣雜而言之."

49 『退溪全書』, 卷35, 「答李宏仲」, "蓋性非有二 只是不雜乎氣質而言 則爲本然之性 就氣質而言 則爲氣質之性."

면 현실적으로 인간은 기질을 떠나 존재할 수 없기 때문이다. 이렇게 볼 때, 성리학에 있어서의 성론도 신체적인 본성과 도덕적인 본성의 양면을 전제하고 있음을 알 수 있다. 다만 강조점이 어디에 있느냐가 학자들에 따라 다를 뿐이다.

또한 우리나라에서는 중국과 달리 사단칠정(四端七情)에 관한 논의가 매우 활발했는데 이제 이를 중심으로 고찰해 보자. 본래 사단(四端)이란 『맹자』의 측은지심(惻隱之心), 수오지심(羞惡之心), 사양지심(辭讓之心), 시비지심(是非之心)을 일컫는 것이고, 칠정(七情)은 『중용』의 희노애락(喜怒哀樂)을 바탕으로 『예기』의 희노애구애오욕(喜怒哀懼愛惡欲)을 일컫는다. 다만 이 두 가지 정이 같으냐 다르냐, 이기의 구조는 어떠한가, 선악의 문제는 어떻게 볼 것인가가 논의의 초점이 되었다. 많은 논의가 있지만 요컨대 사단이란 인간의 마음 가운데 리에 근거를 둔 도덕적인 감정이고, 칠정이란 기에 근거를 둔 신체적인 감정을 말한다. 사단이나 칠정이나 모두 이기(理氣)를 겸하고 이기가 묘합해 있는 존재구조다. 퇴계는 사단을 리가 발함에 기가 따르는 형식, 칠정은 기가 발함에 리가 올라탄 형식으로 설명하고 양자를 구별하였다.[50] 이에 반해 율곡은 칠정 속에서 선한 감정이 사단이고, 사단칠정을 모두 기가 발함에 리가 올라 탄 '기발이승(氣發理乘)'의 구조로 이해하였다.[51] 퇴계나 율곡이 모두 사단과 칠정을 리(理)와 기(氣)의 묘합 구조로 인식하고, 사단은 도덕적인 감정, 칠정은 신체적

50 같은 책, 卷36, 「答李宏仲問目」, "四端 理發而氣隨之 七情 氣發而理乘之."

51 『栗谷全書』, 卷14, 「論心性情」, "五常之外無他性 七情之外無他情 七情中之不雜人欲 粹然出於天理者 是四端也."
같은 책, 卷10, 書2, 「答成浩原」, "所謂氣發而理乘之者可也 非特七情爲然 四端亦是氣發而理乘之也."

인 감정으로 본 것은 서로 다르지 않다. 인간의 마음 안에 이기(理氣)가 함께 내재해 있으므로 그 나타난 감정도 도덕적인 감정과 신체적인 두 가지의 감정이 가능한 것이다.

이렇게 볼 때, 유학에서의 인간관은 공자, 맹자, 순자는 물론 송대 성리학에 이르기까지 형이상의 정신과 형이하의 물질 즉 몸과 마음, 신체와 정신, 소체와 대체, 형체(形體)와 성리(性理)가 묘합된 존재로 보았음을 알 수 있다. 따라서 마음도 신체적인 마음과 도덕적인 마음이 하나로 혼재해 있고, 성도 도덕적인 본성이 기질의 본성 속에 내재해 있다고 보았으며, 감정도 신체적인 감정과 도덕적인 감정이 함께 자리해 있다고 보았다. 다만 학자에 따라 학파에 따라 그 강조점이 조금씩 달랐을 뿐이다.

3. 도덕적 욕구와 경제적 욕구의 갈등과 조화

(1) 천리(天理)와 인욕(人欲)의 관계

천지자연의 세계가 형이상의 도(道; 理)와 형이하의 기(器; 氣)로 된 세계임과 같이, 인간도 정신(영혼, 마음)과 물질(육신, 몸)을 아울러 지닌 존재였다. 따라서 인간의 마음에도 도덕적인 마음과 신체적인 마음이, 본성도 도덕적인 본성이 기질적인 본성에 내재해 있으며, 또 감정도 도덕적인 감정과 본능적인 감정이 함께 자리해 있다. 여기에 인간은 근본적으로 이 양자의 사이에서 갈등과 조화의 과제를 안고 있는 것이다. 이제 천리(天理)와 인욕(人欲)의 문제를 중심으로 검토해 보기로 한다. 『예기』에 의하면 사람이 태어나 아직 마음이 작용하지 아니한 고요한 상태가 곧 천(天)의 성(性)이고, 외물에 느껴 움직인 것이 성(性)의 욕(欲)이라 하였다.[52] 사람이 세상에 태어나 아직 마음이 움직이지 아니한 고요한 상태가 바로 천성이며 이것이 천리이고, 외물에 따라 내 마음이 움직인 상태가 성의 욕으로 정(情)이다.[53] 또한 『중용』에서는 희노애락(喜怒哀樂)의 감정이 아직 발하지 아니한 것을 중(中)이라 하고, 발하여 절도에 맞는 것을 화(和)라 하였다.[54]

이렇게 볼 때, 인간은 하늘로부터 부여받은 천부적인 본성이 있고, 이 성이 외물에 따라 작용한 것을 정이라 한다. 따라서 정은 절도에 맞을 때도 있고 절도에 맞지 않은 경우도 있다. 여기에 인간의 도덕적 행위가 문제가 된다. 인간에게는 본래 천리도 있지만 순수 욕구로서의 욕도 지니고 있다.[55] 문제는 이 욕(欲)에 있다. 유학은 본래 인간의 순수 욕구, 욕망을 인정하고 긍정한다. 그것은 선진유학이나 성리학, 양명학, 실학이 마찬가지다. 인간이 마땅히 먹어야 할 때 먹고, 입어야 할 때 입는 것은 성현도 면치 못하는데 이것이 천리이고, 식색(食色)의 생각이 흘러 악하게 되면 이것이 인욕이다.[56] 배가 고파 먹고, 목이 말라 물을 마시는 것은 천리고, 여기에서 한걸음 나아가 보다 더 맛있는 것을 요구하는 것은 인욕이다.[57] 마찬가지로 남녀가 서로 좋아함은 천리지만 남녀로 인하여 성색(聲色)을 좇는 것은 인욕이며,

52 『禮記』, 卷18, 「樂記篇」, "人生而靜 天之性也 感於物而動 性之欲也."

53 주자는 天之性을 性으로, 性之欲을 情으로 보아 구별하였다.

54 『中庸』, 第1章, "喜怒哀樂之未發謂之中 發而皆中節謂之和."

55 『孟子』, 「盡心章下」, "可欲之謂善."

56 『栗谷全書』, 卷14, 「人心道心圖說」, "如當食而食 當衣而衣 聖賢所不免 此則天理也 食色之念而流而爲惡者 此則人欲也."

57 『性理大全』, 卷50, 學8, 「力行」, "(朱子曰) …… 問飮食之間 孰爲天理 孰爲人欲 日 飮食者 天理也 要求美味 人欲也."

궁실(宮室)은 천리지만 높고 큰 집을 짓고 담장을 치장하는 것은 인욕이다.[58] 대개 천리 가운데 본래 인욕이 있는 것은 아니다. 다만 그 흐름에 차이가 있어 마침내 인욕이 나오게 되는 것이다.[59] 이와 같이 인간에게 있어 자연한 순수 욕구나 욕망은 곧 천리로서 긍정되고 악한 것은 아니다. 문제는 천리에서 벗어나 사사로운 욕심을 부리고 과도한 욕구를 부렸을 때 그것은 인욕으로서 악한 것이며 배척되었다. 달리 말하면 희노애락의 감정이나 욕구가 알맞게 나타난 경우는 선한 감정으로 천리요 화(和)의 상태라 하겠지만, 그것이 절도를 벗어나 천리에 반할 때는 인욕으로서 경계의 대상이 되었다.

그러므로 사람에게는 단지 천리와 인욕이 있는데, 이것이 이기면 저것이 물러가고 저것이 이기면 이것이 물러나, 중간에 서서 나아가지도 않고 물러서지도 않는, 이치는 없는 것이다.[60] 사람의 한 마음은 천리가 있으면 인욕은 없고, 인욕이 이기면 천리는 없어진다. 따라서 천리와 인욕은 아직 협잡한 적이 없다.[61]

또한 리(理)로써 기(氣)를 명령하고 의(義)로써 물(物)을 대처하면 천리라 부르고, 기로써 리를 가리고 물(物)로써 뜻을 부리면 인욕이라 부른다.[62] 이처럼 천리와 인욕은 리와 기, 의(義)와 물(物)의 주종

58 『宋子大全』, 卷5, 「己丑封事」, "男女者 天理 而因男女而縱于聲色者 人欲也 宮室者 天理 而峻宇雕墻者 人欲也."

59 『性理大全』, 卷50, 學8, 「力行」, "(朱子曰) …… 蓋天理中本無人欲 惟其流之有差 遂生出人欲來."

60 같은 글, "(朱子曰) …… 人只有箇天理人欲 此勝則彼退 彼勝則此退 無中立不進退之理."

61 『朱子語類』, 卷13, "人之一心 天理存則人欲亡 人欲勝則天理滅 未有天理人欲夾雜者."

62 『華西雅言』, 卷4, 「事父」, "以理命氣 以義處物 喚做天理 以氣掩理 以物役志 喚做

관계 내지 사역관계로서 규정되기도 한다. 그러므로 유학에서는 이욕의 절제와 중절(中節)이 매우 중요한 문제로 대두되었다. 맹자는 마음을 기르는 것은 '과욕(寡欲)'보다 더 좋은 것은 없다고 하였고,[63] 『중용』에서는 '중절(中節)'이 요구되었다. 물론 주렴계(周濂溪)의 「통서(通書)」에서는 성인이 될 수 있는 요체로서 무욕(無欲)을 말하고 있지만,[64] 본래 유학의 근본정신에서 보면 욕구, 욕망의 완전포기란 불가능하다. 또 그것은 유학의 근본정신이 아니다. 욕구의 절제와 알맞음을 말할지언정 욕구의 포기를 미덕으로 삼지 않는다. 이 점에서 유학이 불교나 도가와 구별되는 것이기도 하다.

이러한 관점에서 주자는 성현의 천 마디, 만 가지의 말이 단지 천리를 밝히고 인욕을 없애는 데 있다고 하였다.[65] 또 퇴계도 심학(心學)이 비록 많은 실마리가 있으나, 통틀어서 말하면 인욕을 막고 천리를 보존함에 불과할 뿐이라 하였고, 율곡도 인욕은 아직 나타나기 전에 막고 끊으며 천리는 잘 미루어서 널리 확충해야 한다 하였다.[66] 이와 같이 유학에서는 천리는 보존하고 지켜야 할 것이지만, 인욕은 버리고 막아야 할 것으로 규정되었다. 즉 천리는 적극적으로 긍정되지만, 인욕은 적극적으로 부정되어 양자는 대립적 관계로 인식되었다. 여기에서 우리는 정밀히 숙고하고 유념해야 할 것이 있다. 주자를 비롯한

人欲."

63 『孟子』, 「盡心章下」, "孟子曰 養心莫善於寡欲."

64 周濂溪, 『通書』, "聖可學乎 曰可 曰有要乎 曰有 請聞焉 曰一爲要 一者無欲也."

65 『性理大全』, 卷50, 學8, 「力行」, "(朱子曰) …… 聖賢千言萬語 只是明天理滅人欲."

66 『退溪全書』, 卷37, 書, 「答李平叔」, "大抵心學多端 總要而言之 不過遏人欲存天理兩事而已."
『栗谷全書』, 卷5, 「萬言封事」, "念頭之發 審其天理人欲之幾 如人欲也 遏絶於未形 如天理也 善推而充廣."

송대 성리학자들 그리고 조선조의 퇴계, 율곡 등 수많은 성리학자들이 부정적으로 본 인욕이 과연 무엇이냐 하는 점이다. 다시 말하면 막아야 하고 버려야 할 악으로서의 '인욕'이 과연 무엇을 의미하는가? 앞서 우리는 유학에서 인간의 순수한 욕구, 이를테면 배고프면 먹어야 하고 목마르면 물을 마셔야 하고 남녀가 짝을 만나 서로 좋아하는 것은 천리로서 긍정되었다. 그뿐만 아니라 기쁨, 성냄, 슬픔, 두려움, 사랑함, 미워함, 욕구, 욕망 등도 그 자체가 악한 것은 아니었다. 문제는 그것이 절도를 잃고 지나쳤다든지 개인의 사사로움에 치우쳐 공정성, 공평성을 잃었을 경우 경계와 우려의 대상이 되었다. 따라서 '알인욕(遏人欲)'에서의 인욕은 절도를 잃은 욕구요 사(私)에 치우친 욕이지 인간의 순수 욕구는 아니다. 이 점에서 유학, 특히 성리학이 마치 인간의 순수한 욕구나 감정조차 부정하는 것으로 보는 것은 타당한 견해가 아니다.[67] 주자나 퇴계, 율곡이 경계하고 부정한 욕은 어디까지나 사욕(私欲)이요 과욕(過欲)이다. 사욕에서 벗어난 욕, 사기(私己)를 극복한 욕, 절도에 맞는 욕은 다름 아닌 천리이기 때문이다. 따라서 천리와 인욕은 서로 대립되어 용납될 수 없지만, 천리와 순수욕은 다름 아닌 하나다. 그렇지만 현실적으로 인간의 이 순수한 욕은 자칫 무한욕망으로 나아갈 위험성이 있고, 또 나의 욕망을 위해 타인이나 공동사회에 해악을 끼칠 가능성을 지니고 있다.

이렇게 볼 때, 인간의 이 순수한 욕(欲)은 인간 삶의 필수적 요소일 뿐 아니라 삶의 원동력이 되고 활력이 되지만, 자칫 타락과 악으로 전락할 위험성을 지니고 있다. 그러므로 욕은 경계하고 삼가지 않을 수

67 조민환, 「주희 천리인욕지변에 관한 미학적 연구」, 『유교사상연구』, 제6집, 한국유교학회, 1993, 157~158쪽 참조.

없으며, 도덕이성의 주재와 절제가 반드시 필요한 것이다.

이렇게 볼 때, 유학에서의 수양론은 욕구의 부정이나 금욕주의가 아니라, 인간의 자연한 욕구, 욕망을 알맞게 추구하는 것이며, 또 그것을 사욕에서 벗어나 가능한 한 공적(公的)으로 추구함에 있다. 이는 달리 말하면 인간의 마음속에서 도덕적 이성과 자연 본능적 욕구, 욕망이 알맞게 조화됨을 의미하고, 도덕적 이성에 따라 자연 본능적 욕구가 실현됨을 의미하는 것이기도 하다. 따라서 유학의 정신은 욕구, 욕망이나 감정을 부정하는 것도 아니요 욕구, 욕망이나 감정에 치우침도 원치 않는다. 인간의 순수 욕구, 자연한 본성을 인정하고 필요로 하지만, 도덕이성에 따라 알맞게 사용해야 한다는 입장이다.

이와 연관하여 『맹자』의 항심(恒心)과 항산(恒産)의 관계성에 대해 생각해 볼 필요가 있다. 맹자는 백성이란 항산이 있으면 항심이 있고, 항산이 없으면 항심도 없다 하였다.[68] 항산이 없어도 항심이 있을 수 있는 사람은 오직 선비뿐이라 하였다.[69] 여기에서 항산이란 일정한 생계를 위한 경제적 기초를 의미하고, 항심이란 항상된 마음으로 인간의 본심 내지 양심을 의미한다. 이는 결국 인간에 있어서 도덕적 본심과 물질적 조건과의 상관성을 설명한 것이다. 맹자에 의하면 보통 사람은 경제적 기초가 없으면 인간의 본심을 유지하기 어렵다. 반면 양심 내지 도덕적 본성은 물질적 토대가 보장될 때에만 가능하다. 다만 선비 내지 지성인의 경우는 경제적 기초가 없어도 인간의 본심을 유지할 수 있다. 일반 대중을 기준으로 본다면 인간에 있어 물질적,

---

68 『孟子』, 「滕文公章上」, "民之爲道 有恒産者 有恒心 無恒産者 無恒心."

69 같은 책, 「梁惠王章上」, "…… 曰無恒産而有恒心者 惟士爲能 若民則無恒産因無恒心."

경제적 기초가 도덕적 양심에 필연적으로 영향을 미친다는 것을 의미한다. 이는 앞에서의 천리와 인욕과도 연관되는 문제다. 인욕은 타락한 욕이요 지나친 욕이지만, 욕의 대상은 사실 물질적, 경제적인 것이라 할 수 있다.[70] 따라서 인간에 있어 최소한도의 물질적 기초, 경제적 조건은 반드시 필요하고, 이러한 경제적 조건이 마련되지 않는다면 도덕이성의 유지나 발휘도 어렵다. 그러므로 율곡은 아래 백성들이 기한(飢寒)이 절실하면 본심을 모두 잃어버려 부자형제 간에도 길거리의 사람 같이 여기게 된다 하고, 이러한 상태에서는 강상(綱常)도 유지하기 어렵고 형정(刑政)도 검제(撿制)하기 어렵다고 보았다.[71] 이는 의식주의 해결 없이 윤리, 강상의 유지도 어렵다는 것이요, 경제적 기초 없이는 국민교화 내지 윤리의식의 제고도 어렵다는 것을 말해 주는 것이다.

(2) 본성의 회복과 기질의 변화

인간이 자연본능성과 도덕적인 본성을 공유하고 있다는 것은 인간의 멋이며 영원한 딜레마이기도 하다. 만약 인간이 도덕적 이성만을 갖추었다면 무미건조한 인간일 뿐 아니라 인간미는 찾아보기 어렵다. 또 욕구, 욕망과 감성만을 지닌 인간이라면 그 욕구와 감정의 일탈(逸脫)을 피할 수 없고 질서 있는 인간사회를 기대하기 어렵다. 다행이 인간은 형이상의 정신세계와 형이하의 물질세계를 그 자체 속에 함께

---

70 인간의 욕망이나 욕구는 매우 다양하지만, 궁극적으로는 물질적, 경제적 욕구로 귀결되고 이 욕구가 가장 대표적인 것이라 할 수 있다.

71 『栗谷全書』, 卷5, 「萬言封事」, "尙如路人 飢寒切身 本心都喪 父子兄弟 尙如路人 他又何說 綱常不能維持 刑政不能撿制."

공유한 인간이기에, 냉철한 지성과 덕성을 지녀 보다 진보된 삶을 창조하고 절제된 삶을 살아가며, 아울러 뜨거운 감성과 끝없는 욕구를 가진 인간이기에 멋을 창조하고 향유하며 풍요롭고 편리한 삶을 살아간다.

그런데 문제는 양 욕구의 갈등과 조화의 문제다. 특히 이 욕의 절제와 관리가 유가철학에 있어 핵심적인 과제였으며, 이는 동 · 서양철학의 공통된 과제이기도 하다.

이 점에 있어서 유학, 특히 성리학에서는 두 가지의 접근방법이 제시되고 있다. 하나는 인간은 본래 하늘로부터 도덕적인 본성을 지니고 태어났으니 이를 잘 보존하고 지키기만 하면 된다는 것이요, 또 하나는 인간은 기(氣) 내지 기질을 떠날 수 없는 한, 기의 내용에 따라 성(性; 理)도 영향을 받으므로 기질의 변화와 관리가 중요하다고 보는 견해다. 전자는 '복기성(復其性)'으로 표현되고 후자는 '교기질(矯氣質)'로 표현된다.

먼저 본성회복의 논리부터 검토해 보자. 이는 유가 전래의 성선관에 근거하여 천부적인 본성은 본래 선의 가능성이 있으므로 이를 잘 기르고 보존한다면 인간의 수양과 도덕적 사회의 실현은 가능하다고 보는 관점이다. 이러한 주장은 특히 맹자를 통해 구체화된다. 그는 인간의 마음속에 측은(惻隱), 수오(羞惡), 사양(辭讓), 시비(是非)의 네 가지 선의 가능성이 이미 주어졌으니, 이를 잘 기르고 확충하는 노력이 중요하다고 보았다. 우선 인간 개체 안에서 자신에게 주어진 선단(善端)을 존양(存養)하기에 힘써야 하고, 나아가 이를 가정과 사회, 국가, 세계에까지 확충한다면 도덕적인 가정, 도덕적인 사회, 도덕적인 세계의 실현이 가능하다는 것이다.[72] 그리고 이는 왕도(王道)의 첩경이라고 보았다.[73]

또한 맹자는 사람들이 그 본심을 잃고도 찾으려 하지 않음을 한탄하며, 학문의 길은 다름 아니라 행방불명된 마음을 도로 찾는 것, 즉 '구방심(求放心)'에 있다고 하였다.[74] 맹자에 있어서는 심(心)과 성(性)의 개념이 통용되고 있다는 점에서 본심의 회복이나 본성의 회복은 같다. 그는 인간의 본심이나 본성은 모두가 선하고 참되고 아름답다고 보았다. 인간본질에 대한 긍정적 관점이다. 주자도 이에 따라 성현의 천만 마디 말이 단지 그 본심을 잃지 않는 데 있다 하고,[75] 학문하는 큰 실마리는 성명(性命)의 본연을 구함에 있다 하였다.[76]

그런데 이와는 달리 인간의 수양을 기(氣) 내지 기질의 변화에 중점을 두는 견해도 있다. 그 대표적인 이가 율곡이다. 율곡에 의하면 기의 본연은 맑고 깨끗하다. 그러므로 지게미나 재, 썩은 흙과 같은 더러운 기가 없다.[77] 그러나 양(陽)이 움직이고 음(陰)이 고요해서 혹은 오르고 혹은 내리고 드날리고 어지러워 합해서 질(質)이 되니 마침내 같지 않음이 있게 된다. 사물의 치우침과 막힘은 다시 변화의 방법이 없으나, 오직 사람은 비록 맑고 흐리고 순수하고 잡박하여 같지 않음이 있더라도 마음이 텅 비고 밝아 변화할 수 있다는 것이다.[78] 본

---

72 『孟子』, 「公孫丑章上」, "凡有四端於我者 知皆擴而充之矣 …… 苟能充之 足以保四海 苟不充之 不足以事父母."

73 같은 글, "…… 以德行仁者王." "…… 以不忍人之心 行不忍人之政 治天下 可運於掌上."

74 같은 책, 告子章上, "學問之道無他 求其放心而已矣."

75 『性理大全』, 卷46, 存養, "(朱子曰) …… 聖賢千言萬語 只要人不失其本心."

76 같은 책, 卷45, 「總論爲學之方」, "爲學大端 在於求復性命之本然."

77 『栗谷全書』, 卷10, 書2, 「答成浩原」, "氣之本 則湛一淸虛而已 曷嘗有糟粕煨燼糞壤汙穢之氣哉."

78 같은 책, 卷21, 「聖學輯要3」, "臣按一氣之源 湛然淸虛 惟其陽動陰靜 或升或降 飛

연지성은 비록 사물에 가려지고 기에 구애되는데, 그 근본을 미루면 순선무악(純善無惡)하다. 그러므로 그 성을 회복한다고 말한다. 기에 이르러서는 혹은 흐리고 혹은 잡박함이 태어난 처음에 이미 판별된다. 그러므로 그 기를 회복한다고 말하지 않고 기질을 교정한다고 말하는 것이다.[79] 이와 같이 율곡은 인간의 본성은 본래 순선무악하므로 아무리 외물이나 기에 구애되어도 다시 그 본성을 회복할 수 있기 때문에 '복기성(復其性)'이라 하지만, 기는 흐리고 잡박함이 이미 태어나자마자 판명되기 때문에 '복기기(復其氣)'라 하지 않고 '교기질(矯氣質)'이라 한다고 하였다. 이처럼 유학에서는 일반적으로 '복기성' 또는 '교기질'이라 부르고 '복기기'라 부르지 않았던 것이다. 그럼에도 율곡은 다른 곳에서 '복기기'를 말하고 있는데 이에 대해 검토해 보기로 하자.

율곡에 의하면 리는 본래 선하므로 수양의 노력이 필요 없다. 성현의 천만 마디 말이 사람으로 하여금 그 기를 검속하여 기의 본연을 회복할 뿐이다. 기의 본연은 호연지기(浩然之氣)다. 호연지기가 천지에 꽉 차면 본선지리(本善之理)가 조금도 가려짐이 없다.[80] 여기에서 볼 때, 율곡은 리의 본연이 순선한 것처럼 기의 본연도 맑고 깨끗하다고 본다. 따라서 인간의 심성 또한 이기지묘(理氣之妙)의 구조이므로 리

揚紛擾 合而爲質 遂成不齊 物之偏塞 則更無變化之術 惟人 則雖有清濁粹駁之不同 而方寸虛明 可以變化.

79 같은 책, 卷31,「語錄上」, "問 先儒每言復其性 而不言復其氣何也 日 本然之性 雖物蔽氣拘 而推其本 則純善無惡 故日復其性也 至於氣 則或濁或駁 已判於有生之初 故不日復其氣 而日矯氣質也."

80 같은 책, 卷10, 書2,「答成浩原」, "聖賢之千言萬言 只使人撿束其氣 使復其氣之本然而已 氣之本然者 浩然之氣也 浩然之氣 充塞天地 則本善之理 無所掩蔽."

와 기의 본연은 하나로 있고 상호 연관되어 있다. 따라서 성의 본연을 회복한다 함은 곧 기의 본연을 회복한다는 말과 같다. 이는 그가 호연지기를 통해 설명하는 데서 극명해진다. 율곡은 기의 본연을 호연지기로 보고, 이것이 천지에 가득 차면 본래 선한 리가 조금도 가림 없이 온전히 발현된다 하였다. 그렇다면 본래 선한 리는 무엇인가? 이는 곧 본연의 리를 의미하는 것으로, 본연의 기 내지 호연지기와의 만남을 통해 가능하다. 따라서 본연의 리가 본연의 리일 수 있음은 기의 본연하에서만 가능하고, 리의 주재성에도 불구하고 리는 기의 영향을 받는다. 따라서 이기지묘(理氣之妙)의 관점에서 보면 본연지기(本然之氣)와 본연지리(本然之理), 호연지기(浩然之氣)와 본선지리(本善之理)는 상자상수(相資相須)의 관계 속에서 상호 영향하에 있다. 그 내용에 있어서는 이기지묘이므로 본연지기, 호연지기, 본연지리, 본선지리가 하나로 상통하는 것이다.[81]

이렇게 볼 때, 인간에 있어 본성의 회복이냐 기질의 교정 내지 기의 회복이냐 하는 문제는 상호 연관되어 있고, 결과적으로 하나로 귀일된다고 볼 수 있다. 왜냐하면 인간은 리와 기, 성(性)과 형(形), 본성과 기질을 함께 공유한 존재이기 때문이다. 이들 양자는 공동운명체요, 상호 의존해 있으며 상호 영향을 미치기 때문이다. 요컨대 인간의 수양도 형이상의 도(道; 理)와 형이하의 기(器; 氣)가 불가분의 상관성을 갖고 밀접히 연관되어 있음에서 이루어짐을 알 수 있다. 도덕적 본성과 신체적 기질이 결코 독립적인 것이 아니라 하나의 유기체로 있으면서 상호 영향하에 있다는 측면을 깊이 통찰해야 할 것이다.

81 황의동, 『율곡사상의 체계적 이해 1』, 서광사, 1998, 248쪽.

4. 도덕적 가치와 경제적 가치의 갈등과 조화

인간은 그 존재구조가 형이상의 도(道; 理)와 형이하의 기(器; 氣)로 되어 있듯이, 형이상의 가치와 형이하의 가치를 함께 추구한다. 리(理)와 기(氣)는 본래 존재개념이지만, 가치개념으로도 이해할 수 있다. 따라서 리(理)는 도덕적 가치를 의미한다면 기(氣)는 경제적 가치를 의미한다. 이 양 가치는 인간에게 있어 가장 대표적인 가치에 속한다. 우리는 누구나 잘 먹고 잘살기를 바라면서 또 떳떳하고 올바르게 살고자 한다. 그런데 올바르게 살고자 하면 손해를 보게 되고, 이익을 보고자 하면 올바르게 살 수 없는 경우에 직면한다. 즉 이해(利害)를 따지다 보면 시비(是非)를 소홀하게 되고, 시비를 따지다 보면 이해에 어둡게 된다. 이러한 도덕적 가치와 경제적 가치의 대립과 갈등은 인간이 당면한 과제에 속한다. 이 양 가치의 대립과 갈등을 조화하는 논리를 유학에서 찾아보기로 하자.

(1) 덕(德)과 재(財)

유학에서는 본래 도덕과 경제의 관계를 본말의 관계로 보고 있다. 『대학』에서는 덕(德)은 근본이요 재(財)는 말단이라 하고, 근본을 경시하고 말단을 중시하면 백성들이 서로 다투어 빼앗게 된다 하였다.[82] 이에 근거하여 유학은 경제에 대해 부정적이고 물질적 가치를 경시한다는 선입견이 지배적이었다. 물론 유학이 경제적 가치보다는 도덕적 가치에 그 우위성을 두고 있음은 사실이다. 그러나 유학이 경제나 물

---

82 『大學』, 傳10章, "德者本也 財者末也 外本內末 爭民施奪."

질 자체를 부정하거나 없어도 된다고 본 것은 결코 아니다. 그것은 유학의 여러 경전을 통해 입증된다. 『주역』에서는 천지의 큰 덕을 생(生)이라 하고, 성인의 큰 보배를 덕의 위치라고 보았다. 그리고 성인의 자리는 인(仁)으로 지키고, 성인이 사람을 모으는 것은 재물로써 한다 하였다. 그래서 재물을 다스리며 말씀을 바로 세워야 하는데, 백성으로 하여금 그른 일을 못하게 금하는 것이 의(義)라 하였다.[83] 여기에서도 도덕적 가치로서의 인(仁)과 경제적 가치로서의 재(財)는 성인이 반드시 갖추어야 할 조건으로 제시된다. 또 『서경』에서는 삼사(三事)로써 도덕적인 정덕(正德)과 경제적인 이용(利用), 후생(厚生)을 일컫고 있으며,[84] 팔정(八政)에서도 첫째로 식(食)을, 둘째로 화(貨)를 말하여 식화(食貨)가 양생(養生)의 기초임을 말하면서도, 제사, 교육, 형벌 등 교화와 교육의 문제를 함께 언급하고 있다.[85] 또 『논어』에서 공자는 정치에 있어서 먼저 부(富)를 말하고 이어 교(敎)를 강조하였으며,[86] '족식(足食)', '족병(足兵)'과 함께 '민신지(民信之)'를 강조하였다.[87] 『맹자』에 의하면 사람의 도리는 배부르게 먹고 따뜻하게 입고 편안히 살면서 가르침이 없으면 금수에 거의 가깝다고

83 『周易』, 「繫辭傳下」, "天地之大德曰生 聖人之大寶曰位 何以守位 曰仁 何以聚人 曰財 理財 正辭 禁民爲非 曰義."

84 『書經』, 「大禹謨篇」.

85 같은 책, 「洪範篇」, "八政 一曰食 二曰貨 三曰祀 四曰司空 五曰司徒 六曰司寇 七曰賓 八曰師 食者 民之所急 貨者 民之所資 故食爲首 而貨次之 食貨所以養生也."

86 『論語』, 「子路篇」, "子適衛 冉有僕 子曰 庶矣哉 冉有曰 旣庶矣 又何加焉 曰富之 曰富矣 又何加焉 曰敎之."

87 같은 책, 「顔淵篇」, "子貢問政 子曰足食足兵 民信之矣 子貢曰 必不得已而去 於斯三者何先 曰去兵 子貢曰 必不得已而去 於斯二者何先 曰去食 自古皆有死 民無信不立."

하였다. 성인이 이를 근심하여 설(契)로 하여금 사도(司徒)를 삼아 인륜으로써 가르쳤으니, 이것이 부자유친(父子有親), 군신유의(君臣有義), 부부유별(夫婦有別), 장유유서(長幼有序), 붕우유신(朋友有信)의 오륜(五倫)이라 한다.[88] 이와 같이 인간은 의식주가 충족되었더라도 교육을 받지 아니하면 거의 동물과 다를 바가 없으므로 오륜을 만들어 교육을 시켰다는 것이다. 따라서 일차적으로는 생계의 보장이 중요한 문제지만, 그것만으로는 부족하고 윤리의식의 제고를 통해 인간은 온전해 진다고 보았다. 마찬가지로 맹자는 왕도정치의 출발점을 민생의 안정에 두면서도 그것만으로는 왕도이기에 부족하고 반드시 윤리 교육과 교화를 통해 왕도는 완성된다고 보았다.[89] 따라서 유학에서의 정치는 양민(養民)과 교민(敎民)을 양익(兩翼)으로 삼는다. 양민은 경제의 문제라면 교민은 윤리의 문제다. 이 양자는 어느 하나도 결여되어서는 안 된다. 그러나 유학의 입장에서 보면 항산이 있어야 항심이 가능하듯이, 양민 없는 교민은 어려운 것이다. 반드시 백성을 먼저 먹여 살린 연후에 백성의 교화가 가능하다.[90]

이렇게 볼 때, 유학에서는 도덕과 경제의 양 가치는 반드시 필요하다고 보았다. 도덕이 수반되지 않은 경제는 한갓 물질로써 천박할 뿐 아니라 도리어 인간에게 해악을 줄 수 있다. 반면 경제가 수반되지 않은 도덕은 관념적이거나 그 실현성이 약하다. 그러므로 도덕과 경제의 양 가치는 대립적 관계가 아니라 상보적 관계에 있다.

---

88 『孟子』, 「滕文公章上」, "人之有道也 飽食煖衣 逸居而無教 則近於禽獸 聖人有憂之 使契爲司徒 教以人倫 父子有親 君臣有義 夫婦有別 長幼有序 朋友有信."

89 같은 책, 「梁惠王章上」, "養生喪死無憾 王道之始也 …… 謹庠序之教 申之以孝悌之義 頒白者 不負戴於道路矣 七十者衣帛食肉 黎民不飢不寒 然而不王者 未之有也."

90 『栗谷全書』, 卷15, 「東湖問答」, "養民然後 可施教化 設教之術 莫先於學校."

단, 유학의 입장에서는 경제와 윤리가 모두 중요하지만, 현실적으로 경제가 윤리보다 우선해야 된다고 생각한다. 그것은 백성은 먹는 것에 의존하고 나라는 백성에 의존하기 때문이다. 따라서 먹을 것이 없으면 백성이 존재할 수 없고, 백성이 없으면 나라도 존재할 수 없기 때문이다.[91] 이와 같이 개인적 삶에 있어서나 정치에 있어서 경제적 기초의 보장은 급선무의 과제다.

그러나 인간의 삶이나 한 나라의 정치는 경제적 조건이 갖추어졌다고 해결되는 것은 아니다. 물질만 충족되었다고 인간다운 삶은 아니며, 경제만 발전했다고 정치가 완성된 것은 아니다. 여기에 유학은 경제적 가치의 중요성을 인정하면서도 상대적 비교 우위에 있어서는 도덕적 가치의 우위성을 말하게 된다. 이는 인간관에 있어서도 동물성 내지 자연 본능적인 욕구, 욕망은 인간만의 고유한 본성은 아니고 동물들도 가지고 있으며, 인간의 고유한 본성은 도덕성에 있다고 보는 데서 비롯된다. 이에 따라 가치적으로도 도덕적 가치가 경제적 가치보다 우위이어야 한다는 신념이 유학에 자리하고 있다. 현대사회가 지나치게 경제 중심, 경제지상으로 편중되어 많은 부작용을 안고 있음에 비추어 볼 때, 유학의 이러한 가치관은 매우 균형 잡힌 시각이며 바람직하다고 볼 수 있다.

(2) 의(義)와 이(利; 生)

유학에서의 가치문제는 또한 의(義)와 이(利), 의(義)와 생(生)으로

---

91 같은 책, 卷4, 「擬陳時弊疏」, "伏以民依於食 國依於民 無食則無民 無民則無國 此必然之理也."

설명될 수 있다. 공자는 일찍이 "지사(志士)와 인인(仁人)은 생(生)을 구하기 위해 인(仁)을 해침이 없고 몸을 죽여 인(仁)을 이룸이 있다"고 하였다.[92] 또 맹자는 "생(生) 또한 내가 하고자 하는 바요, 의(義) 또한 내가 하고자 하는 바지만, 이 두 가지를 겸해 얻을 수 없다면 생을 버리고 의를 취하겠다"고 하였다.[93] 인간에게 있어 가장 절실한 욕구는 생존 욕구와 도덕적 욕구다. 의식주를 통해 생명을 유지하고자 함은 인간의 일차적인 욕구다. 그러나 인간은 이것만으로 만족할 수 없고 올바르고 당당하게 살고자 하는 욕구가 있다. 이 두 가지의 욕구를 아울러 충족함이 우리가 원하는 바지만, 만약 이 가운데 하나를 선택해야 한다면 삶을 포기하고 도덕적 가치를 추구하겠다는 것이 공자와 맹자의 설명이다. 공자는 이를 '살신성인(殺身成仁)'이라 했고, 맹자는 이를 '사생취의(舍生取義)'라 하였다. 여기에서 우리는 유학의 이상이 경제적 가치와 도덕적 가치를 아울러 추구함에 있음을 알 수 있다.

그러나 만약 양자택일을 해야 한다면 도덕적 가치를 위해 경제적 가치를 포기할 수 있고, 나아가 생명까지 바칠 수 있음을 분명히 한 것이다. 유학이 도덕적 가치에 우위성을 두는 것은 이를 통해 인간다움이 실현되고 인간이 다른 동물과 차별화 될 수 있다고 보기 때문이다.

이러한 의(義)와 생(生)의 양가(兩價)논리는 의(義)와 이(利)로 대치되어 설명되기도 한다. 『논어』에서는 '견득사의(見得思義),'[94] '견리사의(見利思義)'[95]라 하여, 이익을 보거든 의리를 생각하라 하였다. 또

---

92 『論語』, 「衛靈公篇」, "子曰 志士仁人 無求生以害仁 有殺身以成仁."

93 『孟子』, 「告子章上」, "生亦我所欲也 義亦我所欲也 二者不可得兼 舍生而取義者也."

94 『論語』, 「季氏篇」.

95 같은 책, 「憲問篇」.

『주역』에서는 '이(利)란 의(義)의 조화'를 의미한다 하였고,[96] 『춘추』에서는 '의(義)는 이(利)의 근본'이라 하여,[97] 올바르면 이익은 저절로 그 가운데에 있다고 보았다.[98] 본래 이(利)란 부정적인 의미로 사용된 것은 아니다. 의(義)와 조화되고 의에 바탕한 이(利)는 공리(公利)로서 선한 것이다. 따라서 이(利)는 항상 의(義)라는 도덕적 가치와 조화될 때 의미가 있고, 또 반드시 의리에 맞는 이익이라야 선하다.

그런데 문제는 개인의 이익에 치우친 사리(私利)에 있다. 사리는 의리에서 벗어난 이(利)로써 공정성, 공평성을 해치고 무한 경쟁을 일삼기 때문에 대립과 갈등을 초래한다. 맹자가 양혜왕의 초빙을 받아 그가 자국의 이익을 위한 대책을 물었을 때, 맹자가 이(利)로써 대답하지 않고 오직 인의(仁義)로써 답변한 것은 그가 사리(私利)를 물었기 때문이다.[99] 공자는 "군자는 의(義)에 밝고 소인은 이(利)에 밝다" 하였고,[100] 서산진씨(西山眞氏)는 "의(義)는 천리의 공평함이요 이(利)는 인욕의 사됨"이라 하였고,[101] 소강절(邵康節)은 "천하가 장차 다스려지면 사람들이 반드시 의(義)를 숭상하고, 천하가 장차 어지러워지면 사람들이 반드시 이익을 숭상한다"[102]고 하였다. 여기에서 의(義)에 대립적으로 사용된 이(利)는 모두가 사리(私利)로서 부

---

96 『周易』,「乾卦文言傳」, "利者 義之和也."

97 『春秋左傳』, 昭公10年夏 條, "義者 利之本也."

98 『退溪全書』, 卷19,「與黃仲擧」, "夫以利爲義之和 則利不在義之外 正義而利在其中矣."

99 『孟子』,「梁惠王章上」.

100 『論語』,「里仁篇」, "子曰 君子喩於義 小人 喩於利."

101 『性理大全』, 卷50, 學8,「力行」, "西山眞氏曰 義者天理之公也 利者人欲之私也."

102 『皇極經世書』, 卷7,「漁樵問對」, "天下將治 則人必尙義也 天下將亂 則人必尙利也."

정되었다. 이처럼 유학에서 이(利)가 사리일 경우는 의(義)와 대립갈등의 관계였고, 이(利)가 의(義)에 합당한 공리(公利)일 경우는 상보적 관계였다.

율곡은 이러한 의(義)와 이(利)의 관계를 시중지도(時中之道)로써 조화시켜 하나의 논리를 창출하였다. 율곡에 의하면 때에 따라서 중(中)을 얻는 것을 권(權)이라 하고, 일에 처해 마땅함에 맞는 것을 의(義)라 한다. 권(權)으로써 변화에 대응하고 의(義)로써 일을 짓는다면 나라를 다스림에 무슨 어려움이 있겠느냐고 하였다. 도(道)에 있어 병립(竝立)할 수 없는 것은 시(是)와 비(非)이며, 일에 있어서 함께할 수 없는 것은 이(利)와 해(害)다. 한갓 이해가 급하다 하여 시비의 소재를 돌아보지 않으면 일을 짓는 의리에 어긋나고, 한갓 시비만이 급하다 하여 이해의 소재를 살피지 않는다면 변화에 대응하는 권도(權道)에 어긋난다. 그런데 권(權)에는 일정한 규준(規準)이 없으니 중(中)을 얻음이 귀하고, 의(義)에는 상제(常制)가 없으니 마땅함에 맞는 것이 귀하다. 중(中)을 얻고 마땅함에 맞으면 시(是)와 이(利)가 그 가운데 있다.[103] 우리는 이해에 눈이 어두워 옳고 그름을 망각하게 되고, 또 옳고 그름만을 따지다가 이해를 잊는 경우가 많다. 여기에서 가장 이상적인 해답은 이로움과 옳음을 함께 갖추는 일이다. 그런데 율곡은 이에 대해 시중지도(時中之道)를 적용하여 이해문제와 시비문제의 조화를 추구하였다. 권도는 일정한 기준이 없고 오직 중용을 얻

103 『栗谷全書』, 拾遺, 卷5, 「時弊七條策」, "對 愚聞隨時得中之謂權 處事合宜之謂義 權以應變 義以制事 則於爲國乎何有 …… 竊謂道之不可竝者 是與非也 事之不可俱者利與害也 徒以利害爲急 而不顧是非之所在 則乖於制事之義 徒以是非爲急 而不究利害之所在 則乖於應變之權 然而權無定規 得中爲貴 義無常制 合宜爲貴 得中而合宜 則是與利在其中矣."

는 것이 중요하다. 때, 장소, 사람에 따라 가장 알맞은 지선(至善)의 선택이 있어야 한다. 또한 의(義)라는 것도 일정한 제도가 없고 다만 마땅함에 합하는 것을 귀하게 여긴다. 따라서 중(中)을 얻고 의(宜)에 합치되면(得中合宜) 정신적 가치로서의 의(義)와 물질적 가치로서의 이(利)가 그 속에 있게 된다.[104] 이는 의리(義理)와 실리(實利)가 상호 모순되지 아니하면서 동시에 시의(時宜)를 얻은 최선의 원리가 된다. 이것을 이기(理氣)와 연관시켜 보면 시비의 문제는 의리의 문제로서 리(理)가 되고, 이해의 문제는 실리(實利)의 문제로서 기(氣)가 되는 것이다.[105] 율곡의 득중합의(得中合宜)는 '옳음(是)' 이라는 도덕적 가치와 '이로움(利)' 이라는 경제적 가치가 하나로 조화되면서, 동시에 그것이 상황에 가장 알맞은 시중(時中)의 논리로 표현된 것이다.[106] 과거 전통사회에서는 도덕적 가치가 중시되고 경제적 가치가 경시되어 윤리질서는 비교적 자리를 잡았으나 가난을 면할 수 없었다. 반면 현대사회는 경제적 가치는 매우 중시되지만 도덕적 가치는 경시되고 있어 윤리적 위기문제가 심각히 제기되고 있다.

이렇게 볼 때, 유학은 경제적 가치(利)와 도덕적 가치(義)는 함께 필요하다고 본다. 즉 이 양 가치는 대립 갈등의 관계가 아니라 상호 보완적 관계에 있다. 인간존재가 정신과 물질, 성(性)과 형(形), 리(理)와 기(氣), 마음과 몸으로 되어 있듯이, 우리가 추구해야 할 가치도 정신적 가치와 물질적 가치를 아울러 추구해야 할 것이며, 도덕적

---

104 오석원, 「19세기 한국 도학파의 의리사상에 관한 연구」, 성균관대대학원(박사), 1991, 87쪽.

105 유승국, 「조선조 철학사상의 전개와 그 특성」, 『철학사상의 제 문제 2』, 한국정신문화연구원, 1984, 37쪽.

106 황의동, 『율곡사상의 체계적 이해 1』, 서광사, 1998, 337쪽.

가치와 경제적 가치는 모두 필요하다. 정신 없는 인간이나 육신 없는 인간이 불구이듯이, 도덕 없는 경제나 경제 없는 도덕은 역시 불완전한 것이기 때문이다. 이 양자의 균형과 조화야말로 유학이 추구하는 이상이다. 다만 상대적인 비교 우위에 있어서는 도덕적 가치가 경제적 가치보다 우위이어야 한다는 것이 유학의 일관된 정신이다. 그것은 물질이나 경제가 비록 인간의 생존에 기초가 되는 중요한 것이지만, 인간이 다른 동물과 구별되는 존엄성이 바로 도덕적 가치의 추구와 도덕적 삶에 있다고 보기 때문이다.

2장
전통예학과 현대사회

1. 시작하는 말

예부터 우리는 '동방예의지국(東方禮義之國)'이니 '군자불사지국(君子不死之國)'으로 불릴 만큼 예의문화가 아름답게 꽃피었던 수준 높은 문화민족이었다. 그것은 우리의 자화자찬이 아니라 남들이 그렇게 불렀다는 것을 여러 문헌들은 입증해 주고 있다.[1] 우리 조상들은 예(禮)가 아니면 보지 말고, 예가 아니면 듣지 말고, 예가 아니면 말하지 말고, 예가 아니면 움직이지도 말라는[2] 유학의 금언을 생활철학으

---

1 『後漢書』, 卷85, 「東夷列傳」, 第75, "東方曰夷 …… 故天性柔順 至有君子不死之國焉 ……."
같은 글, "東夷 …… 器用俎豆 所謂中國失禮 求之者也."
『山海經』, 「海外東經傳」, "有君子之國 …… 有衣冠帶劍 ……."
『漢書』, 「地理志」, "東夷天性柔順 異於三方之外 故孔子悼道不行 設桴於海 欲居九夷 有以也."
『論語』, 「子罕篇」, "子欲居九夷 或曰陋如之何 子曰君子居之 何陋之有."
같은 책, 「公冶長篇」, "子曰道不行 乘桴浮于海 從我者 其由也與."

2 『論語』, 「顔淵篇」, "…… 非禮勿視 非禮勿聽 非禮勿言 非禮勿動 ……."

로 삼고 살아왔다. 특히 조선조 사회는 많은 비판적 시각에도 불구하고 예의문화가 역사의 중심에 자리해 왔을 뿐 아니라 예의문화의 창출을 위해 많은 노력을 기울여 왔다.

그러나 오늘의 우리 사회는 인륜의 실종, 예의규범의 혼란, 도덕의식의 위기를 맞아 정신적 위기에 직면해 있다.

인간이 인간답게 살기 위해서는 인간 상호 간에 원만한 인간관계가 이루어져야 한다. 이러한 인간관계는 그 사회의 구성원 모두가 함께 노력하지 않으면 안 된다. 여기에서 원만한 인간관계를 이루기 위한 공통의 약속이 필요한데 이것이 바로 예절이다. 따라서 예절은 인간이 인간답게 살아가기 위해 꼭 필요한 도리요 질서다.[3] 사람이 예가 있으면 편안하고 예가 없으면 위태롭다. 그러므로 예는 배우지 않을 수 없다.[4] 사계 김장생(沙溪 金長生)은 예가 다스려지면 나라가 다스려지고, 예가 문란해지면 나라가 혼란해진다고 하여 예를 국가 치란(治亂)의 관건으로 보았다.[5] 『예기』에서는 경례(經禮)가 삼백이요 곡례(曲禮)가 삼천이라 하였고,[6] 『중용』에서는 예의(禮儀)가 삼백이요 위의(威儀)가 삼천이라[7] 하였는데, 이는 관혼상제(冠婚喪祭)와 같은 일상적인 예가 삼백여 가지요 자질구레한 예가 삼천여 가지라는 말이다. 그만큼 인간의 삶에 있어서 인간다운 삶을 위해 지켜가야 할 규범이 많다는 것을 말해 주는 것이다. 이렇게 보면 예는 인간에게 부담스

---

3 『청소년을 위한 생활예절』, 성균관대출판부, 1997, 17쪽.

4 『禮記』, 「曲禮上」, 第1, "人有禮則安 無禮則危 故日禮不可不學也."

5 『愼獨齋全書』, 卷51, 宋時烈 撰, 「論從享聖廟疏略3」, "誠以禮治則國治 禮亂則國亂 其有關於天下國家也 如是."

6 『禮記』, 「禮器篇」.

7 『中庸』, 27章.

런 것이요 귀찮은 것임이 틀림없다.

그럼에도 우리는 예가 반드시 필요하고 예를 지켜야만 한다. 왜냐하면 예가 없고 예를 지키지 않는다면 인간다운 삶을 영위할 수 없기 때문이다. 만약 인간이 먹고 자고 향락을 즐기는 자연 본능적 삶만을 추구한다면 무엇을 고민할 것인가? 사람으로서의 도리를 지키며 살자니 힘든 것이다.

유교에서의 예는 개인적 규율로부터 단체적 규범과 국가의 법제와 사회제도에 이르기까지 모두를 포함할 뿐 아니라 천질(天秩), 천서(天序)로서 대자연법에 이르기까지도 예라고 부른다.[8] 이렇게 예라는 개념은 매우 광범한 의미를 갖는다.

그런데 그중에서도 가장 중심적인 예로 중시되어 온 것이 관혼상제의 사례(四禮)였다. 이를 '가례(家禮)'라고도 하고 '가정의례(家庭儀禮)'라고도 하며, 사람이 한평생을 살면서 거쳐야 하는 행사라는 점에서 '통과의례(通過儀禮)'라고도 한다.[9]

우리는 지금 서구문화의 유입과 가치관의 변화, 그리고 사회구조의 변화 속에서 전통적인 예의문화가 심각한 위협을 받고 있고, 그것은 곧 청소년의 문제, 윤리의식의 위기, 도덕질서의 붕괴로 이어져 국민 모두의 우려가 매우 높다. 더구나 종교의 자유와 종교 다원화의 추세 속에서 종교 간의 예제문화상의 갈등도 우려할 만한 수준에 와 있다. 또한 시대는 많이 변했고 세상도 빠른 속도로 달라지고 있어 전통적 예만을 고집할 수도 없다.

---

8 유승국, 「한국예학사에 있어서의 사계의 위치」, 『사계사상연구』, 사계신독재양선생기념사업회, 1991, 40쪽.

9 『우리의 생활예절』, 성균관대출판부, 1997, 167쪽.

이렇게 볼 때, 현대사회에 알맞은 새로운 예의문화의 정립은 반드시 필요한 과제가 아닐 수 없다.

2. 현대사회와 새로운 예의문화의 필요성

어느 사회를 막론하고 그 사회를 규율하는 예의문화가 존재한다. 우리 사회는 수백 년 동안 유교문화의 전통 속에서 살아왔다. 유교가 정치, 경제, 사회, 문화, 교육 나아가 우리의 가치관과 사고방식에 이르기까지 광범한 영향을 미쳐 왔다. 그것은 오늘의 우리가 유교를 좋아하든 싫어하든 관계없이 우리의 정신적 영양으로 기능해 왔음을 부인하기 어렵다.

예(禮)란 무엇인가? 주자는 이를 '천리(天理)의 절문(節文)이요 인사(人事)의 의칙(儀則)'이라고 설명했다.[10] 인간 행위규범의 근거를 우주자연의 질서 속에서 찾았던 것이다. 예는 사람이 일상생활을 하는 가운데 마땅히 준수해야 할 의식규범이기도 하며, 또한 백성을 다스리는 천하국가의 전장(典章), 제도도 이에 포함된다.[11] 따라서 예는 우리의 일상생활을 규율하는 것으로 잠시도 예를 떠나 살 수 없다. 우리 민족은 유교문화의 오랜 역사 속에서 예의문화를 일상의 생활로 받아들이며 살아왔다. 그러므로 다른 어느 민족보다도 예의문화에 대한 이해가 깊고 이에 대한 관심도 많았다.

---

10 『論語』, 「學而篇」, (朱子註), "禮者 天理之節文 人事之儀則也."

11 김문준, 「우암 송시열의 철학사상에 관한 연구」, 성균관대대학원(박사), 1995, 169쪽.

그런데 세상은 많이 변했다. 농업 중심의 사회에서 산업사회로, 그리고 다시 정보사회로 변모되었다. 농촌을 중심으로 함께 모여 살던 대가족 제도에서 도시로 흩어져 사는 핵가족 제도로 바뀌었다. 장남은 서울에서, 차남은 부산에서, 삼남은 미국에서 살고 있으니 전통적인 가정의례를 적용하기 어렵게 되었다. 가묘(家廟)를 지어 놓고 조상에게 지성을 바치고, 부모의 상을 맞아 3년 시묘(侍墓)를 실천할 수 없는 현실이다. 다산(多産)을 선호했던 관념은 가족계획으로 한 두 자녀만을 낳게 되었다. 이제 딸만 있는 가정도 보편화되고 있다. 제사의 승계문제부터 관혼상제 전반에 걸쳐 새로운 검토를 하지 않을 수 없게 되었다. 산업사회는 필연적으로 경제 중심, 이익 중심의 가치관을 가져오게 되었고, 협동의 인간관계가 경쟁의 인간관계로 변화를 가져왔다. 그만큼 바쁘게 살지 않으면 안 된다. 어떻게 3년 상기(喪期)를 고집하고 유월장(踰月葬), 삼월장(三月葬)을 할 수 있단 말인가?

또한 과학의 발달은 기술의 발달을 가져오고, 기술의 개발은 경제의 발전으로 이어졌다. 특히 첨단과학의 발달과 정보산업의 발전은 인간 삶의 방식과 사고에도 심대한 영향을 미치고 있다. 이제 지구는 한 이웃이 되었고, 시간 관념도 달라지게 되었으며, 우리의 인간관계도 변화를 가져오게 되었다. 국제결혼이 일반화되고 해외여행이 일상화되고, 연애결혼이 보편화되고 있는 현실에서 전통적인 가정의례는 이제 새로운 변화를 하지 않을 수 없다. 더구나 종교의 자유와 종교문화의 다원화 현상은 유교의 의례만을 그 모범적 기준으로 고집할 수 없게 되었다. 이와 같이 여러 가지 측면에서 변화하고 있는 현대사회에서 유교의 가정의례는 시대변화에 걸맞은 변신을 하지 않으면 안 된다.

아울러 전 세계는 하나로 개방되어 정치, 경제, 문화의 교류가 그 어느 때 보다도 활발해졌다. 해방 이후 서구화의 길을 걸어왔던 우리에게 서구문화가 미친 영향은 전면적이요, 총체적이라 할 수 있다. 우리의 언어생활, 의식주는 물론 사고방식에 이르기까지 광범한 영향을 미치고 있다. 특히 기독교문화가 전통문화에 미친 영향은 대단히 큰 것이었다. 종교 간의 심각한 갈등이 사회문제로 대두되고 있고, 이는 한 가정 내의 갈등으로까지 비화되고 있는 실정이다. 부모의 죽음 앞에 상례의 절차와 방법을 놓고 다투는 모습을 종종 볼 수 있다.

이와 같이 현대사회의 변화에 걸맞은 의례(儀禮)문화의 정립은 이 시대의 과제라 할 수 있다. 실제로 전통사회에 있어서 가정의례를 주도해 온 것은 유교였다. 그러나 지금은 사정이 달라졌다. 관혼상제의 의례 중에 그래도 그 형식을 유지하고 있는 것은 제례이고, 상례만 해도 어정쩡한 모습으로 혼재해 있다. 더구나 혼례의 경우는 서구식 의식이 보편화된지 이미 오래다. 현대에 있어 유교가 가정의례의 중심이 되어야 한다고 하는 말은 설득력을 갖기에 부족하다.

이제 우리는 특정 종교나 철학의 의례가 아닌 한국인의 보편적 의례를 정립해야 할 시점에 와 있다. 그것은 한국인의 민족적 자존심이자 진정한 의미에서 선진국민이기 위한 조건이기도 하다. 현대적 의례문화의 정립은 어떻게 해야 할 것인가 그 바람직한 방향에 관해 검토해 보기로 하자.

3. 현대적 예의문화 정립의 방향

(1) 인정과 형식의 조화

예에는 근본이 있고 형식이 있는데 충(忠)과 신(信)은 예의 근본이고, 의(義)와 리(理)는 예의 형식이다. 따라서 근본이 없으면 설 수 없고 형식이 없으면 행할 수 없다.[12] 여기에서 충과 신이라 함은 인간주체의 본질로서 불변하는 것이요, 의리라 함은 객관적 상황과의 관계에서 마땅하게 처리되는 것을 의미한다.[13] 또 공자는 말하기를 "군자는 의(義)로써 바탕을 삼고 예(禮)로써 행한다"[14] 하고, "사람이 어질지 못하면 예는 해서 무엇하며 악(樂)은 해서 무엇하느냐"[15]고 하였다. 이와 같이 공자는 예악(禮樂)의 본질을 인의(仁義)로 보고 있다. 또 주자는 『가례(家禮)』 서문에서 "예에는 근본과 형식이 있으니 가정생활에 있어서 말하면 명분을 지키고 애경(愛敬)을 독실(篤實)하게 하는 것이 그 근본이고 관혼상제(冠婚喪祭)와 행위규범은 그 형식"[16]이라고 하였다.

이렇게 볼 때, 예에는 그 근본정신과 형식이 있는데, 충신(忠信)이나 인의(仁義) 그리고 명분을 지키고 애경(愛敬)을 독실하게 하는 것

---

12 『禮記』, 「禮器篇」, "先王之立禮也 有本有文 忠信禮之本也 義理禮之文也 無本不立無文不行."

13 유승국, 「한국예학사에 있어서 사계의 위치」, 『사계사상연구』, 1991, 41쪽.

14 『論語』, 「衛靈公篇」, "君子義以爲質 禮以行之."

15 같은 책, 「八佾篇」, "人而不仁 如禮何 人而不仁 如樂何."

16 『家禮』 序, "凡禮有體有文 自其施於家者言之 則名分之守 愛敬之實 其本也 冠婚喪祭儀章度數者 其文也."

은 근본정신이고, 인간이 객관적 상황과의 관계에서 마땅하게 처리해야 할 의리나 가정의례 그리고 일상적 행위규범 등은 그 형식이라고 볼 수 있다. 이는 달리 말하면 예의 근본정신이란 다름 아닌 인간존중이요 남의 인격을 존중하는 것이다. 우리는 혼자서 살 수 없는 사회적 존재로서 남과 더불어 존재한다. 여기에서 남의 인격을 존중하는 정신이야 말로 예의 본질이요 근본정신이다. 그것은 천부적 인간성에 대한 존엄과 신뢰를 전제하기 때문이다. 아울러 이러한 인간존중을 실천하는 방법과 형식이 있어야 하는데 그것이 바로 예절의 형식이다.

그런데 예의 근본정신은 천리와 인간의 선한 본성을 바탕으로 하기 때문에 그것은 변할 수 없지만, 예의 형식은 때와 장소 그리고 사람에 따라 변할 수 있다. 그러므로 예에는 변하지 않는 본질의 원리에 따른 상례(常禮)가 있다면 그 시대의 습속(習俗)과 절충하고 제도에 적응하면서 변해가는 변례(變禮)가 나올 수 있는 것이다.[17]

이러한 예의 근본정신과 형식을 염두에 두고 예제의 올바른 정립 방향에 관해 생각해 보기로 하자. 우리의 전통적 가정의례는 관혼상제의 예절에 관해 매우 소상하게 규정해 놓고 이를 국민적 생활규범으로 존중해 왔다. 혼례의 경우만 하더라도 '주육례(周六禮),'[18] '주자사례(朱子四禮)'[19]를 바탕으로 혼담(婚談), 납채(納采), 납기(納期),

17 금장태, 『유학사상의 이해』, 집문당, 1996, 200쪽.

18 『우리의 생활예절』, 성균관대출판부, 181쪽: 주육례(周六禮)는 남자 측에서 여자 측에 아내를 삼고자 하는 뜻을 전하는 납채(納采), 남자 측에서 여자 측에 신부될 규수의 어머니가 누구인가를 묻는 문명(問名), 남자 측에서 여자 측에 혼인하면 좋을 것이라는 뜻을 전하는 납길(納吉), 남자 측에서 여자 측에 혼인하기로 결정한 징표로 예물을 보내는 납징(納徵), 남자 측에서 여자 측에 혼인날짜를 정해 달라고 청하는 청기(請期)의 여섯 단계로 되어 있다.

19 같은 책, 182쪽: 남자 측과 여자 측이 혼인할 것을 의논하는 의혼(議婚), 남자 측

납폐(納幣), 대례(大禮), 우귀(于歸)의 6단계[20]로 되어 있다. 또 상례의 경우는 이 보다도 더 복잡한 절차와 규정을 담고 있다. 오늘날 이러한 예법들은 거의 사문화되거나 그 형식적 잔재만이 존재하는 형편이다. 하지만 전통의례는 어디까지나 농경사회를 전제로 대가족사회에서 적합하게 만들어진 제도였다. 예는 형식면에서 많은 노력을 기울인 것을 잘 알 수 있는데, 그 형식에 얽매이게 되면 근본정신을 잃기 쉽다. 예라는 것은 본심으로 돌아가 옛날의 풍습을 닦아 그 예를 만든 본래의 뜻을 잊지 않는 것이다.[21]

그런데 예의 형식만을 강조하는 데서 예의 허구성이 있게 되고 예의문화에 대한 부정적 시각이 있게 되는 것이다. 반면 1969년에 제정했던 「가정의례준칙」을 보면 지나치게 예절의 형식과 절차를 간소화시켜 예의 근본정신이 반영될 수 있는지 의심된다. 예를 들면 부모, 조부모와 배우자의 상기(喪期)는 사망한 날로부터 100일까지로 하고, 기타의 자의 상기는 장일까지로 한다[22]고 되어 있는데, 그 논거가 빈약할 뿐 아니라 죽은 자에 대한 인정에 합당한 것인지 검토해 볼 필요

에서 여자 측에 며느리 삼기로 결정했음을 알리는 납채(納采), 남자 측에서 여자 측에 예물을 보내는 납폐(納幣), 남자가 여자 측에 가서 규수를 데려다가 예식을 올리는 친영(親迎)의 네 단계로 축소하고 있다.

20 같은 책, 182~183쪽: 우리나라의 전통 혼인례는 남자 측에서 여자 측에 청혼하고 여자 측이 허락하는 혼담(婚談), 남자 측에서 여자 측에 혼인을 정했음을 알리는(신랑의 사주를 보냄) 납채(納采), 여자 측에서 남자 측에 혼인날짜를 정해 알리는 납기(納期), 남자 측에서 여자 측에 예물을 보내고 받는 납폐(納幣), 신랑이 여자의 집에 가서 부부가 되는 의식을 행하는 대례(大禮), 신부가 신랑을 따라 시댁으로 들어가는 우귀(于歸)의 여섯 단계로 되어 있다.

21 『禮記』, 「禮器篇」, "禮也者 反本修古 不忘其初者也."

22 「가정의례준칙」, 제3장 상례, 제11조(상기).

가 있다.

또한 기일제(忌日祭)의 경우 전통적으로 고조부모까지의 4대 봉사(奉祀)가 일반화되어 있었고, 「가정의례준칙」에서는 조부모까지의 2대 봉사로 규정되어 있는데,[23] 이 문제에 대해서도 숙고해 볼 필요가 있다. 본래 기일제에서의 범위는 제주(祭主)를 중심으로 생전에 그의 사랑을 받고 은혜를 입었던 것을 기준으로 삼고 있다.[24] 이러한 원칙에 비추어 보면 전통의례의 4대 봉사는 너무 넓다는 생각을 갖게 된다. 반면 「가정의례준칙」의 2대 봉사는 너무 좁다는 생각을 갖게 된다. 평균수명이 높아지는 현대적 관점에서 인정과 형식이 조화된 합리적인 기일제의 범위가 정해져야 할 것이다. 축문(祝文)의 경우도 제사의 참여자들이 알지도 못하는 내용이라면 무슨 의미가 있겠는가? 현대에 알맞게 한글화하고 그 내용도 제사의 대상자에 알맞게 다양화될 때 제사를 맞는 인정이 솟아날 것이다. 앞으로는 고인의 평소 생활을 담은 비디오 테이프를 보거나 육성녹음을 들으면서 고인을 추모한다면 제사의 의미가 더욱 살아날 것이다. 따라서 바람직한 가정의례의 정립은 반드시 예의 근본정신인 인정과 그 형식이 조화를 이루어야 할 것이다. 아무리 예의 형식이 번지르해도 그것이 인정에 반하는 것이거나 인정을 진실하게 반영하지 못한다면 그 예는 부족한 것이라 할 수 있다. 또 아무리 형식을 간소화한다 하더라도 그것이 너무 간단하여 인정을 나타내기에 부족하다면 그것도 미흡한 것이다. 따라서 인정과 형식이 적절하게 조화되는 가운데 예의문화가 정립되어야 할 것이다.

---

23 「가정의례준칙」, 제18조.

24 『청소년을 위한 생활예절』, 성균관대출판부, 107쪽.

(2) 예 형식의 합리성과 간편성

예의 본질과 정신은 내면적인 것이고 그것은 결국 형식으로 나타난다. 예의 형식과 절차를 어떻게 마련하느냐 하는 것은 예의문화의 성패를 가름하는 관건이다. 대체로 전통적인 의례가 까다롭고 복잡하고 알기 어렵다는 것이 우리의 일반적인 인식이다. 옛날에는 예에 밝아야 교양인으로 대접받을 수 있었다. 예의 형식이 지나치게 복잡하면 알기가 어렵고 알지 못하면 실행하기가 어렵다. 모든 국민이 알지 못하고 실천할 수 없는 예라면 그 예는 문제가 있는 것이다. 여기에 예 형식의 합리성과 간편성이 요구된다. 예는 합리적이고 간편하여 누구나 쉽게 행할 수 있어야 한다. 예절이란 한 사회의 성원들이 공통으로 지켜 가야 할 약속이다. 약속을 정해 놓고도 이를 실천할 수 없다면 이미 그것은 예로서의 실질을 상실한 것이다. 법에 있어서도 합리성과 간편성이 중요한 문제가 된다. 법이 알기 어렵고 지키기 어렵다면 그 법은 실용의 측면에서 실패한 법이다. 우리는 법이 있으되 지킬 수도 없고 지켜지지 않는 법을 종종 볼 수 있다. 마찬가지로 예의 경우에도 이와 다를 바 없다. 이러한 문제의식을 갖고 현대적인 예의문화의 정립방향을 생각해 보기로 하자.

상례의 경우 전통적인 의례에서 보면 매우 복잡한 절차와 형식을 요구한다. 초종(初終), 습(襲), 소렴(小斂), 대렴(大斂), 성복(成服), 치장(治葬)[25] 등의 절차를 명시하고 있고, 상중의 제례의식만 하더라

---

25 『우리의 생활예절』, 성균관대출판부, 228~229쪽: 초종(初終)은 사람의 죽음을 맞는 데서부터 죽음을 알리는 부고를 보내는 절차이고, 습(襲)은 죽은 이를 목욕시키고 수의를 입히고 명정을 써서 세우는 과정이고, 소렴(小斂)은 죽은 이를 작은 이불로 싸서 묶고 전(奠)을 올리는 절차이고, 대렴(大斂)은 죽은 이를 큰 이불

도 우제(虞祭), 졸곡(卒哭), 부제(祔祭), 소상(小喪), 대상(大喪), 담제(禫祭), 길제(吉祭)[26] 등으로 복잡하게 규정되어 있다. 또한 상복의 경우에도 죽은 이와의 관계에 따라 그 종류와 구분을 상세히 규정하고 있다.[27] 이러한 유교의 전통적인 의례규정은 사실상 오늘날 거의 사문화되었다고 보아도 좋다. 그것은 시대의 변천과도 관계가 있지만 지나치게 번잡하다는 데서 그 원인을 찾을 수 있다. 제례의 경우 제수진설법(祭羞陳設法)을 보면 참으로 복잡하고 형식적이라는 생각을 갖지 않을 수 없다. 본래 제수진설에 대해서는 옛 예서에도 통일된 원칙이 없었다 한다.[28] 그럼에도 지역에 따라 문중에 따라서 다양한 제수진설의 원칙이 존재한다. 예컨대 붉은색 과일은 동쪽, 흰색 과일은 서쪽이니(紅東白西), 대추는 동쪽, 밤은 서쪽이니(東棗西栗), 서쪽으로부터 대추, 밤, 감, 배니(棗栗柿梨) 하는 원칙들이 있다. 그 밖에도 과일, 탕류, 고기류, 생선류, 떡, 김치 및 나물의 위치 등 그 절차는 참으

로 싸서 묶은 다음 관에 넣고 임시로 모시는 초빈(草殯)을 마련하는 것이고, 성복(成服)은 죽은 이의 근친들이 각기 정한 상복을 입고 복인끼리 조상하며 손님의 조문을 받는 절차이며, 치장(治葬)은 묘지를 골라 죽은 이를 매장하는 절차다.

26 같은 책, 229~230쪽: 우제(虞祭)는 죽은 이를 매장한 날에 초우(初虞), 그 다음 날이나 다다음날에 재우(再虞), 재우 다음날에 삼우제(三虞祭)를 지내는 것이고, 졸곡(卒哭)은 죽은 날로부터 약 백일이 되어 지내는 것이고, 부제(祔祭)는 졸곡을 지낸 다음날 죽은 이의 신주를 조상의 신주 앞에 붙이는 제사다. 소상(小祥)은 죽은 날로부터 1년 만에 지내며, 대상(大祥)은 죽은 날로부터 2년 만에 지낸다. 담제(禫祭)는 대상을 지낸 다다음달에 날을 골라 소복을 벗고 평상복을 입는 제사이며, 길제(吉祭)는 담제를 지낸 다음날 사당의 신주를 고쳐 쓰는 제사다.

27 같은 책, 230~232쪽: 우리의 상복에 관해서도 斬衰 3年, 齊衰 3年, 齊衰服杖朞, 齊衰服不杖朞, 齊衰服 5月, 齊衰服 3月, 大功 9月, 小功 5月, 緦麻 3月 등으로 자세히 구분하고 있다.

28 같은 책, 330쪽.

로 복잡하다. 이를 통해서 볼 때 우리는 예의 본령으로 돌아가 그 합리성과 타당성을 생각하지 않을 수 없다. 예의 근본정신으로 보면 제수진설의 대원칙은 고인의 식성과 기호에 맞추어지는 것이 옳다. 사람마다 다른 식성과 기호를 갖는데 이를 일률적으로 규정함은 문제가 있다. 제수의 위치만 하더라도 평소 고인이 좋아하던 음식 순으로 가깝게 배열해야 하지 않을까? 또 생전에 전혀 술을 먹지 않던 사람이라면 제주(祭酒)의 내용도 음료수나 차로 대체하는 등 달라져야 할 것이다. 물론 술의 종교적 의미가 없는 것은 아니나 고인을 위한 자리라면 고인이 좋아하던 음식 중심으로 제수가 마련되어야 할 것이다. 아울러 제수 즉 음식이나 과일, 과자 등은 시대별, 지역별로 매우 다양하다는 사실이다. 더욱이 중요한 것은 고인을 위한 추모의 마음과 정성이 아닌가? 그러므로 그렇게 까다로운 제수진설의 규정이 존재할 필요가 없다. 오늘날 집집마다 제사 때 어린 자녀들에게 예법을 가르쳐 준다고 제수진설법을 강조하지만, 여기에서 젊은 세대들은 예의 번잡성과 형식성에 외면하고 마는 것이다. 예의 형식은 필요하고 지켜져야만 하나, 그것은 모든 국민이 쉽게 알 수 있고 지키기 편해야 한다. 그래야 예가 예로서의 기능을 발휘할 수 있다. 이런 점에서 현대적 예제의 올바른 정립을 위해 예 형식의 합리성과 간편성은 중요한 의미가 있다. 그렇다고 예가 지나치게 간편하여 예의 본질과 근본정신을 훼손하는 것이어서는 안 될 것이다. 예의 근본정신을 그 속에 잘 담을 수 있으면서도 그 형식이 매우 간편하고 쉬워 누구나 알기 쉽고 실행하기 쉬운 예문화를 만들어야 할 것이다.

(3) 전통과 현대의 조화

예의 근본정신은 시대와 환경의 변화에도 불구하고 변함 없지만, 예의 형식은 때와 장소 그리고 사람에 따라 달라질 수 있다. 시대는 많이 변했고 세상도 많이 변모했다. 단순한 시간의 흐름이 아니라 그 속에 사는 인간의 정신과 의식, 사고와 가치관에 있어서도 근본적인 변화가 있었다. 따라서 조선시대의 예의문화를 현대에 그대로 적용시킬 수도 없거니와 또 현대인의 정서에도 맞지 않는다. 전통적인 유교 가정의례를 하나의 모범으로 고집하고 이를 그대로 현대에 강요한다는 것은 억지일 뿐이다. 예컨대 옛날에는 가묘(家廟)를 짓고 조상을 모셨으며, 3년상과 3년시묘를 실천하는 것이 관례였다. 현대 가정은 이미 도시와 농촌으로 분산되었고, 직업으로 인해 복잡하고 다양한 형태의 삶을 영위한다. 직장이 중요하고 생업이 중요한 비중을 차지하는 현실에서 가묘를 받들고 3년상과 3년시묘를 실행할 여력이 없다. 따라서 현대에 알맞게 상례의 절차와 상기가 조정되지 않으면 안 된다. 기일제만 하더라도 밤늦게 자정이 넘어 지내는 것이 관례였으나, 오늘날 현실에서 보면 이튿날의 출근과 생업에 지장을 고려하면 시간의 조정은 불가피하다. 또 상장례(喪葬禮)나 제례에서의 각종 축문이나 지방(紙榜)도 한문 형식만을 고집해서는 안 될 것이다. 축문의 내용도 이해할 수 없고 지방의 의미도 알지 못하면서 예를 갖춘들 무슨 의미를 갖겠는가? 오늘의 젊은이들은 한글세대다. 이들에게 한문 형식의 축문을 가르치기 보다는 축문을 한글화하는 것이 훨씬 효과적일 것이다. 장례의 절차에 있어서도 옛날에는 살던 집에서 장례를 치렀고 매장의 형식을 취했지만, 오늘날은 주택구조도 다양하고 장례식장에서 치르는 것이 보편화되어 있으며, 화장이 점점 많아지고 있다. 궤연(几筵)의 설치도 현대 가정의 현실에서 어떻게 하는 것이 예의 정신을 살리면서 합리적인 것인지 연구해 보아야 할 것이다. 문상의 경우도 본래 예법에는 성복례(成服禮)를 하기 전에는 하지 않는 것이었지만,[29] 오늘날에는 부고(訃告)와 동시에 문상을 받고 있는 실정이다. 그것은 옛날에는 의학지식이 미흡하여 사망 확인이 어려워 시간적 여유를 두었던 것이지만, 오늘날에는 의학적으로 사망을 쉽게 확인할 수 있으므로 그러한 절차가 필요 없는 것이다.

또한 혼례의 경우도 혼례의 신중성과 엄숙성을 기하기 위해 여섯 단계의 절차를 두었지만, 오늘날에는 연애결혼이 보편화되어 있고, 결혼식장에서의 결혼이 일반적인 추세이므로 육례(六禮)의 절차도 무의미하게 되었다. 사주(四柱)의 경우도 신랑의 것만 일방적으로 보내는 것은 성차별의 문제를 안고 있으며, 생년, 월, 일, 시의 통지가 갖는 의미도 재고할 여지가 없지 않다. 기껏해야 이를 가지고 궁합을 보는 데 이용하는 정도인데, 오히려 이 보다는 가계(家系)의 소개라든지, 호적등본, 이력서, 건강진단서의 교환이 합리적이지 않을까 생각한다. 본래 남자의 관례(冠禮)는 상투를 틀고 관을 씌워 주었고, 여자의 계례(笄禮)는 쪽을 찌고 비녀를 꽂아 주었던 것인데,[30] 오늘날에는 두발의 모습이 달라져 상투를 틀수도 없고 비녀를 꽂을 수도 없다. 이를 대체할 합리적인 형식이 마련되어야 할 것이다. 이것은 오늘날 성인식으로 대체되어 계승되고 있는데, 이것도 옛날의 관례는 주로 가정에서 개인적으로 이루어졌지만 오늘날에는 학교나 직장을 중심으로 집단적으로 이루어지고 있다.

---

29 『우리의 생활예절』, 성균관대출판부, 248쪽.

30 『청소년을 위한 생활예절』, 성균관대출판부, 95쪽.

이와 같이 현대사회는 많은 변화를 가져왔고 현대인 또한 그 의식과 사고, 가치관에 있어 많은 변화를 하고 있음에 비추어 볼 때, 변화에 걸맞은 예의문화의 정립은 이 시대의 시급한 과제가 아닐 수 없다.

그런데 우리의 전통의례는 무엇보다도 유교적 의례가 그 중핵이 되어 왔다. 오늘날 우리의 종교가 무엇이고 사회 지위와 직업이 무엇이든지 간에 가정의례에 깊숙이 자리해 있는 정신적 뿌리는 역시 유교라 할 수 있다. 『예기』, 주자의 『가례』, 『국조오례의(國朝五禮儀)』, 율곡의 「제의초(祭儀抄)」, 사계 김장생(沙溪 金長生)의 『가례편람(家禮便覽)』, 도암 이재(陶菴 李縡)의 『사례편람(四禮便覽)』을 통해 전승된 유교의 전통의례는 우리의 관혼상제의 의례에 가장 오랫동안 많은 영향을 미쳤다. 따라서 우리가 오늘날 현대적 가정의례를 정립함에 있어서 이 속에 담겨진 예 정신의 본질을 결코 망각해서는 안 될 것이다.

세상이 아무리 변했어도 뿌리를 잊어서는 안 된다. 또 세상은 급격히 달라지고 있는데 과거만을 고집해서도 안 된다. 여기에 전통과 현대의 조화가 현대적 예의문화 정립의 바람직한 방향으로 제시된다. 전통적 의례에 담긴 의미를 현대적으로 수용하면서 현대에 알맞은 예의문화를 정립해야 할 것이다.

(4) 예의 보편성과 특수성

우리가 현대적 예제를 합리적으로 정립함에 있어 고려하지 않으면 안 될 것이 예의 보편성과 특수성이다. 예는 근본적으로 모든 사람에게 적용되어야 한다. 지역, 신분, 지위, 성별에 관계없이 예는 보편적으로 규정되어야 한다. 이런 점에서 예는 가능한 한 간이(簡易)하게 규정되어야 하고 객관성을 지녀야 한다.

그러나 예의 주체이자 대상인 인간은 모든 면에서 똑같지 않다. 남녀가 다르고 종교가 다르고 거주의 공간이 다르다. 특히 현대사회는 종교의 자유가 주어져 다양한 신앙들을 가지고 있다. 한 가족 성원 간에도 종교가 다르다. 또 한국사회에서 종교의 사회적 위치와 영향은 막강하다고 볼 수 있다. 유교, 불교와 같은 전통종교에 비해 외래 종교인 기독교의 팽창과 위력은 더욱 그렇다.

그런데 이러한 의례는 주로 종교에 의해 주도되기 마련이다. 사실 유교도 상례나 제례를 통해 그 종교적 성격이 비로소 나타나게 된다고 볼 수 있다. 소극적이고 미미한 유교의 침체 속에서 기독교가 그 틈새를 재빠르게 메웠다고 볼 수 있다. 이러한 기독교의 성장과 발전은 유교가 차지했던 가정의례의 중핵적 위치를 바꾸어 놓았다.

오늘날 관혼상제 가운데 유교의 전통을 온전히 지켜온 것이 무엇인가? 혼례의 경우 이미 유교식 전통의례가 오히려 이상한 것으로 인식될 만큼 우리와 멀어졌고, 서구식 혼례가 거의 보편화된 현실이다. 상례의 경우 기독교인이나 불교인들은 그들의 의식대로 하고 있고, 그 밖의 사람들은 유교식의 상례를 한다고 하지만 변질된 형태로 이어지고 있다. 제례의 경우가 그래도 오늘날 가장 많이 전승되고 있는 가정의례라고 볼 수 있다.

이렇게 볼 때, 새로운 가정의례를 정립함에 있어 종교적인 특수성을 고려하지 않을 수 없다. 한 가정 안에서 부모와 자식 간에, 부부 간에, 고부 간에 종교적 갈등으로 고민하는 경우를 많이 볼 수 있다.

따라서 우리는 종교의 다원성을 인정하면서 남의 종교를 이해하는 너그러움을 지녀야 할 것이다. 그리고 현대적 예제정립에 있어서 국민 모두에게 보편적으로 적용되어야 한다는 보편성의 원칙을 기본으로 하되, 종교와 같은 특수성을 고려하여 예의문화가 정립되어야 하겠다. 또 과거 전통적인 예제를 보면 남녀 간에 차별적인 예절이 많이 있다. 상례나 제례의 경우에 제주(祭主)만 하더라도 남자 중심의 예제로 구성되었던 것이다.

그러나 오늘날 남녀는 평등한 것이며, 더구나 딸만 가진 가정이 일반화되고 있는 현실에서 이러한 문제도 재고되지 않으면 안 된다. 특히 현대사회는 한 동네나 지역사회에 머물러 사는 것이 아니라 삶의 공간이 전 세계로 확장되어 있다. 직업상, 사업상 여러 가지 형편으로 생활의 영역이 세계무대로 넓혀져 있다. 그러므로 예의문화의 정립에 있어서도 이러한 특수성이 고려되어야만 한다. 예컨대 부모의 상을 당했을 경우 상기의 문제나 장례 일정도 이러한 특수성을 감안하지 않을 수 없고, 제례의 경우도 종교를 비롯한 특수한 상황을 고려하지 않을 수 없다.

이렇게 볼 때, 현대적인 새로운 예의문화의 정립을 위해서는 모든 국민이 누구나 지켜야 할 보편성의 원칙을 바탕으로 하되, 종교적 의례와 같은 특수성을 고려하는 가운데 모색되어야 할 것이다. 그것은 현대사회에서 흔히 볼 수 있는 종교적 갈등을 해소하기 위해서도 반드시 필요하다.

3장
한국사상의 조화적 전통

1. 시작하는 말

한국은 역사적으로 반만년의 문화적 전통을 지녀 왔다. 이미 4세기 이전에 유교, 불교, 도가 등 고급문화를 향유하고 있었으며, 15세기(1443)에는 독자적인 문자를 만들어 오늘날까지 사용해 왔다. 특히 1천 번 이상 외세의 침략에도 불구하고 오늘날까지 민족적 정체성을 지키며 살아왔다. 한국은 오랜 역사 속에서 훌륭한 문화를 창조하고 이를 계승해 왔다.

그러면 한국의 전통사상은 무엇인가? 이것은 두 가지 측면에서 생각해 볼 수 있다. 하나는 고유사상이고, 또 하나는 외래사상이다. 고유사상이란 오랜 역사 속에서 우리 민족이 생각한 사유체계를 의미한다. 『삼국사기(三國史記)』에는 그 자취가 다음과 같이 분명히 나타나 있다.

> 최치원(崔致遠)의 난랑비서문(鸞郎碑序文)에 말하기를 "우리나라에는 현묘(玄妙)한 도(道)가 있으니, 이를 풍류(風流)라 한다. 이 교(敎)가 만들어진

> 연원이 선사(仙史)에 자세히 갖추어 있으니, 실로 이는 삼교(三敎)를 포함한 것으로 여기에 접촉하면 뭇 생명들이 교화되었다. 또한 들어가서는 가정에 효도하고 나아가서는 나라에 충성하라는 것은 공자의 종지(宗旨)와 같고, 무위(無爲)의 일에 처하고 말없는 가르침을 행하라는 것은 노자의 종지와 같고, 모든 악은 짓지 말며 모든 선은 받들어서 행하라는 것은 석가의 교화와 같다"고 하였다.[1]

여기에서 우리는 당시 신라에 고유사상으로서의 '풍류도(風流道)'가 실재했음을 확인할 수 있다. 더구나 이 풍류도는 현묘(玄妙)한 도로 일컬어질 뿐 아니라, 유불도(儒佛道) 3교의 내용을 포함하고 있어, 모든 생명체들을 교화시키고 변화시킬 수 있는 위대한 공능(功能)을 지닌 것으로 설명되고 있다. 아울러 최치원(崔致遠)은 당시 이 풍류도가 만들어진 역사적 유래가 선사(仙史)에 자세히 갖추어 있다하여, 상당한 정도의 문헌적 근거를 가지고 있었음을 입증해 주고 있다. 이 풍류도를 『삼국유사(三國遺事)』에서는 '풍월도(風月道)'로 불렀으니 그 내용을 보기로 하자.

> 그 후 여러 해 만에 왕은 또 나라를 부흥시키려면 반드시 풍월도(風月道)를 먼저 일으켜야 된다고 생각하여, 다시 명령을 내려 양가(良家)의 덕행 있는 남자를 뽑아 화랑(花郎)이라고 개칭(改稱)하였다.[2]

---

1 『三國史記』, 卷第4, 「新羅本紀」, 眞興王37年條, "崔致遠鸞郎碑序曰 國有玄妙之道 曰風流 設敎之源 備詳仙史 實乃包含三敎 接化群生 且如入則孝於家 出則忠於國 魯司寇之旨也 處無爲之事 行不言之敎 周柱史之宗也 諸惡莫作 諸善奉行 竺乾太子化也."

2 『三國遺事』, 卷第3, 「彌勒仙花」, "累年 王又念欲興邦國 須先風月道 更下令 選良家

이와 같이 『삼국유사』에서는 풍월도(風月道)로 부르고 있는데, 이는 풍류도(風流道)와 같이 당시 우리의 고유사상으로 불리었던 것이다. 이것이 바탕이 되어 신라의 청소년 지도자 양성 제도로 육성한 것이 바로 화랑도(花郎道)요, 국선도(國仙道)라 하겠다.

그러나 이러한 고유사상으로서의 풍류도(風流道; 風月道)는 지속적으로 또 체계적으로 전승되지 못하고, 외래사상에 밀려 전통문화의 기층 속에 잠재한 채 미미하게 그 흔적을 짐작할 수 있을 뿐이다.

한편 외래사상은 우리의 오랜 역사적 과정에서 이 땅에 들어와 고유사상과 접합되어 우리의 것으로 재창조된 사상체계를 의미한다. 여기에는 불교가 있고 유교가 있고 도가 내지 도교사상이 있다. 이들 3교 사상은 우리 역사 속에서 나름대로의 역할을 수행해 왔고, 또 한국화 내지 토착화의 길을 걸어 왔다고 볼 수 있다.

그런데 한국 전통사상 속에 '묘(妙)'로 표현되는 조화의 전통이 자리하고 있음을 발견하게 된다. 즉 단군신화 속에 보이는 음양묘합(陰陽妙合)의 사유가 있고, 원효(元曉)의 화쟁(和諍)논리가 있고, 율곡의 이기지묘(理氣之妙)의 사유가 그 대표적이다. 이제 이 세 가지 전통사상을 중심으로 조화의 사유가 갖는 현대적 의미를 새겨보고자 한다.

2. 단군신화의 조화정신

단군신화는 우리 민족의 건국신화다. 그런데 그리스신화의 의미와 가치에 대해서는 매우 높게 평가하면서도, 단군신화의 의미와 그 가치

男子有德行者 改爲花娘."

에 대해서는 무관심하거나 소홀한 것이 우리 현실이다. 특히 일부 교단에서는 종교적 시각에서 단군신화에 대해 맹목적으로 배타시하는 경향도 없지 않다. 단군신화도 종교적 시각에서 볼 것이 아니라 전통문화의 차원에서 보아야 마땅하다. 이제 단군신화에 내재된 조화적 사유에 대해 검토해 보기로 하자.

『삼국유사』에 의하면 하늘에서 신인 '환웅(桓雄)'이 항상 인간세계에 지극한 관심을 갖고 인간을 널리 이롭게 하기 위해 지상세계에 내려왔다. 또 땅에서는 곰과 호랑이가 항상 환웅에게 인간으로 변하게 해 달라고 빌었다. 이에 환웅이 마늘과 쑥을 주면서 "이것을 먹고 21일 동안 햇빛을 보지 아니하면 곧 사람이 될 수 있다"고 하였는데, 곰만 이 계율을 지켜 여자 인간이 되었다. 곰이 여성화된 '웅녀(熊女)'가 항상 결혼할 짝이 없어 근심하므로, 환웅이 임시로 남성이 되어 그와 결혼을 하고 인간 단군(檀君)을 낳았다.[3]

이것이 단군신화의 대략적인 줄거리다. 여기에서 우리는 하늘과 땅, 곰과 환웅, 신과 동물이 상대적으로 설정되어 있는 구조를 볼 수 있다. 환웅과 웅녀는 남편과 아내가 되며, 또 단군의 입장에서는 부모가 된다. 이와 같이 하늘과 땅, 신과 동물, 남편과 아내, 아버지와 어머니가 상대적으로 설정되면서 하나로 묘합하는 형식이다. 서로 다른

3 『三國遺事』, 卷第1, 「紀異篇」, "魏書云 乃往二千載 有檀君王儉 立都阿斯達 開國號朝鮮 與高同時 古記云 昔有桓因 庶子桓雄 數意天下 貪求人世 父知子意 下視三危太伯 可以弘益人間 乃授天符印三箇 遣往理之 雄率徒三千 降於太伯山頂 神檀樹下謂之神市 是謂桓雄天王也 將風伯雲師雨師 而主穀主命主病主刑主善惡 凡主人間三百六十餘事 在世理化 時有一熊一虎 同穴而居 常祈于神雄 願化爲人 時神遣靈艾一炷蒜二十枚曰 爾輩食之 不見日光百日 便得人形 熊虎得而食之 忌三七日 熊得女身虎不能忌 而不得人身 熊女者無與爲婚 故每於檀樹下 呪願有孕 雄乃假化而婚之 孕生子 號曰檀君王儉."

둘이 하나로 묘합되는 데서 인간 단군은 탄생한다.

여기에서 우리는 서로 반대되는 두 가지 성질의 것이 공존하는 세계를 발견하게 되고, 서로 다른 두 가지의 만남에서 온전한 전체가 가능함을 알 수 있다. 이때 서로 다른 어느 하나를 음(陰)이라 하고, 다른 하나를 양(陽)이라고 부를 수 있다. 이것은 동양사회의 오랜 전통 속에 자리한 보편적인 사유에 속한다. 이는 『주역』이라는 유가철학의 경전을 일관하는 사유체계이기도 하다. 단군신화에서도 하늘과 땅은 서로 다른 성질의 것이지만 하나로 만나는 장이 되고 있다. 또 환웅과 웅녀는 신(神)과 물(物)이라는 음양의 속성을 지니면서 하나의 관계를 맺고 있다. 그리하여 그들은 부부관계가 되고, 남녀관계가 되고, 단군에게는 부모의 관계가 된다. 중요한 것은 이 둘이 서로 다른 둘이지만 하나로 만남을 통해 인간 단군을 탄생하고 있다는 사실이다. 여성화된 웅녀는 홀로 잉태함이 있기를 갈구했는데, 신인 환웅이 이에 맞추어 남성화됨으로서 부부의 관계를 맺었다는 이 신화의 형식에서, 여성은 남성을 통해, 남성은 여성을 통해 비로소 완전해진다는 것을 발견할 수 있다. 즉 음이나 양은 그 홀로서는 불완전하며, 반드시 상대의 보구(補救)를 통해 비로소 완전해지는 형식이다.

그런데 이러한 조화의 사유는 『주역』에 관계없이 단군신화에서 보듯, 이미 싹터 있음을 알 수 있다.[4] 서로 다른 둘이 하나가 되고, 하나인 그 속에 둘이 온전하게 살아 숨 쉬는 조화의 논리, 균형적인 사유는 한국인의 근원 상징으로 자리 잡고 있었음을 알 수 있다.

4 이어령, 『한국인의 신화』, 서문당, 1978, 128쪽.

3. 원효 화쟁(和諍)의 조화정신

한국사상에서의 조화적인 전통은 7세기 한국의 대표적인 불교학자 원효(元曉: 617~686)를 통해 계승되었다. 원효는 당시 신라의 불교가 서로 다른 의견 대립으로 갈등하는 현실을 극복하고자 노력했다. 여러 가지의 다른 견해들이 각기 고집하면서 싸움이 그치지 않는다. 싸움은 극복되어야 한다. 이에 대립을 하나로 화합 귀일시키는 논리가 요청되는데, 이것이 이른바 '화쟁(和諍)'의 논리다. '화쟁'이란 말은 이론적인 다툼을 하나로 화합시킨다는 말이다.[5] 이때 하나로 화합시킨다 함은 서로 다른 둘을 하나로 절충한다는 것도 아니고, 둘 가운데 강한 것으로 합친다는 것도 아니다. 하나로 합하되 그 속에 둘의 요소가 모두 살아 있는 화합이다.[6] 원효는 이를 여러 가지 예를 들어 설명한다.

먼저 '열자(開)'는 것과 '닫자(合)'는 것의 조화에 관해 살펴보자. 여기에서 '열자'는 것과 '닫자'는 것은 서로 반대되는 가치요 주장이다. 어떤 사람은 열자고 주장하고, 어떤 사람은 닫자고 주장한다. 여기에서 두 주장은 서로 갈등하게 된다. 싸움은 끊이지 않고 대립과 미움으로 치닫는다. '열자'는 것은 개방성을 의미하고, '닫자'는 것은 폐쇄성을 의미한다. '열자'는 것은 진보성을 의미하고, '닫자'는 것은 보수성을 의미한다. 또 '열자'는 것은 자유화의 길이요, '닫자'는 것은 수렴화(收斂化)의 길이다. 이 두 주장과 두 가치는 서로 마주 서 있다. 그러나 대립적 관계가 아니라 상호 보완적인 관계다. '열자'는

---

5 『涅槃經宗要』, "統衆典之部分 歸萬流之一味 開佛意之至公 和百家之異諍."

6 황의동, 『한국사상』, 청주대출판부, 1993, 53쪽.

것은 닫혀 있기 때문에 가능하고, '닫자'는 것은 열려 있기 때문에 가능하다. 진보와 보수도 상호 의존해 있다. 여기에서 '열자'와 '닫자', '진보'와 '보수', '자유화'와 '수렴화', '다양성'과 '통일성'의 가치는 상보적 관계에 있다. 어느 일방은 불완전하다. 상대의 보완을 받아야만 온전해 질 수 있다. 마주 서 있는 두 가치, 두 주장은 서로를 요구한다. 상호 의존적이다. 이것이 원효 화쟁론의 본래적 의미다. 서로 싸우지 않고 하나가 될 수 있다. 서로 사랑하면서 함께 사는 논리가 가능하다. 나와 마주 서 있는 너를 인정하고 배려하는 윤리가 가능하다. 상대 앞에 늘 부족한 나를 인정하는 겸양이 있다.

원효는 이를 "열면서 닫을 줄 알고 닫으면서 열 줄 알라"고 설명하였다. 열기만 하거나 닫기만 할 것이 아니라, 열면서 닫을 줄 알고 닫으면서도 열 줄 아는 지혜가 필요하다는 말이다. 열기만 하거나 닫기만 한다는 것은 어느 하나의 가치에 집착하는 것이다. 일방의 주장을 고집하는 것이다. 어느 하나에 붙들리면 다른 하나를 놓치게 된다. 이는 반쪽이다. 열어야 할 때는 열 줄 알고 닫아야 할 때는 닫을 줄 알아야 한다.[7] 여기에서 '때'라는 시간성이 중요하다. 이는 유학에서의 '중용'과도 상통한다.

그런데 주의해야 할 점은 이를 '열자'는 것과 '닫자'는 것의 절충 내지 중간으로 생각해서는 안 된다는 점이다. 우리는 조화의 개념을 가끔 오해하고 있다. 마치 이것과 저것의 물리적인 중간으로 이해한다. 그래서 원효는 이를 경계하며 명쾌한 설명을 덧붙인다. 즉 '있음'도 아니요 '없음'도 아니다. 멀리 두 끝을 떠났으나 그렇다고 중간에 집착하는 것도 아니다.

---

7 같은 책, 54쪽.

이 말 속에 원효의 화쟁의 정신이 잘 나타나 있다. '이것'에 붙들려서도 안 되고 '저것'에 붙들려서도 안 된다. 그렇다고 중간에 붙들려서도 안 된다. 이것은 불교의 이른바 '무애(無碍)'라는 가르침이다. 즉 그 어떤 것에도 걸림이 없는 절대자유를 일컫는 말이다.

현대사회는 저마다 세계화의 흐름과 민족적 정체성의 사이에서 고민하고 있다. 세계질서의 방향은 분명히 국제화 내지 세계화로 가야 하는데, 또 한편 민족적 정체성을 지켜가야 하는 문제를 안고 있다. 이 두 가지 문제는 결국 '열자'는 것과 '닫자'는 것의 문제로 귀결된다. 여기에서 우리는 세계화를 추구하되 자기 정체성도 잊지 않는 균형 잡힌 자세인, 원효의 지혜를 배워야 한다. 한국은 20세기의 역사에서 이러한 문제에 절실한 경험을 가지고 있다. 서양의 개방 요구에 대해 당시 한국의 지식인들은 두 갈래로 나뉘어 갈등하였다. 하나는 서양의 발전된 문화를 배우기 위해 개방해야 한다는 것이요, 또 하나는 민족의 전통과 문화를 보호하기 위해 열어서는 안 된다는 것이었다. 이 두 주장이 첨예하게 대립 갈등하는 와중에 한국은 일본의 식민지가 되고 말았다. 이때 만약 이 두 가지 주장을 조화하고 균형 잡힌 역사적 대응을 하였다면 한국의 역사는 달라졌을지도 모른다. 이러한 교훈은 지금도 우리의 현실 속에 그대로 살아 있다. 그런데 원효는 이러한 '열자'는 것과 '닫자'는 것의 조화를 다음과 같이 명료하게 설명하고 있다.

> 열어도 번잡하지 않고 닫아도 좁아지지 않는다.[8]

8 『大乘起信論疏』, "開而不繁 合而不狹."

열면 열수록 번잡해야 할 텐데 왜 열어도 번잡하지 않을까? 닫으면 닫을수록 좁아져야 할 텐데 왜 닫아도 좁아지지 않을까? 그것은 열기만 하는 것이 아니라 열면서 닫을 줄 알기 때문이다. 닫기만 하는 것이 아니라 닫으면서도 열 줄 알기 때문이다. 열기만 하거나 닫기만 하는 것은 곧 어느 일방에 집착된 것이다. 그것은 반쪽이기 때문에 최선이 아니다. 서로 보완적인 두 가치를 아울러 보는 균형 잡힌 시각이 요구된다. 이것이 원효 화쟁론의 본질이요 참된 정신이다.

또한 원효는 '긍정(立)'과 '부정(破)'의 조화를 설명한다. 긍정과 부정은 서로 마주 서 있는 가치요 주장이다. 어떤 사람은 긍정적인 시각에 붙들려 있고 어떤 사람은 부정적인 시각에 붙들려 있다. 이는 균형 잡힌 시각이 아니다. 따라서 원효는 "긍정하면서도 부정할 줄 알고 부정하면서도 긍정할 줄 알라"고 말한다. 이는 긍정과 부정의 중간을 말하는 것도 아니다. 긍정해야 할 때는 긍정할 줄 알고 부정해야 할 때는 부정할 줄 알아야 한다는 말이다. 상황과 관계없이 긍정과 부정의 어느 하나에 집착하는 편협한 시각에서 벗어나야 한다. 옳은 것을 옳다고 하는 것은 옳지만, 그른 것도 옳다고 하는 것은 그르다. 반대로 그른 것을 그르다고 하는 것은 옳지만, 옳은 것도 그르다고 하는 것도 그르다. 고착된 시각에서 벗어나라는 것이 원효의 가르침이다. 한국은 과거 40여 년간 권위주의적인 체제를 경험하였다. 이 과정에서 민주화를 위한 많은 희생이 수반되었다. 아울러 현실을 보는 시각에서도 양극의 논리가 보편화되어 공동체의 안정을 위협하게 되었다. 일부는 현실이 달라졌는데도 부정의 시각에 집착되어 있고, 일부는 부정과 불의에 관계없이 긍정적 시각에 붙들려 있다. 이 두 시각은 평행선을 달리며 갈등하고 충돌한다. 이는 한국의 미래에 장애가 된다. 원효는 '긍정'과 '부정'의 조화를 이렇게 극명히 설명한다.

세워도 얻어짐이 없고 깨뜨려도 잃음이 없다.[9]

여기에서 '세운다'는 것은 건설이요 긍정을 의미한다. '깨뜨린다'는 것은 파괴요 부정을 의미한다. 세우고 또 세우는데 왜 얻음이 없을까? 깨뜨리고 또 깨뜨리는데 왜 잃음이 없을까? 그것은 세우기만 하는 것이 아니라, 세우면서 깨뜨리기 때문에 세워도 얻음이 없는 것이다. 또 깨뜨리기만 하는 것이 아니라 깨뜨리면서도 세울 줄 알기 때문에 깨뜨려도 잃음이 없는 것이다. 이것이 진정한 조화의 정신이요 화쟁의 정신이다.

4. 율곡 이기지묘(理氣之妙)의 조화정신

16세기 한국의 대표적인 유학자 율곡(栗谷) 이이(李珥: 1536~1584)의 조화정신에 관해 살펴보기로 하자. 그는 신유학인 성리학의 탁월한 이론가였다. 한국에 성리학이 전해진 것은 13세기 말(1290)인데, 이후 16세기 성리학의 흐름은 크게 두 갈래로 전개되어 왔다. 하나는 '리(理)'를 중시하는 학풍이고, 또 하나는 '기(氣)'를 중시하는 학풍이다.[10]

그런데 율곡은 '리'를 중시하는 학풍과 '기'를 중시하는 학풍을 지양하고, '리'와 '기'의 조화와 균형을 추구하였다.[11] 이를 그는 '이기

9 같은 글, "立而無得 破而無失."

10 15세기 도학(道學)시대를 지나 16세기에 이르러 유능한 유학자들이 많이 나타났는데, 이들 가운데 이언적(李彦迪), 이황(李滉)은 리(理)를 중시하는 학풍을 열었고, 서경덕(徐敬德)은 기(氣)를 중시하는 학풍을 열어 양립되는 상황이었다.

지묘(理氣之妙)' 라는 말로 표현하였다.[12] 이기지묘란 리와 기의 오묘한 조화를 의미한다. 리와 기는 성리학에 있어서 존재를 설명하는 용어이며 가치를 표현하는 용어다. 성리학에서는 이 세계를 형이상자인 리와 형이하자인 기가 묘합한 것으로 이해한다. 리는 어떤 존재가 그렇게 존재할 수 있는 근거이며 본질이다. 하나의 존재에는 반드시 그것의 이치가 있다. 또 리는 어떤 존재가 마땅히 그렇게 존재해야 할 필연적 원리가 된다. 즉 사람은 사람으로서 마땅히 해야 할 법칙이 있으니 그것이 곧 리다.

또한 기는 리가 의지할 곳이다. 기는 리를 담는 그릇과 같고 깃들이는 집과 같다. 만일 기가 없다면 리는 있을 곳이 없다.[13] 기가 없는 리는 하나의 관념적 존재일 뿐이다. 따라서 리가 구체화될 수 있는 것은 기 때문이다. 기를 통해 리는 실현된다.

그런데 이러한 리와 기는 각기 다른 특성을 갖는다. 또 그 기능과 역할에 있어서도 확연히 구별된다. 리는 어떠한 것인가? 리는 볼 수도 없고 만질 수도 없다. 그리고 소리도 없고 냄새도 없다. 리는 우리들의 감각적 경험에 와 닿지 않는다. 또한 그 스스로 운동하거나 작용하지 않는다. 리는 불변의 존재다. 그러므로 시간과 공간을 초월해 있다. 리는 언제 어디서나 똑같다. 따라서 보편성을 갖는다.[14]

그러면 기는 어떠한 것인가? 기는 사물세계의 경우 볼 수도 있고

---

11 황의동, 『한국의 유학사상』, 서광사, 1995, 211쪽.

12 황의동, 『율곡사상의 체계적 이해 1』, 서광사, 1998, 334쪽.

13 『栗谷全書』, 卷10, 書2, 「答成浩原」, "夫理者氣之主宰也 氣者理之所乘也 非理則氣無所根柢 非氣則理無所依著."

14 같은 책, 卷12, 書4, 「答安應休」, "無形無爲而爲有形有爲之主者理也."
같은 책, 卷20, 「聖學輯要2」, "理通而氣局."

만질 수도 있다. 그리고 소리도 있고 냄새도 있다. 기는 우리들의 감각적 경험에 와 닿는다. 또한 기는 운동변화한다. 기는 가변적 존재다. 따라서 기로 인해 온갖 차별상이 이루어진다.[15] 그러나 성리학에서는 비물질적 존재도 존재로 인식하는 데서 어려움이 따른다. 즉 우리들의 마음, 감정, 이성, 의지 따위도 하나의 존재로 이해한다. 이때 기는 볼 수도 없고 만질 수도 없으나 리를 담는 그릇이 된다. 자연, 인간, 사물 그리고 우리들의 마음 모두가 리와 기의 묘합구조다. 리가 있으면 반드시 기가 있어야 하고, 기가 있으면 반드시 리가 있어야 한다. 즉 리 없는 기가 있지 아니하고, 기 없는 리가 있지 아니하다.[16] 리와 기는 하나의 존재성립에 있어 반드시 있어야 할 필수조건이다. 리나 기 홀로서는 하나의 존재성립이 불가능하다. 이와 같이 율곡은 이 세계를 리와 기의 묘합으로 보았다. 여기에서 리와 기는 상보적 관계를 갖는다. 리 홀로서도 안 되고 기 홀로서도 안 된다. 리와 기는 그 홀로서는 반쪽이다. 리는 기를 통해 자기의 불완전성이 보완된다. 기는 리를 통해 자기의 불완전성이 보완된다. 따라서 리와 기는 상호 존재근거가 된다. 이와 같이 율곡의 '이기지묘'는 존재상의 상보적 의미를 갖는다.[17] 나아가 가치상 상보성의 의미를 갖는다. 리와 기는 존재개념이지만 또 가치상의 의미를 갖기도 한다. 리가 이념적이라면 기는 사실적이다. 리가 이상적이라면 기는 현실적이다. 리가 윤리적이라면 기는 경제적이다. 리가 관념적이라면 기는 경험적이다. 리가 이론적이라면 기는 실천적이다. 리가 정신적이라면 기는 물질적이다.

---

15 같은 글, "有形有爲而爲無形無爲之器者氣也."
같은 책, 卷20, 「聖學輯要 2」, "理通而氣局."

16 같은 책, 卷10, 書2, 「答成浩原」, "氣不離理 理不離氣."

17 황의동, 『율곡사상의 체계적 이해 1』, 190쪽.

리가 철학적이라면 기는 정치적이다. 리가 보수적이라면 기는 진보적이다.

이와 같이 리와 기는 가치개념으로 상정해 볼 수 있다.[18] 여기에서 율곡의 '이기지묘'는 서로 반대되는 두 가치개념의 조화를 추구한다. 서로 반대이기 때문에 대립하는 것이 아니라 오히려 상대를 요청하게 된다. 왜냐하면 하나의 가치는 그것만으로는 반쪽에 불과하기 때문이다. 마주 서 있는 다른 하나를 통해서만 온전해지기 때문이다. 예를 들면 물질적 가치와 정신적 가치는 각기 홀로서는 반쪽이다. 물질적 가치는 정신적 가치를 만나야만 비로소 완전해진다. 경제는 윤리를 통해 온전해진다. 이처럼 서로 다른 둘이 하나로 만나야만 한다. 그러나 하나로 만났다고 해서 서로 다른 둘이 동일자가 되지 않는다. 만약 서로 다른 둘이 하나가 되었지만, 각기 자기의 고유성을 상실했다면 이는 진정한 의미의 조화가 아니다. 율곡이 말하는 '이기지묘'는 서로 다른 둘이 하나가 되지만, 하나 속에 둘의 고유성이 온전히 살아 있는 것이다. 마치 관현악 합주에서 30개의 악기가 서로 다른 소리를 내지만 하나로 화음이 되고, 하나의 화음 속에 30개 악기의 자기 소리가 모두 살아 있는 것이다. 이는 현대 민주주의의 근본정신과도 상통한다. 이른바 다수결의 원리보다 훨씬 진일보한 정신이다. 다수결의 경우 자칫 다수의 횡포와 소수 의견의 경시 위험이 없지 않다. 통일된 의사라고 하지만 그 속에 불만과 이견이 여전히 남는다. 이는 진정한 의미에서의 조화와 합의가 아니다. 율곡의 '이기지묘'는 내가 너를 이해하고 네가 나를 이해하여 하나가 되는 방식이다. 그리고 여기에는 나의 겸손과 상대방에 대한 배려가 전제된다. 나와 너의 다름에도

18 같은 책, 334~335쪽 참조.

불구하고 하나로 소통된다. 하나임에도 불구하고 나는 나이고, 너는 너다. 다름 속에 같음이 있고 같음 속에 다름이 있다. 이를 율곡은 '하나이면서도 둘이요 둘이면서 하나(一而二 二而一)'[19]라고 표현하였다.

현대사회는 개인과 개인, 개인과 집단, 집단과 집단 사이에 끊임없는 갈등과 대립을 겪고 있다. 나만 옳고 상대방은 그르다고 한다면 이로 인해 크고 작은 분쟁과 갈등이 야기된다. 공동체가 무너지고 평화의 질서가 위태롭다. 서로의 대립을 지양하고 하나로 조화될 수 있는 논리가 '이기지묘' 다. 이는 민주주의로 근접하는 길이며 평화로 가는 길목이다. 미움이 아니라 서로 사랑하는 길, 그리고 싸움이 아니라 함께 사는 길이다.

5. 맺는 말

이러한 조화의 정신, 균형 잡힌 시각은 한국사상의 근본정신이다. 단군신화의 '음양묘합(陰陽妙合),' 율곡의 '이기지묘(理氣之妙),' 최치원의 '현묘지도(玄妙之道),' 원효의 '화쟁(和諍)' 에서 일관된 조화의 정신을 엿볼 수 있다.[20] 서로 반대되는 것은 결코 모순의 관계가 아니라 서로 필요한 관계다. 마주 서 있는 너와 나는 싸워야 할 적이 아니라 함께 가야 할 동반자다. 이것과 저것은 상호 존립의 근거가 된다.

---

19 「栗谷全書」, 卷20, 「聖學輯要2」, "有問於臣者日 理氣是一物是二物 臣答日 考諸前訓 則一而二二而一者也."

20 황의동, 『율곡철학연구』, 경문사, 1987, 28쪽.

상호 보완적이며 상호 의존적이다. 어느 일방은 타방을 통해서만이 완전해질 수 있다. 결혼이란 곧 이러한 근거에서 출발한다. 부부는 한 남성과 여성의 상호 보완의 형식이다. 노사관계 또한 마찬가지다. 사용자와 근로자는 상호 보완적 관계지 대립적 관계가 아니다. 상호 필요한 관계지 싸워야 할 대상이 아니다. 치자와 피치자의 관계도 상호 보완적 관계지 대립적 관계가 아니다.

한국의 오랜 전통 속에 살아 숨 쉬는 이 조화의 사상은 공존과 공생의 길을 가르쳐 주고 평화의 질서를 일깨워 준다. 한국사회는 급속한 서구화의 물결 속에서 자신의 전통 속에 숨어 있는 이 조화사상의 위대성을 미처 발견하지 못했다. 오히려 헤겔의 변증법이나 마르크시즘의 논리에 익숙해 왔다. 역설적으로 덴마크의 물리학자 닐스 보어(Niels Bohr : 1885~1962)는 이 조화의 원리를 자연과학에 응용해 노벨 물리학상까지 받았다. 그의 학문에 있어 핵심적인 주제는 '서로 반대되는 것은 모순이 아니라 서로 보완적인 것' 이라는 것이다.

그에 의하면 자연현상이나 인간사에는 항상 양면성이 있다고 한다. 서로 반대되는 것은 모순이 아니며 서로 보완적이다. 이 둘을 같이 보지 않고서는 진리를 논할 수 없다. 개인과 공동체의 이해는 서로 상반될 수 있다. 이는 모순이 아니라 전체를 설명하는 한 부분이며, 서로 대립되면서 공존하는 가운데 조화가 모색되어야 한다. 이는 우리들의 문제를 해결하는 균형 잡힌 접근자세다. 자연현상이나 인간사회현상을 설명하는 원리는 매한가지다.

이러한 그의 상보성의 이론은 물론 동양의 음양철학에서 연유한 것이고, 또한 여기에는 그의 지기(知己)인 동양학자 요하네스 페데르센의 많은 감화와 도움에 힘입은 바 컸다고 한다.

이처럼 동양의 음양철학 내지 한국의 조화적 사유는 이미 서구인들에게도 감동을 주고 있고, 보편적인 철학으로 자리할 수 있는 가능성을 지니고 있다. 닐스 보어도 말했듯이, 상보성의 원리는 자연과학은 물론 인간사회 전 영역에 적용 가능한 것이다. 따라서 한국의 전통사상 속에 내재해 있는 조화적 사유도 이미 동서양을 관통하고 있으며, 시대를 초월하여 평화의 철학, 사랑의 철학으로 재평가될 수 있을 것이다. 또 이는 서구적인 대립의 논리를 극복하는 하나의 대안이 될 수 있다는 점에서 그 현대적 의미를 찾을 수 있다.

제 2 부

율곡사상의 심층이해

1장

'이통기국(理通氣局)' 의 이론체계와 그 의의

1. 시작하는 말

율곡은 퇴계와 더불어 정주 성리학을 계승하면서 어느 일면에서는 정주 성리학의 보완과 발전을 이룩했다고 볼 수 있다.[1] 율곡은 천부적인 철학적 영명성(穎明性)으로 정주 성리학을 이해하면서 나름대로의 철학체계와 정체성을 갖고자 노력하였다. 그것이 바로 기발이승(氣發理乘), 이기지묘(理氣之妙), 이통기국(理通氣局)으로 대표되는 그의 이기론(理氣論)이다. 물론 이러한 것들은 우계 성혼(牛溪 成渾)과의 논변을 통해 정치(精緻)하게 다듬어지고 정립된 것이지만, 지나칠 만큼 확신에 차 있는 그의 이론들이다.[2] 기발이승, 이기지묘, 이통기국은

---

1 이홍군은 「율곡 성리학의 주자철학적 계승과 전변」(충남대대학원(박사), 2006)에서 율곡 성리학의 주자철학적 계승과 발전적 측면을 논구한 바 있다.

2 『栗谷全書』, 卷10, 書2, 「答成浩原」, "天地之化, 卽吾心之發也. 天地之化, 若有理化者氣化者, 則吾心亦當理發者氣發者矣. 天地旣無理化氣化之殊, 則吾心安得有理發氣發之異乎? 若日吾心異於天地之化, 則非愚之所知也(此段最可領悟處, 於此未契, 則恐無歸一之期矣)."

엄밀하게 말하면 율곡의 독창은 아니다. 그것은 멀리 주렴계(周濂溪), 장횡거(張橫渠), 정이천(程伊川), 정명도(程明道)를 거쳐 주자에 이르는 송학에 기반한 것이다. 다만 율곡이 송학의 철학적 사유들을 차용하였다 하더라도 자신의 언어로, 자신의 개념으로, 자신의 논리로 만들어 사용함으로써, '율곡의 것' 으로 만들었다는 점에서 독창적 공헌을 간과할 수 없다.

'기발이승' 만하더라도 주자는 리가 기에 '걸려 있다', 리가 기를 '탄다', 리가 기에 '깃들어 있다' 는 등의 설명을 통해, 리가 기에 의착해 있는 이기의 유기적 구조를 잘 말해 주고 있다.[3] 또 퇴계와 고봉(高峰)의 사단칠정논변을 통해 퇴계가 사단을 '이발이기수지(理發而氣隨之),' 칠정을 '기발이이승지(氣發而理乘之)' 로 설명한 데서 '기발이승' 의 언표가 분명하게 드러난다.

그러나 율곡은 이기의 유기적 구조를 한마디로 기발이승으로 표현하고, 이를 자신의 철학적 중심개념으로 삼았다. 율곡은 주자에게서 다양하게 설명된 이기의 유기적 구조를 기발이승으로 단순화시켜 명료하게 설명했으며, 퇴계의 호발설(互發說)에서 기발이승을 차용하여 인간과 자연을 망라한 전 존재에 이를 적용시켜 기발이승일도(氣發理

같은 책, 卷10, 書2, 「答成浩原」, "理通氣局四字, 自謂見得, 而又恐珥讀書不多, 先有此等言, 而未之見也."

같은 책, 卷10, 書2, 「答成浩原」, "若朱子眞以爲理氣互有發用, 相對各出, 則是朱子亦誤也, 何以爲朱子乎?"

같은 책, 卷10, 書2, 「答成浩原」, "發之者, 氣也, 所以發者, 理也. 非氣則不能發, 非理則無所發(發之以下二十三字, 聖人復起, 不亦斯言)."

3 『近思錄』, 卷1, 「道體類」, "…… 理寓氣."

『朱子語類』, 卷1, 「理氣上」, "…… 無是氣, 則是理亦無掛搭處."

『朱子大全』, 卷62, 「答杜仁仲」, "神是理之發用而乘氣以出入者."

乘一途)를 선언하였다.

또한 '이기지묘'도 주자에게서 '이기불상리불상잡(理氣不相離不相雜)'으로 언표된 것을 선유의 용어를 차용해 이기의 관계를 '하나이면서 둘이요 둘이면서 하나(一而二 二而一)'로 표현하고, 궁극적으로는 이러한 존재의 오묘한 구경지(究竟地)를 가리켜 이기지묘라 하고, 이는 보기도 어렵고 또한 설명하기도 어렵다 하였다.[4] 도처에서 묵험(默驗), 체구(體究), 활간(活看), 심구(深究), 완색(玩索), 난견역난설(難見亦難說) 등의 부연 설명을 통해 이기지묘의 이해에 고도의 철학적 사색이 요구됨을 강조하였다.[5]

'이통기국' 또한 정주의 여러 글 속에 암시된 것임은 분명하다.[6] 또 불교 화엄사상 속에 이사(理事)의 설명에서 이와 비슷한 용례를 볼 수 있기도 하다.[7] 그러나 그 스스로 말하고 있듯이,[8] 이통기국을 자신의 용어로 삼고, 인간과 자연 그리고 본체계와 현상계를 자유롭게 넘나들며 이 세계를 설명한 것은 분명 율곡의 독창이라고 할 수 있다.

율곡 성리학에 관한 연구는 많이 이루어졌지만, 이통기국에 대한 깊이 있는 논구는 아직 미흡한 편이다.[9] 이통기국에 대한 논의가 부분

---

4 『栗谷全書』, 卷20, 「聖學輯要 2」, "有問於臣者曰, 理氣是一物, 是二物? 臣答曰, 考諸前訓, 則一而二二而一者也. 理氣渾然無間, 元不相離, 不可指爲二物 …… 雖不相離而渾然之中, 實不相雜, 不可指爲一物 …… 合二說而玩索, 則理氣之妙, 庶乎見之矣."

5 황의동, 『율곡철학연구』, 경문사, 1987, 30쪽.

6 『性理大全』, 卷34, 「道」, "程子曰, 萬物各具一理, 而萬理同出一原."
같은 책, 卷1, 「太極圖」, "惟人得其正, 故是理通而無所塞. 物得其偏, 故是理塞而無所知."

7 이병도, 『율곡의 생애와 사상』, 서문당, 1979, 69쪽.

8 『栗谷全書』, 卷10, 書2, 「答成浩原」, "理通氣局四字, 自謂見得 ……."

9 율곡의 이통기국에 관한 대표적인 연구로는 김용복의 「율곡의 이통기국설 -서양

적으로 이루어지고 있지만, 이일분수적(理一分殊的) 해석에 머무를 뿐, 입체적, 심층적 이해에는 미치지 못하고 있는 느낌이다. 논자의 견해로는 율곡 성리학의 진수(眞髓)가 바로 이통기국에 있고, 이 난해처(難解處)를 십분 통찰하는 것이 율곡철학 이해의 관건이라고 생각된다. 이러한 관점에서 율곡 이통기국의 연원과 사유구조를 이해하고, 여기에 담긴 철학적 함의가 무엇인가를 검토해 보고자 한다.

2. 율곡 이통기국의 연원; '이일분수(理一分殊)'

율곡 이통기국의 연원에 대해서는 불교 화엄의 이사(理事)와 통국(通局)에서 유래되었다고 보는 견해도 있고,[10] 또 주자의 '이동기이(理同氣異)'나 '이통(理通)', '이색(理塞)' 그리고 정주의 '이일분수(理一分殊)'에서 연유된 것으로 보기도 한다.[11]

그런데 율곡의 '이통기국'이라는 말이 불교 화엄의 이사통국(理事

철학에 나타난 보편성과 특수성 문제와의 비교-」(『논문집』, 10, 광운공과대학, 1981), 유택형의 「이통기국 철학사상을 통해서 본 인류문명 충돌의 해법」(『율곡정론』, 제5호, 율곡문화원, 2004), 이영자의 「호락논쟁에 있어서 율곡 이통기국설의 영향」(『동서철학연구』, 제41호, 한국동서철학회, 2006), 이천승의 「율곡의 이통기국설과 호락논변에 끼친 영향」(『한국사상사학』, 제25집, 한국사상사학회, 2005), 황의동의 「이통기국의 인성론적 고찰」(『동방사상논고』, 종로서적, 1983) 등이 있다.

10 이병도, 『율곡의 생애와 사상』, 서문당, 1979, 69쪽.

11 황의동, 「율곡의 철학사상에 관한 연구 -이기지묘를 중심으로-」, 충남대대학원(박사), 1987, 66쪽.
『性理大全』, 卷1, 「太極圖」, "惟人得其正, 故是理通而無所塞. 物得其偏, 故是理塞而無所知."

通局)에서 차용한 것이라 할지라도, 불교의 '이사(理事)'와 율곡의 '이기(理氣)'는 그 개념에 있어서 엄연히 다르다.[12] 율곡이 이미 청년기에 불교에 깊이 침잠한 바 있고 불교서적을 많이 접했다는 점에서 보면, 그의 이기론 형성이나 이통기국의 사고 형성에 미친 불교적 영향을 전혀 배제하기는 어렵다.

그럼에도 불구하고, 율곡이 충실한 주자학도라는 점을 감안하면, 주자의 수많은 언설 속에 비치는 '이동기이', '이통', '이색' 등에서 이통기국의 단서가 짐작되기도 한다.

'이일분수'는 정이천이 장횡거의 「서명(西銘)」을 해석하면서 리와 기를 형이상학적으로 설명하고 인간의 존재양상을 해명하기 위해 설정한 이론인데,[13] 주자에 의해 보다 구체화되어 성리학에 있어서 일체 존재구조를 설명하는 대표적인 용어가 되었다.

정이천은 "만물은 각각 일리(一理)를 갖추고 있으나, 만리(萬理)는 똑같이 한 근원에서 나온다"고 하였다.[14] 각각의 만물의 리가 한 근원의 일리(一理)에서 나온다고 하였으니, 근원적 일리는 천하 만물의 리를 통섭하는 이일(理一)의 리가 되고, 만물의 다양한 리는 분수(分殊)의 리가 된다. 그러나 이일지리(理一之理)와 분수지리(分殊之理)가 다른 것이 아니라 하나의 리다. 다만 체로서의 리와 용으로서의 리가 구별될 뿐이다.

주자는 정이천의 이일분수를 계승하여 이를 보다 명료하게 체계화시켜, 존재를 설명하고 이해하는 성리학의 중요한 이론으로 정착시켰

12 배종호, 『한국유학의 철학적 전개』, 중, 연세대출판부, 1985, 168~177쪽 참조.

13 『性理大全』, 卷4, 「西銘」, "西銘之作意蓋如此 程子以爲明理一而分殊可謂一言以蔽之矣."

14 같은 책, 卷34, 「理」, "程子曰, 萬物各具一理, 而萬理同出一原."

다. 주자는 만물의 일원(一原)과 이체(異體)의 두 가지 상반된 관점에서 이기의 관계를 이렇게 말한다. 만물의 일원을 보면 리는 같고 기는 다르며, 만물의 이체를 보면 기는 오히려 서로 가까우나 리는 절대로 같지 않다. 기의 다름은 순수하고 섞인 것이 같지 아니한 것이고, 리의 다름은 편벽되고 온전한 것이 혹시 다른 것이다.[15] 본체상에서 보면 리는 보편적으로 같지만, 기는 천태만상으로 차이성을 갖는다. 반면 현상계에서 보면 기는 오히려 서로 가깝지만 리는 절대로 같지 않다. 여기에서 일원의 리는 이일지리(理一之理)로서 보편성을 갖지만, 현상세계로 드러난 만물의 리는 분수지리(分殊之理)로서 기로 인해 편전(偏全)의 차별성을 갖게 된다.

또 주자는 말하기를, "만물은 각각 일리(一理)를 갖추고 있는데, 만리(萬理)는 한 가지로 한 근원에서 나온다. 만물은 모두 이 리가 있고, 리는 모두 한 가지로 한 근원에서 나온다. 단지 있는 위치가 같지 아니하여 리의 용이 한결같지 않다. 마치 인군이 되어서는 모름지기 인(仁)해야 하고, 신하가 되어서는 모름지기 경(敬)해야 하고, 자식이 되어서는 모름지기 효(孝)해야 하고, 부모가 되어서는 모름지기 자(慈)해야 한다. 물물(物物)이 각각 이 리를 갖추었는데 물물이 각각 그 용이 다르다. 그러니 리의 유행 아님이 없다"[16]고 하였다.

주자는 또 "태극(太極)은 단지 천지만물의 리인데, 천지에 있어서 말하면 천지 가운데 태극이 있고, 만물에 있어서 말하면 만물 가운데

---

15 『朱子大全』, 卷46, 「答黃商伯」, "論萬物之一原, 則理同氣異, 觀萬物之異體, 則氣猶相近, 而理絕不同也. 氣之異者, 粹駁之不齊, 理之異者, 偏全之或異."

16 『性理大全』, 卷34, 「理」, "朱子曰, 萬物各具一理, 萬理同出一原, 萬物皆有此理, 理皆同出一原. 但所居之位不同, 則其理之用不一, 如爲君須仁, 爲臣須敬, 爲子須孝, 爲父須慈, 物物各具此理, 而物物各異其用. 然莫非理之流行也."

각각 태극이 있으니, 천지보다 먼저 필경 이 리가 있지는 아니하다"[17] 고 하였다. 또한 서산진씨(西山眞氏)는 "만물은 각각 일리를 갖추고 있으니, 이것이 물물의 일태극(一太極)이다. 만리(萬理)는 똑같이 한 근원에서 나오니, 이것이 만물의 통체일태극(統體一太極)이다"[18]라고 하여, 통체일태극과 물물일태극(物物一太極)으로 설명하였다. 통체일태극은 이일지리(理一之理)이고, 물물일태극은 분수지리(分殊之理)다. 이처럼 주자는 리를 보편개념으로 파악하지만, 한편으로는 특수개념으로 파악하기도 하는데, 이것이 이일분수(理一分殊)다.[19] 분수(分殊)란 모든 존재의 종적(種的) 차이를 의미하며, 이일(理一)이란 그 종적 차이를 초월하는 근원적인 통일성을 의미한다.[20]

이와 같이 리를 중심으로 체용을 하나로 보는 논리가 이일분수인데, 정주를 비롯한 송대 성리학자들에 의해 체계화되었고, 이를 근거로 율곡은 이통기국의 이론을 세웠던 것이다.

3. 율곡의 이기론과 '이통기국'

율곡에 의하면 리와 기는 원래 서로 떠나지 아니하여 흡사 한 물건 같으나, 그 다른 것은 리는 무형(無形)이고 기는 유형(有形)이며, 리는

---

17 같은 책, 卷26, 「理氣1」, "朱子曰 …… 太極只是天地萬物之理, 在天地言, 則天地中有太極, 在萬物言, 則萬物中各有太極, 未有天地之先畢竟是先有此理 ……."

18 같은 책, 卷26, 「太極」, "萬物各具一理, 是物物一太極也, 萬理同出一原, 是萬物統體一太極也."

19 김경호, 「율곡 이이의 심성론에 관한 연구」, 고려대대학원(박사), 2001, 59쪽.

20 이상익, 『기호 성리학연구』, 한울아카데미, 1998, 83쪽.

무위(無爲)이고 기는 유위(有爲)다. 무형무위(無形無爲)하되 유형유위(有形有爲)의 주(主)가 된 것은 리요, 유형유위하되 무형무위의 기(器)가 되는 것은 기다. 리는 무형이요, 기는 유형이므로, 리는 통(通)하고 기는 국한된 것이며(理通氣局), 리는 무위요 기는 유위이므로, 기가 발하면 리가 타는 것이다(氣發理乘).[21]

율곡은 리 무위(無爲), 기 유위(有爲)에서 기발이승(氣發理乘)을 도출하고, 리 무형(無形), 기 유형(有形)에서 이통기국(理通氣局)을 도출하였다. '리가 발하는 기에 올라탄(氣發理乘)' 것이 곧 율곡이 본 세계요, 세계 이해다. 자연, 우주, 인간, 사물 모두가 기발이승의 존재다.[22] 기발이승은 리의 현실화, 리의 실현이라는 측면에서 존재의 참모습을 이기론적으로 표현한 것이다. 기발이승이라 하더라도 이기는 유기적 관계일 뿐 아니라 언제 어디서나 함께 있다.

이기지묘는 이기가 시간적으로 선후가 없고 공간적으로 이합(離合)이 없는 이기의 유기적 구조를 설명한 말이다. 즉 형이상자인 리와 형이하자인 기가 하나의 존재양상으로 있지만, 리는 리고 기는 기로서 구별된다. 이를 율곡은 '일이이 이이일(一而二 二而一)'의 논리로 설명한다.[23]

---

21 『栗谷全書』, 卷10, 書2, 「答成浩原」, "理氣元不相離, 似是一物, 而其所以異者, 理無形也, 氣有形也, 理無爲也, 氣有爲也. 無形無爲而爲有形有爲之主者, 理也, 有形有爲而爲無形無爲之器者, 氣也. 理無形而氣有形, 故理通而氣局, 理無爲而氣有爲, 故氣發而理乘."

22 같은 책, 卷10, 書2, 「答成浩原」, "天地旣無理化氣化之殊, 則吾心安得有理發氣發之異乎?"

23 같은 책, 卷20, 「聖學輯要2」, 修己 第2上, 窮理章第4, "有問於臣者曰, 理氣是一物, 是二物? 臣答曰. 考諸前訓, 則一而二, 二而一者也. 理氣渾然無閒, 元不相離, 不可指爲二物, 故程子曰, 器亦道, 道亦器. 雖不相離, 而渾然之中, 實不相雜, 不可指爲一

이는 주자가 이기의 관계를 합간(合看)에서는 불상리(不相離), 이간(離看)에서는 불상잡(不相雜)으로 설명한 데서 연유한다. 특히 율곡은 리 없는 기의 존재, 리의 선재(先在)를 부정하면서 이기의 동시동재(同時同在)를 일관되게 주장하는 데 특징이 있다.[24] 흔히 말하는 이선기후(理先氣後)란 실제적 언표가 아니라 리가 기를 통해 실현된다는 의미에서의 논리적 선후라고 말한다.[25] 이러한 율곡의 본체상에서의 이기 동시동재에 대한 확고한 견해는 이통기국의 논리적 기초가 된다. 이기는 떨어질 수 없는 유기적 관계하에 있고, 또 본체와 현상, 체와 용은 하나라는 전제에서 이통기국이 가능하기 때문이다.[26]

율곡은 이통기국의 이론적 근거를 리 무형, 기 유형에서 찾고 있다. 리가 통한다는 것은 리가 무형하기 때문이고, 기가 국한다는 것은 기가 유형하기 때문이다. 그런데 여기에서 리가 통한다는 것은 무엇인가? 율곡은 리가 형상이 없다는 것을 시간과 공간의 제약으로부터 자유롭다는 것, 즉 언제 어디서나 두루 통할 수 있다고 보았다. 따라서 리는 시간과 공간에 관계없이 보편성을 갖는다.[27]

또한 율곡은 기가 국(局)한다는 것을 시간과 공간에 제약되는 것, 즉 시간과 공간에 따라 국한되고 제약되는 개념으로 이해하였다. 이

物, 故朱子曰, 理自理, 氣自氣, 不相挾雜. 合二說而玩索, 則理氣之妙, 庶乎見之矣."

24 같은 책, 卷10, 書2, 「答成浩原, 理氣詠呈牛溪道兄」, "理氣本合也, 非有始合之時. 欲以理氣二之者, 皆非知道者也."

25 같은 책, 卷10, 書2, 「答成浩原」, "理氣無始, 實無先後之可言. 但推本其所以然, 則理是樞紐根柢, 故不得不以理爲先."

26 같은 책, 卷10, 書2, 「與成浩原」, "理通氣局, 要自本體上說出, 亦不可離了本體別求流行也."

27 같은 책, 卷10, 書2, 「答成浩原」, "理通者, 何謂也? 理者, 無本末也, 無先後也. 無本末無先後, 故未應不是先, 氣局者, 何謂也? 氣已涉形迹, 故有本末也, 有先後也."

기가 떨어질 수 없는 공동운명체인 한, 리의 자유도 기의 영향을 받지 않을 수 없다.

이렇게 볼 때, 율곡의 이통기국은 리 무형, 기 유형이라는 그의 이기개념에서 비롯되었고, 기발이승, 이기지묘와 상통되는 것을 알 수 있다. 아울러 율곡은 주자 이기론에 대한 확실한 이해에서 주자의 '이일분수'는 이통기국으로, '이기불상리불상잡'의 명제는 이기지묘로 바꾸어 표현하였던 것이다.[28]

4. 율곡 이통기국의 사유구조

(1) 이일분수(理一分殊)

율곡은 정주의 이일분수를 계승하여 이일분수를 설명한다. 율곡에 의하면 "대개 본연(本然)이란 '이일(理一)'이요, 유행(流行)이란 '분수(分殊)'다. 유행의 리를 버리고 따로 본연의 리를 구하는 것은 진실로 옳지 않다. 만약 리에 선악이 있다는 것으로써 리의 본연을 삼는다면, 이것 역시 옳지 않다. '이일분수(理一分殊)' 네 글자는 가장 체인(體認)하고 연구해야 할 것이니, 한갓 '이일(理一)'만 알고 '분수(分殊)'를 알지 못한다면 이는 불교에서 작용을 성(性)으로 생각하여 함부로 방자한 것과 같은 것이요, 한갓 '분수'만 알고 '이일'을 알지 못한다면, 순자(荀子)와 양웅(揚雄)이 성이 악하다든가 혹은 선악이 뒤섞여

---

28 이동희, 「율곡은 주기적이 아니면서 주기적이다」, 『율곡학연구총서(논문편2)』, 율곡학회, 2007, 218쪽.

있다든가 하는 것과 같다."[29]

본연에서 말하면 리는 본래 하나다. 즉 이일지리(理一之理)를 말한다. 유행에서 보면 리는 나뉘어 각기 다르다. 즉 분수지리(分殊之理)를 말한다. 본체상에서 리는 하나지만, 현상계에서는 다양한 리가 가능하다. 체와 용이 한 근원이고 본체와 현상이 하나인 한, 이일과 분수의 양 측면을 함께 보아야 한다. 율곡은 인간의 성을 보는 관점에서도 이일만 알고 분수를 모른다든가, 분수만 알고 이일을 몰라서는 안 된다고 하였다. 불교에서 작용을 성으로 아는 것은 이일만 알고 분수를 모르는 것이고, 순자의 성악설과 양웅의 성선악혼설(性善惡渾說) 등은 분수만 알고 이일을 모르는 경우라고 하였다. 그러므로 '이일분수(理一分殊)' 네 글자를 가장 체인하고 연구해야 할 것이라 하였다.

그런데 이일분수가 비록 리를 중심으로 체용을 하나로 본 이론이라 하더라도, 그 속에는 이미 이기지묘(理氣之妙) 내지 이기묘합(理氣妙合)을 전제한 것이다. 리의 체와 용을 말하지만, 기와 유기적 관계에서 하는 말이다. 왜냐하면 리의 분수라는 것 자체가 기와의 관계에서 비롯되기 때문이다.

율곡의 이일지리(理一之理)와 분수지리(分殊之理)는 각각 기일지기(氣一之氣)와 분수지기(分殊之氣)에 의착된 리다. 특히 율곡의 이일지리는 퇴계처럼 기와 관계없이 초월적으로 실재하는 것이 아니라 기일지기와 함께 묘합해 있는 리다.[30] 율곡은 이에 관해 다음과 같이 설

29 『栗谷全書』, 卷9, 書1, 「答成浩原」, "夫本然者, 理之一也, 流行者, 分之殊也, 捨流行之理, 而別求本然之理, 固不可, 若以理之有善惡者, 爲理之本然則亦不可. 理一分殊四字, 最宜體究, 徒知理之一而不知分之殊, 則釋氏之以作用爲性而猖狂自恣, 是也, 徒知分之殊而不知理之一, 則荀·揚以性爲惡, 或以爲善惡混者, 是也."

30 황의동, 『율곡사상의 체계적 이해 1』, 서광사, 1998, 159쪽.

명한다.

> 리는 비록 하나지만 이미 기에 탔으므로 그 나뉨이 만 가지로 다르다. 그러므로 천지에 있어서는 천지의 리가 되고, 만물에 있어서는 만물의 리가 되며, 사람에 있어서는 사람의 리가 되니, 이렇게 만 가지로 고르지 못한 것은 기의 소위다. 비록 기의 하는 바라 하더라도 반드시 리가 있어 주재하는 것이니, 만 가지로 고르지 못한 소이는 역시 리가 마땅히 그러한 것이요, 리가 그렇지 아니한데 기만 홀로 그러한 것은 아니다. 천지와 사람과 만물이 비록 각각 그 리가 있으나 천지의 리가 곧 만물의 리요, 만물의 리가 곧 사람의 리니, 이것이 이른바 '통체일태극(統體一太極)' 이다. 비록 하나의 리라 하더라도 사람의 성이 만물의 성이 아니며, 개의 성이 소의 성이 아니니, 이것이 이른바 '각일기성(各一其性)' 이다.[31]

천지지리(天地之理), 만물지리(萬物之理), 오인지리(吾人之理)가 하나의 리라는 점에서 통체일태극(統體一太極)이라 하고, 하나의 리라 하더라도 사람의 성, 만물의 성, 개의 성이 구별되는 성은 각일기성(各一其性)이다.

리는 본래 하나지만 리가 기를 타자마자 다양한 리로 전개된다. 즉 천지지리, 만물지리, 오인지리 등으로 다르게 나타나는데, 그렇게 되

---

31 『栗谷全書』, 卷10, 書2, 「答成浩原, 壬申」, "理雖一, 而既乘於氣, 則其分萬殊, 故在天地而爲天地之理, 在萬物而爲萬物之理, 在吾人而爲吾人之理, 然則參差不齊者, 氣之所爲也. 雖曰氣之所爲, 而必有理爲之主宰, 則其所以參差不齊者, 亦是理當如此, 非理不如此而氣獨如此也. 天地人物, 雖各有其理, 而天地之理, 卽萬物之理, 萬物之理, 卽吾人之理也, 此所謂統體一太極也. 雖曰一理, 而人之性, 非物之性, 犬之性, 非牛之性, 此所謂各一其性者也."

는 것은 기에 있다. 그러나 기가 분수(分殊)의 책임이기는 하나 여기에서도 리의 주재는 여전하다. 율곡에게 있어 '리는 기의 주재요 기는 리의 탈 바,'[32] '발(發)하는 것은 기요, 발하는 소이는 리'[33]라는 그의 이기에 대한 기본개념은 변하지 않는다.

기가 현실화, 실현의 주체라 하더라도 리의 주재 없이는 불가하다. 여기에서 율곡의 리와 기에 대한 상보적 역할과 기능 나아가 상보적 위상을 볼 수 있다.

율곡은 정명도의 '인생기품(人生氣稟) 이유선악(理有善惡)'에 대해서도 이일분수를 적용하여 이에 대한 명료한 이해를 요청한다.

> 정자는 말하기를, "사람이 태어남에 기가 품수되어 리에 선악이 있다"고 하였다. 이것은 사람들에게 매우 절실하게 여덟 글자로 깨우쳐 주는 곳이다. 그 이른바 '리(理)'라는 것은 기를 타고 유행하는 리를 가리킨 것이요, 리의 본연을 가리킨 것은 아니다. 본연의 리는 본래 순선(純善)하나 기를 타고 유행할 때 그 나누어짐이 만 갈래로 다르고, 기품에는 선악이 있으므로 리도 역시 선악이 있다. 대개 리의 본연은 순선하나 이미 기를 탈 즈음에는 고르지 못하고 가지런하지 않다. 맑고 깨끗하며 지극히 귀한 물건이나 지저분하고 더러우며 지극히 천한 곳에도 리가 존재하지 않는 데가 없다. 그런데 맑고 깨끗한 물에 있으면 리도 역시 맑고 깨끗하며, 지저분하고 더러운 곳에 있으면 리도 역시 지저분하고 더러워진다. 만약 지저분하고 더러운 것을 리의 본연이 아니라고 한다면 옳지만, 지저분하고 더러운 물에는

---

32 같은 책, 卷10, 書2, 「答成浩原」, "夫理者, 氣之主宰也, 氣者, 理之所乘也. 非理則氣無所根柢, 非氣則理無所依著."

33 같은 책, 卷10, 書2, 「答成浩原」, "發之者, 氣也, 所以發者, 理也. 非氣則不能發, 非理則無所發."

리가 없다고 한다면 옳지 못하다.[34]

율곡은 정명도가 사람이 이 세상에 태어나자마자 기를 품수하니, 리에도 선악이 있게 된다고 하였는데 이때 선악이 있는 리는 리의 본연이 아니라 유행의 리, 즉 분수의 리다. 리는 본래 순선(純善)하지만 기의 청탁수박(淸濁粹駁)에 따라 달라지는데, 기가 흐려 더러워졌을지라도 그 속에 리의 본연이 있다. 여기에 리의 본래성을 좌우하는 기에 대한 대처와 노력이 필요하다.

이상에서 율곡의 이일분수에 대한 설명을 검토해 보았거니와, 이일분수는 존재를 체용양면으로 나누어 구별하면서도 동시에 하나로 보는 이론체계라 할 수 있는데, 다만 리를 중심으로 보는 관점이다.[35] 이일분수는 이일(理一)이 기의 소위로 분수(分殊)되는 것, 즉 리 자체가 분수되면서 분수 속에 이일(理一)이 공유(共有)됨을 말한다.[36] 이러한 이일분수의 설은 율곡 이통기국설의 단초(端初)가 되는데, 율곡의 이기지묘적 사유에 근거하면 기를 중심으로 체용을 말할 수 있어야 한다. 즉 이일분수에 짝하는 기일분수의 사고가 전제될 때 이통기국의 종합적인 체계가 가능하다.

---

34 같은 책, 卷9, 書1, 「答成浩原」, "程子曰, 人生氣禀, 理有善惡, 此曉人深切, 八字打開處也. 其所謂理者, 指其乘氣流行之理, 而非指理之本然也. 本然之理固純善, 而乘氣流行, 其分萬殊, 氣禀有善惡, 故理亦有善惡也. 夫理之本然, 則純善而已. 乘氣之際, 參差不齊, 淸淨至貴之物及汚穢至賤之處, 理無所不在, 而在淸淨則理亦淸淨, 在汚穢則理亦汚穢, 若以汚穢者爲非理之本然則可, 遂以爲汚穢之物無理則不可也."

35 황의동, 「율곡의 철학사상에 관한 연구 -이기지묘를 중심으로-」, 충남대대학원(박사), 1987, 61쪽.

36 송석구, 「율곡의 철학사상연구 -성의정심을 중심으로-」, 동국대대학원(박사), 1980, 65쪽.

(2) 기일분수(氣一分殊)

위에서 말했듯이 율곡의 이통기국은 그 이전에 이일분수(理一分殊)와 함께 기일분수(氣一分殊)의 사유가 전제되어야 논리적으로 맞는다.[37] 율곡의 이일분수에 대해서는 이미 많은 언급이 있어왔고 자세한 논의가 있었지만 기일분수에 대해서는 이론이 분분했다.

1980년대 율곡학계에서는 기일분수의 사고 흔적이 보인다는 신중한 견해[38]로부터 율곡에게서는 아직 기일분수의 사상까지는 이르지 못했다[39] 등 다양한 견해가 있었다. 그러나 「천도책(天道策)」과 「수요책(壽夭策)」에는 이미 율곡의 기일분수에 대한 견해가 분명히 나타나 있다.[40]

율곡은 「수요책」에서 "합해서 말하면, 천지와 만물이 한 기를 함께하고, 나누어 말하면 천지와 만물이 각각 한 기를 갖는다. 한 기를 함께하기 때문에 리가 하나가 된 것이요, 각각 한 기를 갖기 때문에 나뉘어 달라지게 된 것이다. 두텁고 엷은 기와 길고 짧은 수가 같지 않는 것은 그 나뉘어 달라짐에 있는 것이 아니겠는가?"[41]라고 하였다.

---

37 배종호, 『한국유학사』, 연세대출판부, 1978, 113쪽.
송석구, 「율곡의 철학사상연구 -성의정심을 중심으로-」, 동국대대학원(박사), 1980, 64쪽.

38 안병주, 「율곡의 천재적 자질과 율곡사상의 자득지미」, 『한국사상의 본질과 율곡학』, 율곡사상연구원, 1980, 59~60쪽.

39 배종호, 『한국유학의 철학적 선개』, 중, 연세대출판부, 1985, 228~229쪽 참조.

40 황의동, 「율곡의 철학사상에 관한 연구 -이기지묘를 중심으로-」, 충남대대학원(박사), 1987, 64~65쪽 참조.

41 『栗谷全書』, 拾遺, 卷5, 「壽夭策」, "大小長短, 物之數也, 故天地大且長, 而人物小且短焉. 合而言之, 則天地萬物, 同一氣也, 分而言之, 則天地萬物, 各有一氣也. 同一

천지만물이 같은 일기(一氣)는 기일지기(氣一之氣)이고, 천지만물이 각각 다른 일기(一氣)는 분수지기(分殊之氣)다. 율곡은 동일기(同一氣)이므로 이일(理一)일 수 있고, 각일기(各一氣)이므로 분수(分殊)가 된 것이라 하였다. 여기서 기일분수가 이일분수에 기반하고 있음을 알 수 있다.

율곡은 또 23살 때 쓴 「천도책」에서 다음과 같이 기일분수의 이론을 보여 주고 있다. 일기(一氣)가 운행변화하여 흩어져 만수(萬殊)가 되니, 나누어서 말하면 천지만상이 각기 하나의 기이지만, 합해서 말하면 천지만상이 동일한 기다.[42] 여기에서 '일기가 운동변화하여 흩어져 만수가 된다'는 이 말은 율곡의 기일분수를 분명히 말해 주는 것이다. 율곡은 나누어서 말하면 천지만상이 각각 하나의 기지만, 합해서 말하면 천지만상이 동일한 기라고 하였다. 여기서 동일기(同一氣)는 체로서의 기일지기(氣一之氣)요 각일기(各一氣)는 용으로서의 분수지기(分殊之氣)다. 율곡은 이처럼 「천도책」과 「수요책」에서 기일분수의 사고를 분명히 보여 주고 있다.

율곡에 의하면 기는 유형(有形), 유위(有爲)를 특징으로 하고 가변성을 전제한다. 그런데 율곡은 일기(一氣)의 본원은 담연청허(湛然淸虛)하다고 하는가 하면,[43] 기의 본연은 담일청허(湛一淸虛)할 뿐이라고도 한다.[44] 기의 본체, 본연이 담일청허, 담연청허하다 함은 가치적

氣, 故理之所以一也, 各一氣, 故分之所以殊也. 厚薄之氣, 脩短之數, 所以不司者, 其不在分殊乎?"

42 같은 책, 卷14, 「天道策」, "嗚呼! 一氣運化, 散爲萬殊, 分而言之, 則天地萬象, 各一氣也, 合而言之, 則天地萬象, 同一氣也."

43 같은 책, 卷21, 「聖學輯要 3」.

44 같은 책, 卷10, 書2, 「答成浩原」.

으로 리의 순선(純善)과 다를 바 없다. 그러므로 김경탁(金敬琢)은 무형무위(無形無爲)의 리와 담일청허(湛一淸虛)의 기는 구경(究竟)에 있어서 동실이명(同實異名)이라 했던 것이다.[45]

율곡은 기의 본체를 긍정적으로 보아 리의 본체가 순선할 수 있는 조건으로 삼았다. 만약 기 본연의 순수성이 담보되지 않는다면 리의 본연도 순선을 보장할 수 없다. 왜냐하면 양자는 본체계에서나 현상계에서나 결코 떨어질 수 없고 유기적 관계하에 있기 때문이다. 이렇게 볼 때, 율곡의 경우 이일분수를 말하더라도 기일분수를 전제하는 것이며, 기일분수를 말하더라도 이일분수를 전제하는 것이다. 이일분수의 사고와 기일분수의 사고를 거쳐 이통기국의 사고가 도출되는 것이다.

(3) 이통기국(理通氣局)

앞에서 율곡의 이일분수와 기일분수에 대해 검토해 보았거니와, 이 바탕 위에서 창출된 것이 이통기국이다. 율곡은 리는 무형(無形)이고 기는 유형(有形)이기 때문에 리는 통(通)하고 기는 국(局)한다고 하였다.[46] 여기서 이통이란 리 무형에서 연역된 것이고, 기국이란 기 유형에서 연역된 것임을 알 수 있다. 율곡은 자신이 독창이라고 자부하는 이통기국에 관해 다음과 같이 상세한 설명을 하고 있다. 율곡은 리 무형을 근거로 리는 본말(本末)이 없고 선후가 없다고 한다. 리가 공간적으로 본말이 없고 시간적으로 선후가 없기 때문에 리는 언제 어

---

45 김경탁, 『율곡의 연구』, 한국연구도서관, 1960, 134쪽.

46 『栗谷全書』, 卷20, 「聖學輯要 2」, "理無形而氣有形, 故理通而氣局."

디서나 통한다. 여기서 통한다는 말은 시간과 공간의 제약으로부터 자유롭다는 것을 의미한다. 리가 기를 타고 유행하여 들쭉날쭉 같지 아니해도 본연의 묘리(妙理)는 있지 아니한 곳이 없다. 예컨대 기가 치우치면 리도 또한 치우치지만, 치우친 바는 리가 아니라 기다. 반대로 기가 온전하면 리도 역시 온전한데, 온전한 바는 리가 아니라 기다. 심지어 지게미, 썩은 흙, 재 같이 조잡하고 더러운 가운데에도 리가 있지 아니한 바가 없다.

또한 율곡은 기 유형을 근거로 기는 본말이 있고 선후가 있다고 한다. 기가 공간적으로 본말이 있고 시간적으로 선후가 있기 때문에 기는 때와 장소에 따라 국한된다. 여기서 국(局)한다는 말은 시간과 공간의 제약하에 있음을 의미한다. 기의 본연은 담일청허(湛一淸虛)할 뿐인데, 기가 오르고 내리고 드날려 일찍이 운동변화를 그침이 없으므로 천차만별의 차별상이 드러나고 온갖 변화가 생기게 된다. 따라서 기가 유행함에 그 본연을 잃지 않는 것도 있고 그 본연을 잃는 것도 있다. 이미 그 본연을 잃으면 기의 본연이 있는 바가 없다. 치우친 것은 치우친 기지 온전한 기가 아니며, 맑은 것은 맑은 기지 흐린 기가 아니다.[47]

---

47 같은 책, 卷10, 書2, 「答成浩原」, "理氣元不相離, 似是一物, 而其所以異者, 理無形也, 氣有形也, 理無爲也, 氣有爲也. 無形無爲而爲有形有爲之主者, 理也, 有形有爲而爲無形無爲之器者, 氣也. 理無形而氣有形, 故理通而氣局, 理無爲而氣有爲, 故氣發而理乘. 理通者, 何謂也? 理者, 無本末也, 無先後也. 無本末無先後, 故未應不是先, 已應不是後. 【程子說】是故, 乘氣流行, 參差不齊, 而其本然之妙, 無乎不在. 氣之偏則理亦偏, 而所偏非理也, 氣也, 氣之全則理亦全, 而所全非理也, 氣也. 至於淸濁粹駁, 糟粕煨燼, 糞壤汚穢之中, 理無所不在, 各爲其性, 而其本然之妙, 則不害其自若也, 此之謂理之通也. 氣局者, 何謂也? 氣已涉形迹, 故有本末也, 有先後也. 氣之本則湛一淸虛而已, 曷嘗有糟粕煨燼糞壤汚穢之氣哉? 惟其升降飛揚, 未嘗止息,

이렇게 볼 때, 리가 무형하다 함은 본말선후(本末先後)가 없다 함이요, 기가 유형하다 함은 본말선후가 있다 함인데, 이를 달리 말하면 이통(理通)과 기국(氣局)이 되는 것이다.[48] 통(通)이란 리가 무형하여 시간과 공간의 제약을 벗어나 두루 통할 수 있음을 말하고, 국(局)이란 기가 유형하여 시간과 공간에 제약되어 국한됨을 말한다.[49] 이와 같이 율곡이 이통과 기국을 상세히 설명하고 있는데, 그가 통(通)을 '본말도 없고 선후도 없다(無本末無先後),' 국(局)을 '본말도 있고 선후도 있다(有本末有先後)'로 설명한 것은 리 '무형무위(無形無爲),' 기 '유형유위(有形有爲)'에 비해 매우 진전된 이론이다.

또한 율곡은 마른 나무와 식은 재를 인용해 이통기국을 설명하면서, 마른 나무와 식은 재의 기는 살아 있는 나무와 살아 있는 불의 기가 아니지만, 마른 나무와 식은 재의 리는 곧 산 나무와 산 불의 리와 같다고 하였다. 그리고 리가 기를 타서 국한된 측면을 주자의 '리는 절대로 같지 않다(理絕不同)'는 말을 인용해 설명하고, 리가 비록 기에 국한되었더라도 본체는 스스로 같음을 주자의 '리는 리이고 기는 기다(理自理 氣自氣)'라는 말을 인용해 설명하였다.[50]

故參差不齊, 而萬變生焉. 於是氣之流行也, 有不失其本然者, 有失其本然者, 旣失其本然, 則氣之本然者, 已無所在, 偏者, 偏氣也, 非全氣也, 淸者, 淸氣也, 非濁氣也, 糟粕煨燼, 糟粕煨燼之氣也, 非湛一淸虛之氣也, 非若理之於萬物, 本然之妙, 無乎不在也, 此所謂氣之局也."

48 같은 책, 卷10, 書2, 「答成浩原」, "理通者何謂也? 理者, 無本末也, 無先後也 …… 氣局者何謂也? 氣已涉形迹, 故有本末也, 有先後也."

49 황의동, 「율곡의 철학사상에 관한 연구 -이기지묘를 중심으로-」, 충남대대학원(박사), 1987, 56쪽.

50 『栗谷全書』, 卷10, 書2, 「答成浩原」, "枯木有枯木之氣, 死灰有死灰之氣, 天下安有有形無氣之物乎? 只是旣爲枯木死灰之氣, 則非復生木活火之氣, 生氣已斷, 不能流行爾. 以理之乘氣而言, 則理之在枯木死灰者, 固局於氣而各爲一理, 以理之本體言,

율곡은 순자와 양웅은 다만 부수어진 리가 각각 한 개체에 있는 것만 보고 본체를 보지 못하였기 때문에 '성이 악하다', '선악이 뒤섞여 있다'는 설이 있고, 맹자는 다만 본체만 들고 기를 타서 국한되는 설에는 미치지 못하였기 때문에 고자(告子)를 굴복시키지 못하였다고 한다. 그러므로 정명도는 "성만 논하고 기를 논하지 않으면 갖추지 못한 것이요, 기만 논하고 성을 논하지 않으면 밝지 못하니, 이것을 둘로 갈라놓으면 옳지 않다"고 하였다 한다.[51]

그러므로 율곡은 '이통기국'은 요컨대 본체상에서 말해야 하지만, 본체를 떠나서 따로 유행을 구할 수 없다고 한다. 사람의 성이 사물의 성이 아닌 것이 기국(氣局)이고, 사람의 리가 곧 사물의 리인 것이 이통(理通)이다. 모나고 둥근 그릇은 같지 않지만 그릇 속의 물은 한 가지요, 크고 작은 병은 같지 않지만 병 속의 공기는 한 가지다. 기가 근본이 하나인 것은 리가 통하기 때문이요, 리가 만 가지로 나누어지는 것은 기가 국한되기 때문이다. 본체 가운데 유행이 갖추어 있고, 유행 가운데 본체가 있으니, 이것으로 미루어 보면 이통기국의 설이 과연 한쪽에 떨어질 수 있겠느냐고 반문하였다.[52]

則雖在枯木死灰, 而其本體之渾然者, 固自若也. 是故, 枯木死灰之氣, 非生木活火之氣, 而枯木死灰之理, 卽生木活火之理也. 惟其理之乘氣而局於一物, 故朱子曰, 理絕不同, 惟其理之雖局於氣, 而本體自如, 故朱子曰, 理自理氣自氣, 不相挾雜. 局於物者, 氣之局也, 理自理, 不相挾雜者, 理之通也."

51 같은 책, 卷10, 書2, 「答成浩原」, "荀·揚徒見零碎之理各在一物, 而不見本體, 故有性惡善惡混之說, 孟子只擧本體, 而不及乘氣之說, 故不能折服告子, 故曰論性不論氣, 不備, 論氣不論性, 不明, 二之則不是."

52 같은 책, 卷10, 書2, 「與成浩原」, "理通氣局, 要自本體上說出, 亦不可離了本體, 別求流行也. 人之性非物之性者, 氣之局也, 人之理卽物之理者, 理之通也. 方圓之器不同, 而器中之水一也, 大小之甁不同, 而甁中之空一也, 氣之一本者, 理之通故也, 理

여기서 중요한 것은 율곡이 이통기국을 본체상에서 논해야 한다고 전제하면서도, 결국 본체를 떠나서 유행을 찾을 수 없기 때문에 본체와 현상, 체와 용을 아울러 보아야 한다고 한 점이다. 즉 본체 가운데 유행이 있고 유행 가운데 본체가 있으니, 이통기국은 어느 일변에 치우쳐서는 안 된다는 것이다.

그런데 혹자는 율곡의 이통기국론이 본체와 현상, 리와 기를 분리했다고 비판하지만,[53] 이는 이통기국에 대한 오해요 잘못된 인식이다. 이통기국은 리와 기 어느 한 면으로 치우쳐 보는 관점을 지양하고, 이일(理一)과 기일(氣一), 이분수(理分殊)와 기분수(氣分殊)를 체용일원(體用一源)과 이기지묘(理氣之妙)의 논리로 창출한 것이다.[54] 다시 말하면 이일분수와 기일분수를 지양하여 이기의 격단(隔斷)과 체용의 분리를 반대하는 종합적인 사유다.[55]

이러한 율곡의 이통기국에 대해 혹자는 기존 주자학의 형이상학체계인 이일분수설의 해석에 불과하다든가,[56] 성리학에서의 이일분수설의 또 다른 표현에 불과하다고[57] 과소 평가하기도 하지만, 논자의 견해는 이와 다르다. 그것은 이통기국이 정주의 이일분수의 연전(演

之萬殊者, 氣之局故也. 本體之中, 流行具焉, 流行之中, 本體存焉, 由是推之, 理通氣局之說, 果落一邊乎?"

53 정원재, 「지각설에 입각한 이이철학의 해석」, 서울대대학원(박사), 2001, 52쪽.

54 황의동, 「율곡의 철학사상에 관한 연구 -이기지묘를 중심으로-」, 충남대대학원(박사), 1987, 65쪽.

55 같은 글, 67쪽.

56 최영진, 「율곡 이기론에 있어서의 의양과 자득」, 『율곡학연구총서(논문편2)』, 율곡학회, 2007, 72쪽.

57 이동희, 「율곡은 주기적이 아니면서 주기적이다」, 『율곡학연구총서(논문편2)』, 율곡학회, 2007, 215쪽.

展)임은 사실이지만, 거기에 머문 것은 결코 아니다. 물론 주자도 이일분수를 말하였고, 기일분수의 사고 흔적도 볼 수 있다.[58] 또 이기가 결코 떨어져서는 안 된다는 이기불상리(理氣不相離)의 유기적 설명도 하고 있다.

그러나 리의 체용과 기의 체용 그리고 이기의 묘융(妙融)을 종합해 하나로 정립한 이론은 보이지 않는다. 적어도 율곡은 이일분수로 리의 체용일원을 말하고 기일분수로 기의 체용일원을 말하면서, 이기는 본래 하나로 있다는 이기지묘를 전제하여, 리의 체용과 기의 체용 그리고 이기지묘를 아울러 이통기국의 설을 세웠다. 따라서 이통기국은 이일분수와 기일분수의 차원을 넘어서서 리의 체와 기의 체, 리의 용과 기의 용이 본체와 현상에서 각각 하나로 있고, 본체상의 이기지묘에서는 이통(理通)만 가능한 것이 아니라 기통(氣通)도 가능하고, 현상계에서는 기국(氣局)만 가능한 것이 아니라 이국(理局)도 가능한 지평이 열린다. 이렇게 이통기국은 이기와 체용을 자유롭게 넘나드는 회통(會通)의 논리가 가능한 것이다.

5. 율곡 이통기국의 철학적 함의(含義)

(1) 공존(共存)과 자존(自存)의 상생

율곡의 이통기국(理通氣局)에 담겨 있는 철학적 의의는 개체와 전체

58 『朱子大全』, 卷46, 「答黃商伯」, "論萬物之一原, 則理同氣異, 觀萬物之異體, 則氣猶相近, 而理絕不同也. 氣之異者, 粹駁之不齊, 理之異者, 偏全之或異."

가 조화를 이루고 자존(自存)과 공존(共存)의 상생에 있다. 이통(理通)의 관점에서 보면, 이 세계는 하나의 진리, 하나의 도덕, 하나의 세계를 지향한다. 삼라만상의 존재가 저마다 생존을 영위하지만 궁극적으로는 전체가 서로 돕고 함께 살아간다. 또 인간의 관점에서 보면, 비록 인종이 다르고 나라가 다르고 이념이 다르고 역사와 배경이 달라도 전 세계 인류는 보편적으로 인간존엄, 평화, 자유, 정의, 행복 등의 이상적 가치를 추구한다.

지구촌의 관점에서 보면, 온 세상은 하나의 지구촌이다. 우리 삶의 영역을 더 확장하면 우주로까지 확대해 생각할 수 있다. 나라와 나라, 인종과 인종, 개인과 국가가 모두 지구촌의 평화와 안전, 자유와 평등 그리고 복지가 보장되는 행복한 사회를 염원한다. 이처럼 모두가 개인과 국경, 이념과 종교를 뛰어넘어 하나로 통하는 길이 이통(理通)의 지평이다.

또 인간뿐만이 아니라 인간과 더불어 생존을 영위하는 수많은 동식물들, 그리고 생명 없는 자연, 사물에까지도 하나로 통할 수 있는 이념, 가치가 있다면 그것이 이통의 길이다. 오늘날 지구촌의 인류가 지구환경을 걱정하고, 핵무기의 재앙을 통제하고, 과학기술의 후유증을 최소화하고자 노력하는 것들이 바로 이통의 의미라고 할 수 있다.

반면 이 세계는 분명 내가 존재하고, 나와 마주 서 있는 수많은 그들이 존재한다. 인종이 다르고 정치체제가 다르고 역사적, 문화적 배경이 다르다. 또 종교가 다르고 관습이 다르고 도덕이 다르다. 전체성도 중요하지만 차이성, 개별성도 중요한데 이것이 바로 기국성(氣局性)이다. 인간만 그런 것이 아니라 식물도 천차만별로 다양하며, 동물세계도 다양하게 존재한다. 저마다의 생존방식이 있고 질서가 있고 문화가 있다. 이 차이를 인정하는 것이 기국성(氣局性)의 의의다. 전체만 중요한 것이 아니라 개체도 중요하다. 국가만 중요한 것이 아니라 개인도 중요하다. 나만 중요한 것이 아니라 나와 마주 서 있는 너도 중요하다. 인간만 중요한 것이 아니라 자연도 중요하다. 흙, 돌멩이, 바람, 공기, 물까지도 중요한 존재라는 인식이야 말로 기국성이 갖는 의미다.

또한 이통(理通)이란 이 세상 모든 것에 존재하는 보편성을 말하고, 기국(氣局)이란 만물에 편재(遍在)하는 보편성이 구체적인 모습으로 표현되는 것을 말한다. 구체성이 없이는 보편성이 있을 자리가 없고, 보편성을 잃어버린 구체성은 의미를 잃어버린 고립적 존재가 되어 버린다.[59] 즉 구체성이 없는 보편성은 공허하고, 보편성이 없는 구체성은 고립주의가 되고 만다.[60]

이런 관점에서 이통기국의 함의는 전통문화의 독자성과 정체성을 존중하며, 다른 측면에서는 자국의 한계를 뛰어넘는 세계적 보편성을 존중해야 한다. 또 인간의 보편성과 함께 각 개인의 개성을 함께 존중해야 한다. 예의나 관습도 전 세계 인류의 보편적인 인간존중의 예의 정신을 추구하지만, 나라나 지역마다 지니는 예의와 관습의 특수성도 존중해야 한다.[61]

이렇게 볼 때, 율곡의 이통기국은 개별성과 전체성의 조화를 의미한다. 또 주체와 객체의 상생을 추구한다. 개체의 자존과 함께 전체의 공존을 추구한다. 개체를 위해 전체를 무시하거나 전체를 위해 개체가 희생되어서는 안 된다. 자존과 공존이 갈등하지 아니하고, 또 어느

59 노영찬, 「현대사회의 가치와 율곡의 사고구조」, 『율곡학연구』, 제1집, 한림대율곡학연구소, 2005, 106쪽.

60 같은 글, 106쪽.

61 황의동, 『율곡 이이』, 살림출판사, 2007, 85쪽.

하나도 소외되지 않는 데서 자존과 공존의 상생이 가능하다. 이것이 율곡의 이통기국이 담지(擔持)한 철학적 함의의 하나다.

(2) 기국성(氣局性)의 극복과 이통성(理通性)의 회복

율곡은 인간을 전인적 존재로 보았다. 심신일체(心身一體)인 동시에 영혼과 육신이 하나로 어우러진 영육쌍전(靈肉雙全)의 존재다.[62] 인간은 이 세상에 태어나자마자 신체를 가진 존재이기 때문에 기 내지 기질을 면할 수 없고 형기(形氣), 형색(形色)을 면할 수 없다. 그래서 율곡은 주자의 견해를 좇아 성(性)이란 이기(理氣)의 합이라 하고, 리가 기 가운데 있은 후에야 성이 된다고 하였다. 만약 형질 가운데 있지 아니하다면 마땅히 리라고 해야지 성이라고 해서는 안 된다고 하였다.[63] 이처럼 율곡은 리로서의 본연지성(本然之性)은 이상적인 성이요 관념적인 성으로 보아 기질지성(氣質之性)을 강조하였다.

또 인간의 감정에 있어서도 퇴계처럼 순수 도덕적 감정인 사단과 일반적 감정인 칠정을 가치적으로 구별해 보지 않고, 인간의 감정을 칠정으로 이해하고 그 범주 속에서 선한 도덕 감정인 사단을 이해하고자 했다.[64]

마찬가지로 인간의 마음도 기발이승(氣發理乘)으로 보고,[65] 인심(人心)도 잘하면 도심(道心)으로 결과할 수 있고, 도심도 잘못하면 인심

---

62 『栗谷全書』, 卷21, 「聖學輯要3」, "心爲身主, 身爲心器."
같은 책, 卷20, 「聖學輯要2」, "…… 形生於陰, 神發於陽."

63 같은 책, 卷10, 書2, 「答成浩原, 理氣詠呈牛溪道兄」, "性者, 理氣之合也. 蓋理在氣中然後爲性, 若不在形質之中, 則當謂之理, 不當謂之性也."

64 같은 책, 卷10, 書2, 「答成浩原」, "四端, 只是善情之別名, 言七情, 則四端在其中矣."

65 같은 글, "理乘其本然之氣而爲道心焉 …… 故理亦乘其所變之氣而爲人心."

으로 끝날 수 있다 하였다.[66] 이와 같이 율곡은 심(心), 성(性), 정(情)을 모두 이기의 합으로 보고, 전인적 관점에서 인간을 보고자 했다.

율곡에 의하면 본연의 리는 본래 순선(純善)하지만 기를 타고 유행할 때 그 나누어짐이 만 갈래로 다르고, 기품(氣稟)에는 선악이 있으므로 리도 역시 선악이 있게 된다. 리의 본연은 순선하나 이미 기를 탈 즈음에는 고르지 못하고 가지런하지 않다.[67] 인간의 심성 속에 있는 리는 본래 순선한 것인데, 기가 문제가 된다. 기는 맑고 흐리고 순수하고 잡박하여 선악의 양면성을 갖는다. 심, 성, 정이 모두 이기를 떠날 수 없는 한, 아무리 리가 순선해도 기가 어떠한가에 따라 리도 영향을 받는다. 리 자체의 변질은 아니지만 기로 인해 리의 본래성, 순선이 은폐된다.

이제 이러한 율곡의 인성 이해를 바탕으로 이일분수(理一分殊), 기일분수(氣一分殊), 이통기국(理通氣局)을 인성에 접목시켜 그 의의를 생각해 보자. 앞서 설명한대로 율곡의 이일분수는 기일분수와 짝이 된다. 즉 본체상에서는 이일지리(理一之理)가 기일지기(氣一之氣)에 의착해 있고, 분수지리(分殊之理)가 분수지기(分殊之氣)에 의착해 있는 구조다. 이렇게 되어야 율곡의 이통기국이 논리적으로 정합성을 갖는데, 이미 율곡은 이기지묘, 이통기국의 논의를 통해 이를 잘 설명해 주고 있다.

율곡에 있어 본체상에서의 이기는 가치적으로 동실이명(同實異名)이라고 볼 수 있다.[68] 율곡은 기의 본연을 담일청허(湛一淸虛)로 규정

---

66 같은 책, 卷9, 書1, 「答成浩原」, "人心道心, 不能相兼, 而相爲終始焉."

67 같은 글, "本然之理, 固純善, 而乘氣流行, 其分萬殊, 氣稟有善惡, 故理亦有善惡也. 夫理之本然, 則純善而已. 乘氣之際, 參差不齊."

68 김경탁, 『율곡의 연구』, 한국연구도서관, 1960, 134쪽.

하였으니, 이는 기를 리와 다를 바 없는 순수한 것으로 가치 규정한 것이다. 본체상에서의 기는 한결같이 깨끗하고 맑고 순수하다. 따라서 본체상에서 이일지리(理一之理)의 순선을 담지하는 것이 바로 기일지기(氣一之氣)의 담일청허다. 본체상에서 이일(理一)과 기일(氣一)은 둘이지만 하나다. 형식만 그런 것이 아니라 가치상, 질적으로도 이기(理氣)는 하나라고 할 수 있다. 이를 추론하면 본체상에서는 이통(理通)만 가능한 것이 아니라 기통(氣通)도 가능하다고 볼 수 있다. 주자는 현상계에서의 기의 상근성(相近性)을 말하고 있지만,[69] 율곡의 경우 그 스스로 말하지 않았지만 이통기국에 담긴 깊은 의미를 활간(活看)하면 이통(理通), 기통(氣通), 이국(理局), 기국(氣局)이 가능해 보인다. 문제는 현상계에 있다. 이미 기가 운동변화를 하게 되면 선악의 양면성을 갖게 된다.

율곡은 인간존재의 기질변화의 가능성에 대해 이렇게 설명한다.

> 천지는 기의 지극히 바르고 지극히 통한 것을 받았으므로 정성(定性)이 있어 변함이 없고, 만물은 기의 편벽되고 막힌 것을 받았으므로 역시 정성이 있어 변함이 없다. 이러므로 천지와 만물은 다시 닦고 행할 도리가 없고, 오직 사람만은 기의 바르고 통한 것을 받았는데, 맑고 탁하며, 순수하고 잡박함이 만 가지로 달라, 천지의 순일(純一)함과는 같지 못하다. 다만 그 마음됨이 허령통철(虛靈洞徹)하여 온갖 이치가 구비되어 있으므로, 탁한 것을 맑은 것으로 변하게 할 수 있고, 잡박한 것을 순수한 것으로 변하게 할 수 있다. 그러므로 수위(修爲)의 공이 홀로 사람에게 있는데, 수위의 극진

69 『朱子大全』, 卷46, 「答黃商伯」, "論萬物之一原, 則理同氣異, 觀萬物之異體, 則氣猶相近, 而理絕不同也. 氣之異者, 粹駁之不齊, 理之異者, 偏全之或異."

> 함이 천지가 각기 제 자리를 정하고 만물이 순조롭게 육성된 연후에야 우리 인간의 할 일을 능히 다하는 것이 된다.[70]

여기에서 율곡은 인간을 천지와 같이 기가 순일(純一)한 존재는 못되지만, 다른 동식물이나 사물과는 달리 기의 바르고 통함을 받았다고 한다. 그러나 기가 맑고 탁하고 순수하고 잡박함이 만 가지로 달라서 선악 양면성을 갖는다고 보았다. 다행히 인간은 마음이 허령통철(虛靈洞澈)하여 온갖 이치를 구비하고 있어 흐린 것을 맑게 할 수 있고, 잡박한 것을 순수하게 변화시킬 수 있는 능력이 있다. 즉 인간만이 기질변화, 수양의 가능성을 가졌다는 것이다. 율곡은 인간이 기질의 청탁수박(淸濁粹駁)을 지닌 존재, 선악의 양면성을 지닌 존재로 보았다. 이는 인간에게 주어진 운명적인 측면이다.

그러나 인간은 허령통철한 마음을 지녀 변화의 가능성, 수양의 가능성을 가졌다는 것이다. 이는 인간이 주어진 운명 앞에 그대로 사는 존재가 아니라, 자신의 심성과 행동, 인격을 능히 변화시킬 수 있는 존재임을 선언한 것이다. 이러한 율곡의 인간관은 현대적으로도 매우 중요한 의미를 갖는다.

이러한 율곡의 인간관을 이해하면서 호연지기(浩然之氣), 본연지기(本然之氣), 본선지리(本善之理)를 통해 기국성(氣局性)에서 이통성(理通性)으로의 변화 가능성에 대해 검토해 보기로 하자.

---

70 『栗谷全書』, 卷10, 書2, 「答成浩原, 壬申」, "天地, 得氣之至正至通者, 故有定性而無變焉, 萬物, 得氣之偏且塞者, 故亦有定性而無變焉. 是故, 天地萬物, 更無修爲之術, 惟人也, 得氣之正且通者, 而淸濁粹駁, 有萬不同, 非若天地之純一矣 但心之爲物 虛靈洞徹 萬理具備 濁者可變而之淸 駁者可變而之粹 故修爲之功 獨在於人 而修爲之極 至於位天地育萬物 然後吾人之能事畢矣."

> 대저 리 위에는 한 글자도 보탤 수 없고 한 터럭만큼도 닦는 노력을 보탤 수 없다. 리는 본래 선한 것이니 어찌 닦을 수 있는가? 성현의 천 마디 만 마디 말이 단지 사람으로 하여금 그 기를 검속하여 기의 본연을 회복할 뿐이다. 기의 본연은 호연지기(浩然之氣)다. 호연지기가 천지에 꽉 차면 본선지리(本善之理)가 조금도 가려짐이 없는 것이니, 이것이 맹자의 양기론(養氣論)이 성문(聖門)에 공이 있는 까닭이다.[71]

율곡에 의하면 리는 본래 순선(純善)하여 수위(修爲)의 필요가 없다. 문제는 기에 있으므로 기를 검속(檢束)하여 기의 본연을 회복하는 것이 중요하다. 그런데 기의 본연이 곧 맹자가 말하는 호연지기(浩然之氣)다. 호연지기가 천지에 꽉 차면 본선의 리(本善之理)가 온전히 드러나게 된다. 여기서 우리는 다시 한 번 율곡이 본연의 기를 성선(性善)과 다름없이 긍정적으로 보고 있음을 확인하게 된다. 이는 율곡이 '기의 본연을 회복한다(復其氣之本然)'는 말에서 잘 알 수 있는데, '복기기지본연(復其氣之本然)'이라는 이 말은 매우 중요한 언표로 주목해야 할 발언이다. 왜냐하면 율곡의 말대로 선유의 전통으로 보면 '기질을 고친다(矯氣質)'고 말하지 '그 기를 회복한다(復其氣)'라고는 말하지 않기 때문이다.[72]

그러나 율곡은 분명히 '복기기지본연(復其氣之本然)'을 말하고 있

71 같은 책, 卷10, 書2, 「答成浩原」, "夫理上不可加一字, 不可加一毫修爲之力. 理本善也, 何可修爲乎? 聖賢之千言萬言, 只使人撿束其氣, 使復其氣之本然而已. 氣之本然者, 浩然之氣也. 浩然之氣, 充塞天地, 則本善之理, 無所掩蔽. 此孟子養氣之論, 所以有功於聖門也."

72 같은 책, 卷31, 「語錄上」, "問先儒每言復其性, 而不言復其氣何也? 日本然之性, 雖物蔽氣拘, 而推其本, 則純善無惡, 故日復其性也. 至於氣, 則或濁或駁, 已判於有生之初, 故不日復其氣, 而日矯氣質也."

다. 이는 맹자가 '그 본심을 잃는다(失其本心)' 고 말하듯이, 본연지기를 잃은 소변지기(所變之氣)에 있어서도 본연지기를 회복해야 한다(復其氣)고 말할 수 있다는 논리다.[73]

또한 율곡이 이렇게 '복기성(復其性)' 과 함께 '복기기(復其氣)' 를 말할 수 있는 것은 그의 이통기국의 인성관에 있다. 즉 앞서 말한 대로 기의 본연은 담일청허(湛一淸虛)하다. 맑고 순수하고 깨끗한 기다. 이는 가치상으로 리의 순선과 다를 바 없다. 그러므로 기의 본연을 긍정적으로 보는 율곡의 입장에서는 소변지기(所變之氣)에서 본연지기(本然之氣)로의 회복이라는 말을 쓸 수 있다. 그리고 이는 다시 말하면 이통성(理通性)으로서의 성은 순선한 것으로 본연지성이지만, 기국성(氣局性)으로서의 성은 선할 수도 있고 악할 수도 있는 기질지성이다. 따라서 기질변화를 통해 기의 본연을 회복하는 것이 곧 본선지리(本善之理)를 회복하는 것이 되며, 이것이 곧 맹자의 호연지기다. 여기에서 본연지기, 본연지리, 본선지리, 호연지기는 각기 표현은 달라도 내용상으로는 같다.[74]

퇴계가 본연지성을 중시하고, 기를 부정적으로 보아 리로부터 기를 격리시키고 배제하여 순선의 리를 온전하게 드러내야 한다고 본데에 대해, 율곡은 현실적인 기질지성을 인정하는 입장에서 기의 본연을 긍정적으로 보아, 기질변화를 통해 기의 본연을 회복하는 것이 곧 리의 본연을 회복하는 현실적인 첩경이라고 본 것이다.

---

73 같은 책, 卷9, 書1, 「與成浩原」, "…… 以偏塞爲失其本然之氣者, 雖似不當, 但以孟子失其本心之語, 求之則,恐不悖理, 本心不可失, 而猶謂之失, 則況湛一之變爲汙濊者, 不可謂之失乎? 更思之如何?"
황의동, 『율곡철학연구』, 경문사, 1987, 154~155쪽 참조.

74 같은 책, 158쪽.

이렇게 볼 때, 인간 존재에 있어서 기질변화의 가능성 내지 수위(修爲)의 가능근거는 율곡의 독특한 기관(氣觀)에 있다. 기를 단순히 리의 주재에 종속되어 작용하는 것으로 보지 않고, 기의 유위성(有爲性)을 '능변화(能變化)'의 속성까지도 갖는 것으로 본 점에 있다. 결국 중인에서 성인까지 천차만별의 차이, 즉 기국성(氣局性)을 갖는 인간이지만 인간만은 자각적 존재요, 주체적 존재로서 능히 기국성을 극복하여 이통성(理通性)에로 돌아갈 수 있는 주체적 존재라고 본 것이다.[75]

(3) 이상의 현실화, 제약에서 자유로

이통(理通)의 '통(通)'은 인간의 의지나 행위와 상관없이 항상 존재하는 보편의 원리지만, 특수존재가 기국성(氣局性)을 극복하고 통할 수 있는 가능근거이며, 기국(氣局)의 '국(局)'은 유한성을 지닌 존재로서의 특수의 원리지만, 변화를 통해 상황에 따라 제한시켜 갈 수 있는 가변의 가능 근거다. 그러므로 현실에 절대선의 실현이 불가능한 듯하지만 실현 가능성은 항상 열려 있으며, 현실은 창업(創業), 수성(守成), 쇠퇴(衰退)라는 필연성의 지배를 받지만, 언제나 절대선의 실현을 향해 필연성을 극복할 수 있는 가변의 가능성 또한 항상 열려 있다.[76] 이통의 세계는 가능의 지평이라면 기국의 세계는 그 가능성을 현실화시키는 지평이다.[77] 또한 이통의 세계가 본질과 초월 그리고

75 황의동, 『율곡사상의 체계적 이해 1』, 서광사, 1998, 258쪽.

76 김교빈, 「율곡철학에서의 필연성과 가변성에 대한 연구」, 『율곡학연구총서(논문편2)』, 율곡학회, 2007, 93쪽.

77 김형효, 「율곡과 메를리-뽕띠와의 비교 연구」, 『율곡학연구총서(논문편1)』, 율곡학회, 2007, 537쪽.

보편적인 정신의 자유로운 왕국이라면, 기국의 세계는 실존과 내재 그리고 정신의 자유를 제한시키는 무의지, 무반성의 세계이다.[78]

인간을 포함한 모든 존재는 이 세상에 운명적으로 주어졌다. 보이지 않는 절대자의 손에 얽혀진 이통(理通)의 그물 속에 산다. 그런 점에서 천지지리(天地之理), 만물지리(萬物之理), 오인지리(吾人之理)가 하나라고 말한다. 또 인간과 자연이 하나라고 말한다.[79] 이 절대적 보편의 리는 존재하는 모든 것들의 존재지리(存在之理)요 그들이 각기 가야할 마땅한 길로서의 당위지리(當爲之理)다. 일체 존재가 저마다 자기 존재의 방식대로 살아가는 것이 곧 지선(至善)이요 이통의 질서다.

또 인간세계에서 볼 때 이통으로서의 인간은 보편적이다. 만인 평등, 성선의 인간존재다. 그러나 기국성을 지닌 인간 존재는 능력, 외모, 성격 등 모든 면에서 차이를 갖는다. 이기를 떠날 수 없는 인간이기 때문에 성선, 평등의 이통성은 기국성의 제약하에 있다. 그러나 기국성이 비록 선악, 긍정과 부정의 양면성을 갖지만, '능변화(能變化)'의 유위성(有爲性)을 갖는다. 여기에 인간은 주어진 운명 앞에 그대로 살지 않고 스스로 기획하고 변화하는 삶을 영위할 수 있다. 이것이 기국의 국한성을 넘어서서 자유로 가는 길이다. 어차피 이통성과 기국성은 공동운명체다. 서로 상호 의존하고 또 상호 영향을 미친다. 이통성으로서의 절대선(絕對善), 지선(至善)의 가치는 우리가 가야할 목표요 이상이다. 그 이상을 실현하고 가치를 실현하는 것은 기국성의 몫이다. 이통성이 없는 기국성은 맹목이고, 기국성이 없는 이통성은 공허하다. 이통과 기국이 소통되고 조화되는 데서 이상은 현실화되고

---

78 같은 글.

79 『栗谷全書』, 拾遺, 卷5, 「神仙策」, "蓋聞天地萬物, 本吾一體."

국한을 뛰어넘어 자유의 왕국은 실현된다.

6. 맺는 말

율곡의 성리학 가운데에서도 그의 이통기국론은 백미(白眉)에 속한다. 이통기국은 율곡 스스로 말하듯이 독창의 성격이 짙다. 이통기국이 정주의 이일분수에 기반하여 도출된 것은 틀림없지만, 율곡처럼 이기의 유기적 구조를 전제로 리의 체용과 기의 체용을 종합적으로 체계화 시킨 경우는 없기 때문이다.

그동안 이통기국에 대한 학계의 논의가 많았지만, 대체로 리의 보편성과 기의 특수성을 조합한 정도로 이해해 온 것이 사실이다. 그러나 율곡의 이통기국은 이렇게 평범한 이론이 아니다. 이통기국은 3단계의 사유구조를 갖는다. 이일분수(理一分殊)의 사유, 기일분수(氣一分殊)의 사유를 거쳐 이통기국(理通氣局)의 사유에 이른다. 이일분수는 리를 중심으로 리의 체용을 일원(一源)으로 본 사유다. 이는 정주에 의해 체계화되고 율곡도 이를 충실히 계승하였다. 율곡의 기일분수에 대해서는 그동안 우리 학계가 소극적으로 보아 온 것이 사실이다. 그러나 율곡은 「천도책」과 「수요책」에서 기일분수의 설을 분명히 설명하였다. 이일분수가 있으면 마땅히 기일분수가 전제되어야 논리적으로 맞는데 율곡은 이를 충족하고 있다. 이렇게 볼 때, 율곡의 이통기국은 리의 체용과 기의 체용을 이기지묘 속에 하나로 융섭(融攝)한 종합적인 사유체계다.

이통기국의 철학적 함의는 먼저 개체의 자존(自存)과 전체의 공존(共存)이 상생하는 의미가 있다. 인간, 동물, 식물 등 지구촌의 모든 존재는 저마다 자기 삶을 영위하고 자기의 생존방식대로 살아가지만, 보편적인 질서와 이상이 있다. 이 하나의 진리, 하나의 질서, 하나의 도덕이 바로 이통(理通)의 지평이다. 반면 각 개체의 삶과 자기다운 생존방식도 나름대로 중요한 것이니, 이것이 바로 기국(氣局)의 지평이다.

또한 이통기국은 인성에 있어 기국성(氣局性)을 극복하고 이통성(理通性)으로 나아갈 수 있는 길을 제시해 준다. 이통성으로서의 인성은 만인이 평등하고 선한 본성이다. 그러나 기질을 지닌 인간이기에 천차만별의 차이를 갖는데 이것이 기국성으로서의 성이다. 기국성으로서의 성은 선악 양면성을 갖는다. 여기에 기국성을 극복하고 이통성에로 돌아가야 한다. 그런데 율곡은 기의 본연을 담일청허(湛一清虛)하다고 규정함으로써 본체상에서의 이기는 가치상 하나로 상통된다. 여기에 이통만이 아닌 기통(氣通)의 가능성이 열린다.

끝으로 이통기국은 이상을 현실화하고, 운명적 제약을 딛고 서서 자유의 왕국을 실현하는데 의의가 있다. 이통은 인간의 이상이요 목표요 지향점이다. 기국은 그 이상을 실현시킬 수 있는 동력이다. 이통성만으로는 공허하고, 기국성만으로는 맹목이다. 따라서 이통성과 기국성이 조화를 이루는 데서 이상은 현실화된다. 아울러 우리는 모두 이통으로서의 운명적 존재다. 불변의 하나다. 그러나 기국으로서의 가변성은 운명을 딛고 일어서는 자유의 동력이다. 기국성은 본래 제약적이지만 역설적으로 변화의 가능성을 통해 자유롭다. 불변의 원칙, 보편의 상도(常道)는 움직일 수 없는 운명이다. 그러나 인간은 변화하는 시공에서 살고 있고, 인간의 몸과 마음도 변화한다. 이 속에서 불변과 변화, 운명과 자유의 아름다운 만남을 이통기국에서 찾을 수 있다.

2장
도덕 교육론의 철학적 기초

1. 문제의 제기

우리는 지금 변화와 개혁의 시대에 살고 있다. 세계도 변화하고 있고 우리 사회도 변화를 시도하고 있다. 이렇게 우리 사회의 각 분야가 변하고 있지만 아직도 교육의 변화는 느리기만 하다. 오늘날 우리가 국제경쟁력을 말한다면, 그 동력은 사람에게서 찾아야 할 것이고 그것은 다시 교육에서 찾아야 할 것이다. 이런 점에서 가히 우리 교육은 위기에 서 있다 할 것이다.

그런데 무엇이 교육의 위기인가? 교육의 위기를 말할 때 그 내용에는 여러 가지를 포함하고 있다. 그중에서도 주지주의적(主知主義的) 편향에서 오는 전인 교육의 부재현상은 가장 심각한 교육의 과제다.

교육의 정의는 다양하게 내릴 수 있지만 교육은 바람직한 정신 상태를 도덕적으로 온당한 방법으로 의도적으로 실현하는 일, 인간 행동의 계획적 변화, 인간의 성장 가능성을 최대한으로 신장시키도록 돕는 일 등으로 정의할 수 있다.[1] 진정한 의미에서의 교육은 인간의 성장 가능성을 가치 있는 방향으로 최대한 신장시킴으로써 건강하고

지적이고 자유롭고 사회적으로 도덕적으로 성숙한 삶을 살 수 있게 하기 위한 것이다.[2]

이와 같이, 교육은 인간의 바람직한 변화를 의도적이고도 계획적으로 하는 활동을 의미한다. 이는 곧 인간됨의 과정이요 인간화의 과정이라고 할 수 있다. 따라서 교육의 내용은 인간의 지적, 정서적, 도덕적, 기능적 제 능력을 향상 발전시킴에 있는데, 오늘의 우리 교육현실은 이 가운데에서도 도덕 교육의 측면에서 취약성을 안고 있다. 이러한 점에서 보면, 과거 유교적 전통의 교육체계에서는 적어도 도덕교육은 괄목하였다고 할 수 있다. 그것도 유교 내지 공자의 학이 도덕적으로 인간의 본질을 복원시키기 위한 '인간회복을 위한 실천의 학'이었기 때문이다.[3] 이러한 유교적 교육체계는 상당한 기간 동안 우리 교육의 중심이 되어 왔다.

그럼에도 불구하고, 해방 이후 서구문화의 범람과 과학기술 문명의 도래 앞에 전통문화가 경시되고 유교는 역사의 뒤편으로 물러서게 되었다. 그런데 유교는 본래 인간의 문제를 중심과제로 삼을 뿐 아니라 도덕적 성격이 매우 강하다. 유교의 이러한 정기능적 측면이 경시된 데서 도덕 교육의 위기는 더욱 심화되었다고 볼 수 있다.

율곡 이이는 조선조 성리학자 가운데에서도 교육에 대해 지대한 관심을 가졌던 인물이다. 그것은 「격몽요결(擊蒙要訣)」, 『학교모범(學校模範)』 등 그의 교육에 관한 저술들을 통해 알 수 있다. 그런데 율곡의 교육사상은 도덕 교육이 주류를 이루고 있다. 그것은 '인간됨'을 목표로 삼는 유교일반의 교육론과 부합되는 것이다.

---

1 김종서 등 공저, 『교육학개론』, 교육과학사, 1988, 32~33쪽

2 같은 책, 39쪽.

3 정종, 『공자의 교육사상』, 집문당, 1980, 21쪽.

본 연구는 율곡 도덕 교육론의 철학적 기초를 고찰함에 목적이 있다. 율곡 도덕 교육론이 가능할 수 있는 철학적 근거를 찾아보고자 한다. 율곡 도덕 교육론이 가능하기 위해서는 이를 근거 지울 철학적 기초가 있어야 함은 물론이다. 이러한 측면에서 율곡의 이기심성론(理氣心性論)이 철학적 기초가 되지 않을 수 없다. 특히 율곡의 이기지묘(理氣之妙)의 입장에서 인간 심성의 변화 가능성을 탐색할 때 우리는 율곡철학의 심오한 경지를 알 수 있다.

2. 율곡 도덕 교육론의 철학적 기초

(1) 율곡의 학문관

율곡은 교육의 목표와 이상을 어디에 두었는가? 이 물음은 율곡 도덕 교육론을 다룸에 있어서 가장 근본적인 철학적 물음이 된다. 교육이란 학문 활동을 의미하는데 자의적(字意的)으로는 배우고 묻는 것을 말한다. 인간은 본래 불완전한 존재이고 아는 것보다는 모르는 것이 많으므로 앎에 대한 욕구는 인간의 자연스런 바람이다. 교육이 인간 능력을 계발하고 인간의 바람직한 변화를 추구하는 활동이라면 그 내용이 곧 학문이다.

그런데 좁은 의미의 학문이 문헌적 지식의 습득으로서 주지적(主知的) 성격이 짙다면, 넓은 의미의 학문개념은 '인간됨'으로 규정되어[4] 전인적 성격이 짙다. 순자(荀子)는 학문은 경(經)을 읽고 외우는 데서

4 같은 책, 206쪽.

시작하고 예(禮)를 알고 실천하는 데서 마친다고 하여,[5] 지식과 행위의 양 측면을 아울러 고려한 학문의 성격을 규정짓고 있다.

또 주자는 『논어』의 '학이시습지 불역열호(學而時習之 不亦說乎)'의 해석에서 학(學)을 '본 받는다(效)'는 뜻으로 해석하고, 사람이 모두 선한 본성을 가지고 있지만 깨닫는 것을 먼저 하고 뒤에 하는 차이가 있으므로, 후각자(後覺者)로 하여금 선각자(先覺者)를 본받아서 그 처음의 본성으로 돌아가도록 해야 하는 것이라 한다.[6] 이러한 주자의 해석에서는 본받고 깨닫는 내용이 사물에 대한 지식의 측면보다는 오히려 도덕적 측면의 지식이라는 면이 강하다. 따라서 학문은 단순한 지식의 모방이나 확충보다는 인간됨의 의미에 더욱 강조점이 있다.

이렇게 볼 때, 학문의 개념에 대한 전통적 해석에는 두 가지가 있다고 볼 수 있으니, 하나는 학문을 본받음(效)으로 보는 것이고, 다른 하나는 깨침(覺)으로 보는 것이다.[7] 본받는다는 것은 후지자(後知者)가 선지자(先知者)를 통해 아는 것이고, 깨닫는다는 것은 후각자(後覺者)가 선각자(先覺者)를 통해 깨닫는 것을 의미한다. 따라서 학문의 개념은 알든지 깨닫든지 간에 일면 지식의 습득과 함께 행동의 변화까지를 포함하는 것이라 하겠다.[8] 이러한 유학에서의 학문개념은 공자의 호학(好學)개념에서도 분명해진다.

---

5 『荀子』, 「勸學篇」, "學惡乎始 惡乎終 日其數則始乎誦經 終乎讀禮."

6 『論語』, 「學而篇」, '學而時習之' 朱子註, "學之爲言 效也 人性皆善 而覺有先後 後覺者 必效先覺之所爲 乃可以明善 而復其初也."

7 이강수, 「선진시대 유가와 도가의 학의 개념」, 『인문과학』, 제59집, 연세대인문과학연구소, 1988, 48쪽.

8 황의동, 「유학의 학문관」, 『역과 철학』, 관중 유남상 선생정년퇴임기념 논총간행위원회, 1993, 400쪽.

애공(哀公)이 물었다. "제자 가운데 누가 학문하기를 좋아하는가?" 공자가 대답해 말하기를, "안회(顔回)가 있어 배우기를 좋아하여 노여움을 옮기지 아니하고 허물을 거듭하지 아니하더니, 불행히도 일찍 죽어 이제는 없으니, 배우기를 좋아하는 자 아직 듣지 못했다"고 하였다.[9]

공자는 안회에 대해 호학(好學)을 허용하였는데, 그 학문의 내용은 노여움을 옮기지 아니하고 허물을 반복하지 아니하는 것이니, 주지적 의미보다는 행동 실천의 의미가 강한 것이다. 그리고 공자는 말하기를, "군자가 먹는데 배부름을 구함이 없고, 거처함에 편안함을 구함이 없으며, 일에 민첩해서 말에 신중하고 도(道) 있는 이에게 나아가 바르면 호학이라 할 만하다" 하였다.[10] 마찬가지로 여기에서도 학문의 내용은 주지적 의미가 아닌 윤리적 실천임을 알 수 있다.

그러면 율곡의 경우 학문이란 어떻게 이해되고 있는가? 율곡은 사람이 이 세상에 태어나서 학문이 아니면 사람이 되지 못 한다[11]고 하여, 사람이 사람이 될 수 있는 조건이 곧 학문이라 한다. 이른바 학문이란 역시 이상하고 별스러운 물건이나 일이 아니다. 다만 어버이 된 자는 마땅히 자애(慈愛)로와야 하고, 자식된 자는 마땅히 효도해야 하며, 신하된 자는 마땅히 충성해야 하며, 부부 간에는 마땅히 분별이 있고, 형제된 자는 마땅히 우애가 있어야 하며, 젊은이는 마땅히 어른을 공경해야 하고, 친구 사이에는 마땅히 신의가 있어, 일용의 동정

9 『論語』, 「雍也」篇, "哀公問弟子 孰爲好學 孔子對曰 有顔回者好學 不遷怒 不貳過 不幸短命死矣 今也則亡 未聞好學者也."

10 같은 책, 「學而篇」, "子曰 君子食無求飽 居無求安 敏於事而愼於言 就有道而正焉 可謂好學也已矣."

11 『栗谷全書』, 卷27, 「擊蒙要訣」, 序, "人生斯世 非學問 無以爲人."

(動靜) 사이에 일에 따라 각각 그 마땅함을 얻을 뿐이다.[12]

또한 율곡은 말하기를, 소위 학문이란 올연(兀然)히 단정하게 앉아서 종일 독서만 하는 것이 아니라, 일용처사(日用處事)에서 하나하나 이치에 맞는 것을 말한다고도 한다.[13]

이렇게 볼 때, 율곡에 있어서 학문이란 단지 고원(高遠)한 현학(玄學)만을 의미하는 것이 아니다. 우리의 일상생활에 있어서 대상적 사물세계의 이치를 궁구할 뿐 아니라, 대사 · 대인의 올바른 질서와 함께 그렇게 하지 않으면 안 되는 이치를 아는 것을 의미한다. 그뿐만 아니라 일용처사에 합리성을 구하면서 또한 이치에 맞도록 행위하고 이치에 맞게 살아야 한다는 실천의 의미가 강조되어 있다.[14]

> 행동을 바르게 하고자 하는 자는 반드시 성리(性理)를 정밀하게 연구해야 하며, 성리를 정밀하게 연구하는 것은 행동을 바르게 하기 위함이다. 그런데 도리어 궁행을 불문에 부쳐 놓는다면 무엇 때문에 성리를 공부하는 것인가?[15]

율곡에 있어서는 성리의 정밀한 연구는 성리 그 자체에 목적이 있는 것이 아니라, 오히려 올바른 행동에 있는 것이다. 이처럼 율곡의

---

12 같은 책, "所謂學問者 亦非異常別件物事也 只是爲父當慈 爲子當孝 爲臣當忠 爲夫婦當別爲兄弟當友 爲少者當敬長 爲朋友當有信 皆於日用動靜之間 隨事各得其當而已."

13 같은 책, 卷29, 「經筵日記」, "學問非謂兀然端坐終日讀書也 學問只是日用處事一一合理之謂也."

14 황의동, 『율곡철학연구』, 경문사, 1987, 176쪽.

15 『栗谷全書』, 卷20, 「聖學輯要2」, "正躬行者 必精性理 精性理爲正躬行設也 反置躬行於不問何謂耶."

학문은 일용동정에 있어서의 마땅한 도리, 합리적 논거를 찾는데 있을 뿐 아니라 나아가 올바른 삶을 영위함에 있다. 진리의 한갓 인식이 아니라 그 진리가 나의 것으로 주체화되고 체득되는 생명의 학이었던 것이다. 이러한 학이 도학(道學)이며 성학(聖學)인 것이다. 이러한 율곡의 학문관을 기초로 하여 율곡 도덕 교육론의 철학적 배경이 무엇인지 검토해 보기로 하자.

(2) 성선의 인간관과 선악의 문제

유가철학은 근본적으로 인간의 정신적 본질에 대해 긍정적 신념을 갖는데, 이는 맹자에 의해 더욱 확실히 논증되었다. 즉 맹자는 인간의 본성은 선하다고 말하면서 말할 때마다 반드시 요순(堯舜)을 일컬었다 한다.[16]

그러면 인간이 선하다고 하는 근거는 무엇인가? 맹자에 의하면 사람은 누구나 측은한 마음, 부끄러워하고 미워하는 마음, 공경하는 마음, 그리고 옳고 그름을 분별하는 마음을 가지고 있다. 측은히 여기는 마음은 인(仁)이요, 부끄러워하고 미워하는 마음은 의(義)요, 공경하는 마음은 예(禮)요, 옳고 그름을 분별하는 마음은 지(智)니, 인의예지(仁義禮智)가 밖으로부터 나에게 밀고 들어온 것이 아니라, 내가 본래 가지고 있는 것인데 다만 생각하지 않을 뿐이라 한다.[17]

이와 같이 인간 누구에게나 천부적으로 도덕 가능성이 주어졌다는

---

16 『孟子』, 「滕文公章上」, "孟子道性善 言必稱堯舜."

17 같은 책, 「告子章上」, "惻隱之心 人皆有之 羞惡之心 人皆有之 恭敬之心 人皆有之 是非之心 人皆有之 惻隱之心 仁也 羞惡之心 義也 恭敬之心 禮也 是非之心 智也 仁義禮智 非有外鑠我也 我固有之也 弗思耳矣."

이념은 대단히 중요한 의미를 갖는다. 왜냐하면 우리들이 성인이나 군자가 되기를 추구하고, 요순의 이상세계나 도덕사회를 희구한다는 것은 그 가능성이 전제되었을 때에만 가능하기 때문이다. 만일 이와 반대로 인간에게 도덕 가능성이 주어져 있지 않다면 우리는 어떠한 목적적 활동도 불가하게 된다. 즉 바람직한 인간이 되기 위한 일체의 노력이 애당초 불가한 것이다.

이렇게 볼 때, 유가철학에서 인간의 도덕적 가능성을 전제하는 것이야 말로 도덕 교육론의 성립 근거라 해도 지나치지 않는다. 율곡은 맹자의 이러한 성선설에 입각해 인간정신에 대해 긍정적 신념을 견지한다. 율곡은 성인과 중인은 그 본성이 하나로 같다 하고, 비록 기질이 맑고 흐리고 순수하고 잡박한 차이가 없을 수 없지만, 진실로 능히 참되게 알고 실천하여 그 낡은 버릇을 버리고 처음의 본성을 회복한다면 털끝만큼을 보태지 않고서도 온갖 선이 다 만족해질 것이라 한다. 따라서 중인이 어찌 성인을 스스로 기약할 수 없겠느냐고 반문하고, 맹자는 본성이 선하다고 말하며 반드시 요순을 일컬어 실증하면서, 사람은 모두 요순이 될 수 있다 하였으니 어찌 우리를 속이겠느냐고 말한다.[18]

이와 같이 율곡은 중인과 성인이 그 본성에 있어서는 같다 하고, 맹자의 성선의 인간관을 그대로 계승 하고 있다. 따라서 누구든지 성인이 될 수 있고 성인을 목표로 삼아 노력하면 될 수 있다고 믿는다. 인간 정신의 본질을 긍정적으로 보는 이러한 인간관에서 도덕 교육의 가능성이 주어진다.

---

18 『栗谷全書』, 卷27, 「擊蒙要訣」, "蓋衆人與聖人 其本性則一也 雖氣質不能無淸濁粹駁異 而苟能眞知實踐 去其舊染 而復其性初 則不增毫末 而萬善具足矣 衆人豈可不以聖人自乎 故孟子道性善 而必稱堯舜以實之曰 人皆可以爲堯舜 豈欺我哉."

그러면 중인이 되고 악이 있게 되는 까닭은 어디에 있는가? 율곡에게 있어 중인이 되는 근거는 기질에 있다. 율곡에 의하면, 사람은 음양의 바른 기를 받아 성은 비록 하나지만 그 형기를 받은 것이 혹 두텁기도 하고 혹 엷기도 하며, 혹 맑기도 하고 혹 흐리기도 하니, 두텁고 엷은 것은 길고 짧은 것이 나뉘는 바요, 맑고 흐린 것은 선하고 악한 것이 나뉘는 바다. 똑같은 사람이지만 그 기가 같지 않으면 그 수도 다르니, 이른바 수(數)가 기(氣)에 인연한다는 것이 바로 이 때문이라 한다.[19] 이처럼 인간이 성인이 있고 중인이 있게 되는 이유를 기의 맑고 흐리고 두텁고 엷은 데서 찾고 있다.

또한 악의 내원(來源)에 대해서도 율곡은 기(氣)로서 설명한다. 본연의 리(理)는 진실로 순선(純善)하지만, 기를 타고 유행함에 그것이 나뉘어 만 가지로 다르니, 기품에 선악이 있게 되므로 리 또한 선악이 있게 된다 하였다.[20] 달리 말하면 선악의 감정은 모두 사물에 느껴 움직인 것 아님이 없는데, 특히 느낀 바에 바름이 있고 사악함이 있으며, 그 움직임에 알맞음이 있고 지나치거나 부족함이 있어 여기에서 선악의 나뉨이 있을 뿐이라 한다.[21] 이와 같이 율곡은 도덕 교육의 가능성을 무엇보다 성선의 인간관에 두고 있다. 인간은 누구나 선천적으로 천명(天命) 내지 천성(天性)을 부여받은 존재로서 인(仁) 내지 인의예지(仁義禮智)의 본성을 갖추고 있다. 이러한 점에서 사람은 누

---

19 같은 책 , 拾遺, 卷5, 「壽夭策」, "惟人也 受陰陽之正氣者也 其性雖一 而其形氣之稟 或厚或薄 或淸或濁焉 厚薄者 脩短之所以分也 淸濁者 善惡之所以殊也 均是人也 而其氣不同 則其數亦異也 所謂數因乎氣者 良以此也 傳曰 死生有名 命者 數之謂也."

20 같은 책, 卷9, 書1, 「答成浩原」, "本然之理 固純善 而乘氣流行 其分萬殊 氣稟有善惡 故理亦有善惡也."

21 같은 글, "善惡之情 無非感物而動 特所感 有正有邪 其動 有中有過不及 斯有善惡之分耳."

구나 평등하다고 보는 것이고, 교육을 통해 본래적 모습으로 되돌아 갈 수 있다고 본다. 그리고 악이 있게 되고 중인으로 남게 되는 것은 기질의 차이 내지 감정의 과불급에서 연유하는 것으로 이해했다.

(3) 기발이승(氣發理乘)과 인간의 유위성(有爲性)

율곡은 일체 존재의 구조를 기발이승(氣發理乘)으로 표현한다. 리(理)는 작위가 없고 기(氣)는 작위가 있기 때문에, 기가 발함에 리가 그 위에 올라타 있다. 달리 말하면 음양이 동정함에 태극이 거기에 타는 것인데, 이때 발하는 것은 기지만 그 기를 타는 것은 리다. 그러므로 인심은 깨달음이 있고 도체(道體)는 함이 없는 것이다. 따라서 공자는 사람이 도를 넓힐 수 있지 도가 사람을 넓히는 것이 아니라고 말했다.[22] 기발이승은 '리무위 기유위(理無爲 氣有爲)' 라는 이기(理氣) 개념에서 도출된 율곡의 대표적인 철학적 주제다.[23] 퇴계가 이기호발(理氣互發)을 말하는데 대해, 율곡은 이발(理發)을 반대하고 오직 기발(氣發)만을 인정한다. 율곡에 의하면, 발하는 것은 기지만 그 기가 발하는 까닭은 리라 한다. 기가 아니면 발할 수 없고, 리가 아니면 발할 바가 없다.[24] 리는 그 자신은 발하거나 운동하지 않으면서 기의 운동을 주재하고 기 운동의 원인이 된다. 대체로 주리론(主理論)의 관점에서 보면 기의 유위성(有爲性) 내지 기의 변화 속성은 악의 내원(來

22 같은 책, 卷20, 「聖學輯要2」, "陰陽動靜而太極乘之 發者氣也 乘其機者 理也 故人心有覺 道體無爲 孔子曰 人能弘道 非道弘人."

23 같은 글, "理無爲 而氣有爲 故氣發而理乘."

24 같은 책, 卷10, 書2,「答成浩原」, "大抵發之者氣也 所以發者理也 非氣則不能發 非理則無所發."

源)으로 폄하(貶下)하지만, 율곡에 있어서는 오히려 기의 유위성이야말로 적극적으로 긍정된다. 더구나 인간세계에 있어서 현실적 인간의 모습은 언제 어디서나 기발(氣發)이 전제됨을 면할 수 없다. 그것이 살아 있는 인간의 참된 모습이다. 물론 기의 유위성이나 변화성이란 긍정적인 방향과 부정적인 방향의 양면성을 가짐은 물론이다. 즉 기가 리의 주재에 따라 운동변화하고 작용한다면 그것은 선하거나 긍정적인 결과를 낳게 되지만, 반대로 기가 리의 주재를 벗어나 멋대로 방종해 운동변화한다면 그것은 악하거나 부정적인 결과를 초래하게 된다. 다시 말하면 리의 본래성대로 실현되는 경우와 그렇지 않은 경우의 두 가지 가능성이 있게 되는 것이라 하겠다. 여기서 기에 대한 리의 주재적 역할과 기능이 중시된다. 그런데 율곡의 기발이승은 천인합일(天人合一)의 관점에서 도출된 것이다. 율곡의 말을 직접 인용해 보기로 하자.

> 특별히 칠정만 그러한 것이 아니라 사단 또한 기발이이승(氣發而理乘)이다. 왜냐하면 어린아이가 우물에 들어가는 것을 본 연후에야 측은한 마음이 발하는 것인데, 이것을 보고 측은한 것은 기(氣)니 이것이 이른바 기발(氣發)이요, 측은의 근본은 인(仁)이니 이것이 이른바 이승(理乘)이다. 특별히 인심만 그러한 것이 아니라 천지의 변화가 기화이이승(氣化而理乘) 아님이 없다. 그러므로 음양이 동정함에 태극이 거기에 탄 것이니, 이는 선후가 있다고 말할 수 없다. 이발기수(理發氣隨)의 설 같은 것은 분명 선후가 있는 것이니 이것이 어찌 리를 해침이 아니겠는가? 천지의 변화가 곧 내 마음의 발용이다. 천지의 변화가 만약 이화(理化)·기화(氣化)가 없다면 내 마음에 어찌 이발(理發)·기발(氣發)의 다름이 있겠는가?[25]

이처럼 율곡은 우주자연과 인간심성 일체를 기발이승(氣發理乘)의 구조로 이해하고, 천지자연의 변화 현상과 인간 심성의 변화 현상이 모두 기발이승의 구조임을 명백히 하였다. 자연의 변화 현상에 있어서도 발하는 것은 기요 그것을 주재하는 것은 리라고 보았으며, 마찬가지로 인간 심성의 변화에 있어서도 발하는 것은 기요 그것을 주재하는 것은 리라고 보았다.

이제 여기에서 우리는 리(理)와 기(氣)의 상호 역할과 기능, 그리고 상호 영향관계에 대해 생각해 보기로 하자. 본래 율곡은 리는 무형(無形), 기는 유형(有形),[26] 또 리는 무위(無爲), 기는 유위(有爲)로[27] 그 속성과 기능을 설명한다. 리는 시간과 공간을 초월하여 언제 어디에서나 보편한 것이므로 무형의 형이상자다. 기는 시간과 공간에 제약되고 국한되어 특수화되고 차별화되는 것이므로 유형의 형이하자다. 따라서 리는 무형이므로 언제 어디에서나 두루 통해 이통(理通)이라 하고, 기는 유형이므로 언제 어디에서든지 국한되므로 기국(氣局)이라 한다.[28] 즉 리는 통하므로 보편성을 갖고 기는 국(局)하므로 국한성 내지 개별성을 갖는다. 그리고 리는 기 운동의 주재적 기능을 갖는 동시에 기 운동의 원인이 되는데 대해, 기는 리가 있을 곳으로 리의 현

---

25 같은 글, 壬申, "非特七情爲然 四端 亦是氣發而理乘之也 何則 見孺子入井 然後乃發惻隱之心 見之而惻隱者氣也 此所謂氣發也 惻隱之本則仁也 此所謂理乘之也 非特人心爲然 天地之化 無非氣化而理乘之也 是故陰陽動靜而太極乘之 此則非有先後之可言也 若理發氣隨之說 則分明有先後矣 此豈非害理乎 天地之化 卽吾心之發也 天地之化 若有理化者氣化者 則吾心 亦當有理發者氣發者矣 天地 旣無理化氣化之殊 則吾心 安得有理發氣發之異乎."

26 같은 글, "理無形而氣有形."

27 같은 책, 卷20, 「聖學輯要 2」, "理無爲而氣有爲."

28 같은 책, 卷10, 書2, 「答成浩原」, "理無形而氣有形 故理通而氣局."

실적 기반이 된다. 기가 아무리 운동작용 변화의 고유기능을 갖는다 해도 리의 주재가 아니면 자신의 고유기능을 발휘할 수 없다.

또 리가 아무리 기 운동의 주재기능을 가지고 있다 해도 기가 아니면 리는 현실화되거나 구상화될 수 없다. 아니 애당초 리는 현실적 지반을 잃어 관념적 존재일 뿐이다. 따라서 리와 기는 상호 의존적이고 상보적 관계에 있음을 알 수 있다. 이와 같이 율곡의 철학에 있어서는 리 없는 기가 없고 기 없는 리가 없다. 리만으로도 불완전하고 기만으로도 불완전하다. 이와 같이 철저하게 이기(理氣)의 불리성(不離性)을 전제로 한 존재관이 율곡의 이기지묘(理氣之妙)요, 기발이승(氣發理乘)이요, 이통기국(理通氣局)이다. 즉 이기(理氣)는 본래 합해 있는 것이지 비로소 합한 때가 있는 것이 아니다.[29] 이기의 관계는 시간적으로 선후가 없고 공간적으로 이합(離合)이 없는 동시동재(同時同在)의 관계다. 이러한 이기의 상호 의존성, 상호 보완성, 불가분성을 본질로 한 기발이승이므로, 인간의 심성변화에 대한 이기의 역할 또한 상호 의존적이요 상호 보완적 성격을 가짐은 물론이다. 발하는 기가 리의 주재에 따르는가 따르지 않는가에 따라 선악이 달라진다. 이때 기발(氣發)과 이승(理乘)의 팽팽한 긴장이 지속되는데, 이것이 인간 실존의 참된 모습이다. 달리 말하면 이성과 감성의 긴장 상태라 할 만하다. 엄밀히 말해서 인간 본성의 순수한 선, 다시 말하면 기를 배제한 리란 관념적 성격이 농후한 것일 뿐 아니라 이상론에 가깝다. 육신을 가진 인간, 형체를 가진 인간, 살아 숨 쉬는 인간은 일단 기발이승의 존재다. 따라서 시시각각으로 유동하는 생명체요 마음과 의지가 끊임없이 대상을 향해 지향하는 살아 있는 인간이다. 적어도 율곡의

29 같은 책, 「理氣詠呈牛溪道兄」, "理氣本合也 非有始合之時 欲以理氣二之者 皆非知道者也."

인간관은 이러한 기반 위에서 이루어진 것이다.[30] 그러므로 성(性)을 말하더라도 기질지성 중심의 성론을 전개하는 것이요,[31] 정(情)이라 하더라도 사단, 칠정 모두를 기발이승의 구조로 이해하는 것이요,[32] 나아가 인심도심(人心道心) 모두를 기발이승의 구조로[33] 이해하는 것이다. 이러한 율곡의 인간 이해는 성인을 이상으로 하면서도 현실적으로는 보통사람의 심성세계에 보다 많은 관심을 기울이고 있다는 것을 시사해 준다.

요컨대 율곡의 기발이승일도(氣發理乘一途)에 있어서 기의 유위성(有爲性)을 긍정적 시각에서 적극적으로 보는 율곡의 철학적 태도는 매우 특징적인 것이라 할 만하다. 퇴계가 리의 능동성으로 인간의 변화와 선악의 문제에 대처한 것과는 좋은 대조를 이룬다.

다음은 율곡이 기발이승을 설명하면서 『논어』의 '인능홍도 비도홍인(人能弘道 非道弘人)'에서 근거를 찾고 있는데, 이는 인간의 주체성 내지 정신적 자주성을 천명한 것으로 중요한 의미가 있다.[34] 율곡은

---

30 같은 책, 卷10, 書2, 「答成浩原」, "氣發而理乘者何謂也 陰靜陽動機自爾也 非有使之者也 …… 故朱子曰太極者本然之妙也 動靜者所乘之機也 陰靜陽動 其機自爾 而其所以陰靜陽動者理也 …… 動靜所乘之機者 見其已然而言也 動靜無端 陰陽無始 則理氣之流行者 皆已然而已 安有未然之時乎 是故天地之化 吾心之發 無非氣發而理乘之也."

31 같은 책, 「理氣詠呈牛溪道兄」, "性者理氣之合也 蓋理在氣中然後爲性 若不在形質之中 則當謂之理 不當謂之性也."

32 같은 책, 卷12, 書4, 「答安應休」, "天理者 無爲也 必乘氣機而乃動 氣不動而理動者萬無其理性之乘氣而動者乃爲情."

33 같은 책, 卷10, 書2, 「答成浩原」, "人心道心 俱是氣發 …… 故理乘其本然之氣而爲道心焉 …… 故理亦乘其所變之氣而爲人心."

34 같은 글, "若非氣發理乘一途 而亦別有作用 則不可謂理無爲也 孔子何以曰人能弘道非道弘人乎 如是看破 則氣發理乘一途明白坦然."

천인(天人)관계에서 천을 리로, 인간을 기로 보아 인간의 주체성을 강조하고 있다. 그는 말하기를, '하는 바가 있어 그런 것은 사람이요, 함이 없어도 그런 것은 하늘이라' 하고, '지혜로운 이는 사람이 할 것만을 닦고 하늘이 하는 것은 맡겨 두며, 어리석은 이는 하늘이 하는 것만을 구하고 사람이 할 것은 소홀히 한다'고 한다.[35] 여기에서 천은 함이 없으면서도 그러한 자연한 것으로 규정되지만, 인간은 의지를 갖고 노력하는 유위(有爲)의 존재로 규정된다. 따라서 천은 무위(無爲)의 리(理)로, 인간은 유위(有爲)의 기적(氣的) 존재로 이해된다. 이러한 식의 인간이해는 율곡에게서 많이 보인다.

> 천명지성(天命之性)은 리(理)가 사람에 있는 것이니 사람이 기(氣)가 아닌가?[36]

> 함이 없으면서 그런 것은 천이요, 하는 바가 있으면서 그런 것은 사람이다. 천지가 감통(感通)하고, 귀신이 감동하고, 인심이 감복(感服)하는 것은 하늘에 달려 있고, 하늘로 하여금 감통케 하고, 귀신으로 하여금 감동케 하고, 사람으로 하여금 감복게 하는 것은 사람에 달려 있는 것이니, 사람에 달려 있는 것을 힘써서 하늘에 달려 있는 것이 스스로 감응한다면 이 어찌 이수(理數)의 떳떳함이 아니겠는가?[37]

35 같은 책, 拾遺, 卷5, 「神仙策」, "夫有所爲而然者 人也 莫之爲而然者 天也 智者 修其在人 而任其在天 愚者 求其在天 而忽其在人."

36 같은 책, 卷12, 書4, 「答安應休」, "天命之性 理之在人者也 人非氣耶."

37 같은 책, 拾遺, 卷6, 「誠策」, "且夫莫之爲而然者 天也 有所爲而然者 人也 天地之格 鬼神之動 人心之服 則在天 能使天地格 鬼神動 人心服者 在人 勉乎在人者 而在天者 自應之 則豈非理數之常乎."

율곡의 이기론(理氣論)에서 기는 리를 담는 그릇이나 리의 의착처로 규정되는데, 율곡은 인간을 리를 담는 그릇 내지 리를 지닌 유위적(有爲的) 존재로 인식하는 것이다. 따라서 천도의 무위(無爲) 내지 자연함에 대해 인간의 유위성을 특징적으로 설명하고 있다. 이는 그의 기발이승일도설(氣發理乘一途說)의 원칙에 근거하는 것인데, 인심의 유각(有覺)과 도체(道體)의 무위(無爲)를 말한다. 천 내지 천도(天道) 그 자체는 완전자로서 작위나 수위(修爲)가 애당초 필요 없는 것이다. 다만 인간의 마음은 자신을 돌아보고 타를 의식하면서 끊임없는 지향성을 갖는다.

율곡은 '인능홍도 비도홍인(人能弘道 非道弘人)'이라는 공자의 말이 인간의 유위성(有爲性)과 인간정신의 주체성을 잘 표현한 말이라고 이해하는 것이다. 진리 그 자체는 작위가 없는 무위의 존재다. 다만 그 진리의 창조자는 인간일 뿐이다. 그런 점에서 인간은 작위가 있는 기적(氣的) 존재인 것이다. 이러한 인간의 기적(氣的)인 유위성이야말로 퇴계처럼 악에로의 위험천만한 경계 대상이 아니라, 오히려 나의 정신세계, 나의 행위를 보다 적극적으로 개선, 창조해 나아갈 수 있는 원동력이요, 창조와 개혁의 활력이며 가능성이라고 믿는다. 이것이 율곡의 기본적 관점이다. 이렇게 인간을 천에 비해 기적 존재로 인식하고, 그 기의 유위성을 도리어 창조와 변화의 계기로 삼는 율곡의 인간 이해에서 우리는 도덕 교육의 가능성을 확신할 수 있다. 이런 관점에서 율곡이 인간의 주체성을 강조하고 고양(高揚)하는 면이 많이 엿보인다.

> 신이 살피건대, 사람은 천지의 마음이다. 임금이 능히 선정(善政)을 행하여 화(和)한 기운이 위에 감응되면 아름다운 상서(祥瑞)가 이르고, 비도(非道)

를 많이 행해 괴이한 기운이 위에 감응되면 재앙이 일어나는데, 이것이 어찌 하늘의 마음이겠는가? 모두 사람이 부른 것이다. …… 성스러운 임금이 재앙으로 인하여 자기 몸을 닦고 반성하면 재앙이 변해 상서(祥瑞)가 되고, 용열(庸劣)하고 어두운 임금이 재앙이 오지 않는다 하여 묵은 관습에 젖어 있으면 도리어 재앙을 초래하게 되는데, 이것은 필연적인 사세(事勢)다. 대개 하늘에는 진실로 응하지 꾸밈으로는 하지 않는 것인데, 진실한 마음으로 진실한 덕을 닦으면 위태로운 것을 편안하게 할 수 있고, 어지러운 것을 다스릴 수 있으며, 멸망하는 것을 보존할 수 있으니, 어찌 재앙을 가히 편안하게 할 수 없겠는가. 그러나 오직 밖으로는 두려워하는 용태를 보이면서도 안으로는 몸을 닦고 반성하는 진실한 덕이 없기 때문에 하늘의 노여움을 돌이킬 수 없고, 나라의 형세를 구제할 수 없는 것이다.[38]

율곡은 재앙에 대처하는 태도에 있어서 근본적으로는 천인합일의 입장에 서 있지만, 궁극적으로는 인간의 태도 여하에 따라 달라진다고 본다. 즉 재이(災異)의 근본 원인이 인간에 있음을 경고하고 있는 것이다. 따라서 위태로움을 편안하게 하고 어지러움을 다스릴 수 있고 멸망을 보존할 수 있는 것이 인간 자신의 노력에 있다는 것이다.

또한 정치에 있어서도 삼대(三代)의 도는 오늘에 있어 결단코 가능한 것이라는 신념을 전제하고,[39] 성인의 덕은 천지와 함께 일체가 되어 신묘함이 헤아릴 수 없을 것 같으나, 진실로 능히 공부를 쌓을 수

38 같은 책, 卷25, 「聖學輯要7」, "臣按 人者天地之心也 人君能行善政 和氣感乎上 則休祥至焉 多行非道 乖氣感乎上 則災異作焉 天何心哉 皆人所召耳 …… 聖賢之君因災修省 則災變爲祥 庸暗之主 狃於無變 則反招殃禍 此必然之勢也 大抵應天以實不以文 誠以實心修實德 則危可使安 亂可使治 亡可使存 何災之不可弭乎."

39 같은 글, "臣按 三代之道 決可行於今日."

만 있다면 이르지 못할 것이 없을 것이라 한다. 따라서 사람들이 하지 않는 것을 근심할지언정 할 수 없는 것을 근심해서는 안 된다. 예컨대 요, 순, 주공, 공자 같은 이는 나면서부터 알아, 편안하게 행하여 점차로 조금씩 전진할 공부가 없었지만, 탕왕, 무왕 이하는 배워서 알고 힘써서 행하지 않은 이가 없었으니, 이미 천성에 돌리는 공부가 있었던 것이라 한다. 이들 보다 아래에 있는 자들은 비록 괴롭게 애써 배워 알고 힘써 행하였으나 성공한 뒤에는 동일한 것이라 하였다.[40] 그럼에도 지혜롭지 못한 이들은 스스로 자기의 자질이 부실하게 태어났다고 해서 퇴보하는 것을 만족하게 여기고 한걸음도 나아가지 아니하여, 나아가면 성인도 되고 현인도 되며, 퇴보하면 어리석은 자도 되고 어질지 못한 자도 되는 것은 모두 자기의 하기 나름인 것을 알지 못하는 것이다.[41] 따라서 "사람의 성품은 본디 착한 것이어서 옛날과 지금, 지혜로움과 어리석음의 구별은 없다. 성인은 유독 어떤 연유로 성인이 되고, 나는 어떤 연유로 유독 보통 사람이 되었을까? 진실로 뜻이 확립되지 않고 아는 것이 분명하지 않고 행실이 도탑지 않기 때문이다. 뜻을 세우고 아는 것을 분명히 하고 행실을 도탑게 하는 것이 다 나에게 있으니 어찌 다른 데서 구하랴"[42]라고 자신을 분발시켜야

40 같은 책, 卷22, 「聖學輯要4」, "臣按 聖人之德 如天爲一 神妙不測 雖似不可企及 誠能積累工夫 則未有不至者也 人患不爲 不患不能 若堯舜周孔 則生知安行 固無漸進之功 自湯武以下 莫不學知利行 已有反之之功 下於此者 雖困知勉行 反其成功 則一也."

41 같은 책, 卷20, 「聖學輯要2」, "彼不智者 自分資質之不美 安於退託 不進一步 殊不知進則爲聖爲賢 退則爲愚爲不肖 皆所自爲也."

42 같은 책, 卷27, 「擊蒙要訣」, "當常自奮發曰 人性本善 無古今智愚之殊 聖人何故獨爲聖人 我則何故 獨爲衆人耶 良由志不立 知不明 行不篤耳 志之立知之明行之篤 皆在我耳 豈可他求哉."

하는 것이다.

사람의 용모는 추한 모습을 곱도록 고칠 수 없으며, 힘은 약한 것을 세어지게 고칠 수 없으며, 키는 작은 것을 크게 고칠 수 없다. 이것은 이미 정해진 운명을 고칠 수 없어서다. 그러나 심지(心志)는 어리석은 것을 지혜롭게, 어질지 못한 것을 현숙(賢淑)하게 바꿀 수 있다. 이것은 마음의 허령(虛靈)은 타고난 것에 구애받지 않기 때문이다.[43]

이와 같이 율곡은 성인이라 하더라도 아득히 멀어 도저히 바라볼 수 없는 이상이 아니라, 누구든지 노력하면 될 수 있다고 보았으며, 뜻을 세우고 앎을 밝게 하고 행실을 독실케 하는 모든 것이 오직 인간 주체에 있음을 분명히 하였다. 물론 신체의 타고남은 고칠 수 없는 한계가 있다. 그러나 심지(心志)만은 어리석음에서 지혜로움으로, 어질지 못함에서 어짊으로 변화 가능한 것이다. 그것은 인간의 마음은 허령하여 타고난 것에 구애받지 않고 능히 변화 가능하기 때문이다. 이러한 인간 마음의 변화 가능성이야 말로 율곡 교육사상의 핵심이 되는 문제다. 교육이란 근본적으로 인간의 바람직한 변화를 의미하는 바 그 변화의 가능성이 주어지지 않는다면 교육은 애당초 불가하기 때문이다.

그런데, 율곡은 인간의 변화 가능성, 더 구체적으로 말하면 인간 심성의 변화 가능성을 적극적으로 긍정함으로써 그의 도덕 교육사상의 이론적 기반을 확실히 하는 것이다. 물론 이러한 인간 심성의 변화 가능성이란 철학적으로 그의 기발이승일도설에 근거하는 것이다. 즉 발하는 것은 기요 발하는 까닭이 리다. 발하는 기와 그 기의 발을 가능

43 같은 글, "人之容貌 不可變醜爲姸 筋力不可變弱爲强 身體不可變短爲長 此則已定之分 不可改也 惟有心志 則可以變愚爲智 變不肖爲賢 此則心之虛靈 不拘於稟受故也."

케 하는 리와의 묘합구조 속에서 상호 보완, 상호 의존적 역할과 기능이 주어지는 데서 인간의 바람직한 변화가 가능하고, 인간정신의 창조적 변화가 가능하다고 보는 것이다. 요컨대 인간을 천에 대해, 도체(道體)에 대해 기적(氣的) 존재로 인식하고, 그 기의 유위성(有爲性)을 적극적으로 긍정하면서, 그 기의 유위성을 부정적으로 보지 않고 도리어 창조와 변화의 계기로 삼고자 하는 데서 율곡 도덕 교육이론의 철학적 근거를 찾을 수 있다.

(4) 이기지묘(理氣之妙)와 호연지기(浩然之氣)

율곡은 여러 가지의 기(氣)를 말하여 다소 혼란스럽게 보이지만 대체로 다음과 같이 정리될 수 있다. 기일지기(氣一之氣)와 원기(元氣)가 본체상의 기를 말한다면, 본연지기(本然之氣), 담일청허지기(湛一淸虛之氣), 호연지기(浩然之氣)는 가치상의 기를 말한다.

먼저 본연지기(本然之氣)에 관해 생각해 보면, 본연지기란 본연지리(本然之理)에 대해서 붙여진 이름이다. 이기(理氣)의 묘합구조하에서 본연의 리에 대해 본연의 기를 말하게 되는데, 여기에서 본연지기가 등장한다. 율곡은 리가 본연지기를 탄 것이 도심(道心)이고, 소변지기(所變之氣)를 탄 것이 인심(人心)이라 한다. 기발이승의 구조하에서 기가 본연지리의 주재에 잘 순응하면 그것이 곧 본연지기다. 반대로 기가 본연지리의 주재에 순응하지 않으면 본연지기에도 변함이 있어 소변지기가 되는 것이다.[44]

---

44 같은 책, 卷10, 書2, 「答成浩原」, "人心道心俱是氣發 而氣有順乎本然之理者 則氣亦是本然之氣也 故理乘其本然之氣而爲道心焉 氣有變乎本然之理者 則亦變乎本然之氣也 故理亦乘其所變之氣而爲人心 而或過或不及焉."

그러면 담일청허지기(湛一淸虛之氣)란 무엇인가? 담일청허지기의 내용상 언급은 장횡거(張橫渠)에게서도 보이지만,[45] 직접 담일청허지기가 언급된 것은 화담 서경덕(花潭 徐敬德)에서 보인다.[46] 그러나 율곡이 말하는 담일청허지기와는 그 내용에 있어서 다른 것임은 물론이다.[47] 이제 율곡의 담일청허지기에 대한 설명을 보기로 하자.

> 기(氣)가 이미 형적(形迹)을 관계하였으므로 본말이 있고 선후가 있다. 기의 본연은 담일청허(湛一淸虛)할 뿐이니, 어찌 지게미, 불탄 재, 똥처럼 더러운 기가 있겠는가? 오직 기가 오르고 내리고 드날려 그침이 없기 때문에, 들쭉날쭉 같지 아니해서 모든 변화가 생긴다. 여기에 기의 유행에 그 본연을 잃지 않는 것도 있고 그 본연을 잃는 것도 있다. 이미 그 본연을 잃으면 기의 본연은 이미 있는 바가 없다.[48]
>
> 신이 살피건대, 일기(一氣)의 본원은 담연청허(湛然淸虛)한데 오직 음양동정(陽動陰靜)하여 혹은 오르고 혹은 드날리고 어지러워 합해서 질(質)이 되어 마침내 같지 아니함이 있게 된다.[49]

여기에서 볼 때, 일기(一氣)의 본원(本源) 내지 본연은 담일청허(湛

---

45 『正蒙』, 「太和篇」, "太虛無形 氣之本體 其聚其散 變化之客形爾."

46 『花潭集』, 「鬼神死生論」.

47 율곡의 담일청허지기는 이기이원(理氣二元)의 기(氣)이지만 화담의 담일청허지기는 기일원(氣一元)의 기(氣)로서 구별된다.

48 『栗谷全書』, 卷10, 書2, 「答成浩原」, "氣已涉形迹 故有本末也 有先後也 氣之本 則湛一淸虛而已 曷嘗有糟粕煨燼糞壤汚穢之氣哉 惟其升降飛揚未嘗止息 故參差不齊而萬變生焉 於是氣之流行也 有不失其本然者 有失其本然者 旣失其本然 則氣之本然者 已無所在."

49 같은 책, 卷21, 「聖學輯要3」, "臣按 一氣之源 湛然淸虛 惟其陽動陰靜 或升或降 飛揚紛擾 合而爲質 遂成不齊."

一清虛)하거나 담연청허(湛然清虛)한 것으로 규정된다. 그러나 그것이 형적(形迹)에 관계되면서 본말선후가 있게 되고 양동(陽動) 음정(陰靜)에 따라 같지 않은 현상이 있게 된다. 따라서 담일청허지기(湛一清虛之氣)란 기일지기(氣一之氣) 내지 원기(元氣)의 가치상의 명칭이 된다. 비록 기 자체의 속성이 '유형유위(有形有爲)' 한 것이지만 아직 작용되지 아니한 본체상의 기는 맑고 깨끗한 순수기(純粹氣)로서 그것이 담일청허지기다.

그런데 율곡은 화담의 담일청허지기를 그의 이통기국으로 비판하는 가운데, '계선성성(繼善成性)의 리는 물마다 있지 아니함이 없으나, 담일청허지기(湛一清虛之氣)는 있지 아니한 것이 많다' 고 하였다.[50] 이는 율곡이 이통기국을 설명함에 있어서 본체상에서 리는 계선성성지리(繼善成性之理)로, 기는 담일청허지기(湛一清虛之氣)로 설명한 것인데, 리는 물마다 있지 아니함이 없기 때문에 이통(理通)이라 하겠으나, 본연의 기는 이와 달리 현상계에 있어서 없는 경우도 많다는 것을 의미한다.

그런데 여기에서 우리가 유의해야 할 것은, 율곡이 기의 본연인 담일청허지기가 있지 않은 것도 많다고 했다 하여, 혹자는 율곡이 본체상에 있어 기의 부재를 승인한 것으로 오해하기도 한다. 그러나 율곡 이기지묘(理氣之妙)의 논리적 괴리(乖離)를 걱정할 필요는 없다. 왜냐하면 율곡 성리학의 틀에서 보면 기 없는 리의 세계나 기 없는 리의 존재란 본체세계나 현상세계를 막론하고 인정되지 않기 때문이다. 다만 현상세계에서 사물에 따라서는 기의 본연을 가지고 있지 않은 것들도 많다는 것이다.

---

50 같은 책, 卷10, 書2, 「答成浩原」, "繼善成性之理 則無物不在 而湛一清虛之氣 則多有不在者也."

그러면 율곡은 호연지기(浩然之氣)를 어떻게 이해하고 있는가? 먼저 그의 말을 인용해 보자.

> 대저 리(理) 위에는 한 글자도 보탤 수 없고, 한 터럭도 수위(修爲)의 힘을 보탤 수 없다. 리는 본래 선한 것이니 어찌 수위할 수 있는가? 성현의 천만 마디 말이 단지 사람으로 하여금 그 기를 검속(檢束)하여 기의 본연을 회복할 뿐이다. 기의 본연은 호연지기(浩然之氣)다. 호연지기가 천지에 꽉 차면 본선지리(本善之理)가 조금도 가림이 없는 것이니, 이것이 맹자의 양기(養氣)의 이론이 성문(聖門)에 공이 있는 까닭이다.[51]

율곡은 기의 본연을 호연지기(浩然之氣)라 하여, 사실상 호연지기를 본연지기(本然之氣)와 동일시하고 있다. 호연지기가 천지에 꽉 차면 본선지리(本善之理)가 조금도 가림 없이 온전히 발현된다 하였다. 그렇다면 본선지리는 무엇일까? 이는 곧 본연지리(本然之理)를 의미하는 것으로, 본연지기 내지 호연지기와의 묘합 관계하에서 가능하다. 본연지리가 본연지리일 수 있음은 기의 본연 상태하에서 가능한 것이니, 리의 주재에도 불구하고 리가 기의 영향을 받는 것이다. 이기지묘(理氣之妙)의 관점에서 보면 본연지기와 본연지리, 호연지기와 본선지리는 상자상수(相資相須)의 관계 속에서 상호 영향하에 있고, 그 내용에 있어서는 이기지묘인 까닭에 본연지기, 호연지기, 본연지리, 본선지리가 상통한다.

또한 호연지기는 그것이 기임에도 불구하고 도의를 포함한 기이므

51 같은 글, "夫理上不可加一字 不可加一毫修爲之力 理本善也 何可修爲乎 聖賢之千言萬言 只使人檢束其氣 使復其氣之本然而已 氣之本然者 浩然之氣也 浩然之氣 充塞天地 則本善之理 無所掩蔽 此孟子養氣之論 所以有功於聖門也."

로 이기묘합의 구조라 할 수 있다.[52]

이렇게 볼 때, 율곡은 본연지리와 본연지기의 묘합처를 천인일관(天人一貫)의 경지에서 호연지기(浩然之氣)로 설명했으며, 이 묘처(妙處)는 사실 본연지리라고도 할 수 있고, 본연지기라고도 할 수 있다. 이는 율곡철학의 난해처로서 공손추(公孫丑)가 맹자에게 호연지기(浩然之氣)를 물었을 때 '말하기 어렵다(難言)'[53]고 한 것과, 율곡이 또한 이기지묘(理氣之妙)를 '보기도 어렵고 또한 설명하기도 어렵다(難見亦難說)'[54]고 한 것을 아울러 생각해 보면 이해 가능하다.

특히 율곡이 본연지기 내지 본원지기(本源之氣)를 담일청허(湛一淸虛)로 보는 것도 계선성성(繼善成性)의 본연지리와의 묘합을 전제로 가능한 것이다. 호연지기가 곧 본연지기이므로 본연지기인 담일청허지기는 호연지기와 같은 것이다.

요컨대, 율곡의 이기지묘의 입장에서 보면 본연지기, 본연지리, 담일청허지기, 본선지리, 호연지기가 하나로 상통되는 것이요,[55] 나아가 도심(道心)까지도 이와 상통되는 것[56]이다. 이 말은 리와 기가 곧 가치적으로 다를 바 없다는 말인데, 이기(理氣)의 개념적 구별과 모순되지 않는 데 그 묘미가 있다. 즉 '리(理) 무형무위(無形無爲), 기(氣) 유형유위(有形有爲)'의 형이상하의 구별에도 불구하고, 이기(理氣)가 상호 보완적 관계에서 상호 영향하에 있는 한, 본연의 기에서는 리 또한 본연을 온전히 유지하는 것이고, 바꾸어 말하면 리에 순한 기

52 『近思錄』, 卷1, 「道體類」, "浩然之氣 便是理與氣合一."

53 『孟子』, 「公孫丑上」.

54 『栗谷全書』, 卷10, 書2, 「答成浩原」.

55 같은 글, "人心道心俱是氣發 而氣有順乎本然之理者 則氣亦是本然之氣也."; 『上掲書』, "氣之本然者 浩然之氣也 浩然之氣 充塞天地 則本善之理 無少掩蔽."

56 같은 글, "……以道心爲本然之氣者 亦似新語 雖是聖賢之意 而未見於文字."

는 담일청허(湛一淸虛)한 것으로 본연지기가 되어 리와 기가 사실상 가치적으로는 다를 바 없는 것이다. 이 경지의 체득이 어렵고 율곡철학의 난해처가 바로 여기에 있는 것이다.

이제 이기지묘(理氣之妙)로서의 호연지기(浩然之氣)를 통해 교육의 가능성을 검토해 보기로 하자. 앞서 지적한 대로, 본래 맹자의 호연지기란 천인합일의 관점에서 도출된 것이다. 표현상으로는 '기' 지만 그 내용상으로는 이기묘합(理氣妙合)의 구조를 갖고 가치적으로는 '리' 와 다를 바 없는 것이다.

본래 성리학의 체계에서 인간의 악이란 기에서 연유하는 것으로 이해하게 된다. 리 자체는 순선한 것으로 언제 어디서나 그 보편성이 보증되지만, 기는 그렇지 않다. 물론 율곡에 있어서는 기의 본체 내지 본연의 상태는 맑고 깨끗한 것으로 규정되므로, 이때는 문제가 되지 않는다. 다만 현상세계에 있어서 인간이 외물 대상과의 관계에서 마음이 움직이는 까닭에 여기에서 선악의 문제가 대두된다. 현상세계에 있어 기의 변화가 문제된다.

그런데 기의 변화가 무조건 나쁘다거나 부정적인 것은 아니다. 기의 변화가 악으로 지향된다면 그것은 문제가 되겠지만, 기의 바람직한 변화는 인간의 변화를 도모하고 인간의 성숙, 발달을 가져오는 원동력이다.

율곡은 사람마다 그 기를 잘 검속하여 기의 본연을 회복하는 것이 인간 수양의 요체라고 믿는다. 그런데 그 기의 본연이 곧 호연지기다. 이렇게 보면 호연지기는 본연의 기인데 다만 본연에서 떠났을 뿐이다. 기를 잘 다스리고 검속하면 본연의 기를 회복할 수 있다. 이것이 바로 인간의 도덕 교육 가능성이다. 본연의 기를 회복할 수 있다 함은 곧 본연의 리를 회복할 수 있다는 말이요, 본연의 리나 본연의 기는 가치적으로 다를 바 없다. 물론 이기(理氣)가 엄격히 구별됨에도 불구하고 또 하나로 볼 수 있는 데서 이기지묘(理氣之妙)의 오묘한 경지가 드러난다.

율곡이 본연의 기를 긍정적으로 이해함은 율곡 도덕 교육론의 중요한 기초가 된다. 비본래의 기를 본래의 기로 돌릴 수 있다고 믿는 데서 교육은 가능해진다. 물론 기의 본연은 리의 본연과 상호 의존성을 갖고, 기의 본연으로 돌아갈 수 있는 것도 리의 주재능(主宰能)과 연관하여 생각하게 된다. 그것은 리와 기가 본래 상호 의존적이기 때문이다. 그렇지만 리는 작위함이 없고 기는 작위함이 있다고 믿는 율곡의 입장에서는 기가 중요한 문제가 된다. 어떻게 기를 잘 통솔, 주재하여 리의 주재에 따르게 할 것인가가 수양론의 핵심이 되고 관건이 된다. 이와 같이 우리는 율곡 도덕 교육론에 있어서 교육의 가능성을 호연지기를 통해 알 수 있으며, 이는 이기지묘의 구조하에서 이기(理氣)의 상호 의존적 역할에서 가능한 것이다.

(5) 인심도심(人心道心)의 상호 가능성

인심도심(人心道心)이란 본래 『서경』 「대우모(大禹謨)」의 '인심유위(人心惟危) 도심유미(道心惟微) 유정유일(惟精惟一) 윤집궐중(允執厥中)'이라는 말에서 연유된 것인데, 이것이 성리학의 주요 문제로 등장한 것은 주자의 『중용장구』 서문에서 비롯된 것이다.

율곡은 인심도심설을 천인합일의 관점에서 전개한다. 인간은 천지의 수(帥; 理)를 품수하여 성(性)으로 삼고, 천지의 색(塞; 氣)으로 나누어 형(形)을 삼았다. 그러므로 내 마음의 작용이 곧 천지의 변화다. 천지의 변화가 두 근본이 없으므로 내 마음의 발용도 두 근원이 없다.[57] 이는 장횡거(張橫渠)의 「서명(西銘)」을 인용하여 인간이 천지와 동일체임을 밝힌 것인데, 여기에서 색(塞)이란 『맹자』 호연장(浩然章)에서 유래하는 것으로 기(氣)를 말하고, 수(帥)란 주재의 의미로서 리(理)를 말한다.[58]

인간은 천지지리(天地之理)와 천지지기(天地之氣)가 인간의 본성과 형체를 이루어 묘합된 존재다. 율곡은 이렇게 묘합자재한 인간존재의 구조 원리를 천인합일의 경지에서 체오(體悟)하였다. 그러므로 이기설(理氣說)과 인심도심설(人心道心說)이 모두 일관되는 것으로, 만약 인심도심에 투철하지 못하면 이기(理氣)에도 투철할 수 없다고 한다.

이기지묘(理氣之妙)를 만약 이미 밝게 통견(洞見)했다면 인심도심에 두 근원이 없음을 이로 미루어 알 수 있을 것이라 한다.[59] 인심도심의 원리를 이해하는 것과 이기(理氣)의 원리를 이해하는 것이 둘이 아닌 하나다. 왜냐하면 천인일체요 천인일관이라고 믿기 때문이다. 다만 그 천이 인간을 통해 내면화되어 있으므로 구체적으로 알게 되는 계기는 인간에 있는 것이다. 이렇게 심오한 천인일관의 경지에서 이기지묘를 체오하여 인심도심이 두 근원이 없음을 이미 20대 후반부터 십여 년의 사색을 통해 이제는 천백의 웅변하는 입으로도 돌이킬

57 『栗谷全書』, 卷10, 書2, 「答成浩原」, "夫人也 稟天地之帥以爲性 分天地之塞以爲形 故吾心之用卽天地之化也 天地之化無二本 故吾心之發無二原矣."

58 『性理大全』, 卷4, 「西銘」, "故天地之塞吾其體 天地之帥吾其性(朱子曰 …… 塞是說氣 孟子所謂以直養 而無害而塞乎天地之間 卽用這箇塞字 張子此篇 大抵皆古人說話集來 塞只是氣 吾之體卽天地之氣 帥是主宰 乃天地之常理也 吾之性卽天地之理)."

59 『栗谷全書』, 卷10, 書2, 「答成浩原」, "理氣之說與人心道心之說 皆是一貫 若人心道心未透 則是於理氣未透也 理氣之不相離者 若已灼見 則人心道心之無二原 可以推此而知之耳."

수 없는 확고한 신념임을 우계 성혼(牛溪 成渾)에게 말하고 있다.[60]

그러면 인심과 도심은 어떻게 구별되는가? 율곡에 의하면 인심과 도심은 결코 두 마음이 아니다.[61] 인심이나 도심은 하나인데 어떠한 의지적 방향을 가지고 작용하느냐에 따라 인심과 도심이 구별된다. 즉 인심과 도심이 비록 두 이름이나 그 근원은 단지 한 마음인데, 발함에 혹 이의(理義)를 위한 것과 혹 식색(食色)을 위한 것이 있기 때문에 발함에 따라 이름이 달라진다.[62] 여기서 의리를 위해 발한 마음은 도심이 되고, 식색(食色)을 위해 발한 마음은 인심이 된다. 이는 달리 말하면 도심과 인심의 구별이 성명(性命)과 형기(形氣)의 구별에 불과하다는 말이요,[63] 특별히 무엇을 주로 해서 발하느냐에 따라 두 이름이 있게 된다는 것이다.[64]

그런데 율곡은 인심과 도심을 의(意)를 겸한 심(心)으로 보아,[65] 인심과 도심의 상호 가능성을 말한다. 율곡의 말을 보기로 하자.

> 인심도심이 서로 종시(終始)가 된다 함은 무엇을 말하는가? 지금 우리의 마음이 처음에는 성명(性命)의 바름에서 바로 나오다가도 혹 순응할 수 없어 마침내 그 사이에 사의(私意)가 섞이면 이것은 도심으로 시작해서 인심

60 같은 글, "珥則十年前 已窺此端 而厥後漸漸思繹 每讀經傳 輒取以相準 當初或有不合之時 厥後漸合以至今日 則融會總合 決然無疑 千百雄辯之口 終不可以回鄙見."

61 같은 책, 卷12, 書4, 「答安應休」, "人心道心 非二心也."

62 같은 책, 卷10, 書2, 「答成浩原」, "人心道心雖二名 而其原則只是一心 其發也 或爲理義 或爲食色 故隨其發而異其名 …… ."

63 같은 책, 卷9, 書1, 「答成浩原」, "心一也 而謂之道 謂之人者 性命形氣之別也."

64 같은 책, 卷20, 「聖學輯要2」, "心一也 豈有二乎 特以所主而發者有二名耳."

65 같은 책, 卷12, 書4, 「答安應休」, "人心道心通情意而言也."; 『上揭書』, 卷9書1, 「答成浩原」, "蓋人心道心兼情意而言也."

> 으로 끝마치게 되는 것이다. 혹은 형기에서 나왔으나 바른 리(理)에 어긋나지 않으면 진실로 도심에 틀리지 않는다. 혹은 바른 리에 어긋나더라도 그릇된 줄 알고 고쳐 욕심에 따르지 않으면 이것은 인심으로 시작해서 도심으로 끝나는 것이다.[66]

처음에는 도심으로 출발해도 의지하는 바가 잘못되면 인심으로 전락하게 되고, 처음에는 인심으로 출발해도 의지하는 바가 의리와 정리(正理)를 좇게 되면 도심으로 결과되는 것이다. 따라서 인심과 도심은 의지 여하에 따라 가변적으로 결과되는 것이니, 여기에 의지의 중요성이 율곡철학의 특징이 된다. 다시 말하면 인심도심상위종시설(人心道心相爲終始說)의 이론적 근거가 의(意)에 있는 것이다.[67] 이러한 율곡의 심에 대한 이해는 인간을 주체적 존재로 파악하는 것이며, 인간을 고정적 · 정태적(靜態的) 존재가 아닌 자유의 가능성을 갖는 가변적 생장적(生長的)존재로 파악하는 것이다.[68] 그리고 인심도심의 관건이 기가 하는 바에 달려 있기 때문에[69] 기의 정찰(精察) 여부가 중시되고, 또한 이는 의지의 하는 바이기 때문에 자기를 닦는 것은 성의(誠意)보다 우선할 것이 없게 된다.

그런데 율곡은 주자가 상지(上智)도 인심이 없을 수 없고, 성인 또한 인심이 있는 것이라 한 것처럼,[70] 성인의 혈기는 보통사람과 같을

---

66 같은 글, "人心道心相爲終始者何謂也 今人之心直出於性命之正 而或不能順 而遂之 間之以私意 則是始以道心 而終以人心也 或出於形氣 而不咈乎正理 則固不違於道心矣 或不咈乎正理而非制伏不從其欲 則是始以人心而終以道心矣."

67 같은 글, "知其氣之用事 精密而趨乎正理 則人心聽命於道心 不能精察而惟其所向 則情勝慾熾 而人心愈危 道心愈微矣 精察與否 皆是意之所爲 故自修莫先於誠意."

68 황의동, 『율곡철학연구』, 경문사, 1987, 149쪽.

69 『栗谷全書』, 卷10, 書2, 「答成浩原」, "氣之聽命與否 皆氣之所爲也."

뿐이라 하고, 주리면 먹고 싶고 추우면 입고 싶은 것은 성인도 면할 수 없으니, 성인이라 하여 인심이 없을 수 없다고 한다.[71] 따라서 율곡은 인심을 인욕으로만 보지 않게 된다. 형색(形色)이 곧 천성(天性)이니, 인심 또한 어찌 선하지 않겠는가? 다만 지나치고 미치지 못함이 있음으로써 악에 흐를 뿐이라 하였다.[72] 도심은 순전히 천리(天理)이므로 순선하지만, 인심은 천리와 인욕의 양면을 겸하는 것이므로 선할 수도 있고 악할 수도 있다.[73] 이처럼 인심을 인욕으로만 보아 악으로 보지 않는 것도 그가 인심도심을 정의(情意)를 겸해서 보기 때문이며, 인심의 도심화를 주장하는 것도 이 때문이다. 이러한 인심에 대한 긍정적 관점은 율곡이 그의 이기설에서 기를 부정하지 않고 적극적으로 긍정하는 태도와 일치한다. 이와 같이 율곡이 인심과 도심의 상호 변화 가능성을 시인하는 데서 도덕 교육의 가능성을 엿볼 수 있다.

또한 율곡은 인심과 도심 모두를 기발이승(氣發理乘)의 구조라고 이해한다. 인심과 도심이 모두 기발인데, 기가 본연지리에 순하면 기 또한 본연지기이므로, 리가 본연지기를 탄 것이 도심이 된다. 또한 기가 본연지리에 변함이 있으면 본연지기에도 변함이 있으므로 리(理) 또한 소변지기(所變之氣)를 타게 되어 인심이 되니 과불급이 있게 된다.[74] 리가 본연지기에 탄 것이 도심이요 리가 소변지기에 탄 것이 인

---

70 같은 책, 卷14, 「人心道心圖說」, "朱子旣曰雖上智不能無人心 則聖人亦有人心矣 豈可盡謂之人欲乎."

71 같은 책, 卷10, 書2, 「答成浩原」, "聖人之血氣與人同耳 飢欲食 渴欲飮 …… 故聖人不能無人心."

72 같은 글, "夫形色天性也 人心亦豈不善乎 由其有過不及而流於惡耳."

73 같은 책, 卷14, 「人心道心圖說」, "道心純是天理 故有善而無惡 人心也 有天理也有人欲故有善有惡."

심이다.

그런데 기가 본연지리에 순한다 함은 진실로 기가 발하는 것인데, 그 기가 리에 청명(聽命)하는 것이므로, 중요한 바가 리에 있어서 주리(主理)로 말할 수 있고, 기가 본연지리에 변한다 함은 진실로 리에 근원하였지만, 이미 기의 본연이 아니어서 리에 청명(聽命)할 수 없으므로 중요한 바는 기이기 때문에 주지(主氣)로 말할 수 있다고 한다.[75] 이처럼 도심이라 하더라도 기가 리의 주재에 따르지 아니하면 인심으로 전락될 수 있고, 또 아무리 인심으로 출발했어도 기가 리의 주재에 따르게 되면 도심으로 귀결될 수 있다는 것은 율곡 도덕 교육론에 있어서 교육의 가능성을 명백히 해 주는 것이다. 여기에서도 인심이 도심화 될 수 있는 그 가능 근거는 의지에 있으며, 달리 말하면 기에 있는 것이다. 그렇다고 리는 전혀 영향을 미치지 못하는 무력자라는 의미는 아니다. 리는 작위할 수 없고 기는 작위할 수 있다는 율곡의 이기(理氣)에 대한 기본개념 이해에서 볼 때는 기가 문제가 된다는 말이다. 따라서 리의 기에 대한 주재적 역할, 즉 기발의 기준이 되고 원칙이 됨은 변함없는 것이라 하겠다. 인간의 심을 의지를 가진 주체적 심으로 보아 변화 가능한 동태적(動態的) 심으로 규정한 것은 도덕 교육의 가능 근거이기에 충분하다.

---

74 같은 책, 卷10, 書2, 「答成浩原」, "人心道心俱是氣發 而氣有順乎本然之理者 則氣亦是本然之氣也 故理乘其本然之氣而爲道心焉 氣有變乎本然之理者 則亦變乎本然之氣也 故理亦乘其所變之氣而爲人心 而或過或不及焉."

75 같은 글, "氣順乎本然之理者 故是氣發 而氣聽命於理 故所重在理 而以主理言 氣變乎本然之理者 固是原於理 而已非氣之本然 則不可謂聽命於理也 故所重在氣 而以主氣言."

3장
경세사상의 철학적 배경

1. 문제의 제기

율곡은 한국을 대표하는 철학자 중 한 사람이요 16세기 조선조 성리학에 있어서도 퇴계와 더불어 쌍벽을 이룬다. 율곡의 심오한 성리학적 이론체계도 훌륭하지만, 투철한 역사의식과 해박한 식견에서 창출된 그의 경세사상 또한 중요한 비중을 갖는다. 오늘날 우리 사회는 변화와 개혁의 바람이 불고 있다. 정치, 경제, 사회, 교육, 문화 등 각 영역에서 새로운 변화를 모색하고 있다. 그 가운데에서도 정치의 개혁과 변화는 이 시대의 역사적 과제에 속한다. 그것은 정치담당자의 의식변화뿐 아니라, 주권자인 국민의 의식변화까지 이루어질 때 가능한 것이다. 이렇게 볼 때, 정치개혁 내지 정치적 변화는 아직도 먼 느낌이 없지 않다.

그런데 이러한 정치개혁에 있어서의 이론적 틀을 서구적 전통에서 찾아온 것이 상례였다. 그리하여 민주주의는 마치 서구의 전유물이고 동양의 전통에서는 오직 봉건전제만이 있었던 것처럼 잘못 이해된 바도 없지 않았다. 인권만 하더라도 서구역사에서만 투쟁을 통해 지켜

온 산물로 이해되고, 이 땅에서는 남녀, 신분, 지역에 따른 차별만이 존재했던 것처럼 잘못 이해된 바도 없지 않았다. 이제 이러한 편견이나 독단에서 벗어나 우리 역사와 전통을 객관적으로 바르게 볼 수 있는 혜안(慧眼)이 서야 하겠다.

이러한 관점에서 율곡의 경세사상은 오늘의 정치개혁과 변화를 지향함에 있어 하나의 교훈이 되고 귀감이 되기에 충분하다. 한국의 전 역사를 통해 경세가 내지 경세이론적 측면에서 볼 때, 율곡은 분명 몇 안 되는 대표적 인물로 일컬을 수 있다.[1] 그는 비록 49세의 짧은 생애를 살았지만 일면 철학자로서, 일면 경세가로서의 자기 역할과 소임에 충실했다. 율곡은 직접 정치가로서 행정가로서 일선에 나아가 몸소 실천했으며, 한편으로는 왕의 정책결정 과정에 참고될 정책 대안을 제시하는 데 매우 부지런하였다. 이러한 구체적 실적이 「성학집요(聖學輯要)」, 「만언봉사(萬言封事)」, 「육조계(六條啓)」, 「동호문답(東湖問答)」, 『문무책(文武策)』, 「도적책(盜賊策)」, 『공로책(貢路策)』, 『군정책(軍政策)』, 「시폐칠조책(時弊七條策)」, 『문책(文策)』, 『학교모범(學校模範)』 그리고 그의 수많은 상소문으로 나타나 있다.

본래 경세(經世)란 말은 경국제세(經國濟世)의 의미로서 정치, 경제, 교육, 사회, 국방, 법 등 광의의 정치를 말한다. 따라서 경세의 내용에는 많은 분야가 망라됨은 물론이다.

그런데 율곡의 경세사상은 이후 등장하는 조헌(趙憲), 이유태(李惟泰), 유형원(柳馨遠), 이익(李瀷) 등의 경세론에 선구적 의미를 갖는다. 경세론의 양과 질에 있어서 가히 대표적이라 할 만하다. 따라서 그의 경세사상 속에는 정치학, 경제학, 법학, 행정학, 언론학, 교육학,

1 『星湖僿說』, 「治道門」, "國初以來 識務 惟李栗谷柳磻溪二公而已."

윤리학, 군사학, 사회학 등 폭넓은 내용이 포함되어 있어 현대적 조명이 요구된다.

2. 율곡 경세사상의 철학적 배경

(1) 경세의 목표(왕도)

전통적으로 유가철학의 이상적인 정치형태를 왕도(王道)라 한다. 왕도란 덕으로써 인(仁)을 실현하는 정치라면, 패도(覇道)란 힘으로써 인(仁)을 거짓 꾸미는 정치다.[2] 왕도는 덕으로써 백성을 복종시키는 것으로, 마음속으로 기뻐해 진실로 복종하지만, 패도는 힘으로써 백성을 복종시키는 것으로, 마음으로 복종하는 것이 아니라 다만 힘이 부족하기 때문에 복종하는 것이다.[3] 이러한 전통을 이어 율곡은 경세의 목표를 왕도의 실현에 둔다. 먼저 율곡의 말을 인용해 보기로 하자.

> 인의(仁義)의 도를 몸소 행하여 차마 하지 못하는 사람의 정치를 베풀어 천리의 올바름을 극진히 하는 것이 왕도이고, 인의의 이름만을 빌어 권모술수의 정치를 베풀어 공리(功利)의 사(私)를 이룩하는 것은 패도다.[4]

---

2 『孟子』, 「公孫丑上」, "孟子曰 以力假仁者覇 覇必有大國 以德行仁者王 王不待大."

3 같은 책, 「公孫丑上」, "以力服人者 非心服也 力不贍也 以德服人者 中心悅而誠服也."

4 『栗谷全書』, 卷15, 「東湖問答」, "躬行仁義之道 以施不忍人之政 極夫天理之正者 王道也 假借仁義之名 以施權謀之政 濟夫功利之私者 覇道也."

왕도는 인의(仁義)의 도를 몸소 실천하는 데서 출발한다. 치자의 자질과 조건이 문제된다. 인의의 도는 인간다움의 도리요 인간이 인간답게 살아가기 위한 길이다. 인의의 도는 곧 인도라 할 수 있다. 율곡은 「성학집요(聖學輯要)」에서 인의(仁義)를 궁행하는 것은 천덕(天德)이요, 백성을 가르치고 기르는 것은 왕도라고 하였다.[5] 치자가 인의를 궁행하는 천덕을 갖춤은 왕도실현 이전의 중요한 조건이다. 즉 치자가 치자로서의 자질을 갖추지 아니했을 때 왕도의 실현은 기대하기 어렵다. 그러므로 먼저 치자는 인의를 몸소 실천해 천덕을 갖춤에 부지런해야 한다. 율곡은 이에 대해 다시 이렇게 설명한다.

> 후세의 임금들은 항상 말하기를, "나 같은 소자(小子)가 어찌 감히 고도(古道)를 바라겠는가" 한다. 천덕왕도에 대한 말은 옛 성현의 일이요, 나와는 관계가 없다고 인식하여, 신하가 이에 대해 진언하면 문득 손가락질하고 웃으면서, "말만 높고 실상은 없는 것이라" 생각하고, 특히 내 마음의 정대무사(正大無私)한 것이 곧 천덕인 것과, 일에 처해 마땅함에 맞게 하여 인심에 순하는 것이 곧 왕도인 줄을 모른다. 때에는 고금이 없고 도는 높고 먼 것이 아니며, 바로 일용의 상사(常事)에 있으니, 다만 이것을 아직 생각하지 못하고 있는 것을 근심할 뿐이다.[6]

이와 같이 '내 마음이 정대(正大)하여 사사로움이 없는 것' 을 천덕이라 하고, '일에 처하여 마땅함에 맞아 인심에 좇는 것' 이 곧 왕도라

5 같은 책, 卷25, 「聖學輯要7」, "夫躬行仁義者 天德也 教養生民者 王道也."

6 같은 글, "後世人君常曰 予小子 何敢望古道乎 天德之說 認爲古人之事 而不涉於己 人臣有進言者 則輒指笑 以爲高談無實 殊不知吾心之正大無私 卽天德也 處事之合宜 而順於人心 卽王道也 時無古今 道非高遠 卽在於日用之常 特患未之思耳."

하는 것이니, 천덕을 갖춘다 함은 하늘로부터 부여 받은 바 나의 성명(性命)이나 명덕(明德)을 온전히 갖춤이라 하겠다.

그런데 왕도는 이러한 천덕을 갖춘 치자가 차마 하지 못하는 마음으로 차마 하지 못하는 정치를 베풀고, 백성을 가르치고 기르는 것이며, 매사를 합리적으로 처리하여 인심에 순응하는 것을 말한다. 또한 율곡은 왕도와 패도의 공효에 대해 예를 들어 다음과 같이 설명한다.

> 대저 도(道)가 있는 세상에 덕(德)으로 사람을 복종시키는 자는 천하에 적이 없을 것이요, 무도한 세상에 힘으로 사람을 이기는 자도 천하에 적이 없을 것이다. 덕이 사람을 복종시킬만 하지 못하면 비록 순하여도 성공할 수 없을 것이요, 힘이 사람을 이길만 하고 또 무도한 세상에 처해 있으면 비록 거슬려도 반드시 흥할 것이니, 성패가 혹 역순(逆順)과 관계가 없을 수도 있는 것이 실로 이 때문이다. 하늘과 사람은 똑같은 이치이므로 감응하는 것이 틀림없는 것이니, 사람의 일만 참으로 다 했다면 응하지 않을 천리가 없는 것이다. 걸주(桀紂) 같은 강함과 탕무(湯武) 같은 약함은 고금이 아는 바다. 그러나 걸주는 힘으로 하였기 때문에 그 강함이 실은 약한 것이었고, 탕무는 덕으로 하였기 때문에 그 약함이 실은 강한 것이었다. 진실로 그 덕을 닦으면 천하가 따를 것이요, 그 덕이 없으면 친척도 배반할 것이니, 천하가 따르면 천명도 반드시 돌아가는 것이다. 어찌 순한 자를 도와주지 않을 리가 있겠는가? 친척까지 배반하게 되면 천명도 반드시 떠난다. 어찌 거슬리고서 도움을 얻을 리 있겠는가?[7]

---

7 같은 책, 拾遺, 卷6, 「天道人事策」, "大抵有道之世 以德服人者 無敵於天下矣 無道之世 以力勝人者 亦無敵於天下矣 德不足以服人 力不足以勝人 則雖順而無成 力足以勝人 而又處無道之世 則雖逆而必興 成敗之或不在逆順者 良以此也 天人一理 感應不差 人事之苟盡 則未有不應之天理也 桀紂之强 湯武之弱 古今所知也 桀紂以力

율곡은 왕도의 예로 탕, 무를 들고 패도의 예로 걸, 주를 들어 설명하였다. 걸, 주는 강하고 탕, 무는 약하지만 걸, 주는 무력으로 했기 때문에 강한 것 같으나 사실은 약한 것이었고, 탕, 무는 덕으로 했기 때문에 약한 것 같았으나 사실은 강한 것이었던 것이다. 따라서 참으로 덕을 닦아 유덕자(有德者)가 되면 천하가 따르고 민심이 귀일하여 천명을 받게 되지만, 반대로 덕이 없으면 친척이 배반하고 민심이 돌아서서 천명을 잃게 되는 것이다. 천명의 귀일은 곧 민심에 따라 좌우되고 민심은 결국 덕의 유무에 따라 좌우되는 것이므로, 치자의 수덕(修德)이야말로 왕도의 중요한 요소라 하겠다.

그런데 율곡은 왕도가 실현 가능한 두 가지 경우를 이렇게 설명한다. 옛날에 오제(五帝; 伏羲, 神農, 黃帝, 堯, 舜)와 삼왕(三王; 禹, 湯, 文王, 武王)은 총명하고 슬기로운 자질로 천명을 받아 임금과 스승이 되어 백성을 다스림으로써 쟁탈이 그치게 하고, 백성을 기름으로써 잘 살고 번성케 하고, 가르침으로써 인륜을 밝혔으니, 이것이 이른바 재지(才智)가 특출하여 왕도를 행했던 경우라 한다.[8] 그러나 상(商)의 태갑(太甲)과 주(周)의 성왕(成王)은 자질이 삼왕 오제에 미치지 못하였으니, 만약 성신(聖臣)들의 정성 어린 보필이 없었다면 그 전형(典刑)의 전복됨을 누가 구하였겠느냐고 말하고, 참소하는 무리들이 필경 나라를 교란(交亂)시켰을 것이라 한다. 그렇지만 태갑은 능히 이윤(伊尹)을 신임했고 성왕은 능히 주공을 신임하여 덕을 증진하고 학

故其强實弱 湯武以德 故其弱實强 苟修其德 則天下從之 苟無其德 則親戚畔之 天下從之 則天命必歸矣 安有順而不助之理乎 親戚畔之 則天命必去矣 安有逆而得佑之理乎."

8 같은 책, 卷15, 「東湖問答」, "昔者五帝三王 以聰明睿智之資 受天命而爲君師 治之而息其爭奪 養之而致其富庶 敎之而敍其彝倫 …… 此所謂才智出類 而行王道者也."

업을 닦아 왕실의 대업을 계승하였으니, 이것이 이른바 능히 현자에게 맡겨 왕도를 행한 경우라고 한다.[9] 따라서 왕도를 실현함에는 치자의 자질이 탁월하여 가능한 경우와 비록 치자의 자질은 부족해도 어질고 능력 있는 신하의 보필을 통해 가능했던 경우가 있는 것이다.

그러면 왕도는 과연 가능한 것일까? 대체로 유가철학의 왕도를 이상론으로 규정하기도 하는데, 율곡은 이에 대해 실현 가능한 것임을 확신하고 있다. 그는 말하기를, 인정(仁政)이 반드시 행해질 수 있다는 것은 성현의 말이요, 고도(古道)가 회복될 수 없다는 것은 속된 무리의 말이라 하고,[10] 「동호문답(東湖問答)」에서 삼대의 정치가 과연 오늘에 회복될 수 있는가라는 물음에 대해, 회복될 수 있다고 자문자답하고 있다.[11]

또한 율곡에 있어 경세의 목표는 민(民)에 있다. 유가철학에서의 왕도란 궁극적으로 백성을 나라의 근본으로 생각하여 백성을 위하고, 백성의 편리를 도모하고, 백성의 이익을 추구하며, 백성을 보호하고, 백성을 살림에 있다. 율곡은 말하기를 임금은 나라에 의존하고 나라는 백성에 의존하는 것이니, 왕자(王者)의 정치는 오직 백성에게 부모 노릇하는 것을 마음으로 삼아 백성의 힘을 늦추어 주고 백성들의 산업을 두텁게 해 주어서, 백성들이 하늘로 삼는 먹을 것이 풍유하여 그 본연의 착한 마음을 보존하게 할 뿐이라 하였다.[12]

---

9 같은 글, "商太甲 周成王 資質不及於三五 若非聖臣篤棐 則典刑誰救顚覆 讒人終必交亂 然而太甲能任伊尹 成王能任周公 進德修業 克紹丕緖 此所謂能任賢者 而行王道者也."

10 같은 책, 卷25, 「聖學輯要 7」, "夫仁政必可行者 聖賢之說也 古道不可復者 埋俗之談也."

11 같은 책, 卷15, 「東湖問答」, "客日 三代之治 果可復於今日乎 主人日可復矣."

또한 「동호문답」에서는 먼저 폐법을 개혁하여 민생을 구해야 하는데, 폐법을 개혁하고자 하면 마땅히 언로(言路)를 넓혀 선책(善策)을 모아야 한다[13] 하였다. 잘못된 법제의 개혁은 백성들의 삶을 구제하기 위해 필요하다는 말이다. 그는 또 당면한 지금의 급무는 다만 백성을 편안하게 하고 사람들을 진작시키는 일이라 하고,[14] 지금 시무(時務)의 급한 것은 백성을 보호하는 것 보다 먼저 할 것이 없다고 한다.[15] 아울러 행정기구를 설치하고 관리를 두는 것도 단지 목민(牧民)을 위함에 있고,[16] 공안(貢案)을 개정하자는 것도 백성에게 미치는 포렴(暴斂)의 폐해를 제거함에 있다 하였다.[17] 그는 또 임금의 비용을 줄여서 백성들의 힘을 펴 주어야 한다 하였으며,[18] 옛것을 새롭게 바꾸자 함도 단지 그 시비이해(是非利害)를 계산하여 요컨대 백성을 편하게 함에 있을 뿐이라 하였다.[19] 이와 같이 율곡에게 있어서는 당시 폐법의 개혁을 주장함도 백성을 이롭게 함에 있었고,[20] 여러 관직을 설치하여 그 직책을 나누는 행정의 본의도 다만 백성의 삶을 위함에

---

12 같은 책, 卷25, 「聖學輯要7」, "臣按 君依於國 國依於民 王者之政 不過以父母斯民爲心 舒民之力 厚民之産 使所天有裕 得以保其本然之善心而已."

13 같은 책, 卷15, 「東湖問答」, "客曰旣辨邪正 得人而爲政 則政將何先 主人曰 先革弊法 以救民生 欲革弊法 則當廣言路 以集善策."

14 같은 글, "客曰 當今急務 只在安民作人而已乎 主人曰 善哉問 安民作人 古今世之急務也."

15 『栗谷全書』, 卷5, 「陳海西民弊疏」, "但今時務之急 莫先於保民."

16 같은 책, 卷7, 「陳時弊疏(壬午)」, "設邑置宰 只爲牧民."

17 같은 책, 卷5, 「萬言封事」, "改貢案以除暴斂之害."

18 같은 책, 卷4, 「擬陳時弊疏」, "減御用以舒民力."

19 같은 책, 卷11, 書3, 「答成浩原(丙子)」, "大抵 革舊更新 但計其是非利害 要在有便於民而已."

20 같은 책, 卷5, 「萬言封事」, "法久弊生 害歸於民 設策矯弊 所以利民也."

있었던 것이다.[21] 따라서 율곡의 경세사상에서 일체의 경세적 목표는 백성에 있음은 분명하다. 그 표현은 '애민(愛民)', '이민(利民)', '위민생(爲民生)', '구민생(救民生)', '서민력(舒民力)', '쾌중심(快衆心)', '보민(保民)', '활민(活民)', '목민(牧民)', '편민(便民)', '안민(安民)', '양민(養民)' 등으로 매우 다양하다. 백성을 사랑하고, 백성을 이롭게 하고, 백성을 위하고, 백성을 구제하고, 백성의 힘을 펴 주고, 백성의 마음을 기쁘게 해 주고, 백성을 보호하고, 백성을 살리고, 백성을 기르고, 백성을 편안하게 해 준다는 이 표현들은 모두가 백성을 정치의 목적적 존재로 규정하고 있음을 말해 주는 것이다.

그런데 율곡이 이와 같이 백성을 경세의 목적적 존재로 파악하는 것은 그의 대민관(對民觀)에서 근거를 찾을 수 있다. 그는 「도적책(盜賊策)」에서 말하기를, "이 백성이야말로 두려워해야 할 대상이지 소홀히 할 수는 없다"[22]고 하는가 하면, 「성학집요(聖學輯要)」에서 말하기를, "이 백성은 지극히 어리석은 것 같으나 신과 같으니, 어찌 구설(口舌)로써 속일 수 있느냐"[23]고 말한다. 이와 같이 율곡은 신분적 차별이 극심했던 조선조 현실에서도 백성을 치자를 위한 도구적 존재나 억압의 대상으로 생각하지 않고, 도리어 두려워해야 할 대상 내지 신과 같은 존재로 인식하고 있는 것이다. 이러한 백성에 대한 기본적 인식은 그의 경세사상을 이해하는 데 있어서 매우 중요한 시사를 준다. 따라서 율곡은 유가철학의 전통에 따라 '임금은 나라에 의존하고 나라는 백성에 의존한다'[24]는 입장에서 백성은 나라의 근본이니, 근본

21 같은 글, "設百官 分庶職 只爲民生而已."

22 같은 책, 拾遺, 卷6, 「盜賊策」, "斯民也 可畏而不可忽也."

23 같은 책, 卷25, 「聖學輯要7」, "斯民也 至愚而神 豈得以口舌相欺乎."

24 같은 책, 卷3, 「諫院陳時事疏(丙寅)」, "所謂安民以固邦本者 君依於國 國依於民 人

이 튼튼해야 나라가 편안하다 하고, 지금 민생이 날로 위축되어 마치 물불의 재앙을 만난 것 같으니, '나를 어루만지면 임금이지만 나를 학대하면 원수' 라는 말이 어찌 깊히 두려워하지 않을 수 있겠느냐고 말한다.[25]

이렇게 볼 때, 율곡 경세사상에 있어서 경세의 목표는 왕도에 있는 것이며, 이는 달리 말하면 백성을 경세의 목적적 존재로 인식하는 것과 상통하는 것이다. 왜냐하면 치자가 천덕(天德)을 갖춘다거나 차마 못하는 사람의 마음을 갖는다는 것도 궁극적으로는 그러한 마음을 미루어 백성에게 펴기 위함이기 때문이다. 문제는 율곡의 경세사상에서 백성이 과연 위민(爲民) 내지 민본(民本)으로서 목적적 존재로서의 위치에 있는가, 아니면 정치의 주체로서 민주에까지 갈 수 있는가라고 하겠는데, 이는 그의 국시론(國是論)이나 언로개방사상을 통해 어느 정도 가늠되리라 생각된다.[26] 다음은 이러한 왕도실현이 어떻게 가능할 수 있는가 하는 문제를 중심으로 고찰해 보기로 하자.

(2) 왕도실현의 철학적 배경(인간관)

율곡은 왕도의 실현은 가능하다는 확고한 신념을 가지고 있었다. 이러한 왕도실현의 가능성은 그의 인간관에서 연유하는데 이제 구체적으로 검토해 보기로 하자.

君所以立治本者 欲爲表準於斯民也."

25 같은 책, 卷7, 「陳時弊疏(壬午)」, "民爲邦本 本固邦寧, 目今民生日蹙 如在水火 撫我則后 虐我則讐 豈不深可懼哉."

26 황의동, 「율곡의 경세사상과 대동세계의 구현」, 『율곡학』, 제3집, 율곡사상연구원, 1991, 263쪽.

첫째, 율곡은 인간의 지위를 우주만물 가운데 특수화시켜 보고 있다. 율곡은 말하기를 근원을 미루어 보면 리(理)와 기(氣)는 천지의 부모요, 천지는 또 사람과 만물의 부모인데, 천지는 기의 지극히 바르고 지극히 통한 것을 받았으므로 정해진 본성이 있어 변함이 없고, 만물은 기의 편벽되고 막힌 것을 받았으므로 역시 정해진 본성이 있어 변함이 없다고 한다. 그러므로 천지와 만물은 다시 닦고 행할 도리가 없고, 오직 사람만은 기의 바르고 통한 것을 받았는데, 맑고 탁하고 순수하고 잡박함이 만 가지로 달라서 천지의 순함과는 같지 못하다 한다. 다만 그 마음됨이 허령통철(虛靈洞澈)하여 온갖 이치가 구비되어 있으므로, 탁한 것을 맑은 것으로 변하게 할 수 있고 잡박한 것을 순수한 것으로 변하게 할 수 있다. 수양의 공부는 홀로 사람에게만 있으며, 그 수양의 극치는 천지를 각각 제자리에 있게 하고 만물을 잘 육성시키는 경지에 이르게 되니, 그렇게 된 뒤에라야 사람의 할 일을 다하게 되는 것이다.[27]

그런데 사람 가운데는 성인이 있어 홀로 지극히 통하고 지극히 바르고 지극히 맑고 지극히 순수한 기를 타고 나서, 그 덕이 천지와 합하므로 천지와 같이 정해진 본성이 있어 변함이 없으니, 정해진 본성이 있어 변함이 없은 뒤에라야 참으로 사람다움을 다하게 되는 것이라고 이를 수 있다. 그러므로 천지는 성인의 준칙(準則)이며 성인은 중인의 준칙이니, 그 이른바 수양의 방법이란 다만 성인이 이미 이루

27 『栗谷全書』, 卷10, 書2, 「答成浩原(壬申)」, "推本則理氣爲天地之父母 而天地又爲人物之父母矣 天地得氣之至正至通者 故有定性而無變焉 萬物得氣之偏且塞者 故亦有定性而無變焉 是故天地萬物 更無修爲之術 惟人也 得氣之正且通者 而淸濁粹駁有萬不同 非若天地之純一矣 但心之爲物 虛靈洞徹 萬理具備 濁者可變而之淸 駁者可變而之粹 故修爲之功 獨在於人 而修爲之極 至於位天地育萬物 然後吾人之能事畢矣."

어 놓은 규범을 따르는 데에 지나지 않는다.[28] 그러나 만물 같은 것은 그 성이 온전한 덕을 받지 못하고 그 마음이 모든 이치에 통할 수 없다. 예컨대 초목은 완전히 막혀 버렸으니 본래 말할 것이 못되고, 금수 가운데 혹 한 부분이 통한 것으로 범과 이리는 부자가 있고, 벌과 개미는 군신이 있고, 기러기의 나는 행렬에는 형제의 차례가 있고, 물수리는 부부의 분별이 있고, 나무에 집을 짓는 새와 굴에 사는 동물은 비바람 올 줄을 미리 아는 지혜가 있고, 철따라 사는 벌레는 때를 어기지 아니하는 믿음이 있다고 한다. 그러나 이것들은 모두 변통할 도리가 없고 만물들이 제각기 성을 이루게 하는 것은, 다만 사람들이 천지의 변화와 육성을 돕고 참여하는 노력에 달려 있을 뿐이라 하였다.[29] 이와 같이 율곡은 근원을 미루어 보면 이기(理氣)는 천지의 부모요, 천지는 사람과 만물의 부모라 한다. 그런데 천지는 기의 지극히 바르고 지극히 통한 것을 받았으므로 정해진 본성이 있어 변함이 없고, 만물은 기의 편벽되고 막힌 것을 받았으므로 역시 일정한 본성이 있어 변함이 없다고 한다. 즉 천지나 만물이나 모두가 일정한 본성을 부여받은 것은 마찬가지지만, 천지는 지극히 바르고 통한 기로서 정해진 본성을 이루고 있다면, 만물은 편벽되고 막힌 기로서 정해진 본성을 이루고 있음이 다른 것이다. 따라서 천지나 만물은 정해진 본성이 있으므로 이것을 변화시킬 도리가 없다.

---

28 같은 글, "於人之中 有聖人者 獨得至通至正 至淸至粹之氣 而與天地合德 故聖人亦有定性而無變 有定性而無變 然後斯可謂之踐形矣 然則天地 聖人之準則 而聖人 衆人之準則也 其所謂修爲之術 不過按聖人已成之規矩而已."

29 같은 글, "若萬物 則性不能稟全德, 心不能通衆理 草木之全塞 固不足道矣 禽獸之或通一路者 有虎狼之父子 蜂蟻之君臣 雁行有兄弟之序 雎鳩有夫婦之別 巢穴有預知之智 候蟲有俟時之信 而皆不可變而通之 其得各遂其性者 只在吾人參贊化育之功而已."

그러나 오직 인간만은 바르고 통한 기를 받았는데, 맑고 흐리고 순수하고 잡박함이 천차만별로 달라서 천지가 순일(純一)한 것과는 다르다. 이는 인간존재가 근본바탕에 있어서는 바르고 통한 기를 가지고 있어 가능적 존재지만, 현상적 세계에 있어서 마음의 움직임으로 인해 온갖 차별상이 초래되어 또 다른 부정적 가능성을 지니고 있다고 보는 것이다. 이와 같이 율곡은 인간을 천지나 만물과는 구별되는 또 하나의 특수한 존재로 이해하는 것이라 하겠다. 이러한 관점에서 율곡은 오직 사람은 음양의 바른 기를 받아 그 성이 비록 하나지만, 그 형기의 받음이 혹은 두텁고 혹은 얇으며, 혹은 맑고 혹은 흐리기 때문에 생명의 길고 짧음이 나뉘고 선악의 다름이 있게 된다 하였다.[30] 율곡은 앞에서 살펴본 것처럼, 인간도 이기묘합(理氣妙合)의 존재라 할 때 리의 보편성뿐만 아니라 기의 순수한 보편성도 그 본연에 있어 인정하는 태도라 할 것이다. 요컨대 율곡이 인간을 신이나 천지처럼 완전한 정성(定性)의 존재도 아니요 동식물이나 사물처럼 변화 불가한 정성의 존재로도 보지 아니하고, 인간 특유의 존재적 지위를 설정하여 이해한 것은 율곡의 경세사상에 있어서 왕도실현 가능성의 첫걸음으로 매우 중요한 의미가 있다.

둘째로 율곡은 성선(性善)의 보편성을 통해 왕도실현의 가능성을 확신하고 있다. 인간의 본성을 선하다고 보는 성선의 인간관은 이미 맹자를 통해 나타나고 있거니와, 유가철학의 전제가 되는데, 율곡은 이러한 전통을 계승하여 인간 정신의 본질에 대해 희망적이고 낙관적인 신념을 가지고 있다. 그는 「격몽요결(擊蒙要訣)」에서 이렇게 말하고 있다.

---

30 같은 책, 拾遺, 卷5, 「壽夭策」, "惟人也 受陰陽之正氣者也 其性雖一 而其形氣之稟 或厚或薄 或淸或濁焉 厚薄者 脩短之所以分也 淸濁者 善惡之所以殊也."

> 대개 중인과 성인은 그 본성이 하나로 같다. 비록 기질에 맑고 흐리고 순수하고 잡박한 차이가 없을 수 없으나, 진실로 능히 참되게 알고 진실되게 행하여 그 낡은 버릇을 버리고 그 본성의 처음을 회복하면 털끝만큼을 보태지 않고서도 온갖 선이 다 만족해질 것이다. 중인이 어찌 성인으로써 스스로 기약하지 않을 수 있겠는가? 그러므로 맹자가 성선을 말하면서 반드시 요순을 일컬어 그것을 실증하면서 '사람은 모두 요순이 될 수 있다' 고 하였다. 어찌 우리를 속였으랴.[31]

인성은 성인이나 중인이나 모두 같다고 한다. 이는 『논어』에서 '하늘이 나에게 덕을 낳아 주었다(天生德於予)' 는 것이나 『중용』에서 '하늘이 준 것이 성이다(天命之謂性)' 라는 말에 연유하는 것이다. 하늘이 나에게 덕을 낳아 주었다는 그 덕은 『대학』의 명덕(明德)이기도 한데, 이는 다름 아닌 『중용』의 하늘이 준 성이기도 한 것이다. 하늘이 인간에게 주었다고 보면 명(命)이지만, 그것을 인간인 내가 받았다고 보면 성(性)이어서 명(命)과 성(性)은 사실 같은 것이다. 이러한 성(性)은 공자에 있어서는 인(仁)으로 표현되었고, 맹자에 있어서는 인의(仁義) 또는 인의예지(仁義禮智)로 구체화되었던 것이다. 맹자는 공자에 있어서 아직 가치 개념화되지 아니했던 성개념을 보다 명료하게 언급했는데, 율곡은 맹자의 이러한 성선관을 그대로 계승하여 왕도실현의 가능성을 말하게 된다. 만일 성선관을 포기할 때 유가철학의 이상세계인 요순세계나 요순정치는 기대할 수 없고, 또 도덕적인 인간,

---

31 같은 책, 卷27, 「擊蒙要訣」, 立志章, "蓋衆人與聖人 其本性則一也 雖氣質不能無淸濁粹駁之異 而苟能眞知實踐 去其舊染 而復其性初 則不增毫末 而萬善具足矣 衆人豈可不以聖人自期乎 故孟子道性善 而必稱堯舜以實之曰 人皆可以爲堯舜 豈欺我哉."

도덕적인 사회, 도덕적인 정치의 가능성은 기대하기 어렵다. 따라서 율곡이 맹자의 성선관을 계승하여 인간의 도덕적 능력을 확신하는 것은 그의 왕도실현의 중요한 단서가 된다.

또한 율곡이 인간의 보편성을 말하는 것은 도덕적 능력뿐 아니라 지적 능력에 있어서도 말하는 것이다. 율곡은 말하기를, 사람은 누구나 각각 지혜를 가지고 있기 때문에 어리석은 자도 또한 한 가지의 지혜를 가지고 있다고 말하고, 만약 뭇 지혜를 모두 취하여 하나의 지혜로 합하고 난 뒤, 골고루 살피고 정밀하게 밝혀 중(中)을 얻는다면, 천하가 비록 광대하더라도 손바닥 위에서 물건을 운용하는 것과 같고, 일의 기틀이 비록 번잡하다 하더라도 이것을 결단하는 것은 물동이를 세우는 것처럼 쉽다 하였다.[32]

마찬가지로 한 사람의 총명은 한계가 있고 천하의 도리는 무궁하기 때문에, 성인이라 하더라도 감히 자신의 총명만을 믿을 수 없고, 반드시 중인의 귀로써 귀를 삼고, 중인의 눈으로 눈을 삼은 연후에야 귀의 밝음이 들리지 아니함이 없게 되고, 눈의 밝음이 보이지 아니함이 없게 되어, 지혜가 두루 미치지 아니함이 없고, 덕이 갖추어지지 아니함이 없게 된다 하였다.[33]

또한 율곡은 성인의 혈기는 보통사람과 같아 배고프면 먹고 싶고 목마르면 마시고 싶고, 추우면 입고 싶으며 가려우면 긁고 싶음을 면할 수 없으므로, 성인도 인심이 없을 수 없다고 한다.[34] 다만 중인의

---

32 같은 책, 卷25, 「聖學輯要7」, "人各有智 故愚者亦有一得 苟能悉取衆智 合爲一智 而在我衡鑒 精明得中 則天下雖廣 運之掌上 事機雖繁 決之建瓴矣."

33 같은 책, 卷6, 「應旨論事疏」, "嗚呼 一人之聰明有限 天下之道理無窮 故雖聖人不敢自恃其聰明 而必以衆人之耳爲我耳 必以衆人之目爲我目 然後聰無不聞 明無不見 而智無不周 德無不備焉."

마음은 혼매(昏昧)하고 어지러워 중체(中體)가 서지 못했다 하더라도, 다행히 미발(未發)할 때가 있으면 이 순간은 담연(湛然)한 본체가 성인과 다름이 없는 것과 같은 것이다.[35] 마음이 아직 발하지 아니한 상태의 담연한 본체는 성인과 중인이 다를 바 없다는 것이다. 이와 같이 인간 정신의 본질에 대해 낙관적 신념을 갖는 데서 왕도실현의 가능성이 보이는 것이며, 또한 사람은 누구나 그렇다고 믿는 데서 평등의식이 나오게 되는 것이다.

셋째로 인간 개인은 누구든지 능력의 한계가 있다고 믿는 데서 치자 일인의 한계를 보완할 어질고 능력 있는 자의 보필이나 백성의 능력이 요구된다. 율곡은 국시(國是)를 말하고 이는 공론(公論)을 통해 결정되며, 공론은 사람들 마음이 한 가지로 그런 것이라 하였다. 그리고 국시란 한나라 사람들이 꾀하지 아니 하고서도 한 가지로 옳다고 하는 것이니, 이익으로 유혹하지 아니하고 위력으로 두렵게 하지 아니하는 데도 삼척동자 어린아이까지도 또 그 옳음을 아는 것 이것이 곧 국시라 한다.[36]

또한 공론의 발생은 나라 사람에게서 나오는 것이니 막을 수 없는 것이라 하고, 여론에 따르는 데서 국시가 정립된다 하였다.[37]

---

34 같은 책, 卷10, 書2, 「答成浩原」, "聖人之血氣 與人同耳 飢欲食 渴欲飮 寒欲衣 癢欲搔 亦所不免 故聖人不能無人心."

35 같은 글, "衆人之心 昏昧雜擾 中體雖不立 幸有未發之時 則此刻之間 湛然之體 與聖人不異者也."

36 같은 책, 卷7, 「辭大司諫兼陳洗滌東西疏」, "人心之所同然者 謂之公論 公論之所在 謂之國是 國是者一國之人不謀而同是者也 非誘以利 非怵以威 而三尺童子 亦知其是者 此乃國是也."

37 같은 책, 卷4, 「玉堂論乙巳僞勳箚」, "公論之發 出於國人 不可沮遏 則順輿情 定國是."

이와 같이 한 나라의 정치적 최고 이념인 국시의 원천을 공론에 두고, 공론은 다시 국인의 의사를 통해 이루어진다고 보는 그의 국시론은, 근본적으로 치자 일인의 의사가 곧 법이요 국시라고 보는 전제군주정치와는 구별되는 것을 알 수 있다. 여기에는 치자 일인의 현명함이나 능력에 의존하기 보다는 비록 우매하더라도 국민 개개인의 보편적 의사에 따라 정치를 해야 한다는 민주적 신념이 자리하고 있다. 그리고 하늘로부터 부여받은 천부적 인권의 측면에서는 모두가 평등하다는 신념이 전제되면서, 아무리 왕이라 하더라도 그도 인간인 이상 불완전할 뿐 아니라, 그 능력에 있어 일정한 한계를 갖는다는 것을 인정하는 논리다. 이렇게 치자 한 사람의 현명성이나 능력의 한계를 보완해야 한다는 생각에서 비롯된 것이 율곡의 언로개방론이다. 먼저 율곡의 말을 통해 이해하기로 하자.

> 이른바 '언로를 넓힘으로써 여러 사람들의 계책을 모은다'는 것은 임금이란 작은 몸을 가지고 만백성 위에 처신하고 있어서 청각은 모든 것을 다 듣기에 부족하고, 시각은 모든 것을 다 보기에 부족하기 때문이다. 그러므로 옛 성왕은 반드시 온 나라 사람들의 귀를 자신의 귀로 삼아서 청각은 듣지 못하는 것이 없었고, 온 나라 사람들의 눈을 자신의 눈으로 삼아서 시각은 보지 못하는 것이 없었으며, 온 나라 사람들의 마음을 자신의 마음으로 삼아서 지각은 알지 못하는 것이 없었으니, 하늘과 땅도 크다고 여길만한 것이 못 되었고, 해와 달도 밝다고 여길만한 것이 못되었다.[38]

38 같은 책, 卷3, 「玉堂陳時弊疏」, "所謂廣言路 以集群策者 人君 以妙然之身 處億兆之上 聽不足以盡聽 明不足以盡視 故古之聖王 必以國人之耳 爲我之耳 聽無不聽 以國人之目 爲我之目 明無不視 以國人之心 爲我之心 知無不盡 天地不足以爲大 日月不足以爲明矣."

이와 같이 임금이란 보고 듣는 데 있어서 한계가 있기 때문에, 나라 사람들의 귀를 자신의 귀로 삼아 보완하고, 나라 사람들의 눈을 자신의 눈으로 삼아 보완하고, 나라 사람들의 마음을 자신의 마음으로 삼아 보완함으로써, 민심 내지 민의에 기초한 왕도정치를 시행할 수 있다고 보는 것이다. 이는 「응지론사소(應旨論事疏)」에서도 잘 나타나 있으니 그 내용을 보기로 하자.

> 아! 한 사람의 총명함은 한계가 있지만 천하의 도리는 무궁한 것이다. 그러므로 비록 성인이라 하더라도 감히 그의 총명만을 믿지 않고 반드시 여러 사람들의 귀를 나의 귀로 삼고, 반드시 여러 사람들의 눈을 나의 눈으로 삼는다. 그런 후에야 귀는 듣지 못하는게 없게 되고, 눈은 보지 못하는게 없게 되어, 지혜가 돌아가지 않는 곳이 없고 덕이 갖추어지지 않는게 없게 되는 것이다.[39]

이렇게 볼 때, 율곡이 치자 한 사람의 총명이나 능력에 한계가 있음을 시인하고 이를 보완할 근거를 민의 내지 민심에서 찾았음을 알 수 있다. 물론 여기에는 백성 한 사람 한 사람의 마음과 능력을 믿고 신뢰하는 그의 긍정적이고 낙관적인 인간관이 자리하고 있는 데서 가능한 것이라 하겠다. 따라서 율곡은 말 길을 열어야 한다고 주장한다.

> 바라건대 전하께서는 특별히 의견을 구한다는 전교를 내리고 거리낌 없이 문호를 크게 열어 놓아, 위로는 조정의 신하들로부터 아래로는 일반 서민

---

39 같은 책, 卷6, 「應旨論事疏」, "嗚呼 一人之聰明有限 天下之道理無窮 故雖聖人 不敢自恃其聰明 而必以衆人之耳 爲我耳 必以衆人之目 爲我目 然後聰無不聞 明無不見 而智無不周 德無不備焉."

> 들에 이르기까지, 안으로는 서울에서부터 밖으로는 먼 변방에 이르기까지, 모두 각자 현실의 폐단에 대해 얘기하고 그들의 참뜻을 다 털어놓기에 힘쓰도록 해야 한다. 비록 그가 말하는 바가 조리도 없고 보잘 것이 없으며, 거리낌 없이 함부로 말하더라도 역시 그대로 두어 불문에 붙여야 한다. 이와 같이 한다면 거의 온 나라 사람들이 보고 듣는 것으로써 한 사람의 총명을 삼을 수가 있으며, 쌓여 온 폐단도 없어지고 백성들의 노고도 덜어질 수가 있게 될 것이다.[40]

언로의 범위를 조정의 신하들로부터 일반 서민들에 이르기까지 그리고 안으로는 서울에서부터 밖으로는 먼 시골에 이르기까지 온 국민이 모두가 자신의 견해를 밝히도록 해야 한다고 한 것은, 율곡이 말하는 언로의 범위가 사실상 전 국민에 미치고 있음을 알 수 있다. 그리고 이는 국민의 지적 수준이나 생활 정도, 남녀, 신분, 직업의 차이를 떠나 모든 국민의 마음이나 의사를 적극적으로 신뢰하는 태도가 자리하고 있다. 특히 말한 것이 조리가 없고 보잘 것이 없으며 거리낌 없이 함부로 말한 자라 하더라도 관용하라는 율곡의 말에서 언로개방의 진정한 뜻이 잘 나타나 있다.

넷째로 율곡은 인간을 의지를 가진 주체적 존재로 규정한다. 율곡은 인간의 심성 가운데 의지를 중시하여 입지((立志)를 정치, 교육, 수양 등 각 방면에서 강조한다. 20대에 쓴 「자경문(自警文)」에서도 먼저 그 뜻을 크게 하여 성인을 준칙으로 삼아야 한다 하고, 조금이라도

40 같은 책, 卷3, 「諫院陳時事疏」, "伏望殿下 特頒求言之敎 大開不諱之門 上自朝臣 下至氓俗 內自京邑 外至下裔 皆令各陳時弊 務盡其情 …… 雖其所陳 猥屑無足可觀 而觸犯無忌者 亦置而不問 夫如是 則庶幾以國人之視聽 爲一人之聰明 而積弊可祛 民勞可息矣."

성인에 미치지 아니하면 내 일이 끝난 것이 아니라고 다짐한다.[41] 또 「격몽요결」에서도 맨 앞에 '입지장(立志章)'을 두고 처음 배우는 이는 먼저 뜻을 세워 반드시 성인이 되기를 스스로 기약해야 한다 하고,[42] 『학교모범(學校模範)』에서도 배우는 이는 먼저 모름지기 뜻을 세워 도(道)로서 자임해야 된다 하였다.[43] 이와 같이 그는 교육에 있어서 입지를 강조하는가 하면 수양에 있어서도 입지를 강조한다. 그는 마음의 정찰(精察) 여부가 모두 뜻이 하는 바이므로, 자기를 닦는데는 뜻을 참되게 하는 것보다 먼저 할 것이 없다고 한다.[44] 또한 「성학집요」에서도 배움에는 입지보다 먼저 할 것이 없다 하고, 뜻이 서지 아니하고서 성공할 수 있는 자는 없기 때문에 수기 조목은 입지로써 먼저 한다고 하였다.[45]

이와 같이 수양의 측면에서 입지를 강조할 뿐 아니라, 율곡은 정치에 있어서도 치자의 입지를 무엇보다 강조한다. 그는 「동호문답」에서 주상이 삼대의 정치를 회복코자 한다면 마땅히 무엇을 먼저 힘쓸 것이냐고 묻자, 입지보다 먼저 할 것이 없다고 전제하고, 예부터 큰일을 할 임금은 모두가 먼저 그 뜻을 정하였으니, 왕도에 뜻을 둔다면 요순시대의 정치와 교화도 모두 내 분수 안의 일이요, 패도에 뜻을 둔다면 한당(漢唐) 정도의 소강(少康)도 또한 이를 수 있는 것이라 하였다.[46]

---

41 같은 책, 卷14, 「自警文」, "先須大其志 以聖人爲準則 一毫不及聖人 則吾事未了."

42 같은 책, 卷27, 「擊蒙要訣」, 「立志章」, "初學先須立志 必以聖人自期."

43 같은 책, 卷15, 「學校模範」, "學者先須立志 以道自任."

44 같은 책, 卷9, 書1, 「答成浩原(壬申)」, "精察與否 皆是意之所爲."

45 같은 책, 卷20, 「聖學輯要2」, "臣按 學莫先於立志 未有志不立 而能成功者 故修己條目 以立志爲先."

46 같은 책, 卷15, 「東湖問答」, "客曰 主上欲復三代之治 則當以何者 爲先務 主人曰 莫先於立志 自古有爲之君 莫不先定其志 志乎王道 則堯舜之治化 皆吾分內事也 志乎

마찬가지로 대개 임금이 위에서 명령을 세워서 난(亂)을 치(治)로 돌이키는 데는 다만 마음 하나에 있을 뿐이니, 마음 하나가 도를 향해 쉬지 않고 힘써 나가면 곧 정치에 베풀어져서 세도(世道)가 변할 것이라 한다. 그런데 어찌 기강을 세우고, 선비의 버릇을 교정하고, 재상에게 정치를 맡기며, 백공(百工)에게 일을 빛나게 하고, 서민들을 안락하게 하여 선왕의 도를 따르는 도리에 화패(禍敗)를 당할 이치가 있겠느냐고 말하고 다만 생각하지 않을 뿐이라 하였다.[47] 이와 같이 정치에 있어 왕도가 되느냐 패도가 되느냐, 안정이냐 혼란이냐의 여부가 치자의 의지에 관계된다고 보았다.

또한 그는 「동호문답」에서 다스려지고 혼란함은 사람에게 있는 것이지 때에 매어 있는 것은 아니라 하고, 때라는 것은 윗자리에 있는 사람이 만드는 것이라 한다.[48] 이와 같이 율곡은 정치의 치란이 객관적인 시대적 상황이나 역사적 조건에 있는 것이 아니라 역사의 주체인 인간에게 달려 있음을 분명히 하고, 역사란 인간이 주체적으로 창조해 나가는 것임을 말하고 있다. 이러한 그의 역사관은 오늘날에 있어서도 대단히 중요한 의미를 갖는다. 더구나 시대적 한계를 감안하면 숙명적인 역사관을 떨쳐 버리고 인간 중심의 주체적 역사관을 천명한 것은 참으로 진일보한 견해라 할 것이다.

끝으로 율곡은 인간이야말로 변화 가능한 존재이며 따라서 정치의 변화, 역사의 발전이 가능하다고 믿었다. 율곡은 앞에서 설명한대로

霸道 則漢唐之少康 亦可訓致矣."

47 같은 책, 卷25, 「聖學輯要7」, "蓋君上造命 回亂爲治 只在一心 一心向道 力行不已 則施於有政 世道一變矣 安有立紀綱 矯士習 任宰相 熙百工 安庶民 以追先王之道 而反見禍敗之理哉 嗚呼 不思而已矣."

48 같은 책, 卷15, 「東湖問答」, "主人曰 治亂在人 不係於時 時也者 在上位者之所爲也."

성선관에 입각해 모든 인간은 그 본성이 같다고 전제한다. 인간의 도덕적 본질에 있어서 보편성을 인정하는 것이요, 만인평등의 인간관을 전제하는 것이다. 그렇다면 인간의 개인적 차이는 어디에서 생기는가? 이에 대해 율곡은 기질의 차이로 설명하는 것이다. 기(氣)라는 것도 아직 드러나지 아니한 본체상에 있어서는 리(理)와 다를 바 없이 순수하고 맑은 것이지만, 그것이 외물에 따라 발현됨에 천차만별의 차별상이 생긴다고 보는 것이며, 악이란 것도 여기에서 비롯된다고 본다.[49] 따라서 문제는 이 기 내지 기질을 어떻게 다스리느냐에 있었다. 그런데 율곡철학에서 우리가 눈여겨보아야 할 것이 기의 양면적 성질이다. 기는 일면 인간의 정신을 흐리게 하며 악하게 할 가능성도 있지만, 반면 이것을 반전시켜 선으로 돌이킬 가능성도 있다는 점이다. 따라서 율곡은 기질의 변화 가능성을 매우 중시하는 것이며,[50] 그의 수양론의 핵심이 바로 여기에 있는 것이다.

그런데, 율곡이 인간의 변화 가능성을 말할 수 있는 것은 두 가지 측면에서 이해할 수 있으니, 하나는 인간의 심이 허령(虛靈)하여 모든 이치를 갖추고 있다는 점이며,[51] 또 하나는 기(氣)의 유위성(有爲性) 때문이다. 율곡은 「어록(語錄)」에서 말하기를, 마음의 허령함은 특별히 성(性)이 있어서 그런 것이 아니고, 지극히 통하고 지극히 바른 기가 모여 마음이 되었기 때문이라 한다.[52] 물론 이러한 율곡의 심

---

49 같은 책, 卷9, 書1, 「答成浩原」, 心性情圖, "善惡之情 無非感物而動 特所感 有正有邪 其動有中有過不及 斯有善惡之分耳."

50 같은 책, 卷21, 「聖學輯要3」, "惟人則 雖有淸濁粹駁之不同 而方寸虛明 可以變化."

51 같은 책, 卷20, 「聖學輯要2」, "人之一心 萬理全具."
같은 책, 卷21, 「聖學輯要3」, "心之本體 湛然虛明."

52 같은 책, 卷31, 「語錄上」, "心之虛靈 不特有性而然也 至通至正之氣 凝而爲心 故虛靈也."

이해는 주자에 근원하고 있지만,[53] 율곡이 심의 변화 가능성을 적극적으로 시인하고 그 근거를 기에 돌리고 있음은 유의해 보아야 할 점이다. 다시 말하면 율곡에 있어서 기질의 변화란 지극히 통하고 지극히 바른 기에로 돌아감(復其氣)이며, 동시에 그것은 본연의 성을 회복함(復其性)이다. 인간의 정신 일반을 합이기(合理氣)의 구조로 이해하는 율곡에게 있어서는 '복기성'이나 '복기기'는 사실 같은 말이 되는 것이다. 왜냐하면 성(性; 理)과 기(氣)는 상호 의존적이기 때문이며, 특히 율곡은 기의 본연 내지 기의 본체를 가치적으로 리와 다를 바 없다고 적극적으로 긍정하기 때문이다. 율곡이 인간의 기질이나 정신을 바꿀 수 있다고 믿고 그것을 통해 인간의 변화가 가능하다고 믿는 그의 인간관은 정치에 있어 치자의 변화를 가능케 하는 것이며, 나아가 피치자의 변화 가능성 또한 믿을 수 있게 된다. 그리고 이것은 정치, 사회, 경제, 문화, 교육, 제도 등 경세 일반의 변화가 가능하기 때문이다.

요컨대 이러한 율곡의 인간관이야말로 율곡의 경세사상에 있어 가장 근본적인 철학적 기초가 되는 것이며, 그의 경세사상을 대표하는 왕도정치가 어떻게 실현 가능할 수 있는가 하는 물음에 대한 대답이 될 것이다.

(3) 왕도의 원리

1) 수기와 치인

율곡은 왕도의 원리로서 먼저 수기와 치인의 병행을 말한다. 이는 율

53 『性理大全』, 卷33, 「性理 5」, "心之全體 湛然虛明 萬理具足."
『朱子大全』, 卷14, "心之爲物 至虛至靈 神妙不測."

곡이 유가철학의 근본정신을 계승한 것인데, 유학의 유학다운 점이 바로 여기에 있다. 유가철학의 경세이론은 수기와 치인의 양면이 구족됨을 이상으로 삼는데, 그것은 달리 말하면 내성(內聖)과 외왕(外王)의 문제라 할 수 있다. 유가철학에 있어서 경세의 원리는 수기치인, 내성외왕을 벗어나는 것이 아니다.[54] 이러한 유가의 전통적 입장에 따라 율곡은 「성학집요」에서 성학(聖學)이란 성현지도(聖賢之學)인데, 이는 수기치인에 지나지 않는다고 한다.[55] 진정한 학문은 내적으로 반드시 인륜에 바탕을 두어 덕성을 함양하는 동시에, 외적으로는 물리에 밝아 경제의 부강을 겸비해야 하는 것이다.[56] 그리고 성학이란 내적으로는 인의(仁義)를 궁행하여 천덕(天德)을 지니고 나아가 생민(生民)을 교양(敎養)하는 왕도를 일컫는다.[57] 여기에서 천덕이란 바로 내성으로서의 수기의 문제요, 왕도는 외왕으로서의 치인의 문제가 되는 것으로, 양자는 항상 병칭된다.

그런데 수기와 치인 가운데 무엇이 근본이냐 하면 마땅히 수기가 근본이 됨은 물론이다. 율곡은 『대학』의 천자로 부터 서인에 이르기까지 한결같이 모두가 수신으로서 근본을 삼는다는 말을 인용하면서, 제왕의 학은 수기보다 먼저 할 것이 없다 하였다.[58] 수신을 치국보다 먼저 한다는 것은 다만 그 순서의 당연함을 말한 것일 뿐이다. 만일 반드시 수신이 지극한데 이르기를 기다린 뒤에 비로소 정치를 할 수 있

---

54 梁啓超, 『儒家哲學』, 대만중화서국, 중화민국 66년 2월, 2~3쪽.

55 『栗谷全書』, 卷19, 「聖學輯要 1」, "臣按 聖賢之學 不過修己治人而已."

56 같은 책, 卷15, 「東湖問答」, "惟以講明正學爲務 其學必本於人倫 明乎物理 擇善修身 以成德爲期 曉達治道 以經濟爲志."

57 같은 책, 卷25, 「聖學輯要 7」, "夫躬行仁義者 天德也 敎養生民者 王道也."

58 같은 책, 卷20, 「聖學輯要 2」, "臣按 大學曰 自天子 以至於庶人 一是皆以修身爲本 其本亂 而末治者 否矣 是故 帝王之學 莫先於修己."

다고 한다면, 진실한 덕이 미치기 전에는 국가를 어찌해 볼 도리가 없는 것이다.[59] 따라서 수기와 치인의 선후란 시간적 의미가 아니라 본말의 의미다. 그리고 근본적으로는 수기와 치인의 병행을 왕도의 원리로 삼는 것인데, 그중에서도 수기가 근본이 된다는 말이다. 그것은 수기가 전제되지 않을 때 성왕을 기대할 수 없고, 치자의 선의지를 기대할 수 없기 때문이다. 만일 치자의 수기가 결여된다면 치자의 권력이 남용될 뿐 아니라 피치자에게 엄청난 폐해를 가져오기 때문이다.

이와 같이 율곡의 경세사상에 있어 왕도의 원리는 유가철학의 전통을 계승하여 수기와 치인, 내성과 외왕의 겸비를 이상으로 삼고 있다.

2) 양민(養民)과 교민(敎民)

율곡의 경세사상에 있어 왕도의 원리는 양민과 교민의 조화를 그 이상으로 삼는다. 양민(養民)이란 백성을 먹여 살리는 경제의 문제라면, 교민(敎民)이란 백성을 지적, 윤리적으로 가르치는 교화 교육의 문제라 하겠다. 물론 율곡의 이러한 양민과 교민의 조화는 역시 유가철학의 전통에 근거를 두고 있다. 본래 유가에서는 인간을 정신과 육신, 심신이 묘합 일체화된 존재로 이해한다.

그런데 율곡도 인간을 정신과 육신, 영육(靈肉)이 본래 묘합된 존재로 규정한다.[60] 따라서 인간이 인간답게 살아가야 할 당위는 존재원리대로 일면 생(生)을 추구하고, 일면 의(義)를 추구하는 존재이어야 한다. 그런데 맹자는 '생(生) 또한 내가 하고자 하는 바요, 의(義)

---

59 같은 책, 卷25, 「聖學輯要7」, "或問 爲政必追先王 而人主躬行 尙未成德 則奈何 曰 修身先於治國 只言其序當然耳 若必待修身極其至 然後乃可爲政 則允德未終之前 將置國家於何地歟."

60 『栗谷全書』, 拾遺, 卷4, 「死生鬼神策」, "夫人之有形者 身體也 無形者 知覺也."

또한 내가 하고자 하는 바'라 하여,[61] 생과 의를 인간의 목적적 가치로 설정한다. 맹자는 이에 따라 그의 왕도정치사상을 전개하는데, 왕도정치의 시작은 백성의 의식주를 해결해 주는 경제의 문제이며, 왕도정치의 완성은 백성을 윤리적 차원으로 끌어올리는 교육, 교화의 문제가 된다.[62] 맹자는 백성의 입장에서 민생의 해결이 급선무라고 생각하지만, 이것만으로는 왕도정치가 온전할 수 없다. 백성을 배부르게 해줄 뿐 아니라 옳고 그름, 선악을 분별하여 도덕적 생활을 할 수 있도록 교육되고 교화되어야 한다.

그러므로 유가철학에서는 전통적으로 이러한 경제와 윤리, 의(義)와 이(利)의 조화를 이상으로 추구해 왔다. 이러한 유가철학의 전통을 계승하여 율곡은 양민(養民)과 교민(敎民), 의리(義理)와 실리(實利)의 상함(相涵)을 왕도의 원리로 삼는데 이제 구체적으로 고찰해 보기로 하자.

우선 율곡의 상소문에 나타난 그의 경세이론의 구조는 크게 보아 민생의 해결이라는 경제문제와 국민의 의식고양이라는 교화문제 내지 윤리도덕의 문제로 귀결된다. 예컨대 그의 대표적인 국방대비책이라 할 수 있는 「육조계(六條啓)」에서도 '명교화(明敎化)'와 함께 '양군민(養軍民)', '족재용(足財用)'이 제시되고 있으며, 「성학집요」 또한 '안민(安民)'과 '명교(明敎)'가 나란히 제시되고 있다. 뿐만 아니라 「동호문답」도 '안민지술(安民之術)'과 '교인지술(敎人之術)'이 함께 제시되어 양자의 조화를 추구하고 있음을 알 수 있다.

그러면 먼저 율곡이 양민의 문제 즉 경제문제를 왕도의 출발점으로 삼는 까닭을 보기로 하자. 율곡은 말하기를 '백성은 먹는 것에 의

61 『孟子』, 「告子章上」, "生亦我所欲也 義亦我所欲也."

62 같은 책, 「梁惠王章上」.

존하고 나라는 백성에 의존하므로, 먹는 것이 없으면 백성이 없고 백성이 없으면 나라가 없는 것이 필연의 이치라'[63] 한다.

이는 한 나라의 근본이 백성에 있고, 그 백성은 결국 경제적 기초가 근본이 됨을 말한 것으로 현대적으로도 중요한 의미를 갖는다. 백성들은 하늘 삼을 바 먹는 것을 잃게 되어 기한(飢寒)이 몸에 절실하면 예의를 돌아보지 않는다.[64] 이는 맹자의 말대로 항산(恒産)이 없으면 항심(恒心)을 잃게 된다는 인간의 원초적인 이해에 근거한 설명이다. 마찬가지로 율곡은 백성을 기르는 양민을 먼저하고, 백성을 가르치는 교민을 뒤에 하는 것이 순서라고 한다. 민생의 초췌함이 오늘보다 더 심한 때가 없으니 급히 폐해를 구정(救正)하고 급박한 사정을 풀어준 뒤에야 향약을 시행할 수 있다고 한다.[65] 이와 같이 향약의 시행도 먼저 민생의 문제를 해결한 후에 하는 것이 옳다고 보았던 것이다.

그러나 경제문제가 해결되었다고 해서 왕도가 완전한 것은 결코 아니다. 왜냐하면 인간은 돼지가 아니기 때문이다. 인간의 본래성을 지키면서 인간답게 살아갈 수 있어야 한다. 『대학』에서는 덕(德)을 본(本)이라 하고 재(財)를 말(末)이라 하였는데, 이 또한 도덕과 경제의 겸비를 강조한 말이다. 다만 무엇이 더 근본이냐 할 때에는 경제보다 도덕이 근본이라고 보는 것이다. 이는 앞에서 왕도의 출발점이 경제적 해결이라 한 맹자의 뜻과 어긋나는 것은 결코 아니다. 일반 서민 대중을 중심으로 보면 의식주의 해결이 가장 급선무이므로 그것이 해

63 『栗谷全書』, 卷4, 「擬陳時弊疏」, "伏以民依於食 國依於民 無食則無民 無民則無國 此必然之理也."

64 같은 책, 卷5, 「玉堂陳戒箚」, "百姓失所 故飢寒切身 不顧禮義."

65 같은 책, 卷29, 「經筵日記2」, "養民爲先 敎民爲後 民生憔悴莫甚於今日 汲汲救弊 先解倒懸 然後可行鄕約也."

결되지 않으면 항심을 지키기 어렵기 때문이다.

그러나 인간은 동물과는 다르기 때문에 도덕적 가치를 위해 죽을 수도 있는 존재다. 또한 인간만이 가치를 의식하고 그것을 추구하는 존재다. 경제도 중요하지만 의리도덕이 근본이 되지 않으면 안 되는 것이다. 이와 같이 유가철학의 근본입장은 의리와 실리, 도덕과 경제의 조화 내지 겸비를 이상적으로 추구하지만, 실리보다는 의리, 경제보다는 도덕에 가치적 우위를 두는 것이다. 이러한 유가철학의 전통에 따라 율곡은 이렇게 말한다.

> 설령 먹는 것이 풍족하고 군사가 족하다 하더라도 인의(仁義)가 없으면 어찌 유지될 수 있겠는가? 오늘날 풍속은 야박하고 완악해졌으며 의리가 모두 없어졌으니, 본래 기한이 몸에 절실하면 염치를 돌보지 않는다고 하지만, 이것은 교화가 밝지 않아서 강유(綱維)를 일으키지 못하였기 때문이다.[66]

이는 국방대책을 밝힌 「육조계」의 말인데, 군사 대비에 있어서 아무리 경제력을 갖추고 군비를 갖추었더라도 싸움에 임하는 군사의 정신적 자세 내지 도덕적 의리를 갖추지 않는다면 전쟁의 승리를 기대하기 어렵다는 말이다. 율곡은 오기(吳起)의 말을 인용해 이렇게 말한다. 나라를 다스리고 군사를 다스리는 데는 반드시 예(禮)로서 가르치며 의(義)로서 가다듬어 염치를 알게 해야 하는 것이다. 왜냐하면 사람이 염치가 있어야 크게는 싸울 수 있고, 작게는 지킬 수 있기 때문이다.[67] 병가(兵家)의 이론에서조차 인간의 의리와 윤리를 중시

---

66 『栗谷全書』, 卷8, 「六條啓」, "假使足食足兵 苟無仁義 則寧有維持之勢乎 今之風俗薄惡 義理都喪者 固出於飢寒切身 不顧廉恥而亦由敎化不明 無以振起綱維故也."

하는데, 하물며 성왕의 정치에 있어서 교화를 중시하지 않을 수 없는 것이다. 그러므로 율곡은 「동호문답」에서도 백성을 기른 연후에 교화를 베풀 수 있는데, 교화를 하는 방법은 학교보다 먼저 할 것이 없다고 하였다.[68] 마찬가지로 「성학집요」에서도 먼저 백성을 부(富)하게 해 놓고 후에 가르치는 것이 이세(理勢)의 당연함이기 때문에 안민(安民)의 뒤에 명교(明敎)로서 끝맺게 차서(次序)를 정했다고 설명하였다.[69] 이와 같이 율곡은 도처에서 선부후교(先富後敎)를 말하는데, 이는 양자의 겸비 내지 조화를 추구하는 것을 말한다. 이러한 정신은 그가 「성학집요」에서 '생민을 교양하는 것이 왕도다'[70]라고 한 설명에서 극명하게 드러나는데, 백성을 가르치는 것(敎民)과 백성을 기르는 것(養民)이 곧 왕도라는 말이다. 백성을 가르치는 것은 곧 윤리도덕의 문제요, 백성을 기르는 것은 곧 경제의 문제다. 궁극적으로 경세 내지 왕도란 이 두 가지 일을 벗어나는 것이 아니다. 이 두 가지의 균형과 조화야 말로 왕도실현의 관건이다. 현대에 있어서도 이 두 가지 문제의 불균형 내지 괴리(乖離)에서 정치의 파행과 폐해가 초래되는 것이다.

3) 득중(得中)과 합의(合宜)

율곡은 왕도의 원리로서 득중(得中)과 합의(合宜)를 제시한다. 득중이란 중용을 얻음이고 합의란 마땅함에 꼭 맞는 것을 말한다. 이는 율

---

67 같은 글, "凡制國治軍 必敎之以禮 勵之以義 使有恥也 夫人有恥 在大足以戰 在小足以守矣."

68 같은 책, 卷15, 「東湖問答」, "養民然後 可施敎化 設敎之術 莫先於學校."

69 같은 책, 卷25, 「聖學輯要 7」, "先富後敎 理勢之當然 故安民之後 終之以明敎."

70 같은 글.

곡의 「시폐칠조책(時弊七條策)」에 잘 나타나 있으니 먼저 그 내용을 보기로 하자.

> 도(道)에 있어서 병행될 수 없는 것은 옳음(是)과 그름(非)이고, 일에서 함께할 수 없는 것은 이익(利)과 손해(害)다. 한갓 이해(利害)가 급하다고 해서 옳고 그름을 돌아보지 않는다면 일을 마름하는 의리에 어긋나고, 한갓 시비에만 뜻을 두어 이해의 소재를 생각하지 않는다면 변화에 대응하는 권도(權道)에 어긋나게 된다. 그런데 권도에는 일정한 표준이 없고 중용을 얻는 것이 귀하고, 의(義)에는 불변의 제도가 없으니 마땅함에 맞는 것이 귀하다. 중용을 얻고 마땅함에 맞으면 옳음(시)과 이로움(利)이 그 가운데 있게 된다. 진실로 나라에 편안할 수 있고 백성에게 이로울 수 있다면 모두 해야 할 일이고, 진실로 나라를 편안하게 할 수 없고 백성을 보호할 수 없는 것이라면 모두 해서는 안 되는 일이니, 군자에게 어찌 결단을 내리기 어려운 일이 있겠는가? 가령 여기에 어떤 일이 있는데, 시비가 분명하지 않고 이해를 분변하기 어려워 취해야 할지 버려야 할지 의심이 된다면, 또한 그 가볍고 무거움과 더디고 급함을 살펴보아야 할 것이다. 무겁고 급하다면 마땅히 취해야 하고, 가볍고 더디다면 마땅히 버려야 할 것이니, 진실로 시의(時宜)에 통달된 사람이 아니라면 어찌 이런 일을 해낼 수 있으리요.[71]

---

71 같은 책, 拾遺, 卷5, 「時弊七條策」, "竊謂道之不可竝者 是與非也 事之不可俱者 利與害也 徒以利害爲急 而不顧是非之所在 則乖於制事之義 徒以是非爲意 而不究利害之所在 則乖於應變之權 然而權無定規 得中爲貴 義無常制 合宜爲貴 得中而合宜 則是與利 在其中矣 苟可以便於國 利於民 則皆可爲之事也 苟不能安其國 保其民 則皆不可爲之事也 君子豈有難斷之事乎 其或有事於此 是非不明 利害難辨 而疑於取捨 則亦在乎審其輕重緩急而已 重且急 則所當取者也 輕且緩 則所當捨者也 苟非達乎時措之宜者 烏能與於此乎."

도리에 있어서는 옳고 그름이 병립될 수 없고, 일에 있어서는 이익과 손해가 함께할 수 없는 것이다. 그런데 우리들은 이해문제에 집착하다 옳고 그름을 잊기 쉽고, 또 시비문제만을 따지다가 이해를 소홀히 하기 쉬운 것이다. 시비문제와 이해문제를 함께 해결하고자 할 때 참으로 어려움에 직면하게 된다. 물론 도리에 있어서 옳고 그름만을 분변하여 따르기는 그래도 쉽고, 일을 함에 있어서 이익과 손해만을 따져 취하기는 그래도 쉽다. 그러나 도리의 옳음을 따르면서 또한 일에 있어서 이익을 취함이란 참으로 어려운 것이다. 율곡은 이 두 가지 문제에 현명하게 대처할 수 있는 원리를 제시하고 있는데, 이것이 곧 득중합의(得中合宜)다. 이는 개인에 있어서 뿐 아니라 한 나라의 정치에 있어서도 반드시 유념해야 할 원리로 볼 수 있다. 여기에서 도리의 옳음을 택하는 것은 윤리적 정당성의 문제라면, 일의 이로움을 취하는 것은 경제적 실리의 문제가 된다. 이 두 가지 가치의 충족이야 말로 우리들의 소망이다. 문제는 이해관계에 매달리다 시비를 잃게 되고, 시비를 따지다가 이해를 망각하게 되는 데서 우리들의 행위와 처신이 어렵다. 율곡은 이 두 가지 문제의 조화를 득중합의라는 표현으로 해결하고 있다.

그러면 득중합의가 나올 수 있는 이론적 근거는 무엇일까? 율곡에 의하면 도리에 있어서는 의리가 기준이 되고, 일에 있어서는 권도(權道)가 기준이 된다고 한다. 그런데 권도란 일정한 표준이 없고 중용을 얻는 것이 귀하고, 의리는 불변의 제도가 없으므로 마땅함에 맞는 것이 귀하다고 한다. 따라서 일을 처리함에 있어서는 중용을 얻는 것이 가장 중요하고, 도리에 있어서는 마땅함에 맞는 것이 가장 중요한 일이다. 그러므로 중용을 얻으면서 마땅함에 맞고자 하면 그 속에 옳음(是)과 이로움(利)이 자연히 있게 되는 것이다. 이러한 관점에서 율곡은 해야 할 일과 해서는 안 될 일의 기준을 나라와 백성에 두고 있다. 특히 그는 옳고 그름이란 일에 따라 나타나는 것이므로, 나라에 이로우면 그것이 옳은 것이고, 나라에 해로우면 그것이 그른 것이라 하여,[72] 도리의 옳고 그름의 척도를 나라에 이로우냐 해로우냐에 두고 있다. 이는 왕도정치의 원리를 밝힌 것으로, 이로움과 옳음의 문제를 하나의 논리로 해결한 탁월한 이론이라 할 것이다.

4) 지시(知時)와 무실(務實)

율곡 경세사상에 있어 왕도의 원리로서 지시(知時)와 무실(務實)을 제시할 수 있다. 율곡은 「만언봉사(萬言封事)」에서 정치에는 때를 아는 것이 귀하고, 일에는 실(實)을 힘쓰는 것이 중요하다고 말한다.[73] 정치를 함에 있어서 시의(時宜)를 알지 못하고 일을 당해 실공(實功)을 힘쓰지 아니하면, 비록 성현이 서로 만난다 하더라도 정치의 효과를 이룰 수 없는 것이다.[74] 이와 같이 율곡의 경세사상에 있어서 지시와 무실은 중요한 원리로서 제시되고 있다.

지시(知時)란 상황의 인식이요 역사의식에 입각한 적의한 대응을 의미하는 말이다. 이는 즉 시중지도(時中之道)의 문제가 된다. 우리는 개인적으로도 항상 시간과 공간 속에서 사람과 접하고 사물과 접하면서 살아간다. 이때 나에게 주어진 시공의 조건, 즉 상황에 알맞도록 사람을 대하고 사물을 처리하는 것이야 말로 일의 성패와 합리 여부를 가늠하는 관건이 된다. 특히 정치에 있어서 치자의 상황인식은 매

72 같은 책, 卷11, 書3, 「答成浩原(戊寅)」, "若以是非言之 是非無定形 隨事而現 大抵利於國者爲是 害於國者爲非矣."

73 같은 책, 卷5, 「萬言封事」, "政貴知時 事要務實."

74 같은 글, "爲政而不知時宜 當事而不務實功 雖聖賢相遇 治效不成矣."

우 중요하다. 치자의 상황판단의 오판은 국가공동체와 그 구성원의 생존과 안녕에 치명적인 결과를 초래하게 된다. 치자의 투철한 역사의식이 요구되는 것이다. 율곡은 시무(時務)에 관해 비교적 논리 정연한 개념 정의를 하고 있다.

> 나라는 반드시 근본에 힘써야 하고 일은 반드시 중요한 것을 알아야 한다. 근본을 힘쓴다는 것은 무엇인가? 안을 중시하고 밖을 가볍게 생각하는 것을 말한다. 중요한 것을 안다는 것은 무엇인가? 양 끝을 잡고서 중(中)을 쓰는 것을 말한다. 이 말을 아는 자라야 더불어 시무(時務)를 의논할 수 있다.[75]

시무란 율곡에 의하면 나라에 있어서 근본에 힘쓰고 일에는 중요한 것을 알아서 처리함을 의미하는 말이다. 더 구체적으로 말하면, 나라에 있어서는 안을 중요하게 생각하고 밖을 가볍게 생각하여, 경중의 판단을 잃지 않고 국정을 처리하는 것이며, 또한 일함에 있어서는 양 끝을 잡고 중용지도(中庸之道)를 현실에서 활용함을 의미한다. 그러므로 치자의 시무역량은 정치 효과에 그대로 직결되고 백성의 안녕과 행복에 관계되므로 예부터 중시해 왔다.

이러한 관점에서 율곡은 시무의 세 가지 유형을 다음과 같이 제시하는데, 그것이 창업(創業), 수성(守成), 경장(更張)이다.

> 신이 살피건대, 시무(時務)는 어느 때나 한결같지 않고 각각 마땅한 것이 있으니, 그 대요를 요약하면 창업한다는 것과 부조(父祖)의 사업을 지키는

---

75 같은 책, 拾遺, 卷5, 「時弊七條策」, "國必務本 事必知要 務本者何 重內而輕外之謂也 知要者何 執兩端 而用中之謂也 知此說者 可與議時務矣."

것과 개혁한다는 것 세 가지뿐이다. 창업의 도는 요순과 탕무의 덕으로 개혁할 세태를 당해야 하되, 천리와 인사에 순응하지 않으면 안 되기 때문에 이것은 더 논의할 것도 없다. 그리고 소위 부조의 사업을 지킨다는 것은 성스러운 임금과 어진 재상에 의해 법을 창제해서 정치기구를 다 베풀고 예악을 융성하게 하면, 후세의 임금과 후세의 어진 이는 다만 그 이룬 어진 법규에 따라 가만히 팔짱만 끼고 이것을 준수하는 것을 말하며, 소위 개혁한다는 것은 나라가 극성하면 가운데에 미약해지고, 법이 오래되면 폐단이 생기고, 마음이 안일에 젖으면 고루한 것에 인습되고, 백 가지 제도가 해이해지면 나날이 어긋나서 나라를 다스릴 수 없기 때문에, 여기서는 반드시 현명한 임금과 현명한 신하가 있어서 개연(慨然)히 일어나 근본을 붙들어, 혼탁한 것을 다시 일으키고 묵은 인습을 깨끗이 씻어서 숙폐(宿弊)를 개혁하며, 선왕의 뜻을 잘 이어 일대의 규모를 새롭게 한 뒤, 그 공업(功業)이 선열(先烈)에 빛나고 후손에 끼쳐지는 것이다. 부조의 사업을 지킨다는 것은 비록 중주(中主)와 구신(具臣)이라 할지라도 또한 잃지 않고 지킬 수 있으므로 부조의 사업을 지킴은 쉬운 것이다. 개혁한다는 것은 높은 견해나 영재가 있지 않으면 할 수 없으므로 어려운 것이다.[76]

이와 같이 율곡은 시무의 유형을 창업기, 수성기, 경장기로 구분했던 것인데, 창업기는 요순이나 탕무 같은 덕을 지니고 개혁할 만한 상

76 같은 책, 卷25, 「聖學輯要7」, "臣按 時務不一 各有攸宜 撮其大要 則創業守成 與夫更張三者而已 創業之道 非以堯舜湯武之德 值時世改革之際 應乎天而順乎人 則不可也 此無以議爲 若所謂守成者 聖君賢相 創制立法 治具畢張 禮樂濟濟 則後王後賢只得接其成規 垂拱遵守而已 所謂更張者 盛極中微 法久弊生 狃安因陋 百度廢弛 日謬月誤 將無以爲國 則必有明君哲輔 慨然興作 扶擧綱維 喚醒昏惰 洗滌舊習 矯革宿弊 善繼先王之遺志 煥新一代之規模 然後功光前烈 業垂後裔矣 守成者 雖中主具臣亦可勿失 守成易 更張者 非有高見英才 則不能也 更張難."

황을 맞이해야 하되 천리와 인사에 순응해야만 가능한 것이니 이것은 특이한 경우라 하겠다. 또한 부조의 업을 지켜 나간다는 수성기는 전임자가 베풀어 놓은 대로 지켜나 가기만 하면 되므로 가장 안정된 시기의 정치상황이라 하겠다. 그러나 경장기는 이와는 달라서 가장 대처하기 어려운 상황인데, 나라가 지극히 융성하면 반드시 그에 따라 다시 쇠퇴의 길로 내려오게 되는 것이며, 법도 오래되면 폐단이 생기고 마음이 안일에 젖어 인습이 되고, 모든 제도가 해이해져 기강이 문란하게 되어 위기적 상황이 초래되게 되는 것이다. 이러한 경장기의 상황 인식은 참으로 어려울 뿐 아니라 개혁의 탁월한 견해와 이를 추진해 나갈 훌륭한 인재가 뒷받침되지 않으면 불가하기 때문에 어려운 것이다. 그러므로 치자의 현실인식은 참으로 중요하지 않을 수 없다. 예컨대 마땅히 수성해야 할 시기인데 개혁을 힘쓴다면 이것은 병도 없는데 약을 먹는 것과 같아 도리어 병을 얻게 되는 것이고, 마땅히 개혁해야 할 시기에 수성에 힘쓴다면 이것은 병이 걸렸는데도 약을 물리치는 것과 같아 누워서 죽음을 기다리는 것과 다를 바 없는 것이다.[77]

그러므로 율곡은 이러한 현실인식을 어떻게 잘 대처하느냐에 따라 치자를 상지(上智), 중지(中智), 하지(下智)로 구별할 수 있다고 한다. 즉 상지는 미연에 밝게 알아서 사태가 일어나기 전에 이를 조치함으로써 위태함이 있기 전에 나라를 보호하는 자를 말한다. 중지는 사태가 이미 그런 것을 깨닫고 혼란을 알아서 조치를 도모함으로서 위란(危亂)을 알고 치안을 도모하는 자를 말한다. 그러나 하지는 사태를

77 같은 글, "當守成而務更化 則是無病而服藥 反致成疾矣 當更張而務遵守 則是嬰疾而却藥 臥而待死矣."

보고서도 조치할 것을 생각지 아니하고 위란을 보고서도 편안함을 구하지 아니하는 자로써 가장 무능한 경우다. 율곡은 당시 선조로 하여금 상지가 되어야지 하지가 되어서는 안 됨을 권고했던 것이다.

이제 잠깐 율곡의 현실인식을 보기로 하자. 율곡은 지금 국가가 고질에 빠진지 이십여 년이 되었다 하고, 위아래가 모두 인순(因循)에 빠져 조금도 고칠 생각을 아니하여 지금 백성들의 힘은 이미 다하였으며, 나라의 재정형편도 이미 고갈되어 만약 경장하지 아니하면 나라가 장차 나라 꼴이 될 수 없을 것이라고 경고한다. 그리고 조정에 선 선비들이 어찌 장막의 제비와 무엇이 다르겠느냐고 하면서, 밤중에 이것을 생각하면 자기도 모르는 사이에 일어나게 된다고 술회하였다.[78]

또한 「진시사소(陳時事疏)」에서는 당시의 현실을 이렇게 말하고 있다.

> 우리나라는 인덕(仁德)이 오래 쌓여 근본이 굳고 깊으나, 백여 년 이래로 준걸(俊傑)들이 그 재능을 쓰지 못하고 폐정(弊政)이 날로 백성에게 가해지고 있다. 연산군이 전형(典刑)을 전복한 뒤로부터 그것을 고쳐 바로잡은 사람이 없어서 조정과 백성이 서로 잊어버린지 오래되었다. 근심에 젖은 백성들이 항상 도탄에 허덕이면서 호소해도 위에 들려지지 않으니, 외적의 침입이 없다 하더라도 진실로 위태로운 상황인데, 하물며 지금 북방의 호족이 우리와 틈이 벌어져 병화(兵禍)가 연결되었음에랴. 구원하자니 나라에 병사가 적고, 군량을 공급하자니 창고에 묵은 저축이 없으며, 느슨히 하

78 같은 책, 卷9, 「上退溪先生(丁卯)」, "國家之沈於痼疾 二十餘年矣 上因下循 一毫不改 目今民力已竭 國儲已罄 若不更張 國將不國 立朝之士 何異幕燕 中夜思之 不覺起坐."

> 면 해이하여 이루어지지 않고, 급히 서두르면 무너져 흩어져서 도적이 된다. 이와 같이 난망(亂亡)의 현상이 환히 목전에 있으니, 이는 일이 있기 전에 말하는 것이 아니라 곧 구제하려 해도 소용이 없는 것에 가까운 것이 아니겠는가? 아! 위태하고도 위태하도다. 그렇지만 어찌할 수 없다고 돌려 버리고 아무 대책 없이 망하기를 기다려서야 되겠는가?[79]

율곡의 이러한 현실인식과 우려는 그의 소차 도처에서 나타난다. 그는 당시의 현실을 경장기로 인식하고 개혁의 당위를 역설하였다. 율곡은 「만언봉사」에서 시의(時宜)라는 것은 때에 따라 변통을 하고 법을 마련해 백성을 구제하는 것이라 정의하였다. 대개 법이란 때에 따라 제정하는 것이니, 때가 바뀌면 법도 같지 않은 것이라 하였다. 그리고 그 실예로서 순임금이 요를 계승했는데 9주를 나누어 12주로 만들었고, 우임금이 순임금을 계승하였는데 12주를 개혁하여 9주로 만들었다 한다. 이것은 성인들이 바꾸기를 좋아해서가 아니라, 다만 때에 따라 그러하였을 따름이라 한다.[80] 율곡이 때에 따라 법과 제도를 바꾸어야 한다는 이론적 근거는 '때가 변하면 일도 바뀌어야 한다(時變事易),' 또는 '때가 지나면 일도 변한다(時移事變)' 는 데에 있다.

---

79 같은 책, 卷7, 「陳時事疏」, "我國家 積德累仁 根本固深 而百有年來 俊乂不售其才 疵政日加於民 自燕山 顚覆典刑之後 無人釐正 朝廷與百姓相忘者 厥惟久矣 嗷嗷赤子 常在水火之中 籲呼無聞 雖無外寇 其勢固已岌岌矣 況今北胡啓釁 兵連禍結 欲援則國少控弦 欲餉則倉無宿儲 緩之則慢弛不集 急之則潰散爲盜 亂亡之象 昭在目前 此非先事之言也 無乃近於欲救無及者乎 嗚呼殆哉 嗚呼殆哉 雖然豈可付之無可奈何 而束手待亡乎."

80 같은 책, 卷5, 「萬言封事」, "夫所謂時宜者 隨時變通 設法救民之謂也 程子論易曰 知時識勢 學易之大方也 又曰 隨時變易 乃常道也 蓋法因時制 時變則法不同 夫以舜繼堯 宜無所不同 而分九州爲十二 以禹繼舜 宜無所不同 而革十二爲九州 此豈聖人好爲變易哉 不過因時而已."

때라는 것은 변하는 것이고 때가 변하면 일도 바뀌므로, 그에 대한 인간의 대응도 달라져야 한다. 율곡은 변통의 당위를 이렇게 설명한다.

> 우리나라 조종(祖宗)들이 입법(立法)을 하던 처음에는 물론 극히 빈틈없었던 것이나, 이 백년이 지나는 동안 때도 바뀌고 일도 변화해 폐단이 없지 않게 되었으니 잘 변통해야만 할 것이다. 하물며 후일에 제정된 그릇된 법규야 마땅히 불을 끄고 물에 빠진 사람을 구해 주듯 서둘러 개혁해야만 되지 않겠는가? 전(傳)에 이르기를, '궁하면 변하게 되고 변하게 되면 통해진다'고 하였으니, 바라건대 전하가 유념하여 변통하는 근거에 대해 생각해 보라.[81]

율곡은 『주역』 계사의 '궁하면 변하게 되고 변하게 되면 통해진다'는 말에 근거하여 변통(變通)의 논리를 펴고 있다. 아울러 지금까지 정치의 폐단이 개혁되지 못하고 백성들의 고통도 해결되지 못하고 있는 것은, 왕이 지난 규범만을 고수하며 변통할 생각을 하지 않은 때문이라 하고, 예부터 제왕들이 나라를 세우고 제정한 법이 비록 매우 훌륭하고 이름답다고는 하지만, 시대가 지나 사정이 변하면 법이 오래되어 폐단이 생기게 된다고 하였다. 따라서 후손으로서 잘 계승하고 잘 발전시키는 임금은 반드시 적절히 때에 따라 개혁을 하며 옛것에만 얽매이지 않는다 하고, 진서산(眞西山)의 『중용』의 계술(繼述)에 대한 해석을 인용한다. 즉 마땅히 그대로 지켜야 할 것을 그대로 지키는 것도 본시 계술이지만, 마땅히 변통해야 할 것을 변통하는 것도 역

81 같은 글, "我國祖宗立法之初 固極周詳 而年垂二百 時變事易 不無弊端猶可變通 況後日謬規 汲汲改革 當如救焚拯溺者乎 傳曰 窮則變 變則通 伏願殿下留念 思所以變通焉."

시 계술이라 함이다.[82] 이처럼 변통의 논리는 시중지도(時中之道)에 근거하고 있음은 물론이다.

그런데 율곡은 정명도의 말을 인용하여 정치의 원리를 '근본에 따라 말하는 경우(從本而言)'와 '일에 따라 말하는 경우(從事而言)'로 나누어 다음과 같이 설명한다.

> 정자가 말하기를, '정치의 도리에는 또한 근본을 따라 말할 수가 있고 또 일을 따라 말할 수도 있다. 근본을 따라 말한다면, 오직 임금의 마음의 그릇됨을 바로잡는 것으로부터 하여, 마음의 그릇됨을 바로잡음으로써 조정을 바로잡고, 조정을 바로잡음으로써 모든 관리들을 바로잡게 되는 것이다. 만약 일을 따라 말한다면, 구제하지 않을 때는 그만이지만 만약 반드시 구제해야 한다면 반드시 변혁이 있어야 하는데, 크게 변혁을 시키면 큰 이익이 되고, 작게 변혁을 시키면 작은 이익이 되는 것이다'라고 하였다.[83]

여기에서 '종본이언(從本而言)'은 원리로부터 현실에 적용해 가는 논리라면, '종사이언(從事而言)'은 현실로부터 원리로 돌아가는 논리라고 할 수 있다. '종본이언'은 정치의 원리로 볼 때 정상적인 방법론이라면, '종사이언'은 상황에 따른 대응론이다. 때가 바뀌면 일도 바뀌니 법과 제도도 달라져야 하는 것이며, 또 때가 오래되면 폐단이 생

---

82 같은 책, 卷6, 「應旨論事疏」, "至今一政之弊 未革 一民之苦 未解者 以殿下 固守前規 不思變通故也 自古帝王 創業定法 雖是盡善盡美 而時移事變 法久弊生 則後嗣之善繼善述者 必隨宜更化 不膠於舊 故眞西山 論中庸繼述之義曰 當持守而持守者 固繼述也 當變通而變通者 亦繼述也."

83 같은 책, 卷4, 「擬陳時弊疏」, "程子有言曰 治道 亦有從本而言 亦有從事而言 從本而言 惟從格君心之非 正心以正朝廷 正朝廷以正百官 若從事而言 不救則已 若須救之 則須變 大變則大益 小變則小益 此言 眞今日之急務也."

기므로 고치지 않을 수 없는 것이다. 이러한 상황에서는 크게 바꾸면 바꿀수록 국가적으로나 민생의 입장에서 이익이 크고, 반대로 변화의 폭이 작으면 작을수록 이익이 작을 수밖에 없다.

그러면 도대체 때에 따라 바뀔 수 있는 것은 무엇이며 바뀔 수 없는 것은 무엇일까? 율곡은 때에 따라 변할 수 있는 것은 법제라 하고, 고금을 통해 변할 수 있는 것은 왕도요 인정(仁政)이요 삼강(三綱)이요 오상(五常)이라 하였다. 그리고 그는 후세에 도술(道術)이 밝지 못해 변할 수 없는 것은 때에 따라 고쳐지고 변할 수 있는 것은 고쳐지지 아니하고 굳게 지킴으로써, 정치가 안정된 날은 적고 혼란스러운 날이 많았던 것이라고 지적하고 있다.[84] 변할 수 있는 것과 변할 수 없는 것을 구별 못하는 데서 정치의 무질서가 초래된다는 말이다. 왕도니 인정이니 삼강이니 오상이니 하는 정치의 근본원리는 때와 장소에 관계없는 불변의 대원칙이고, 다만 법과 제도는 때와 장소, 상황에 따라 얼마든지 바꿀 수 있는 것이다.

이상에서 살펴본 것처럼, 율곡은 정치에 있어서 상황의 인식이라는 '지시(知時)'를 정치의 중요한 원리로 삼고 있음이 확실하다. 이는 치자의 역사의식을 강조한 것으로 현대에 있어서도 그 의미는 매우 크다.

다음은 그가 '지시'와 함께 정치의 원리로 제시하고 있는 '무실(務實)'에 관해 고찰해 보기로 하자. 율곡의 무실은 실(實)을 힘쓴다는 말인데, 율곡의 독창어가 아니라 이미 여말선초의 많은 유학자들이 간헐적으로 사용해 온 말이다. 이는 율곡 이후 많은 실학자들에 의해

84 같은 책, 卷5, 「萬言封事」, "大抵隨時可變者 法制也 亘古今而不可變者 王道也 仁政也 三綱也 五常也 後世道術不明 不可變者 有時而遷改 可變者 有時而膠守 此所以治日常少 亂日常多者也."

보편적으로 사용되어 왔으며, 안창호는 이를 적극적으로 수용하여 이른바 4대정신의 으뜸으로 삼았다.[85]

그런데 먼저 무실사상의 철학적 근거로서 성(誠)에 관해 생각해 볼 필요가 있다. 퇴계가 경(敬)을 중요하게 생각한 것 과는 달리 율곡은 성(誠)을 강조하고 있다.[86] 율곡은 「성학집요」, 「성책(誠策)」, 「사자언성의(四子言誠疑)」, 「사자입언부동의(四子立言不同疑)」 등에서 성(誠)을 설명하고 있는데, 이는 근본적으로 『중용』의 성(誠)사상에 근거하는 것이다. 율곡은 성(誠)을 천도와 인도의 양면에서 설명한다. 성은 천의 실리(實理)요 심의 본체라 하고,[87] 실리(實理)의 성과 실심(實心)의 성[88]으로도 설명하고 있다. 즉 성(誠)은 일면 천도의 본연한 법칙과 질서로 설명되면서, 동시에 인간이 마땅히 걸어가야 할 삶의 원칙과 기준으로 설명되기도 한다. 『중용』에 의하면 성 자체는 천도이고 성되고자 노력하는 것은 인간의 도리다.[89] 참 자체는 천도의 이법으로 진실하여 거짓이 없는 것이며, 그 진실하여 거짓이 없는 천리의 본연성을 본받아 진실하고자 노력하는 것이 곧 인사의 당연함이요 당위가 되는 것이다.[90]

그런데 이 성(誠)자는 대체로 실(實)자와 같은 의미로 사용되고 있다. 정자는 '성(誠)이라는 말은 실(實)일 뿐이다' 하고, 장횡거(張橫渠)도 '성(誠)은 곧 실(實)이다' 라고 하여,[91] 성(誠)을 실(實)로 해석

---

85 황의동, 「율곡의 무실사상」, 『한국사상사』, 원광대출판부, 1991, 499~500쪽.

86 채무송, 「퇴율 성리학의 비교 연구」, 『율곡사상논문집』, 율곡문화원, 1973, 2쪽.

87 『栗谷全書』, 卷21, 「聖學輯要 7」, "誠者 天之實理 心之本體."

88 같은 책, 拾遺, 卷6, 「四子言誠疑」.

89 『中庸』, 第21章, "誠者 天之道也 誠之者 人之道也."

90 같은 책, 朱子註, "誠者 眞實無妄之謂 天理之本然也 誠之者 未能眞實無妄 而欲其眞實無妄之謂 人事之當然也."

하고 있다. 또한 주자도 '성(誠)은 실리(實理)다', '성(誠)은 단지 실(實)이다'라고 하여,[92] 성(誠)을 실(實) 또는 실리(實理)로 해석하면서, 도(道)에 있어서는 실유지리(實有之理)가 되고 사람에 있어서는 실연지심(實然之心)이 된다 하였다.[93]

이렇게 볼 때, 율곡은 성(誠)을 말하지만 체로서의 성(誠)보다는 용으로서의 성(誠)에 더 관심을 갖는 것이요, 천도보다는 인도를 강조하는 것이요, 성(誠) 자체보다는 '성지(誠之)'에 역점을 두는 것이다.[94] 이러한 '성지'의 측면이 그의 무실(務實)사상으로 구체화되어 전개된 것을 알 수 있다.

이제 성(誠)이 보다 구체화되어 실(實)로 전개되는 바를 검토해 보기로 하자. 율곡은 성(誠)을 가리켜 천의 실리(實理)요 인심의 본체라고 규정하였다.[95] 천도 즉 우주자연의 본질 내지 이법이 성(誠)인데, 그것은 실리(實理)라는 말로 구체화되었으며, 인간의 입장에서는 마음의 본체로 설명된 것이다. 그렇지만 천의 실리와 인심의 본체가 둘이 아니라 성(誠)의 양면성에 불과한 것으로, 이는 천인합일의 입장에서 가능한 것이다. 율곡은 또 말하기를, 천은 실리(實理)로서 화육(化育)의 공(功)이 있고 사람은 실심(實心)으로서 감통(感通)의 효과를 이루는데, 이른바 실리실심이 성(誠)에 지나지 않을 뿐이라 한다.[96]

---

91 『性理大全』, 卷37, 性理9, 「誠」.

92 『朱子語類』, 卷6, 性理3.

93 『性理大全』, 卷37, 性理9, 「誠」.

94 황의동, 「율곡의 무실사상」, 『한국사상사』, 502쪽.

95 『栗谷全書』, 卷21, 「聖學輯要3」, "臣按 誠者 天之實理 心之本體."

96 같은 책, 拾遺, 卷6, 「誠策」, "對天以實理 而有化育之功 人以實心 而致感通之效 所謂實理實心者 不過曰誠而已矣."

또한 진실하여 거짓이 없는 것은 천도요, 진실하여 거짓이 없고자 하는 것은 인도라 하고, 천도는 곧 실리요 인도는 곧 실심이라 하였다.[97] 이처럼 율곡은 『중용』이나 『맹자』의 성(誠) 자체는 천도요 성하고자 하는 것은 인도라고 규정한 것을 실리와 실심으로 설명하였다.

이제 율곡의 실리(實理)에 관해 생각해 보기로 하자. 실리란 성(誠)의 천도적 측면을 말한 것인데, 이는 다시 두 가지 성격을 갖는 것으로 보인다. 즉 하나는 천도 내지 우주자연의 본질로서 형이상학적 실체개념이며, 또 하나는 운용의 측면으로 이해할 수 있다.[98] 율곡에 의하면 천지의 이치는 실리일 뿐인데, 인간과 만물의 낳음이 실리에 의하지 아니함이 없다고 한다.[99] 이 실리야 말로 인간과 우주자연 그리고 모든 사물이 그것으로 있을 수 있는 근원적인 본질이다. 또 율곡은 성(誠)은 실리(實理)인데, 이 실리가 없으면 물(物)도 없는 것이라 하여,[100] 『중용』의 '불성무물(不誠無物)'을 그대로 설명하고 있다. 이러한 형이상학적 본체개념으로서의 실리는 천도의 본연함으로 자연이연(自然而然)하고 적연부동(寂然不動)한 것이며, 무위(無爲)의 것으로 신묘불측(神妙不測)한 것이다. 이 실리야 말로 일체 존재의 궁극적 근거인 동시에 우주자연의 이법이며, 그것은 곧 인간의 본성이요 본질인 것으로, 천(天), 도(道), 성(性), 지선(至善), 미발(未發), 리(理), 중(中), 인(仁), 태극(太極) 등 유학의 형이상학적 본체개념과 상통하는 것이다.[101]

---

97 같은 책, 「四子言誠疑」, "眞實無妄者 天道也 欲其眞實無妄者 人道也 …… 天道卽實理 而人道卽實心也."

98 황의동, 앞의 책, 503쪽.

99 『栗谷全書』, 拾遺, 卷5, "人物之生 莫不依乎實理."

100 같은 책, 卷31, 「語錄上」, "曰誠者 實理也 無實理 則無是物."

101 황의동, 앞의 책, 504쪽.

이와는 달리 율곡의 실리(實理)는 용의 측면으로도 활용되고 있다. 율곡에 의하면 요순은 실리로서 천하를 다스렸고 실리로서 천하를 교화시켰다고 한다.[102] 요순에게 있어서 천하를 다스리는 원리가 실리였던 것이며, 천하를 교화시키는 원리가 곧 실리였던 것이니, 실리는 정치의 원리로서 그리고 교화의 원리로서 설명된 예라 하겠다. 이는 존재와 당위의 일치를 의미하는 것으로, 일체 모든 존재의 존재원리가 실리이듯이, 그것이 그것일 수 있기 위해서는(참 존재이기 위해서는) 마땅히 실리이지 않으면 안 된다. 실리는 존재개념으로 사용되었을 뿐 아니라, 마땅히 그렇지 않으면 안 된다는 의미에서 당위원리로도 사용된 것이다.

실심(實心)은 율곡에 있어 인간의 마음의 본체요 인간 정신의 총체적 표현이다. 실심은 천도의 실리가 인간에 내면화 된 것을 말하며, 그것은 진실하여 거짓이 없는 것이다. 진실하여 거짓이 없는 성(誠) 그 자체는 천도의 본연으로 성인의 차원이지만, 보통 사람들은 실리에 근거한 실심을 상실하고 있거나 사사(私邪)에 의해 은폐되고 있다. 실심의 회복은 현인지도(賢人之道)가 되는 것이요, 현실적으로 인간의 당위가 되는 것이다. 진실무망한 성(誠) 그 자체에 이르고자 하는 인간의 도리가 인도로서의 성지(誠之)요 실심지사(實心之事)인 것이다. 율곡은 한 마음이 진실하지 아니하면 모든 일이 모두 거짓이요, 한 마음이 진실로 실하다면 모든 일이 모두 참이라고 한다.[103] 마음이 진실하냐 거짓이냐의 여부가 만사의 참과 거짓을 결정짓는 관건이다.

---

102 『栗谷全書』, 拾遺, 卷5, 「神仙策」, "堯舜以實理而治天下 以實理而敎天下 使民由於實理之當然 而不自知其所以然故也."

103 같은 책, 卷21, 「聖學輯要3」, "一心不實 萬事皆假 何往而可行 一心苟實 萬事皆眞 何爲而不成."

여기에 뜻을 참되게 한다는 성의(誠意)는 수기치인(修己治人)의 근본이 된다. 『중용』의 성지(誠之)가 곧 성의(誠意)라 할 수 있는데, 만일 참이 없으면 뜻이 설 수 없고, 리(理)에 참이 없으면 앎에 이르지 않고, 기질에 참이 없으면 변화가 불가능한 것이다.[104] 이와 같이 성(誠)은 곧 실리로서 격물궁리에 있어서나 입지에 있어서나 기질변화에 있어서나 근본이 되었던 것이다.

이제 율곡의 무실(務實)에 관해 구체적으로 검토해 보기로 하자. 율곡은 「만언봉사」에서 '정치에는 지시(知時)가 귀하고 일에는 무실(務實)이 중요하다' 하였고,[105] 실(實)을 추구해야 한다는 의미의 많은 말들을 하고 있다. 이러한 율곡의 실의 개념은 대체로 진실성(實心), 실천성(實功), 실용성(實效)으로 규정해 볼 수 있다.

율곡은 성(誠)을 천도로서의 실리와 인도로서의 실심으로 구별한 바 있는데, 실심은 실리가 인간에게 온전히 주어진 바 그대로다. 우주자연이 실리를 본질로 해 존재하듯이, 인간의 심성세계도 그 본질은 참이다. 실심이 전제되지 않고서는 실학도 불가능하고, 실리도 얻을 수 없고, 실공과 실효도 기대하기 어렵다. 그러므로 율곡은 말하기를, 우리들의 한 마음이 진실하지 아니하면 모든 일이 거짓이니 어디를 간들 행할 수 있으며, 한 마음이 진실로 진실하다면 모든 일이 모두 참이니 무엇을 한들 이루지 못하겠느냐고 반문하는 것이다.[106] 모든 일의 주체는 궁극적으로 인간이다. 인간의 마음이 진실하냐 거짓이냐의 여부가 일의 성패를 좌우한다. 진실한 마음에서만 진실된 일이 성

---

104 같은 글, "如志無誠 則不立 理無誠 則不格 氣質無誠 則不能變化 他可推見也."

105 같은 책, 卷5, 「萬言封事」, "臣伏以政貴知時 事要務實."

106 같은 책, 卷21, 「聖學輯要」, "一心不實 萬事皆假 何往而可行 一心苟實 萬事皆眞 何爲而不成."

취될 수 있고, 거짓된 마음에서는 결코 참된 일이 이룩될 수 없다. 율곡은 궁리가 분명해야만 궁행할 수 있고, 반드시 마음이 진실해야만 비로소 진실한 공효에 착수할 수 있기 때문에, 성실은 궁행의 근본이 된다 하였다.[107]

또한 율곡은 실(實)을 실공(實功)으로서의 실천성으로 이해하고 있다. 실은 인간 심성의 성실성만을 의미하는 것이 아니라, 언어에 대한 실공,[108] 빈말에 대한 공(功) 또는 실(實)로서[109] 실천성 내지 실현성의 의미를 담고 있다. 율곡이 실공과 실효라는 말을 혼용하기도 하지만, 대체로 구별하여 사용하고 있음에 유의할 필요가 있다. 즉 실공이란 일을 함에 참되어 빈말을 힘쓰지 않는 것이다.[110] 실심(實心)을 가지고 실공(實功)을 통해 실효(實效)를 추구하는 것이 율곡 무실사상의 요점이다.[111] 여기에서 실심은 실공과 실효를 가능케 하는 근본 요소요, 실공의 주체가 된다. 실공은 실심이 실효에 이를 수 있는 방법이다.[112] 만일 실심만 있고 실공이 없다면 실효는 기대할 수 없다. 실심의 관념성이 실공을 통해 실효로 현실화 되는 것이다.[113] 실공이란 실질적인 노력이요 실천성을 의미한다. 말뿐이 아닌 행동이요 이론만이 아닌 실천 궁행을 의미한다. 율곡은 자신이 살던 시대의 모순으로서 이 실천성의 결여, 공리공론의 폐단을 통감했던 것으로 보인다. 율곡 그 자신이 유학자요 성리학자이면서도 성리학의 공론적 말폐 현상

---

107 같은 글, "臣按 窮理既明 可以躬行 而必有實心然後 乃下實功 故誠實爲躬行之本."

108 같은 책, 卷3, 「陳弭災五策箚」, "所謂恐懼修省者 不在言語 而在於實功."

109 같은 책, 卷6, 「司諫院請勉學親賢臣箚」, "嗚呼 今日朝廷所不足者 實也 非言也."

110 같은 책, 卷5, 「萬言封事」, "所謂實功者 作事有誠 不務空言之謂也."

111 황의동, 「율곡의 무실사상」, 『한국사상사』, 508쪽.

112 같은 글.

113 같은 글.

과 지나친 사변성(思辯性)에 스스로를 돌아보았던 것 같다. 그것은 다름 아닌 유학이 유학의 본래성으로 돌아가야 한다는 것을 의미한다. 비본래적인 유학과 성리학에 대한 자각적 태도요, 반성적 태도라 할 수 있다. 율곡의 이에 대한 언급을 구체적으로 살펴보기로 하자.

> 이른바 성상께서 뜻을 정함으로서 실효를 구해야 한다는 말은 무엇인가? 한 나라의 치란은 한 사람에 달려 있고, 한 사람의 선악은 한마음에 달려 있는데, 한마음의 가는 바를 일러 지(志)라 한다. …… 혹 입지가 정해지지 않아 유유범범(悠悠泛泛)하면 또한 난망(亂亡)에 함께 돌아갈 뿐이니, 이른바 뜻이 정해지지 않았다는 것은 한갓 그 뜻은 있으나 확충할 수 없어 마침내 실효가 없음을 이르는 것이다. 뜻은 있으나 실효가 없다는 것은 뜻 또한 없다고 할 수 있을 것이다.[114]

율곡은 치자의 일심을 중시하고 그 일심의 입지를 강조한다. 한 나라의 치란이 치자의 일심이나 입지에 관계되기 때문이다. 그런데 뜻만 세운다고 실효가 있는 것이 아니다. 세운 뜻이 구체적인 실사(實事)로 현실화될 실천성이 요구되는 것이다. 입지가 정해지지 않은 것도 문제지만, 비록 뜻이 섰더라도 현실적으로 정사에 구현되어 실효가 드러나지 않는다면 이는 뜻이 없는 것과 마찬가지라는 것이다.

그는 또 재앙을 그치게 하는 방법으로 공구수성(恐懼修省)을 말하면서, 이른바 공구수성은 언어에 있지 않고 실공에 있으니, 어찌 옛

---

114 『栗谷全書』, 卷3, 「玉堂陳時弊疏」, "所謂定聖志以求實效者 一國之治亂 係於一人 一人之藏否 係於一心 一心之所之謂之志 …… 如或立志靡定 悠悠泛泛 則亦同歸於亂亡而已 所謂靡定者 徒有其志 而不能擴充 終無實效之謂也 有其志而無實效者 謂之無志亦可也."

습성을 지키며 하던 대로 따르면서 크게 처리하고 분별함이 없을 수 있겠느냐고 한다.[115] 율곡은 또 「동호문답」에서 '아침이 다 하도록 밥상만 차려 놓는다고 하면서 배 한번 불러 보지 못한 것처럼 빈말뿐이요 실효가 없으면 무슨 일을 할 것인가' 라고 하여, 말만 무성하지 실제로 배 한번 불러 보지 못하는 공리공론의 문제점을 지적하고 있다. 이렇게 볼 때, 율곡의 무실에서 실의 개념은 실심을 몸소 실천하는 실천성의 의미를 갖는 것으로 율곡은 이를 실공이라고 불렀던 것이다.

셋째로 율곡은 무실의 실을 실용성으로서의 실효로 이해하고 있다. 실심을 주체로 하여 실공을 통해 얻고자 한 궁극적 가치는 실용성에 있으니, 이는 다름 아닌 실리(實利) 내지 실효성의 추구라 하겠다.[116] 우리는 율곡의 많은 글 속에서 명(名)에 대하여 실(實), 부명(浮名)에 대해서 실, 문구(文具)에 대해서 실효, 화(華)에 대해서 실, 허명(虛名)에 대해서 실리(實利), 문(文)에 대해서 실을 대거하여 설명한 경우를 많이 볼 수 있다. 여기에서 이름, 명목, 형식, 꾸밈, 겉치레에 대한 내용, 실상, 실리 등을 실용성이라는 말로 불러도 좋을 것이다. 율곡은 「동호문답」에서 지금 우리 주상이 고도(古道)를 회복하고자 한다면 마땅히 실효에 힘쓰고 겉치레를 일삼지 말아야 한다고 한다. 그리고 구체적으로는 격치(格致)의 실, 성의(誠意)의 실, 정심(正心)의 실, 수신(修身)의 실, 효친(孝親)의 실, 치가(治家)의 실, 임현(任賢)의 실, 거간(去姦)의 실, 보민(保民)의 실, 교화(敎化)의 실 등을 힘써야 한다고 한다.[117] 여기에서 실(實)은 실질적인 효과를 거

---

115 같은 책, 「陳弭災五策箚」, "所謂恐懼修省者 不在言語 而在於實功 豈可守故循常無大處分乎."

116 황의동, 「율곡의 무실사상」, 『한국사상사』, 511쪽.

117 『栗谷全書』, 卷15, 「東湖問答」.

두어야 한다는 의미가 많다. 즉 격치, 성의, 정심, 수신의 겉치레가 아니라 실질적인 효과가 있어야 한다는 것이요, 효친(孝親), 치가(治家), 임현(任賢), 거간(去姦), 보민(保民), 교화(敎化) 또한 형식적으로만 하는 체 할 것이 아니라, 실천적인 노력을 통해 실용성이 확보되고 실효성을 거둘 수 있어야 한다는 것이다. 율곡은 '단지 경장의 빈 이름만 있고 변통의 실리를 얻지 못한다면 차라리 옛것에 기댈 뿐' 이라고 한다.[118] 또 재앙에 대처하는 자세에 대해서도 궁전을 피하고 반찬을 줄이는 것은 어디까지나 형식이며 말단이고, 임금 자신의 덕을 높여가고 정치를 실제로 잘해 나가는 것은 재앙을 두려워하는 실상이요 근본이라고 한다.[119] 또한 백성의 교화에 있어서도 교육을 베푸는 데는 근본이 있고 백성을 교화하는 데는 차례가 있는데, 한갓 그 이름만 생각하여 그 실상을 얻지 못하고 근본을 뒤로 하고 끝을 먼저 하기 때문에 가르침은 있어도 효과가 없다고 개탄하였다.[120] 진정한 실효는 명실상부(名實相符)하고 유명유실(有名有實)한 데서 가능한 것이니, 이는 다름 아닌 본래성과 현실성의 일치요, 명분과 실리의 조화요, 형식과 내용의 일치라고 하겠다. 요순과 같은 인격이 되기를 원하고, 요순과 같은 백성이 되기를 원한다면, 어찌 꽃을 구하면서 열매를 구하지 않을 수 있느냐고 반문하게 되는 것이다.[121]

이렇게 볼 때, 율곡이 실용성과 실효성을 무실의 궁극적 가치로 삼

118 같은 책, 卷7, 「陳時事疏」, "若只有更張之虛名 而不獲變通之實利 則寧仍舊而已."

119 같은 책, 卷5, 「萬言封事」, "夫避殿減膳者 畏災之文也末也 進德修政者 畏災之實也本也 文與末固不可廢也 實與本今何事耶."

120 같은 책, 卷25, 「聖學輯要7」, "或有慨然思矯世習者 又不知設教有因 化民有漸 徒慕其名 未得其實 後本先末 有教無效 ……."

121 같은 책, 卷6, 「應旨論事疏」, "今殿下之所願 在於堯舜其身 堯舜其民 則豈可求其華而不求其實乎."

는 것은 분명하고, 이러한 실질이나 실효의 추구는 형식 내지 공론의 배제를 의미하는 것이다. 그리고 이러한 실용성과 실효성의 추구는 후기 실학사상의 이념적 기반이 되었던 것을 유념할 필요가 있다. 특히 율곡의 무실사상은 수기의 측면 뿐 아니라 치인의 측면에서 강조되어 힘 있는 나라, 잘 사는 국민이라는 경세적 목표를 실현하는 데 중요한 원리로 작용하였다.

(4) 개혁론의 이기론적 배경

율곡은 앞에서 살펴본 것처럼 현실개혁의 당위를 강조하고 시무경장론(時務更張論)을 주장하였다. 그가 심성론의 측면에서는 기질변화론을 주장하고 경세론에 있어서는 경장론을 주장하는 것은 그의 이기론적(理氣論的) 배경에 근거하는 것이다. 우리는 율곡의 대표적인 철학적 이론을 기발이승일도설(氣發理乘一途說)이라 한다. '발(發)하는 기(氣) 위에 리(理)가 올라탄다' 는 이 말은 이미 퇴계에게서 보이는 것이지만, 율곡은 기발이승(氣發理乘)을 자기 철학의 중심적인 주제로 사용한다. 기발이승은 존재 자체의 표현이면서 존재구조의 틀을 표현한 말이다. 퇴계가 리도 발하고 기도 발한다는 호발설(互發說)을 주장하는 데에 대해, 율곡은 이발(理發)은 반대하고 기발(氣發)만을 고집한다. 즉 발하는 것은 기요 발하는 까닭이 리다. 기가 아니면 발할 수 없고 리가 아니면 발할 바가 없다. 이기(理氣)는 선후도 없고 이합(離合)도 없으니 퇴계처럼 서로 발한다고 말할 수 없다.[122]

---

122 같은 책, 卷10, 書2, 「答成浩原(壬申)」, "大抵發之者 氣也 所以發者 理也 非氣則不能發 非理則無所發 無先後無離合 不可謂互發也."

이와 같이 리는 형이상자이므로 발할 수 없고, 기는 형이하자이므로 발한다는 율곡의 이기개념에서 기발이승일도설이 도출된다.[123] 그러면 기가 발하는 것이라면 리는 아무 능력도 없는 것인가? 율곡에 의하면 리는 기의 주재요 기는 리의 탈 바로서, 리가 아니면 기는 근본할 바가 없고 기가 아니면 리는 의착할 바가 없다.[124] 리는 기 발용의 주재 또는 근거로서 규정된다. 기발이승의 승(乘)만해도 그것은 단지 발하는 기에 실려 있는 무능자라는 의미가 아니라, 발하는 기를 주재한다는 의미를 내포하고 있다. 그러므로 율곡에 있어서는 이기가 엄격히 말하면 대등한 관계에 있다. 상호 의존적이요 상보적인 역할과 기능을 갖는다. 비록 리가 형이상자요 기가 형이하자라 하더라도, 리는 높고 기는 낮다는 의미가 아니다. 높고 낮은 두 개는 서로 의존해 있고 가치적으로 대등하기 때문이다. 위 없는 아래가 없고 아래가 없는 위가 없는 것과 같다. 또 율곡은 리가 기의 주재요 근본이라고 말하지만, 기 또한 리가 탈 바요 의착처가 된다. 리의 주재기능이나 기가 리를 실어주고 실현시켜 주는 기능은 마찬가지다. 율곡의 기발이승은 현실의 기가 리에 선행하는 것이라거나 기만이 작용하고 리는 무력하다는 것을 주장함이 아니다. 오히려 기의 현실을 떠나서는 리가 자기실현을 할 수 없다는 것을 강조하는 것이며, 모든 기의 작용 속에는 그 근거로서 리를 내재시킴으로써 리를 벗어나지 않는 기의 현실을 확립하려는 데 그 본의가 있다.[125]

이제 우리가 유의해야 할 점은 기의 발용성 즉 기의 유위성(有爲

123 같은 책, 卷20, 「聖學輯要2」, "理無爲 而氣有爲 故氣發而理乘."

124 같은 책, 卷10, 書2, 「答成浩原(壬申)」, "夫理者 氣之主宰也 氣者 理之所乘也 非理則氣無所根柢 非氣 則理無所依著."

125 금장태, 『유교와 한국사상』, 성균관대출판부, 1980, 177~178쪽.

性)이다. 퇴계의 윤리적 입장에서 보면 기는 위험한 존재다. 리는 언제 어디서든지 선하고 맑고 깨끗하다. 또 리는 그러한 자기 본질을 항상 유지한다. 그러나 기는 그렇지 못하다. 기는 자칫 악으로 갈 가능성이 있고, 선한 리를 타락시키고 오염시킬 가능성이 있다. 그러므로 퇴계에게서는 이기의 분변이 강조되고, 기의 유위성에 대해 우려와 경계심을 갖게 되는 것이다. 이에 대해 율곡은 생각을 달리한다. 율곡은 기의 유위성을 도리어 긍정적으로 이해한다. 비록 기가 언제 어디에서나 현상계에서 변할 수 있는 존재지만, 그 변화 가능성을 도리어 긍정적으로 이해한다. 그것은 물론 율곡이 기의 본연을 담일청허(湛一淸虛)니 담연청허(湛然淸虛)니 하여 맑고 깨끗한 것으로 보는 데서 가능할 뿐 아니라,[126] 기의 활활발발한 유위성을 도리어 리 실현의 동력으로 이해하기 때문이다. 리란 본래성이라면 기는 현실성으로 말할 수 있는데, 리의 본래성은 반드시 실현돼야 한다. 리가 자기 본래성을 실현함은 곧 기의 유위성에 말미암는다. 기의 유위성은 인간의 정신 일반에서는 심성의 변화를 가져오고, 사회적으로는 변화와 발전의 원동력인 셈이다. 이러한 이기론적 배경에서 율곡의 시무경장론이 대두되는 것이고, 변화와 진보를 추구하는 그의 역사의식이 있게 되는 것이다.

또한 율곡의 경세사상을 뒷받침하는 이기론적 배경에는 그의 이기지묘적(理氣之妙的) 사유가 있다. 이기지묘(理氣之妙)는 기발이승(氣發理乘), 이통기국(理通氣局)과 함께 율곡의 철학을 대표하는 용어다. 이기지묘란 본래 이기의 오묘한 관계성을 일컫는 말인데, 여러 가지 의미를 함축하고 있다. 율곡은 이 세계 일체 존재는 리와 기의 묘합체

126 『栗谷全書』, 卷10, 書2, 「答成浩原」, "氣之本 則湛一淸虛而已."

라고 이해한다. 이때 이기의 관계는 시간적으로 선후가 없고 공간적으로 이합(離合)이 없다. 율곡에 의하면 이기는 본래 합해 있는 것이지 비로소 합한 때가 있는 것이 아니다. 이기를 둘로써 하고자 하는 자는 모두 도(道)를 알지 못하는 자라고 한다.[127]

이와 같이 시간적으로 선후가 없고 공간적으로 이합(離合)이 없는 이기의 관계성이 이기지묘의 뜻이다. 또한 이기는 이처럼 분리할 수 없는 하나의 관계로 있지만, 그렇다고 리와 기는 동일자가 아니다. 리는 리고 기는 기다. 이와 같이 존재양상으로 보면 이기는 하나인 채로 있지만, 이를 이론적으로 설명하자면 리와 기는 둘로 나누어 볼 수 있으니, 이러한 일이이 이이일(一而二 二而一)의 사유가 이기지묘에 함축되어 있다.[128] 이는 달리 말하면 이기를 합해서 보기도 하고 나누어서 보기도 하는 합간(合看)과 이간(離看)의 관점을 아울러 의미하는 것이다. 또한 이기지묘는 리와 기의 관계를 상호 의존적으로 보는 관점이다. 율곡은 항상 이기를 설명할 때 상보적 관계로 설명한다.

> 리는 기의 주재요 기는 리의 탈 바이다. 리가 아니면 기는 근본할 바가 없고, 기가 아니면 리는 의착할 바가 없다.[129]

---

127 같은 책, 卷10, 書2, 「理氣詠呈牛溪道兄」, "理氣本合也 非有始合之時 欲以理氣二之者 皆非知道者也."

128 같은 책, 卷20, 「聖學輯要2」, "有問於臣者曰 理氣是一物是二物 臣答曰 考諸前訓 則一而二 二而一者也 理氣 渾然無間 元不相離 不可指爲二物 故程子曰 器亦道 道亦器 雖不相離 而渾然之中 實不相雜 不可指爲一物 故朱子曰 理自理 氣自氣 不相挾雜 合二說而玩索 則理氣之妙 庶乎見之矣."

129 같은 책, 卷10, 書2, 「答成浩原(壬申)」, "夫理者 氣之主宰也 氣者 理之所乘也 非理則氣無所根柢 非氣 則理無所依著."

> 대저 발하는 것은 기요 발하는 까닭은 리다. 기가 아니면 발할 수 없고 리가 아니면 발할 바가 없다.[130]

이와 같이 리는 기의 주재이므로 리가 아니면 기는 근본할 바가 없고, 기는 리의 탈 바이므로 기가 아니면 리는 의착할 바가 없다. 또한 기는 발하는 것이요 리는 발하는 까닭이므로, 만일 기가 없다면 리는 실현될 수 없고, 리가 없다면 기의 발하는 고유기능도 발휘될 수 없다. 왜냐하면 기발(氣發)의 소이가 리에 있기 때문이다. 이처럼 철저하게 상호 의존적이요 상호 보완적 관계 속에 있다. 이러한 이기의 관계성으로 인해 리와 기는 자기 홀로만으로는 완전할 수 없고 불완전자로 남는다. 리는 기를 만남으로서 보완되고 기는 리를 만남으로서 보완된다. 양자는 피차의 보구(輔救)를 통해서만 완전해질 수 있다. 그리고 이러한 관계로 인해 이기는 가치적으로 대등한 위계를 갖는다.[131] 또한 이기지묘는 이기의 가치적 조화를 의미하기도 한다. 이기는 본래 존재구조를 설명하는 용어지만 가치적으로도 활용된다. 즉 이기지묘는 이론과 실천, 이념과 사실, 의리와 실리, 윤리와 경제, 신(神)과 물(物), 이상과 현실의 조화를 의미한다.[132] 이 두 가지 가치가 어느 하나만으로는 불완전하고 이 양자의 조화를 통해서만이 완전할 수 있다는 의미다. 리의 가치와 기의 가치가 각기 자기 고유성을 잃지 않으면서 리가 기를 용납하고 기가 리를 용납하는 논리다. 여기서 양자가 하나로 조화되기 위해서는 상대의 승인이 전제되지 않으면 안

130 같은 글, "大抵發之者 氣也 所以發者 理也 非氣 則不能發 非理 則無所發."

131 황의동, 「율곡의 이기설에 관한 고찰」, 『동서철학연구』, 제3호, 한국동서철학연구회, 1986, 126쪽.

132 황의동, 『율곡철학연구』, 경문사, 1987, 111쪽.

된다. 리만도 아니요 기만도 아니어서 하나로 만나지만, 하나로 있다 해서 리도 아니고 기도 아닌 것이 아니다. 하나 속에 이기가 저다움을 잃지 않는 합이다. 율곡에 있어서는 존재적으로 리와 함께 기가 필요했듯이, 가치적으로도 기는 리와 함께 중요한 의미를 갖는다. 이처럼 기를 적극적으로 긍정하고 리와 마찬가지로 중요한 의미를 갖는다고 보는 것이 율곡의 관점이다. 따라서 인간의 정신적 순수성과 물질적 이익과의 조화도 율곡에게서 볼 수 있다.[133] 이러한 그의 이기지묘적 관점에서 이기심성(理氣心性)의 순수철학적 사변 못지않게 현실적 경세가 중시되었던 것이며, 의리적 도학뿐만 아니라 실용적 실학이 요구되었다. 그리고 경세사상 속에서도 도덕적 의리와 실용적 실리가 아울러 추구되고 있으며, 양민과 교민의 문제가 함께 중시되고 있음을 알 수 있다. 특히 그가 인간의 기질변화를 강조하듯이, 정치사회적인 개혁을 강조하는데 이 또한 이러한 이기론적 배경에서 비롯되는 것이다.

---

133 이동준, 『16세기 한국 성리학파의 역사의식에 관한 연구』, 성균관대대학원(박사), 1975, 278쪽.

제 3 부

율곡학의 계승과 발전

1장

사계 김장생(沙溪 金長生)의 계승과 창신(創新)

1. 율곡학의 계승

한국유학사에서 율곡 이이(栗谷 李珥: 1536~1584)는 중요한 위치에 있다. 그것은 그의 학문과 사상이 한국유학사에서 미친 영향이 매우 크기 때문이다. 퇴계학을 계승한 퇴계학파가 영남유학의 중심적 위치에서 주도적 역할을 했다면, 기호지역에서는 율곡학을 계승한 율곡학파가 주도적 위치에 있었다. 더욱이 학파와 당파가 복잡하게 얽혀 조선조 역사에서 가장 큰 학문적 계보를 형성하고 있었다. 그리고 퇴율(退栗)의 철학정신은 이후 많은 유학자들에 의해 전승되었고, 또 변전(變轉)을 통해 새롭게 창신(創新)되기도 했다. 본래 학문의 계승이란 비조(鼻祖)의 학문을 그대로 답습하는 것만은 아니다. 오히려 유능한 후예들에 의해서는 스승의 학문을 바꾸고 고치면서 창신의 과정을 밟기도 한다.

율곡학은 사계 김장생(沙溪 金長生: 1548~1631)을 통해 충실히 계승되고 문호가 열렸으며, 손제자인 우암 송시열(尤庵 宋時烈: 1607~1689)에 의해 학파로서의 정체성과 위상이 확립되었다. 물론 여기에는 영남 퇴계학파와의 대립, 경쟁을 통해 학문이 심화되고 학파적 결속이 강화되었다고 볼 수 있다.

율곡의 문하에는 많은 제자들이 있었다. 김장생, 조헌(趙憲: 1544~1592), 이귀(李貴: 1557~1633), 정엽(鄭曄: 1563~1625), 황신(黃愼: 1560~1617), 박여룡(朴汝龍: 1541~1611), 안민학(安敏學: 1542~1601), 김진강(金振綱) 등이 있었는데, 그 가운데 김장생과 조헌은 율곡의 적전(嫡傳)으로 문묘에 종사되었다. 그런데 율곡과 우계 성혼(牛溪 成渾: 1535~1598), 구봉 송익필(龜峰 宋翼弼: 1534~1599)은 우의가 돈독하여 그의 문인들은 세 문하를 서로 왕래하며 배우기도 했다. 이들의 사승관계는 단순하게 말할 수 없고 복합적으로 이해할 수밖에 없다.

율곡의 학문과 사상이 후세에 전해지고 또 율곡학파로 전승하게 된 것은 사계의 공헌이 매우 크다. 사계는 13살 때(1560년) 송익필의 문하에 들어가 서서와 『근사록(近思錄)』을 통해 성리학을 배웠고,[1] 또한 예학의 기초적인 공부를 배웠다.

또한 20살 때(1576년)에는 율곡의 문하에 들어가 수업했는데, 그의 『연보』에는 다음과 같이 적고 있다.

> 율곡 이이 선생의 문하에서 수업하였다. 이로부터 성학의 깊은 뜻을 상세히 듣고 잠심하여 힘써 행하고 자신의 임무를 매우 무겁게 생각하였다. 이 선생이 해서로 돌아감에 곧 따라가 그 문하에 머물며 전에 배운 것을 익히고 새로 얻은 것을 탁마하였다. 더욱 예학에 정통하여 절목이 다 갖추어졌고, 크고 작은 일을 모두 거론함에 이 선생이 항상 믿음직하게 여겨 기대가

---

1 『沙溪年譜』, 13歲 條.

특별히 깊었다.[2]

이와 같이 사계의 청년기 수업은 율곡에 의해 이루어졌음을 알 수 있고, 율곡을 따라 해주에까지 가서 배워 율곡의 믿음과 기대가 매우 컸음을 알 수 있다. 사계는 말하기를, "나는 어려서는 배우지 못했고, 약관(弱冠)이 되어 비로소 『소학』, 사서 및 육경, 정주의 여러 글들을 읽었다"[3]고 하여, 그의 학문형성에 율곡의 가르침이 얼마나 중요했는가를 잘 알 수 있다.

송시열은 사계의 문묘종사를 위해 올린 상소문에서, 김장생은 정주의 학문을 이이에게서 배워 터득했다 하고,[4] 송준길은 사계의 「시장(諡狀)」에서, 사계는 이미 이문성(李文成)의 적전(嫡傳)을 얻었다고 하였으며,[5] 장유(張維)는 사계 「신도비명(神道碑銘)」에서, 선생의 학문은 본래 율곡에서 나왔다고 하였다.[6] 이처럼 사계는 율곡의 적전이었고 그의 학문은 주로 율곡에게서 나왔음을 알 수 있다.

사계는 우리나라의 도통(道統)을 포은 정몽주로 시작하여 김굉필, 조광조, 이황을 거쳐 율곡에게로 이어진다고 보았다. 이들의 각기 유학사적 위상이 있으나 율곡은 명백순수(明白純粹)하고 통철무재(洞徹無滓)하며, 진지실천(眞知實踐)하여 성인의 뜻을 언행에 실증하여 조금도 부족함이 없고, 사업에 시행하여 시의(時宜)에 합당하고 출처진

---

2 같은 책, 20歲 條.

3 『沙溪遺稿』, 卷5, 「經書辨疑序」, "余少而失學 及弱冠 始讀小學四子 以及六經程朱諸書."

4 『宋子大全』, 卷17, 「論文廟從祀疏」, "是以故文元公臣金長生得程朱之學於文成公李珥."

5 『沙溪遺稿』, 卷13, 「諡狀」, "蓋先生旣得李文成嫡傳 ……."

6 같은 책, 卷13, 「神道碑銘」, "先生之學 本出於栗谷 ……."

퇴(出處進退)를 정의로써 하여, 성인을 계승하고 미래의 학문을 열어 주는 큰 책임을 맡아, 도학의 맥을 무궁하게 한 사람은 오직 율곡 선생뿐이라고 평가하였다.[7] 이는 율곡이 정암 조광조를 그렇게 자리매김한 것처럼 율곡을 도학적 측면에서 높이 평가하고 존숭하였다.

그런데 사계는 '박문약례(博文約禮)' 두 가지는 성학(聖學)에 있어 수레의 두 바퀴와 같아, 율곡 선생이 항상 이 말을 암송하여 가르쳤다고 하면서도, 자신이 생각할 때 율곡의 박문(博文)의 공(功)은 가장 많지만, 약례(約禮)에 있어서는 오히려 부족하다는 평가를 하고 있다.[8] 이러한 사계의 율곡에 대한 인식에서 '약례(約禮)'라는 과업이 예학의 과제로 나타났던 것이며,[9] 이는 율곡을 계승한다는 도학적 사명감과 일치되었던 것이다.[10]

대체로 율곡의 성리학은 사계를 통해 계승되었다. 사계는 율곡처럼 이 세계는 형이상자로서의 리(理)와 형이하자로서의 기(氣)가 유기적으로 이루어진 이기이원(理氣二元)의 세계임을 말한다. 이기(理氣)는 원래 서로 떨어질 수 없고 본래 혼융(渾融)하여 틈이 없다.[11] 그리고 리는 무형(無形)이므로 통(通)하고, 기는 유형(有形)이므로 국(局)한다고 하여,[12] 율곡의 이통기국(理通氣局)을 그대로 좇고 있다.

---

7 같은 책, 卷12, 「行狀」.

8 같은 책, 卷10, 「語錄」(宋時烈撰), "博文約禮二者 於聖門之學 如車兩輪 栗谷每誦此言 以敎之 然余所見 栗谷於博文之功最多 而約禮猶有所未至也."

9 한기범, 「사계 김장생과 신독재 김집의 예학사상 연구」, 충남대대학원(박사), 1991, 94쪽.

10 황의동, 「사계 김장생 사상의 연원에 대한 검토」, 『철학연구』, 제95집, 대한철학회, 2005, 444쪽.

11 『沙溪遺稿』, 卷17, 「近思錄釋疑」, "蓋理氣混融 元不相離 ……", "理與氣 本自混融 ……."

12 같은 책, 卷18, 「近思錄釋疑」, "論大槪 則理無形而氣有形 故理通而氣局."

또 리는 무위(無爲)하고 기는 유위(有爲)하므로 기발이이승(氣發而理乘)이라 하여,[13] 율곡의 기발이승(氣發理乘)을 그대로 좇고 있다.

사계는 말하기를, 태극과 음양이 서로 움직인다고 말한다면 이는 말이 될 수 없다고 하여, 퇴계의 이기호발(理氣互發)을 반대하여[14] 율곡의 입장을 그대로 계승하였다.

또한 사계는 이기(理氣) 이해의 어려움을 다음과 같이 말하였다. 이기(理氣) 두 글자는 알기도 어려우며 말하기는 더욱 어렵다. 다만 리가 기 가운데 있는 것은 알고 있으나, 리가 스스로 리이며 기가 스스로 기임을 알지 못하면 이기일물(理氣一物)의 병통이 있게 된다. 또 다만 리가 스스로 일물이 되는 것만 알고 기와 더불어 원래 서로 떨어져 있지 아니한 것을 모른다면 허공에 걸려 독립해 있는 잘못이 있게 된다. 모름지기 하나이면서 둘이요 둘이면서 하나인 것을 안 연후에야 병폐가 없게 된다.[15] 이는 율곡의 말을 그대로 인용한 것인데, 이기(理氣)를 하나이면서도 둘이고 둘이면서도 하나인 것을 알아야, 이기의 오묘한 경지를 비로소 체득하게 된다는 것을 말한 것이다. 또 이는 주자의 이기불상리(理氣不相離)와 이기불상잡(理氣不相雜)을 말한 것으로, 율곡의 이기지묘(理氣之妙)를 계승한 것이라 하겠다. 이와 같이 사계는 기본적으로 율곡의 이기론을 충실히 계승하고 있다.[16]

---

13 같은 글, "理無爲而氣有爲 故氣發而理乘."

14 같은 책, 卷17, 「近思錄釋疑」, "今日太極與陰陽互動 則不成說話 太極陰陽不能互動 則謂理氣互發 豈不謬哉 ."

15 같은 책, 卷45, 附錄, 「語錄(宋時烈錄)」, "理氣二字 知之難 而言之尤難 徒知理在氣中 而不知理自理氣自氣 則有理氣一物之病 徒知理之自爲一物 而不知與氣元不相離 則有懸空獨立之誤 須知一而二二而一 然後可無弊也."

16 황의동, 「김장생의 성리학 연구」, 『동서철학연구』, 제20호, 한국동서철학회, 2000, 137쪽.

또한 사단칠정론에 있어서도 기대승(奇大升)과 율곡의 설에 좇아, 인간의 정은 칠정뿐이고 사단은 칠정 가운데 선한 정으로 그 속에 포함된다고 생각하였다. 그에 의하면 오성(五性) 밖에 다른 성이 없고, 칠정 밖에 다른 정이 없다. 다만 맹자가 칠정 가운데 선정(善情)을 뽑아내어 지목해 사단이라고 했으니, 칠정 밖에 달리 사단이 있는 것은 아니라 했다.[17]

이와 같이 사계는 사단칠정론에 있어서도 스승인 율곡의 '칠포사(七包四)'의 논리에 찬동하고, 칠정 속에서 사단을 보았다.

그러나 인심도심설(人心道心說)에 있어서는 율곡의 설을 비판하면서 자신의 견해를 말하기도 했다. 즉 사계는 기본적으로 주자나 율곡의 인심도심론에 기반을 두면서도 도심에 더욱 관심을 가질 뿐만 아니라, 율곡의 인심도심상위종시설(人心道心相爲終始說)에 반대하고 있다.[18] 사계는 인심의 도심화는 찬성하지만, 도심의 인심화는 반대하였다. 그것은 인심에 대한 부정적 견해 즉 인심을 인욕으로 보고자 한 데서 연유하는 것이고, 또 도심은 어떠한 경우라도 존양 확충되어야 한다는 뜻이 강하기 때문이다.[19] 여기에서 볼 때, 사계와 율곡 사이에 인심을 보는 관점에 차이가 있음을 알 수 있다. 율곡은 성인도 인심이 없을 수 없다고 보는가 하면,[20] 인심은 처음부터 불선한게 아

17 『沙溪先生遺稿』, 卷5, 「四端七情辨」, 示韓士仰, "夫五性之外无他性 七情之外无他情 孟子於七情中剔出善情 目爲四端 非七情之外別有四端也."

18 장세호, 「김장생의 이기심성설」, 『철학논총』, 제8집, 영남철학회, 1992, 299쪽.

19 『沙溪全書』, 卷2, 「上龜峰宋先生」, "栗谷先生日 人心道心皆指用而言之 若如前說未發之境 二者所發 皆在於一事 有發於人心而爲道心者 有發於道心而爲人心者云云 發於人心而爲道心則可 發於道心而爲人心則未穩 若以道心而轉爲人心 則卽爲人慾也 未知如何."

20 『栗谷全書』, 卷10, 書2, 「答成浩原」, "…… 聖人 不能無人心 ……."

니고 인욕으로 흐르기 쉽다고 하여,[21] 인심 자체를 곧 인욕으로 보지 않는다. 여기에 비해 사계는 율곡보다 인심을 더 부정적으로 보아 거의 인욕으로 간주하는 감이 있다. 이러한 그의 윤리 지향적 특성은 그가 예학에 일생을 바친 것과 무관하지 않다. 이러한 관점에서 그는 인심으로 하여금 도심의 명령을 듣도록 해야 한다는 확충의 논리를 주장하였다.[22]

2. 예학적 창신

사계는 율곡의 성리학을 충실히 계승하면서 다른 한편으로는 예학적 측면에서의 창신에 힘썼다. 그는 평생 예학에 가장 많은 노력을 하여,[23] '동방예학의 종장(宗匠)'으로 불린다.[24] 간재 전우(艮齋 田愚)는 『오현수언서(五賢粹言序)』에서 정암의 덕치, 퇴계의 도학, 율곡의 학문, 우암의 의리와 더불어 사계를 예학으로 일컬어 추앙하였다.[25] 또한 이규경(李圭景)은 『오주연문장전산고(五洲衍文長箋散稿)』에서 퇴계 이황의 덕, 반계 유형원의 경륜, 청음 김상헌(淸陰 金尙憲)의 절의, 화담 서경덕의 천문과 함께 사계의 예학을 일컬어 동국 제일의 인재라 평가했던 것이다.[26] 이와 같이 사계 김장생은 예학적 측면에서 높은 평가를 받고 있고, 조선유학사에서의 위상 또한 예학적 측면에서

---

21 같은 책, 卷12, 書4, 「答安應休」, "…… 謂之人心 初非不善 而易流於人欲 故日危."

22 황의동, 「김장생의 성리학 연구」, 『동서철학연구』, 제20호, 2000, 144쪽.

23 『沙溪全書』, 卷48, 「行狀」, "先生平生用力 最多於禮學也."

24 유승국, 「사계 김장생의 예학에 관한 연구」, 『한국사상과 현대』, 동방학술원, 1988, 107쪽.

25 田愚 編, 『五賢粹言序』.

26 李圭景, 『五洲衍文長箋散稿』, 제20집, 「東國第一人材辨證說」.

평가받고 있다.

사계의 예학은 구봉 송익필과 율곡에 연원한다. 사계는 13살 때 구봉의 문하에 들어가 수업한 바 있고, 20살 때 율곡의 문하에 들어가 수업한 바 있다. 율곡과 구봉이 모두 성리학과 예학에 밝았지만, 율곡은 성리학에, 구봉은 예학에 더 장점이 있었다고 볼 수 있다.

이는 사계가 율곡을 가리켜 박문(博文)에는 공이 많지만, 약례(約禮)에는 미흡한 측면을 지적한 것을 보면, 적어도 예학적 측면에서는 구봉의 영향이 크지 않았나 생각해 볼 수 있다.[27]

또 사계의 예학 형성에 있어서 친우 신의경(申義慶)의 도움도 적지 않았다. 사계는 「가례집람서(家禮輯覽序)」에서 "내가 어려서부터 『가례(家禮)』를 받아 읽었는데, 능히 밝게 알지 못함을 병으로 여겨, 친우 신의경과 몇 해 동안 강론하고, 또 사문(師門)에 나아가 질정(質正)하여 그 대략을 알게 되었다"[28]고 하였다. 이를 통해 신의경은 사계가 예학을 공부하는 데에 있어 학문적 동지였음을 알 수 있다.

그런데 사계가 예학을 공부하여 전념하게 된 것은 그 나름의 사명의식이 있었다. 송시열이 사계의 문묘종사를 위해 올린 상소에 그 이유가 분명하게 드러나 있다.

> 주자가 예서를 증정(證定)하다가 반도 못 이루고 죽게 됨에, 면재(勉齋)가 이어서 이루려 했으나 품증(稟證)하기에 미치지 못한 것이 있어, 이른바 천

27 사계는 36살 때 구봉으로부터 예학에 큰 진보가 있음을 칭찬받은 기록이 보이고(「沙溪年譜」, 36歲 條), 그의 학문이 『소학』과 『가례』를 바탕으로 이루어졌다는 점에서도 구봉의 영향을 짐작할 수 있다(배상현, 「조선조 기호학파의 예학사상에 관한 연구」, 고려대대학원(박사), 1991, 101쪽).

28 『沙溪遺稿』, 卷5, 「家禮輯覽序」, "余自幼受讀家禮 嘗病其未能通曉 旣而從友人申生義慶與之講論 積有年紀 又就正于師門 遂粗得其梗概."

> 고에 한이 되는 일이더니, 문원공(文元公) 신(臣) 김모(金某)가 정주(程朱)의 학문을 문성공(文成公) 이이(李珥)에게서 얻어 이미 그 학설을 다 이어받았고, 마음속에 증험(證驗)하고 몸소 행하여 만년에 오로지 예서에 뜻을 두었으니, 대개 면재가 쓴 예서에 감개스러움이 있지만, 다시 생각해 보아야 할 점이 없지 않았기 때문이었습니다.[29]

이처럼 사계는 주자의 학문에서 예학분야는 미진한 측면이 있다고 보았고, 주자가 만년에 뜻을 둔 것이 오직 예서 정리였는데, 후학은 마땅히 여기에 더욱 마음을 다해야 한다고 하였다.[30] 이렇게 볼 때, 사계는 『가례』가 주자에 의해 다시 교정을 보지 못한 아쉬움이 있고, 또 주자 자신도 만년에 뜻을 둔 것이 예서 연구였음을 밝히고, 이를 계승해 예학의 미비점을 보완하는 것이 자신의 도학적 사명이라고 인식했던 것이다. 아울러 스승인 율곡의 미진처(未盡處)가 약례(約禮)라는 점에서 역시 자신의 학문적 사명을 예학에 두었다고 볼 수 있다.

물론 그 밖에도 17세기 조선조에서 예학풍의 대두는 역사적, 학문적 배경을 간과할 수 없다. 임진왜란이 끝난 후 윤리강상이 무너지고 광해군의 패륜이 자행되는가 하면, 질병과 기근으로 인심이 타락하는 현실에서 윤리강상의 제고가 시대적 과제였고, 또 16세기 성리학시대에서 벗어나 실천적 예학으로 돌아가야 한다는 학문적 배경도 없지 않았다.

---

29 『沙溪年譜』, 36歲 條, "朱子於禮書證定 未半而易簀 託勉齋而踵成 亦有未及稟證者 此所謂遂成千古之恨者 文元公臣金某得程朱之學於文成公李珥 旣盡受其說 驗之心而體於身 晩年專意禮書 蓋以勉齋之書 猶有可憾 而不無更商量者故也."

30 『沙溪全書』, 卷50, 附錄, 「家禮輯覽後序(宋時烈)」, "常以爲 朱夫子晩年所致意者 惟在禮書 則後學於此 尤當盡心焉."

사계는 평생 예학에 몰두하여 『의례문답(疑禮問答)』, 『상례비요(喪禮備要)』, 『가례집람(家禮輯覽)』, 『전례문답(典禮問答)』등 많은 예서를 저술하였고, 그의 문하에서 아들 김집(金集)을 비롯하여 송시열(宋時烈), 송준길(宋浚吉), 이유태(李惟泰), 유계(兪棨) 등 많은 예학자를 배출하여 기호예학시대를 열었다. 이러한 사계의 예학적 창신은 율곡학의 발전적 계승이라는 측면에서 높이 평가된다.

2장
신독재 김집(愼獨齋 金集)의 계승과 창신

1. 율곡 성리학의 계승

신독재 김집(愼獨齋 金集: 1574~1656)은 사계의 아들로서 기호유학 내지 율곡학파의 중요한 위치에 있다. 그는 소년기에는 천곡 송상현(泉谷 宋象賢: 1551~1592), 구봉 송익필(龜峰 宋翼弼: 1534~ 1599)에게서 배웠지만 그 기간은 얼마 되지 않은 것으로 보이며, 이후에는 가정에서 부친인 김장생에게서 수학하였다. 신독재도 사계와 마찬가지로 조선조 유학사에서 예학으로 일컬어진다. 그는 부친으로부터 예학을 배우고 사계를 도와 조선 예학의 기초를 세웠다.

신독재의 경우도 예학 이전에 성리학에 정진했음은 물론이고 이에 대한 탁월한 식견을 가지고 있었다. 그러나 이미 사계에서 보이듯이 17세기는 성리학시대에서 예학으로 넘어가는 시기였다. 즉 임진왜란과 병자호란이라는 미증유의 전란을 겪고 민생의 위기와 윤리강상의 위기가 닥쳐오고 있었다. 이러한 시대적 상황은 예학과 실학의 도래를 자연스레 기다리고 있었다.[1] 또한 성리학의 이론적 탐구라는 과제는 이미 16세기 퇴계, 율곡을 비롯한 선유들에 의해 상당한 성과가 있었으므로, 이제는 윤리강상의 위기를 해결하는 동시에 성리의 실천이라는 측면에서 예학의 필요성이 절실했다. 신독재의 성리학에 대한 전문적인 저술은 보이지 않는다. 다만 그의 여러 글 속에서 성리학에 대한 견해를 수집해 정리해 볼 수 있을 뿐이다. 사계가 율곡을 이은 적전으로 일컬어지듯, 신독재의 성리설은 율곡의 설에 기초하고 있다.[2]

> (선군자께서: 사계) 일찍이 "이기(理氣)는 혼융무간(混融無間)하니 원래 서로 떨어지지 않는다. 따라서 양촌 권씨(陽村 權氏)가 이기(理氣)를 나누어 두 가지로 나온다 하고, 퇴계 선생이 사단칠정은 서로 발한다고 한 것은 모두 갈라지는 데서 실수하고 견해에 투철하지 못한 바가 있음을 면치 못한 것이다. 율곡 선생의 말과 같이 발하는 것은 기(氣)이고 발하는 까닭은 리(理)다. 만약 떨어지고 합하는 것이 있다면 동정(動靜)에 단서가 있고 음양(陰陽)에 시작이 있게 된다. 리는 태극(太極)이고 기는 음양(陰陽)이다. 지금 태극과 음양이 서로 동(動)한다고 하면 말이 되지 않는다. 태극과 음양이 서로 동할 수 없다면 이기가 서로 발한다고 하는 것이 어찌 그릇되지 않겠는가?"라고 말씀하셨으니, 그야말로 격언이다.[3]

---

1 배종호, 「한국유학사에 있어서의 사계의 위치」, 『사계사상연구』, 사계신독재양선생기념사업회, 1991, 31쪽.

2 이상호, 「신독재 김집의 성리사상」, 『신독재사상연구』, 사계신독재 양선생기념사업회, 1993, 191쪽.

3 『愼獨齋遺稿』, 卷11, 「皇考沙溪先生行狀」, "嘗謂理氣混融無間 元不相離 而陽村權氏分理氣爲兩出 退溪先生以四七爲互發 皆未免失之岐分 而見有所未透也 栗谷先生所謂發之者氣也 所以發者理也 若有離合 則是動靜有端 陰陽有始也 理者太極也 氣者陰陽也 今曰太極與陰陽互動 則不成說語 太極陰陽不能互動 則謂理氣互發 豈不謬哉云者 眞格言也."

신독재는 부친 사계의 말을 인용해 자신의 이기설을 설명하고 있다. 이기(理氣)는 본래 혼융무간(混融無間)해 서로 떨어질 수 없는 하나로 있다고 한다. 퇴계의 이기호발설(理氣互發說)은 양촌 권근(陽村權近)의 설에서 유래하는데, 이는 잘못이라고 비판한다. 그는 율곡과 사계의 견해를 좇아 발하는 것은 기이고 발하는 소이는 리라고 한다. 태극과 음양, 리와 기가 만약 서로 발하거나 운동한다고 하면 이는 그릇된 이론이라고 비판하였다. 여기서 우리는 신독재가 이 세계를 리와 기가 유기적으로 있는 하나의 존재양상으로 이해하고 있음을 알 수 있다. 그리고 리는 절대로 발하는 것이 아니고 발하는 것은 오직 기라고 하여, 퇴계의 호발설(互發說)을 반대하고 율곡의 기발이승일도설(氣發理乘一途說)에 견해를 함께하고 있음을 알 수 있다.

다음은 신독재의 인심도심(人心道心)에 대한 견해에 대해 검토해 보기로 하자. 신독재는 말하기를, "인자(人字)와 도자(道字)의 구분은 혹은 성명(性命)에 근원하고 혹은 형기(形氣)에서 나왔기 때문이니, 하늘이 생한 바와 사람이 품수한 바가 도심에 있지 아니함이 없고 또한 인심에 있지 아니함이 없다. 그러므로 형기의 사사로움이 없을 수 없다. 주자가 만년에 본 바가 이와 같다"[4]고 하였다. 그는 또 "도심인심이 심은 곧 하나이니, 성명에 근원한 것이 도심이 되고 형기에서 발한 것이 인심이 된다. 만약 도심으로서 체를 삼고 인심을 용으로 삼는다면 잘못이다. 주자가 본 것이 지극히 정밀하다. 인심도심 사사물물이 있지 아니한 곳이 없으니, 여기에 성찰하고 여기에 힘을 쓰고, 사물에 응접하는 즈음에 어긋나고 틀린 바가 없게 되고, 치국(治國)에

4 같은 책, 卷4, 「經筵奏辭」, 己丑 10月 23日 晝講奏辭, "某曰 人字道字之分 以其或原於性命 或出於形氣 天之所生 人之所稟 莫不有道心 亦莫不有人心 故不能無形氣之私也 朱子晚年所見如此."

이르러도 이로써 미루어 가면 무엇이 어려우랴"[5] 하였다.

이를 통해서 볼 때, 신독재는 심은 하나인데 그것이 성명(性命)에 근원해 나온 도덕적 마음이 도심이고, 형기에 근원해 신체적 욕구에서 나온 마음이 인심이라 하였다. 그러므로 사람은 누구나 도심도 지닐 수 있고 인심도 지닐 수 있다고 본다. 이러한 신독재의 인심도심에 대한 견해는 주자나 율곡 그리고 부친인 사계의 견해와 결코 다르지 않다.

그러면 어떻게 마음공부를 해야 할 것인가? 이에 대해 신독재는 "음식남녀의 욕구는 모두 인심에서 나오는데, 도심 또한 없을 수 없다. 두 가지 사이를 능히 밝게 변별해서 제지하지 못하면 사사물물이 과불급의 어긋남을 면치 못하고, 인심으로 하여금 도심의 명령을 들으면 사욕이 모두 맑아지고 천리가 항상 있게 되어 사사물물이 스스로 과불급의 어긋남이 없게 된다"[6]고 하였다. 사람은 누구나 인심과 도심의 가능성이 있는데, 문제는 인심이 인욕의 근원이므로 인심과 도심의 경계를 분명하게 변별해서 인심으로 하여금 도심의 명령을 듣게 해야 한다는 것이다. 그래야 사욕이 모두 맑아지고 천리가 항상 있게 되어 사사물물이 지나치거나 부족함이 없게 된다는 것이다.

여기서 볼 때, 신독재가 직접적으로 율곡의 인심도심설을 비판한 흔적은 보이지 않지만, 사계와 마찬가지로 인심을 부정적으로 보고,

---

5 같은 책, 卷4, 「經筵奏辭」, 己丑 10月 23日 晝講奏辭, "某曰 道心人心 心卽一也 原於性命者爲道心 發於形氣者爲人心 若以道心爲體 人心爲用則誤矣 朱子所見極精 人心道心 事事物物 無處不在 省察於玆 着力於玆 應事接物之際 無所差謬 至於治國 以此推之 夫何難哉."

6 같은 책, 卷4, 「經筵奏辭」, 己丑 10月 23日 晝講奏辭, "某曰 飮食男女之欲 皆出於人心 而道心亦不能無者也 二者之間 不能明辯而制之 則事事物物 未免有過不及之差 使人心聽命於道心 則私欲淨盡 天理常存 事事物物 自無過不及之差矣."

도심에 의해 인심의 변화를 꾀해 사욕을 맑게 하고 천리를 보존하며 중절(中節)에 이르게 해야 한다 하였다.

그는 또 인주(人主)의 일심은 만화의 근원이라 하고, 인군이 진실로 본원에 맑고 그 발한 바를 정밀히 살피면, 반드시 도심으로 하여금 항상 주인이 되어 인심이 매양 그 명령을 듣게 된다 하였다. 그러면 일용사이에 천리가 유행하고 인욕이 물러나며, 사사물물이 절도에 맞지 아니함이 없을 것이라 하였다.[7] 신독재는 정치에 있어서도 임금의 한마음이 만사의 근본이라 보고, 마음의 본원을 맑게 하여 인심으로 하여금 도심의 명령을 듣게 하면 천리가 유행하고 인욕이 물러나게 된다 하였다.

인간의 내면적 성실성과 외면적 예의 실천이 통일되어야 리(理)로서의 인간 본성이 실현될 수 있다. 여기서 이른바 '인욕을 억제하고 천리를 보존한다'는 것이 신독재 예학의 근본정신이자 성리사상의 귀결로서 의미를 갖게 되는 것이다.[8]

또한 신독재는 "인심도심은 이미 발한 것인가 아직 발하지 않은 것인가?" 라는 임금의 물음에 대해 대답하기를, "심은 지각하는 바가 있으므로 인심도심 가운데에 모두 칠정을 갖추고 있으니, 곧 이른바 이미 발한 것이다. 윤집궐중(允執厥中)은 이미 발한 중(中)이요 불편불의(不偏不倚)는 아직 발하지 아니한 중이다. 만사만물의 위에 인심이 있지 아니한 곳이 없는데, 일을 처리함에 있어 과불급이 없는 것

---

7 같은 책, 卷4, 「經筵奏辭」, 己卯 5月 14日 晝講奏辭, "臣聞人主一心萬化之原 人君誠澄澈本原 精察其所發 必使道心常爲之主 而人心每聽命焉 則日用之間 天理流行 人欲退聽 事事物物 無不中節矣."

8 이상호, 「신독재 김집의 성리사상」, 『신독재사상연구』, 사계신독재양선생기념사업회, 1993, 196쪽.

이것 또한 도심이요 여기가 귀천 없이 마땅히 공부해야 할 곳이다"라고 하였다.[9] 여기서 그는 심은 지각하는 바가 있으므로 인심도심이 모두 칠정을 갖추고 있어 이미 발한 것이라 하고, 이른바 '윤집궐중(允執厥中)'은 이미 발한 중(中)이고 '불편불의(不偏不倚)'는 아직 발하지 아니한 중이라 하였다. 아울러 만사만물의 위에 인심이 없는 곳이 없는데, 일을 처리하는 즈음에 지나치거나 부족함이 없는 것이 도심이요 여기가 누구나 공부해야 할 곳이라고 하였다. 이와 같이 신독재의 경우도 사계와 마찬가지로 도심 중심의 공부론이 분명하게 드러나는데 이 또한 이들의 예학적 관심과 무관하지 않다.

신독재는 『서경』의 「대우모(大禹謨)」에 나오는 이른바 16자 심법과 중용의 의미에 대해 다음과 같이 설명하였다.

> 아무개(신독재)가 말하기를, 유정(惟精)은 지(知)에 속하고 유일(惟一)은 행(行)에 속한다. 소위 유미유위(惟微惟危)는 나누어 말한 것이다. 유정유일(惟精惟一)은 그 공부를 말한 것이다. 요순(堯舜)이 서로 전한 것이 단지 일심인데, 요가 순에게 고한 말이 상서(尙書)에 실려 있지 않고 논어에서 비로소 나타난다. 정자가 중용의 뜻을 해석함에 이르러 치우치지 않는 것을 중(中)이라 하고, 바뀌지 않는 것을 용(庸)이라 하였다. 주자는 중용의 뜻을 해석하기를 중은 치우치지 않고 기울지 아니하여 지나치거나 부족함이 없는 것의 이름이라 하고 용은 평상의 이치라고 하였으니, 주자의 설이 모두 갖추어 정밀하다.[10]

---

9 『愼獨齋遺稿』, 卷4, 「經筵奏辭」, 己丑 10月 23日 晝講奏辭, "上日 人心道心 旣發乎未發乎 某曰 心有所知覺 故人心道心之中 皆具七情 卽所謂已發也 允執厥中者 已發之中也 不偏不倚者 未發之中也 萬事萬物之上 人心無處不在 而至於處事之際 無過不及者 是亦道心 此乃無貴賤 所當着工夫處也."

여기서 신독재는 '인심유위((人心惟危)'와 '도심유미(道心惟微)'는 나누어서 말한 것이고, '유정(惟精)'은 지(知)에 속하고 '유일(惟一)'은 행(行)에 속하는 공부라 하였다. 즉 인심은 위태롭고 도심은 은미하므로 인심과 도심의 경계를 정밀하게 살피는 공부는 지의 공부고, 인심으로 하여금 도심의 명령을 듣게 하고 도심을 한결같이 보존하고 확충하는 것은 행의 공부라고 하였다.

또한 정자는 중을 치우치지 않는 것이라 하고, 용을 바꾸지 않는 것이라 했고, 주자는 중을 치우치지 않고 기울지 아니하여 지나치거나 부족함이 없는 것이고, 용은 평상의 이치라 하였는데, 주자의 설이 완비하고 정밀하다고 평가하였다.

이제까지 「경연주사(經筵奏辭)」를 중심으로 신독재의 성리학에 대한 견해를 살펴보았는데, 이기론과 인심도심설을 통해 그의 성리학에 대한 깊은 이해와 식견을 짐작할 수 있다.

2. 무실학풍의 계승

신독재는 성리의 이론보다 그의 실천적인 학풍이 더 중요한 의미를 갖는다. 이에 관한 그의 말을 검토해 보기로 하자.

---

10 같은 책, 卷4, 「經筵奏辭」, 己丑 10月 23日 晝講奏辭, "某曰 惟精屬知 惟一屬行 所謂惟微惟危者 分而言之也 惟精惟一者 言其工夫也 堯舜之相傳 只此一心 而堯之告舜之辭 不載於尙書 始見於論語 至於程子釋中庸之義 有曰不偏之謂中 不易之謂庸 朱子釋中庸之義 有曰中者不偏不倚無過不及之名 庸者平常之理 朱子之說 該備縝密矣."

> 일찍이 학자들에게 말하기를, "우리 유가의 법은 오직 실질적인 면에 주력해야지 저 문장이나 언어 따위에 종사한다면 비루할 뿐이다. 비록 그 방면에 종사한다고 해도 학자에 따라서는 부화(浮華)하게 겉치레만 하려고 하는 폐습을 면치 못한 자들도 있는데, 대체로 존성(存省)의 공부는 없이 입과 귀로만 익히게 되면 그것은 속에 쌓여 자연적으로 겉으로 발산되는 아름다움이 아니니, 그가 가령 위의(威儀)가 그럴사하고 예의가 바르고 민첩하다고 해도 자기의 실질적인 면에서는 무슨 도움이 되겠는가" 하였다.[11]

여기서 신독재의 학문은 '실학'으로 규정된다. 그는 문장이나 언어로 기교를 다투고, 부화(浮華)와 겉치레로 꾸미는 거짓 학문에 대해 신랄한 비판을 서슴지 않는다. 특히 자신의 내면적 존성(存省)의 공부가 없이 오직 남에게 보이기 위해 예의와 위의(威儀)를 지키는 위선적(僞善的) 유자(儒者)들을 경멸하고 있다. 같은 맥락에서 신독재의 다음 글을 보자.

> 또 선생은 세상의 학자들이 아래에 있으면서 높은 곳을 넘보고, 실속은 없이 과대망상한 것을 병통으로 여겨 일찍이 말하기를 "차라리 낮을지언정 높지 말고, 차라리 얕을지언정 깊지 말며, 차라리 옹졸할지언정 공교하지 말라. 우리 유가의 법은 원래 이와 같은 것이다. 정자, 주자 이후로는 깊고 은미한 것은 다 발명하고 밝혀 놓아 다시 여온(餘蘊)이 없으므로 후학들로서는 그것을 그대로 지키고 애써 행하면 그뿐인 것이다" 하였다.[12]

---

11 같은 책, 卷15, 「遺事」(門人 尹宣擧錄), "嘗語學者日 吾儒法門 專主於實地上 彼爲文辭言語之末者 陋丙已矣 雖號爲從事於此學者 亦未免浮華外飾之弊 蓋無存省之功 狃於口耳之習 則實非積中發外之美 假使威儀習熟 揖遜便敏 顧何益於自家之實地哉."

여기에서도 신독재의 실학정신은 잘 나타나 있다. 당시의 학풍의 병폐가 아래에 있으면서 높은 곳을 넘보고, 실속은 없으면서 과대망상에 사로잡혀 있다는 것이다. 그러므로 차라리 낮을지언정 높지 말며, 차라리 얕을지언정 깊지 말며, 차라리 옹졸할지언정 공교하지 말라는 것이 우리 유가의 법이라 한다. 그리고 그는 정주(程朱)이후로 성리의 이론적 연구가 거의 이루어졌으니, 이제 후학들은 그것을 지키고 행하면 된다 하였다. 여기에서 우리는 신독재가 성리학의 이론적 저술에 천착하지 않은 이유를 분명히 알 수 있다. 그가 볼 때 이제 중요한 것은 성리의 실천이지 이론적 계발이 아니라는 것이다. 이러한 인식의 바탕에서 그의 관심은 예학으로 옮겨지지 않을 수 없었다.

그가 얼마나 진실한 학문의 태도를 갖고 성리 본연에 충실했는가를 다음 글을 통해 알 수 있다.

> 선생은 일찍이 도성에 오래 머무르지 아니하고 고향으로 돌아와 날마다 원근의 학자들과 강독하고 토론하였다. 선생은 일찍이 말하기를, '학문을 하는 요결은 말과 행실을 서로 돌아보며 숨고 나타난 것을 일치시키는 데 있다' 하고, '서산에 홀로 갈 때는 그림자에 부끄럽지 않고, 홀로 잠잘 때는 이불에 부끄럽지 아니해야 한다'는 말을 매우 사랑하여 선생 스스로의 호를 신독(愼獨)이라 하였으니, 선생이 애쓰신 그대로 실제인 것이다.[13]

신독재에 의하면 학문하는 요결은 말과 행실을 일치시키고 숨은

12 같은 책, 卷15,「墓誌銘」, "深以世之學者處下窺高 自大無得爲病 嘗曰 寧卑毋高 寧淺毋深 寧拙毋巧 吾儒家法本來如此 程朱以後 發微闡奧 無復餘蘊 後學惟當恪守勉行而已."

13 『年譜』, 先生 66歲 條.

것과 드러난 것을 하나로 일치시키는 데 있다. 그리하여 "서산에 홀로 걸어 갈 때는 자신의 그림자에 부끄럽지 않아야 하고, 홀로 잠잘 때는 이불에 부끄럽지 않아야 한다"는 고인의 말을 사랑하여 자신의 호를 '신독(愼獨)'이라 했다고 한다. 이로 볼 때 신독재는 성리의 이론적 계발이나 논리에서 벗어나 성리를 몸소 실천하여 진유(眞儒)가 되는 것이 진정한 학문의 태도라고 보았다.

16세기 성리학 전성기에 있어 번잡하고 지리한 이기설의 논쟁, 심성론의 논쟁에서 벗어나 성리학의 본령으로 돌아가 참된 자아를 돌아보고 하늘과 땅에 부끄럽지 않은 진실한 인간이 되어야 한다는 그의 실학적 학문태도를 볼 수 있다. 이는 다름 아닌 율곡에 의해 강조되었던 무실(務實)학풍의 연장이요 계승이라고 볼 수 있다.

이러한 신독재의 평생을 통한 신독(愼獨)의 실천과 성실한 내면적 공부는 그의 인품을 이렇게 설명해 준다.

> 선생은 단정하고 섬세하며 단아(端雅)하고 정수(淸粹)하여 정한 금이나 아름다운 옥과도 같았으니, 청백(淸白)하면서도 과격하지 않고 곧으면서도 휘어지지 않았다. 여러 대를 두고 아름다움이 쌓여 온 나머지 시예(詩禮)의 연원을 이어받아 효제충신(孝悌忠信)을 입신(立身)의 근본으로 삼고, 거경(居敬)과 궁리(窮理)로 학문과 사업을 닦았다. 그 규모와 절도는 한결같이 가학을 기준으로 하였는데, 어려서는 문장에 소질이 있었으나 점점 자라면서 관심을 두지 않고 오직 성리학에만 전념하여, 밤낮을 가리지 않고 노력하면서 마음을 보존하고 실천하였으며, 공경하고 겸양하여 말 한마디 행동 하나 조금도 흐트러짐이 없었다.[14]

14 『愼獨齋遺稿』, 卷15, 「墓誌銘」, "先生端方審密 溫雅和粹 如精金美玉 淸而不激 介而不矯 承累世積美之餘 聞詩禮淵源之訓 以孝悌忠信爲立身之本 窮理居敬爲進修之

선생은 만년에 도가 높고 덕이 높아 마치 봄바람이 사람을 스치듯 하였으나, 그러나 성내지 않아도 위압을 느낄 정도로 사람들이 그 앞에 서면 다 엄숙하고 경건해졌다. 대개 그 학문이 오로지 안으로 마음을 다스리는 데 힘썼기 때문에 간직한 바가 더욱 굳고 실천하는 바가 더욱 독실해서 그 조예가 마침내 여기에 이른 것이다. 세상에 이름으로는 유학을 한다고 하면서 마음에 얻은 것도 몸소 행하는 것도 없는 자에 비하면 그 성위(誠僞)가 과연 어떠할 것인가? 그중에서도 일생을 마칠 때까지 몸을 오직 예로만 부렸던 점에 있어서는 사실 근세의 제현(諸賢)들 그 누구도 따라갈 수 없는 점이었다.[15]

이를 통해 그의 인품이 얼마나 고결했는가를 알 수 있고, 그의 학문이 성리학의 실천에 있었음을 알 수 있다. 특히 그의 학풍은 진실성, 실천성, 실질성을 위주하여 그의 학풍이 율곡에 연원하는 무실(務實) 학풍임을 알 수 있다. 그러기에 송시열은 일생을 독실하게 예행(禮行)으로 일관한 신독재를 실천적 지성의 모범으로 일컬었던 것이다.

사계, 신독재는 부자가 문묘에 종사되는 영예를 누렸다. 그리고 이들은 율곡의 적전으로, 기호유학 내지 율곡학파의 중심인물로 활약하였다. 특히 사계는 '동방예학의 종장'으로 칭송되었고, 신독재 또한

方 其規模節度 一以家學爲準 幼有華藻 稍長卽不屑也 唯專心性理之書 早夜孜孜 操存踐履 恭敬退讓 其言談擧止 無一毫放過."

15 같은 책, 卷15, 「墓誌銘」, "先生晩歲 道尊德成 則盎然如春和襲人 雖不怒而威 人莫不肅敬 盖其學專用心於內 故所存益固 所履益篤 而其所造詣 終至於此 視世之名爲儒學而卒無心得躬行者 其誠僞如何也 最其沒身於禮 以終其身者 此實近世諸賢之不可及者也."

부친의 뜻을 이어받아 조선조 예학의 발전에 크게 기여하였다. 이러한 측면에서 사계, 신독재 부자는 조선유학사에서 그 예학적 위상이 매우 높게 평가된다.

신독재의 경우는 그의 성리 이론보다 그의 실천적 학풍이 더욱 중요하다. 그 스스로 말하고 있듯이 정주 이후 그리고 16세기 조선의 수많은 유학자들에 의해 성리의 이론적 계발은 어느 정도 이루어졌으니 이제 성리의 실천이 중요하다고 보았다. 그리고 그는 당시 성리학풍의 관념성, 허위성을 비판하여 진실성, 실천성, 실질성을 추구하였는데, 이는 율곡 무실(務實)학풍의 계승이었다. 이러한 신독재의 실천적 성리학풍이 예학으로 이행된 것은 필연적이라고 볼 수 있다. 16세기가 성리의 이론적 계발에 주력하였다면, 이제 17세기는 시대변화와 함께 성리의 실천이 중요한 과제였기 때문이다.

이렇게 볼 때 사계, 신독재의 성리학적 위상은 첫째, 율곡 성리학의 충실한 계승에 있고, 둘째, 실천적 성리학풍을 통해 예학시대를 열었다는 데 있다. 조선조 유학사 전반을 통해 많은 영향을 미친 율곡의 성리학을 온전하게 계승하여 문하의 송시열, 송준길, 이유태, 윤선거 등에게 전수하고, 나아가 한원진(韓元震), 이간(李柬) 등으로 계승 발전하게 한 것은 사계, 신독재 부자의 공이 매우 크다. 이기지묘(理氣之妙), 기발이승일도설(氣發理乘一途說), 이통기국(理通氣局), 칠포사(七包四)의 감정론 등이 율곡학파의 학문적 정체성을 의미한다고 볼 때, 이를 충실히 계승하여 후대에 전승한 데서 사계, 신독재의 성리학적 위상을 가늠할 수 있다.

또한 성리학의 이론적 계발에 주력했던 율곡시대에서 벗어나, 성리학의 지나친 관념화, 사변화를 비판하고 성리 본연의 실천에 주력했던 무실학풍의 진작은 다가 올 예학시대의 준비라는 측면에서 매우 값진 철학사적 의미를 갖는다. 그리고 이러한 무실적 성리학풍의 연장선상에서 사계, 신독재 부자의 예학이 이루어졌으니, 이것이야 말로 율곡학의 새로운 창신이라 할 수 있다.

3장
우암 송시열(尤庵 宋時烈)의 계승과 창신

1. 율곡학의 계승

우암 송시열(尤庵 宋時烈: 1607~1689)은 17세기 조선조의 대표적인 유학자로서, 동국 18현의 하나이며 율곡학파의 적전이다. 그는 사계의 적전으로 율곡의 학문을 계승하였다. 그는 17세기 조선조 역사에서 정치적으로나 학문적으로 매우 중요한 위치에 있었다. 그리하여 '태산교악(泰山喬岳)', '대로(大老)', '사문(斯文)의 종사(宗師)', '송자(宋子)' 등으로 칭송되었으나, 예송(禮訟), 당쟁의 와중에서 명재 윤증(明齋 尹拯), 백호 윤휴(白湖 尹鑴) 등과 반목하였고, 마침내는 83세의 나이로 정읍에서 사약을 받고 세상을 마쳤다.

율곡학파가 학파적 결속을 갖고 활동하게 된 것은 우암에 의해서라고 볼 수 있다. 당시 퇴계는 학계의 원로로서 존경 받았는데, 이에 처음으로 도전한 이가 고봉 기대승(高峰 奇大升)이었다. 고봉은 퇴계의 문인으로 26년 후배인데 퇴계의 사단칠정을 비롯한 성리설에 이의를 제기하여 퇴계와 진지한 학술논변을 벌렸다. 그 후 우계 성혼(牛溪 成渾)이 퇴계의 설에 동의하자 율곡이 이에 대응하면서 양자의 성리논변이 시작되었다. 율곡은 우계를 통해 퇴계의 학설을 놓고 토론을 전개했다. 이처럼 퇴계의 학설이 고봉과 율곡에 의해 비판받고 도전에 직면하게 되자 퇴계의 후학들, 즉 영남의 퇴계학파들이 율곡학설에 대한 비판을 하게 되었다. 갈암 이현일(葛庵 李玄逸) 등 퇴계의 후학들은 율곡의 기발이승일도설(氣發理乘一途說)을 비롯해 율곡의 성리설에 대해 비판하였다. 이에 우암은 『주자언론동이고(朱子言論同異攷)』를 저술하는 등 문인들과 함께 율곡학설의 보위(保衛)와 퇴계학설의 비판에 앞장섰다.

우암의 학문적 뿌리는 주자와 율곡에 있었다. 그는 '주자는 후대의 공자요, 율곡은 후대의 주자'라는 부친 송갑조(宋甲祚)의 가학을 계승하여 주자학의 계승과 율곡학의 계승을 사명으로 삼았다. 그는 공자 이후에 여러 유학자들을 집대성한 이가 바로 주자라 하고, 후학들이 본받아야 할 것은 크고 작은 모든 일을 마땅히 한결같이 주자를 따라야 한다고 하였다.[1] 우암의 주자에 대한 존신(尊信)은 가히 종교적이라 할 만큼 투철하였다. 이는 그의 순정(醇正)한 주자학도로서의 면모를 유감없이 보여 주는 것이지만, 다른 한편으로는 그의 학문적 경직성을 보여 주는 측면도 없지 않다.

그러면 우암은 율곡의 성리학을 어떻게 계승하고 있는가? 우암의 이기론은 기본적으로 율곡, 사계를 비롯한 기호학파 내지 율곡학파의 이기론을 충실히 계승하고 있다.[2] 그는 이 세계, 만사만물을 형이상자인 리와 형이하자인 기로써 이루어졌다고 본다. 즉 형상이 있다고 이

1 『宋子大全』, 卷75, 「與李彝仲(丁未, 別紙)」, "又竊念孔聖以後 集群儒之大成 唯晦庵夫子 則後學之所依做 無小大巨細 當一於是矣."

2 황의동, 「우암의 성리학과 학문적 위상」, 『한국사상과 문화』, 제42집, 한국사상문화학회, 2008, 286쪽.

르는 모든 것들은 모두 이기(理氣)가 있는데, 소위 도(道)는 리(理)요 소위 기(器)는 기(氣)라고 하였다.[3] 우암은 대개 사람이나 사물이 아직 생기지 아니 하였을 때 리와 기는 본래 혼융(渾融)해서 사이가 없다 하고, 기가 모이고 형이 이루어질 때 리는 스스로 이 형 가운데 갖추어져 있다고 하였다.[4] 이처럼 우암은 주자나 율곡, 사계의 이기관을 그대로 좇고 있다. 특히 우암은 퇴계가 리의 발을 주장하여 이기호발설(理氣互發說)을 말하는 데에 대해 이를 반대하고 오직 기발이승(氣發理乘), 한 길밖에 없다고 율곡의 입장을 따르고 있다.

> 율곡이 퇴계설을 비난한 까닭은 오로지 이발기수(理發氣隨) 한 구절에 있다. 이 설의 시비는 마땅히 『중용』의 '천명지위성(天命之謂性)' 주(註)에서 볼 수 있으니, 거기에 "기로써 형을 이루고 또 리 또한 주어졌다"고 말하였는데, 이발기수(理發氣隨)와 같은가 다른가?[5]

이와 같이 우암은 발하는 것은 기지 리가 아니라는 관점에서 퇴계의 이기호발을 반대하였다. 또 율곡의 이통기국설에 대해서도 양(陽)의 체는 음(陰)의 체가 아니요, 음의 체는 양의 체가 아닌 것이 소위 기국(氣局)이라 한다. 또 양의 리가 곧 음의 리요 음의 리가 곧 양의 리인 것이 이통(理通)이라 하였다. 국정되기 때문에 둘이 존립하고, 통하기 때문에 양쪽에 있게 된다 하였다. 국(局)이 아니면 통(通)은

---

3 『宋子大全』, 卷113, 「答朴景初(癸丑)」, "只謂凡物之有形者 皆有理氣 所謂道者 理也 所謂器者 氣也."

4 같은 책, 卷101, 「答朴景由(丁巳別紙)」, "蓋人物未生時 理與氣本自混融而無間 故氣聚成形之時 理自具於此形之中矣."

5 같은 책, 卷131, 「看書雜錄」, "栗谷所以非退溪說者 專在於理發氣隨一句 此說是非當於中庸天命之謂性註可見矣 其曰氣以成形 理亦賦焉者 與理發氣隨者 同乎異乎?"

발현할 바가 없고, 통이 아니면 국이 어떻게 원시(原始)가 되겠느냐 하여[6] 율곡의 이통기국(理通氣局)을 계승하였다.

또한 심성론에 있어서도 우암은 대체로 율곡의 설을 좇고 있다.[7] 우암에 의하면 칠정은 통틀어 일컬은 것이고, 사단은 칠정이 리에 맞는 곳이니, 이는 이미 율곡의 설이 자상하다 하였다.[8] 이처럼 우암도 율곡처럼 칠포사(七包四)의 입장에서 인간의 감정을 일원적으로 이해하여 사단이나 칠정이나 실은 하나라고 보았다.[9] 다만 우암이 율곡의 사단칠정에 대한 견해 중 사단을 칠정 중 절도에 맞는 것으로 여긴 것은 온당치 못하다고 비판하고 있는데,[10] 우암이 사단을 칠정의 합리처(合理處)로 본 것과 무엇이 다르며, 또 율곡의 「어록하」나 「성학집요 2」를 보면 율곡도 사단의 부중절과 불선을 분명히 언급하고 있어[11]

---

6 같은 책, 卷136, 「一陰一陽之謂道」, "所謂氣局者何也 陽之體非陰之體 陰之體非陽之體 則所謂局也 所謂理通者何也 陽之理卽陰之理 陰之理卽陽之理 卽所謂通也 局故兩立 通故兩在 非局則通無所發見 非通則局何以原始乎?"

7 황의동, 「우암의 성리학과 학문적 위상」, 『한국사상과 문화』, 제42집, 한국사상문화학회, 2008, 298쪽.

8 『宋子大全』, 附錄, 卷15, 「語錄(金榦)」, "先生曰 七情是統稱 四端是七情之合理處 此則栗谷先生之說已詳矣."

9 같은 책, 卷90, 「答李汝九(壬子, 別紙)」, "又嘗思之 天下無性外之物 而所謂性者 只是仁義禮智而已 孟子以惻隱爲仁之端者 以四端言也 朱子以愛爲仁之用者 以七情言也 然則四端七情 其實一也."

10 같은 책, 卷133, 「退溪四書質疑疑義2」, "栗谷先生於此 辯論甚詳 而但以四端爲七情中中節者而言 此爲未安 朱子曰 惻隱羞惡有中節不中節 是則四端亦有不中節者 豈栗谷偶未之見也?"

11 황의동, 『율곡학의 선구와 후예』, 예문서원, 1999, 367쪽.
『栗谷全書』, 卷32, 「語錄下」, "四端中亦有主氣而言者 朱子所謂四端之不中節者也."
같은 책, 卷20, 「聖學輯要2」, "仁之差也 則愛流而爲貪 義之差也 則斷流而爲忍 禮之差也 則恭流而爲諂 智之差也 則慧流而爲詐 推此可見其餘."

오히려 우암의 오해가 아닌지 생각된다.

또한 우암은 율곡의 말처럼 '심시기(心是氣)'를 즐겨 사용했는데, 이는 심에 대한 존재론적 설명이 아니라 심이 지각기능을 가지고 있고, 또 성을 담는 그릇과 같다는 의미에서 한 말이다.[12] 다시 말하면 '심시기(心是氣)'란 '성시리(性是理)'에 상대해서 한 말이다.[13] 율곡이나 우암의 '심시기'는 존재론적 표현이 아니다. 그것은 심은 이기론적으로 기에 속할 수 있다는 기능적 측면에서의 설명이다.[14]

이와 같이 우암의 이기심성론은 대체로 율곡이나 스승인 사계의 설을 좇고 있고, 우암은 사계를 이어 율곡의 설을 계승하고 보위(保衛)하는 데 많은 노력을 기울였다.

2. 의리학적 창신

우암은 성리학적 측면에서 율곡을 충실히 계승했지만, 그의 학문적 창신은 의리학적 측면에서 찾을 수 있다. 우암은 성리학, 예학, 경학, 문학 등 다방면에서 탁월한 학문적 업적을 남겼지만, 그 가운데에서도 그는 의리적 측면에서 유학사적 평가를 높이 받는다.[15] 우암은 '나라가 숭상하고 장려해야 할 것은 오직 도학과 절의'[16]라 하고, 의리를

---

12 유남상, 「우암의 이기심성론과 의리사상에 관한 연구」, 『우암사상연구논총』, 사문학회, 1992, 157쪽.

13 현상윤, 『조선유학사』, 민중서관, 1948, 236쪽.

14 황의동, 『율곡학의 선구와 후예』, 예문서원, 1999, 361쪽.

15 田愚는 『五賢粹言序』에서 靜庵의 材志, 退溪의 德學, 栗谷의 理氣, 沙溪의 禮敎, 尤庵의 義理를 특징적으로 추앙하고 있다.

16 『宋子大全』, 附錄, 卷6, 「年譜」, 42年, 己酉, 先生 63歲 條, "先生又進曰 國家之所

숭상하고 이익을 버리는 '의리를 숭상하는 세상(尙義之世)'[17]을 염원하였다. 이처럼 17세기 송시열 계통이 주도적으로 강조하는 절의의 이념은 조선시대 초부터 조선 성리학의 주요한 이념으로 작용하였던 긴 전통의 연장이며, 특히 16세기의 쟁점을 계승하고 있다고 볼 수 있다.[18] 다시 말하면 심성 자체에 대한 이해가 문제되기보다는 의리 실천이 보다 중시되던 17세기의 시대적 상황 속에서, 사실로서의 성리와 가치로서의 의리를 연결시키는 데 있어서 실천성을 보다 강화하는 문제가 당시 학문의 과제라고 할 수 있으며, 우암은 그러한 시대적 요구에 부응하는 논리를 펴고 있었다.[19] 조선유학사에서 우암의 위치는 무엇보다 의리적 측면에서 평가되어야 한다.[20] 한원진(韓元震)은 "우옹(尤翁)의 학문은 주자를 으뜸으로 삼고, 의리는 『춘추』를 잡았다. 절의를 숭상하고 사설(邪說)을 막아 효종의 '명천리 정인심(明天理 正人心)'의 부탁을 저버리지 않았다"[21]고 평가하였고, 또 김창협(金昌協)은 "우옹이 평생 잡고 지킨 것은 그 대강이 네 가지가 있으니, 편파적인 말, 음탕한 말을 막아 세 성인을 계승하는 것, 절의를 숭상하여 동주(東周)를 높이는 것, 징토(懲討)를 엄격히 해 윤기(倫紀)를 부식(扶植)하는 것, 향원(鄕愿)을 미워해 정경(正經)을 돌이키는 것이

崇獎 惟在道學與節義."

17 같은 책, 卷5, 「己丑封事」.

18 이봉규, 「송시열의 성리학설 연구」, 서울대대학원(박사), 1996, 42쪽.

19 김문준, 「우암 송시열의 수양론과 의리 실천」, 『송자학논총』, 제3집, 송자연구소, 1996, 60쪽.

20 황의동, 「우암의 성리학과 의리사상」, 『송자학논총』, 제3집, 송자연구소, 1996, 465쪽.

21 『宋子大全』, 附錄, 卷19, 「記述雜錄(韓元震)」, "尤翁學宗朱子 義秉春秋 崇節義闢邪說 以不負孝廟明天理正人心之託."

다"[22]라고 하였다. 이처럼 우암의 평생사업은 의리의 부식에 있었고, 사회정의를 세우는 데 있었다.

그런데 우암이 이렇게 의리적 삶을 살고 또 평생 의리적 가치를 추구했던 것은 그의 가학적 배경 및 시대적 배경과 무관하지 않다. 즉 부친 송갑조(宋甲祚)는 사마시(司馬試)에 합격한 미미한 신분으로 이이첨(李爾瞻) 등 권간(權奸)에 의해 서궁에 유폐된 인목대비(仁穆大妃)에게 홀로 나아가 예를 갖춤으로써 유적(儒籍)에서 삭탈된 바 있고, 종형(從兄) 송시영(宋時榮)은 병자호란 때 강화도에서 순절(殉節)하였고, 큰형 송시희(宋時熹)는 정묘호란 때 큰 누이를 만나러 운산에 갔다가 매형과 함께 출전해 전사하였다. 이러한 가학적 배경은 우암의 의리적 삶에 영향이 없지 않았다.

또한 병자호란과 효종과의 만남은 그의 의리적 삶에 결정적인 영향을 미쳤다. 우암은 1627년(인조 5) 그의 나이 21살 때 정묘호란을 당했고, 1636년(인조 14) 그의 나이 30살 때 병자호란의 치욕을 당했다. 소중화(小中華)를 자처하며 유교적 문화국가의 자긍심을 지녔던 조선이 야만족이라고 무시했던 후금(後金)의 침략을 당해 마침내 인조가 남한산성 삼전도에서 굴욕적인 항복을 하게 되자, 당시 유학자들에게 엄청난 충격을 주었고, 청년 송시열에게도 크나큰 충격으로 다가왔다. 여기에 우암은 효종과 군신상우(君臣相遇)의 관계를 가지면서 북벌의리(北伐義理)가 구체화 되었다. 우암은 효종의 사부(師傅)였고, 효종은 우암과 함께 북벌대의를 이루고자 하였다. 그러나 효종의 갑작스런 죽음으로 북벌계획은 수포로 돌아갔지만, 우암의 의리

22 같은 책, 附錄, 卷19,「記述雜錄(金昌協)」, "…… 爲尤翁平生所執守者 其大綱有四焉 日距詖淫以承三聖也 日崇節義以尊東周也 日嚴懲討以扶倫紀也 日惡鄕愿以反正經也."

적 삶은 평생 지속되었다.

우암은 윤휴(尹鑴)의 경전 주석을 주자학에 대한 도전으로 간주하고 사문난적(斯文亂賊)으로 징벌했으며, 윤휴의 편을 들었던 윤선거(尹宣擧), 윤증(尹拯) 부자에 대해서도 벽이단(闢異端)의 입장에서 비판하였다. 우암은 역사상 도학과 의리에 뛰어나고 임진왜란, 병자호란 때 나라를 위해 싸웠던 수많은 의사, 의병, 장졸들을 추모하고, 이들이 충절을 기리는 데 정성을 다했다. 정몽주의 신도비명을 지었고, 사육신의 유허비(遺墟碑)를 세워 주었다. 또 조광조의 유허비문을 지어 주고, 을사사화 때 억울하게 죽은 송인수(宋麟壽)의 묘표음기(墓表陰記)를 써 주었다. 임진왜란 때 순절한 조헌의 문집을 간행하고, 그의 행장과 묘표를 쓰고 그의 비를 세워 주기도 하였고, 의병장 장윤(張潤), 포수 이사룡(李士龍), 의사 김성원(金聲遠), 김종윤(金宗胤)의 전기를 쓰기도 했다. 특히 충무공 이순신 장군의 전승비문을 쓰고, 권율 장군의 묘표음기(墓表陰記)를 쓰고, 황진(黃進) 장군의 시장(諡狀)을 써 주기도 하였다. 또한 병자호란 때 척화(斥和)에 앞장섰던 삼학사(三學士)와 임경업(林慶業) 장군의 전기를 쓰고, 윤황(尹煌)의 행장을 쓰고 이완(李浣)의 묘표를 쓰고, 김상헌(金尙憲)의 묘지명(墓誌銘)과 묘표(墓表)를 쓰기도 했다.

이와 같이 우암은 의리적 가치를 가장 중시하였고, 평생 의리의 실천에 진력함으로써 율곡, 사계의 학문을 계승하면서도 의리적 창신을 도모했다고 볼 수 있다.

3. 율곡학의 보수(保守)와 변전(變轉)

우암은 율곡학의 보수를 자신의 사명으로 인식하고 이를 위해 많은 노력을 기울였다. 율곡이 우계와의 학술논변을 통해 퇴계의 성리학을 비판하자, 퇴계 후학들의 이에 대한 비판이 나오게 되었다.

1650년(효종 1) 영남유생 유직(柳稷: 1602~1662) 등이 율곡, 우계의 문묘배향을 반대하는 상소를 올렸는데, 율곡을 비판하는 요점은 첫째 '주기(主氣)' 자(字)를 오로지 하여 그것을 리(理)라 한 까닭에 이기(理氣)는 일물(一物)이라 하였고, 둘째 '심시기(心是氣)'라 하였고, 셋째 사단칠정을 모두 기발(氣發)이라 하였으니, 이러한 병통은 뿌리가 육가(陸家)의 도(道)와 기(器)를 구별하지 않는 견해에서 나온 것이며, 넷째 '주자가 참으로 이기호발(理氣互發)이라 생각했다면 주자 또한 잘못이다'라고 하여, 감히 전현(前賢)을 비방하기에까지 이르렀다고 비판하였다.[23]

그 뒤를 이어 퇴계학파의 갈암 이현일(葛庵 李玄逸: 1627~1704)은 1688년 8월 「율곡이씨논사단칠정서변(栗谷李氏論四端七情書辨)」을 지어 율곡이 우계와 논변한 것을 19개조에 걸쳐 축조(逐條) 비판하였다.[24]

이러한 영남 퇴계학파의 도전에 대해 우암은 적극 대응하는가 하면,[25] 다른 한편으로는 율곡학의 정체성 즉 율곡학설의 정당성을 확보하기 위한 노력을 하였으니, 이것이 『주자언론동이고(朱子言論同異攷)』의 저술 작업이다. 우암은 주자의 어록 가운데 '사단시이지발 칠

23 유명종, 『조선후기 성리학』, 이문출판사, 1985, 46쪽.

24 『葛庵集』, 卷18.

25 『宋子大全』, 卷21, 「擬兩賢辨誣疏」, 辛卯.

정시기지발(四端是理之發 七情是氣之發)'이 퇴계 호발설(互發說)의 논거가 되고 있음에 『주자어류(朱子語類)』의 어록을 기록한 보한경(輔漢卿)의 기록에 문제가 있지 않을까 하는 생각에서 주자의 모든 언론을 정밀히 조사하여, 동일 사물, 동일 술어에 대해서 시대에 따라 그것이 우발(偶發)인가 정설(定說)인가, 또 그것이 일시의 언사(言辭)인가 아언(雅言)인가를 구명할 목적으로, 우암이 세상을 떠난 해인 1689년에 비로소 쓰기 시작했다. 우암은 겨우 10여조 만을 쓰고 세상을 떠나자, 문인인 권상하(權尙夏)를 거쳐 1741년 한원진(韓元震)에 이르러 마침내 50여 년만에 완성되었다.[26] 이 책의 저술은 퇴계학파의 이발설(理發說)에 대한 고증으로 시작되었지만, 주자의 성리학을 이해하는 데 매우 중요한 의미가 있다. 물론 이 책을 통해 율곡학파는 율곡의 기발이승(氣發理乘)의 논리를 확증하고자 하였고, 반대로 퇴계 호발설이 주자학의 본의가 아님을 논증하려 하였다.

또한 우암의 '심시기(心是氣)'론은 영남 주리학파(主理學派)들이 율곡학파를 '주기학파(主氣學派)'로 부르는 데 크게 영향을 미쳤다.[27] 율곡에 의해 언급된 '심시기(心是氣)'를 우암도 계승하였다. 우암은 이를 별로 강조하지 않았으나, 심(心)이 곧 기(氣)라는 사상을 확인하고 또 그 태도를 명백히 한 것은 조선유학사상 중요한 의미가 있다. 왜냐하면 이 '심시기(心是氣)'라는 견해는 '심즉리(心卽理)'를 주장하는 학파에 대해 정반대의 학파에 속하게 되는 까닭이다. 이 '심시기'의 사상은 후에 한원진에 이르러 더욱 강조되었는데, 이것이 후일 주로 영남지방에서 발전된 주리학파(主理學派)들로 하여금 율곡, 우암, 남

---

26 현상윤, 『조선유학사』, 민중서관, 1948, 234쪽.

27 황의동, 「우암의 성리학과 학문적 위상」, 『한국사상과 문화』, 제42집, 한국사상문화학회, 2008, 307쪽.

당 및 그 학파들을 가리켜 주기학파(主氣學派)라고 지칭하는 구실을 갖게 한 것이다.[28] 이렇게 우암은 율곡의 '심시기(心是氣)'를 계승하여 주기학파의 대원칙으로 삼았다. 율곡은 주자의 심의 허령지각(虛靈知覺)의 측면을 중시하여 심을 기로 보았는데, 우암은 이를 적극 수용하였다. 이 '심시기'는 기호학파에 있어 가장 중요한 당론으로써, 영남학파의 '심즉리(心卽理)'와 정반대되는 이론이었다. 이 이론은 이후 그 문도들에 의해 사색의 심화에 따라 논의가 더욱 정밀해졌다.[29]

한국유학사에서 율곡학파의 정체성이 뚜렷해지고 학파로서의 위상이 정립된 것은 우암에 의해서라고 할 수 있다. 조선 주자학계가 퇴계학파와 율곡학파로 분화된 이후 율곡학파가 그 정점에 달한 것은 우암에 이르러서라고 보아도 좋다.[30] 그것은 당시 우암의 학문적, 정치적 위상에 따라 많은 문도들이 모여들어 율곡학파의 융성을 이룩하였고, 소론계열, 남인계열 학자들과의 논쟁 속에서 율곡학파의 정체성이 은연중 형성되게 되었다. 이러한 율곡학파의 정체성은 발하는 것은 기요, 발하지 않는 것은 리이다. 모든 존재는 발하는 기 위에 리가 올라타 있다는 기발이승일도설(氣發理乘一途說), 인간의 감정은 칠정으로 대표되는데, 그 칠정 속에 선한 감정이 사단이라는 칠포사(七包四)의 감정론, 성(性)이 리(理)라면 심(心)은 기(氣)라고 상대적으로 보는 데서 나온 심시기(心是氣), 이기(理氣)의 분변(分辨)을 간

---

28 현상윤, 『조선유학사』, 235~236쪽 참조.
『宋子大全』, 卷21, 「擬兩賢辨誣疏」, 辛卯, 爲太學生 等, "知聖賢論心以知覺爲主 而知覺卽氣 則知珥心是氣也之說 說得明快 妙契于聖訓 而有功於後學也."

29 이동희, 「기호 성리학의 형성과 전개」, 『유학연구』, 제2집, 충남대유학연구소, 1994, 25쪽.

30 김용헌, 「율곡학의 비판적 계승, 낙학파」, 『조선유학의 학파들』, 예문서원, 1996, 349쪽.

과하지 않지만 존재론적 관점에서 이기의 유기적 관계를 중시하는 이기지묘(理氣之妙)의 입장 등이라고 볼 수 있다.[31] 사실 주자의 학문은 율곡이 논리적으로 발전시켰고, 율곡의 논리는 우암이 더욱 철저화했다고 볼 수 있다.[32]

이러한 율곡학파의 정체성 강화는 결국 자설과 다른 것은 용납하지 않는 경직성으로 나타났고, 변화와 조화를 거부한 채 율곡학설만을 고집하는 보수적 색채를 띠게 되었다. 이는 본래 율곡의 학풍이 매우 개방적이었다는 점을 생각하면 율곡 학풍의 변질이라고 볼 수 있다. 이런 측면은 율곡의 무실(務實)학풍 내지 실학풍(實學風)도 율곡의 직계보다는 오히려 윤선거(尹宣擧), 윤증(尹拯) 부자 그리고 권득기(權得己), 권시(權諰) 부자 등[33] 우계학파(牛溪學派)에서 더욱 강조되고 있음을 주목할 필요가 있다.[34]

이렇게 볼 때, 우암의 의리학적 창신과 함께 율곡학에 대한 보수와 배타적 경직성은 율곡학의 일대 변전(變轉)이라고 할 수 있다. 율곡학을 지키려다 오히려 율곡학에 반하는 아이러니이기도 한데, 이는 우암이 처한 17세기 호란시대의 역사적 상황, 영남 퇴계학파의 도전에 대한 대응, 그 밖에 당쟁의 영향도 간과할 수 없다고 생각된다.

---

31 황의동, 「우암의 성리학과 학문적 위상」, 『한국사상과 문화』, 제42집, 308쪽.

32 이병도, 『한국유학사』, 아세아문화사, 1987, 269쪽.

33 풍담 권극중(楓潭 權克中: 1560~1614)은 우계 성혼(牛溪 成渾)의 문인인데, 만회 권득기(晩悔 權得己: 1570~1622)는 숙부인 권극중(權克中)으로부터 배웠고, 탄옹 권시(炭翁 權諰: 1604~1672)는 부친 권득기(權得己)와 부친의 친우인 잠야 박지계(朴知誡: 1573~1635)에게서 배웠다. 이들은 학문연원만 우계에 닿아 있는 것이 아니라 학풍에 있어서도 이론 성리학보다는 도학적 실천과 내면적 수양을 중시하였고, 강한 무실(務實)학풍을 볼 수 있다.

34 황의동, 『우계학연구』, 서광사, 2005, 86~89쪽 참조.

제 4 부

한국유학에서의 도학과 의리

1장

하서 김인후(河西 金麟厚)의 도학과 절의

하서 김인후(河西 金麟厚: 1510~1560)는 16세기 성리학 전성시대를 대표하는 유학자의 하나다. 그는 문묘에 종사(從祀)된 '동국18현'의 하나로 도학(道學)과 절의(節義) 그리고 문장을 두루 갖추었다.

그는 불행하게도 사화시대를 살았다. 1519년에 기묘(己卯)사화가 일어나고, 1545년에 을사(乙巳)사화가 일어났으니, 그의 생애가 거의 사화시대의 격랑 속에 있었음을 알 수 있다.

연보에 의하면 하서는 10세에 모재 김안국(慕齋 金安國: 1478~1543)에게서 『소학』을 배웠는데,[1] 김안국은 아우 김정국(金正國)과 함께 한훤당 김굉필(寒暄堂 金宏弼)에게 배웠다. 이렇게 볼 때, 하서의 학맥은 포은 정몽주(圃隱 鄭夢周)-야은 길재(冶隱 吉再)-강호 김숙자(江湖 金叔滋)-점필재 김종직(佔畢齋 金宗直)-한훤당 김굉필(寒暄堂 金宏弼)-모재 김안국(慕齋 金安國)의 도학을 잇고 있음을 알 수 있다.

하서는 경상도 관찰사, 전라도 관찰사를 지낼 때 관내 향교에 『소학』을 필수 교재로 권장하였고, 향약의 시행을 위해 적극 노력하기도

---

1 『河西全集』, 附錄, 卷3, 「年譜」, 先生 10歲條.

하였다. 『이륜행실도언해(二倫行實圖諺解)』, 『여씨향약언해(呂氏鄉約諺解)』, 『정속언해(正俗諺解)』, 『성리대전언해(性理大全諺解)』 등을 간행하여 보급시키고, 병조판서 재임 때에는 천문, 역법(曆法), 병법(兵法)에 관한 서적을 많이 사들여 그 방면의 연구를 강조하기도 하였다. 이처럼 하서의 학문은 성리학에만 그치지 않고 천문, 지리, 의약, 복서(卜筮), 산수, 율력(律曆)에 이르기까지 통달하지 않은 것이 없어 『농서언해(農書諺解)』, 『잠서언해(蠶書諺解)』, 『벽온방(辟瘟方)』, 『창진방(瘡疹方)』 등을 펴 널리 보급했고, 물이끼와 닥나무를 섞어 태지(苔紙)를 만들어 내기도 했다.

그러나 하서 학문의 본령은 어디까지나 도학에 있었고 성리학에 있었다. 그는 송대 장횡거(張橫渠)의 「서명(西銘)」과 주렴계(周濂溪)의 「태극도설(太極圖說)」을 실로 천 번 정도나 정독하였고, 깊은 사색을 되풀이 한 끝에 「주역관상편(周易觀象篇)」을 짓고, 「서명사천도(西銘事天圖)」를 그렸다고 한다. 그러나 불행하게도 이러한 저술은 오늘날 전해지지 않는다. 특히 「천명도(天命圖)」를 그려 성리의 도식화(圖式化)를 꾀하기도 하였으니, 그의 학문적 깊이와 수준을 가히 짐작할 수 있다.

하서는 22살에 사마시(司馬試)에 합격해 성균관 진사로 중앙에 진출한 후, 31살 때 문과에 급제하여 관직에 나아간 이후 학덕을 겸비한 사림으로 살아갔다. 서경덕(徐敬德), 백인걸(白仁傑), 성운(成運), 정유길(鄭惟吉) 등이 진사동방(進士同榜)이었고, 최연(崔演), 송기수(宋麒壽), 임형수(林亨秀), 민기(閔箕), 이황(李滉)은 호당(湖堂)의 동배(同輩)였다.

34세 때 홍문관(弘文館) 부수찬(副修撰)으로 기묘사화 때 참화를 입은 사림의 억울함을 중종 임금에게 진정하였는데, 그 내용은 다음과 같다.

> 전하께서 아직도 간사한 자들이 어진 이들을 모함한 실상을 깨닫지 못하시어, 참회하는 마음을 쾌히 열어 보이지 않으시기 때문에, 천하의 사림들이 모두 기묘의 억울함을 민망히 여기면서도 이제껏 그들의 속마음을 개진하여 기묘인들의 무죄를 분명히 아뢰어, 위로는 전하의 의심을 풀어 드리고, 아래로는 지하 혼령들의 충분(忠憤)을 씻어 주지 못하고 있습니다. 선비들의 기상이 피폐하고 타락한 한 가지 원인이 여기에 있습니다 …… 선비라는 자가 인륜이 무엇을 하는 것인지 알지 못하며, 관직에 있는 자가 교화라는 것이 무엇인지 알지 못하며, 그들이 학문은 하려하지 않고 명예만 찾고, 마음은 성찰하지 않고 일거리만 찾아다니니, 군자들이 이러할진대 하물며 소인들은 무엇을 보고 배우겠습니까.[2]

하서는 조야(朝野)의 사림이 기묘의 억울함을 불쌍히 여기지 않는 이가 없는데도, 지금에 이르도록 본심을 털어놓고 죄가 아님을 밝혀, 위로는 전하의 의심하는 일념(一念)을 풀어 드리고, 아래로는 저승에서 억울해 하는 충분(忠憤)을 씻어 주지 못하고 있으니, 사기의 타락을 여기에서도 그 일단을 볼 수 있다 하였다. 이처럼 하서는 경연석상에서 당시 금기시(禁忌視) 되어 오던 문제를 비장한 각오로 과감히 제기하여, 이후 기묘사화에 연루되어 억울하게 희생된 사림들의 신원(伸寃)운동이 일어나게 되었고, 이로부터 2년 만에 조광조의 관작(官爵)이 회복되었던 것이다.

하서는 34세 때 노부모의 봉양을 빌미로 외직을 자청해 옥과현감

---

2 『河西全集』, 卷11, 「弘文館箚子, 癸卯」.

(玉果縣監)에 부임하였는데, 규암 송인수(圭庵 宋麟壽: 1487~1547)가 호남관찰사로 부임하자, 동문의 의(義)도 있어 도의지교(道義之交)를 맺고 학문을 강마(講磨)하였다.

하서는 세자 때 보도(輔導)로 모셨던 인종이 재위 8개월 만에 문정왕후(文定王后)의 압박 속에 세상을 떠나자, 벼슬을 버리고 다시 세상에 나가지 않아 인종을 위한 절의를 지켜 출처의 의리를 분명히 하였다. 하서는 인종이 갑자기 승하하자 놀라서 통곡하며 기절하였다가 깨어났으며, 이로 인해 병을 얻어 옥과현감마저 사퇴하고 향리인 장성으로 물러났다. 이후 일체의 벼슬을 모두 사양하여 취임하지 않았다. 그는 매년 인종의 기일(忌日)인 7월 1일이 되면 문득 남쪽의 산중에 들어가 종일토록 통곡하여 돌아오기를 평생 한결같이 하여 한 번도 거르는 일이 없었다. 따라서 그의 문집 속에는 인종에 대한 충의(忠義)와 비분(悲憤)을 담은 시가 많이 수록되어 있다.

그 후 10년을 두고 조정에서 하서의 덕을 흠모하여 성균관 전적(成均館 典籍), 홍문관 교리(弘文館 校理), 경연관(經筵官) 등의 벼슬을 차례로 내렸으나 모두 사양하고 나아가지 않았다. 그는 심지어 그의 임종 전날 가족들에게 "을사년 이후의 관작을 기록하지 말 것"을 유언으로 남기기도 하였다. 이러한 하서의 인종에 대한 의리적 처신은 이후 율곡이나 우암에 의해 높이 평가되어 칭송되었다.

하서는 뒤에 대광보국숭록대부의정부영의정 겸 영경연홍문관예문관춘추관관상감사(大匡輔國崇祿大夫議政府領議政 兼 領經筵弘文館藝文官春秋館觀象監司)에 추증(追贈)되었고, 시호(諡號)는 '도덕박문왈문(道德博文曰文) 이정복인왈정(以正服人曰正)'이라 하여, '문정(文靖)'에서 '문정(文正)'으로 시호를 고쳤다.

그런데 하서의 성리학적 식견은 퇴계와 고봉의 성리논변에도 크게 영향을 미쳤다.[3] 고봉 기대승(高峰 奇大升: 1527~1572)은 일찍이 하서의 문하를 드나들며 학문적 온축(蘊畜)을 하여 퇴계와의 사단칠정 논쟁에 대한 교시를 이미 받기도 하였다. 하서의 「묘지명(墓誌銘)」에 의하면 "도(道)에 있어서 일찍이 대의(大意)를 깨달아 서화담(徐花潭)의 학이 돈오(頓悟)에 흐르는 것을 단점으로 알았고, 이일재(李一齋)의 혼일도기론(混一道器論)을 분별해 주었으며, 퇴계 이문순공(退溪 李文純公)과는 일찍이 태학(太學)에 함께 유학해 서로 매우 가까운 사이였는데, 퇴계가 사단칠정을 이기(理氣)로 나누는 이론을 폄에 기고봉(奇高峰)이 선생에게 질문해 이를 반박했다고 한다"[4]고 하였다.

또 「연보」에서는 "때에 고봉이 벼슬길에서 물러나 고향에 있으면서 항상 선생을 찾아뵙고 의리를 토론했다. 퇴계의 사단칠정 이기호발설(理氣互發說)을 깊이 의심하고 선생에게 질문했고, 선생은 그를 위해 분석하고 논변하기를 더할 나위 없이 명백하고 정밀하게 했다. 고봉이 선생에게서 얻은 것이 이와 같았으므로 선생이 돌아가신 후에 고봉이 퇴계와 더불어 사칠호발(四七互發)의 잘못을 강론하면서 많이 선생의 뜻을 분변(分辨)한 것이 자못 수 만언이나 된다. 세상에 전하는 바 퇴고사칠왕복서(退高四七往復書)가 이것이다"[5]라고 하여, 하서의 성리학적 식견이 얼마나 깊었고 또 그 영향이 얼마나 컸는가를 짐작할 수 있다.

이러한 하서에 대해 『실록(實錄)』에서는 "하서는 술을 즐기고 시를 좋아하였으며, 마음이 너그러워 남들과 다투지 않았지만, 그의 속뜻

---

3 이형성, 「고봉과 호남의 여러 유학자들」, 『고봉 기대승 연구』, 이화, 2009, 378~383쪽 참조.

4 『河西全集』, 附錄, 卷1, 「墓誌銘」.

5 같은 책, 附錄, 卷3, 「年譜」, 先生 50歲條.

은 실로 예의와 법도를 지켜 조금도 흐트러짐이 없고자 하였다"고 평하고 있고, 은봉 안방준(隱峰 安邦俊: 1573~1654)은 "하서의 도학과 절의와 문장은 그 누구도 거기에 미칠 수 없다"[6]고 평하였고, 우암 송시열(尤庵 宋時烈)도 "우리나라의 많은 인물 가운데 도학과 절의와 문장을 겸비한 사람을 거의 찾아 볼 수 없는데, 하서 선생은 이 세 가지를 모두 갖추었다"[7]고 평하였다.

또한 정조는 말하기를, "나는 김하서에 대해서 특별히 경모(敬慕)의 마음을 갖고 있으니, 도학과 절의와 문장을 모두 다 갖춘 사람은 하서 한 사람 밖에 없다"[8]고 평가하였다.

또한 하서는 문장과 시에서도 당대에 따를 자가 없었다. 우암은 하서의 시를 평하여 "맑아도 격하지 않고 간절해도 급박하지 않고, 즐거워도 음탕(淫蕩)에 이르지 않고 근심해도 상(傷)에 이르지 않아, 모두 성정(性情)을 다스리고 도덕을 함양한 것이었으며, 그 소장(疏章)은 통창(通暢)하고 전아(典雅)하여 반드시 모두 이치에 맞게 하였으니, 참으로 인의(仁義)의 말이었다"고 하였다.

율곡은 하서를 주렴계(周濂溪)에 비유하여 '청수부용 광풍제월(淸水芙蓉 光風霽月)'이라 하였고,[9] 휴정(休靜; 淸虛)은 초(楚)나라 굴원(屈原)에 비유하기도 하였다. 이와 같이 하서는 문학에 있어서도 위로는 송순(宋純), 아래로는 정철(鄭澈)을 잇게 하는 호남 가단(歌壇)의 중추적 존재였던 것이다.[10]

---

6 『河西全集』, 附錄, 卷2, 「敍述」.

7 같은 책, 附錄, 卷1, 「神道碑銘」.

8 『正祖實錄』, 卷44, 正祖 20年 丙辰 6月條.

9 『河西全集』, 附錄, 卷2, 「敍述」.

10 정익섭, 「호남가단을 배경으로 한 하서 김인후 연구」, 『하서 김인후의 사상과 문학』, 제1집, 하서기념회, 1994, 125쪽.

2장
중봉 조헌(重峰 趙憲)의 의리정신

1. 학문연원과 생애

조헌(趙憲: 1544~1592)의 자(字)는 여식(汝式), 호(號)는 중봉(重峰), 후율(後栗), 도원(陶原)인데, '후율(後栗)'에는 율곡의 뒤를 잇겠다는 정신이 잘 표현되어 있다. 그는 1544년 경기도 김포에서 부친 조응지(趙應祉)와 차씨(車氏) 부인 사이에서 태어났다. 그의 조부 조세우(趙世佑)는 조광조(趙光祖)의 문인으로 충무위부사직(忠武衛副司直)을 역임하였고, 부친 조응지는 성수침(成守琛)의 문하에서 수업하였다. 이를 통해 그의 가학적 전통은 정몽주(鄭夢周)-길재(吉再)-김숙자(金叔滋)-김종직(金宗直)-김굉필(金宏弼)-조광조(趙光祖)로 이어 내려온 여말(麗末) 절의파(節義派)의 맥을 계승하고 있음을 알 수 있다.

그는 5살 때 글을 읽고 있었는데, 고관의 행차가 위세를 떨치며 지나가자 같이 공부하던 아이들이 앞을 나투어 뛰어나가 구경을 하였는데, 그 홀로 오직 독서에 빠져 여념이 없었다. 이에 대관이 길을 멈추고 물으니, 말하기를 "저의 부친께서 항상 이르기를, 공부할 때는 한 마음으로 힘을 다해 독서에만 힘쓰라고 하였습니다"라고 대답하였다. 이에 대관은 감탄하여 부친에게 말하기를, "우리 동방에 또 진유(眞儒)가 나왔으니 진심으로 축하하오" 하고, 경례(敬禮)를 극진히 하고 돌아갔다. 이처럼 어려서부터 그 기상이 비범하였다. 10살 때 어머니 차씨 부인이 세상을 떠나자 계모 김씨를 맞게 되었다. 그러나 계모는 성격이 무척 엄하고 갈수록 책망이 심하였으나, 그는 지극한 효성으로 일관하여 계모를 감복시켰다 한다.

그는 1555년 12살 때 학행으로 이름 있던 어촌 김황(漁村 金滉)에게 시서(詩書)를 배웠는데, 그는 임진왜란 때 의병을 일으킨 인물이다. 중봉(重峰)은 평소 독서를 좋아하여 침식을 잊고 독서에 전념하였다. 18살 때 영월 신씨를 부인으로 맞고, 20살 때 서울로 이사하였다. 돌아올 때 한강을 건너는데 배가 강 한 복판에서 큰 풍랑을 맞아 사람들이 모두 놀라 어쩔 줄을 몰랐으나 그 홀로 침착하고 태연하였다 한다. 마침 그의 옆에 있었던 김후재(金厚載)가 그 까닭을 물으니, "인간의 살고 죽음은 천명이 정해져 있는데 부질없이 날뛴다고 죽음을 피할 수 있겠는가?"라고 대답하였다 한다. 이에 김후재는 그의 인품에 크게 감복하여 재배를 하고 경의를 표했다 한다. 1565년(명종 20) 22살 때 그는 성균관에 입학하고 제생(諸生)들과 함께 승려 보우(普雨)를 탄핵하는 글을 올렸다.

이듬해 23살 때 온성도호부(穩城都護府) 훈도에 임명되었고, 1567년 가을 감시(監試)에 합격하고, 11월 과거시험에 병과 제9인으로 합격하였다. 25살 때 처음 정주목 교수에 임명되어 교육에 힘쓴지 3년 만에 그 고을의 사풍(士風)이 크게 변하였다.

그는 27살 때(1570년) 파주목(坡州牧) 교수가 된 후, 직접 우계 성혼(牛溪 成渾)을 찾아 그의 문하에 들어갔다. 우계는 중봉의 학설을 듣고 스승 됨을 사양하고 외우(畏友)로 대하고자 했으나 그는 끝까지 스승으로 대하였다.

그 이듬해 홍주목(洪州牧) 교수로 발탁되었는데, 이때 토정 이지함(土亭 李之菡)을 찾아가 가르침을 청하면서 사제의 연을 맺었다. 이지함은 그와의 문답에서 그의 식견과 덕기(德器)를 보고 스스로 가르칠 수 있는 사람이 아니라 사양하고, 당시 학문이 고명하고 행실이 모범적인 성혼(成渾), 이이(李珥), 송익필(宋翼弼)과 함께 조카 이산보(李山甫)와 문인 서기(徐起) 등 다섯 사람을 사우(師友)로 추천하였다. 중봉은 이후 가끔 토정을 찾아 민폐(民弊)의 구제책과 경세의 대책에 대해 토론하였으며, 항상 자기를 생각해 주고 국사를 위해 뜻을 같이 했던 스승을 잊지 못하였다. 그 당시 세상 사람들이 중봉에 대해 잘 알지 못하여 우활(迂闊)하고 재주가 적고 쓸 만한 것이 없다고 평할 때에도, 토정은 초야의 인재로서 쓸 만한 재주를 갖고 있는 사람은 중봉뿐이라 하며 그의 우국충정을 높이 평가했다. 어느 날 중봉은 토정과 함께 지리산에 간 적이 있었는데, 토정의 모든 언행 일거일동이 탄복할 만하며 가르침 아닌 것이 없다고 술회하였다. 또한 토정도 늘 말하기를, "사람들은 중봉의 스승이 나인 줄 알지만, 중봉이 정말로 나의 스승인 것을 모르고 있다"고 하였다. 이를 통해 우리는 중봉과 토정 두 사람의 사제관계가 존경과 사랑 그리고 돈독한 신뢰로 맺어져 있음을 짐작할 수 있다.

이때 중봉은 토정의 권유에 따라 그해 가을 파주로 율곡을 찾아가 그의 문하를 자청하였다. 그 후 37살 때 해주 석담(石潭)으로 율곡을 찾아가 강학하였다. 이렇게 볼 때, 그는 이지함, 성혼, 이이를 스승으로 삼고 세 문하를 출입하였다고 볼 수 있다.

1572년(선조 5) 6월 절에 향을 하사하고 자수궁(慈壽宮) 성숙청(星宿廳)에 봉향하는 것을 반대하는 상소를 올렸다가 교서관(校書館) 정자(正字)로 삭직(削職)되었다. 이듬해 교서관 저작(著作)으로 승임되었으나, 다시 향실의 직무를 맡게 되자 공불지향(供佛之香)을 반대하는 상소를 거듭 올려 직언하기를 서슴지 않았다. 이때 왕이 진노하여 중죄로 다스리려 하자, 여러 대신들의 도움으로 겨우 벌을 면할 수 있었고 상소가 조정에 반영되었다. 이로 인해 그의 강직함과 직언이 세상에 알려지게 되었다.

1574년(선조 7) 5월 그는 성절사(聖節使) 박희립(朴希立)의 질정관(質正官)으로 명나라에 갔다 11월에 돌아온 후 명나라의 문물에 관한 견문을 보고하는 「시무8조소(時務8條疏)」를 올렸다. 이듬해 교서관 박사, 호조, 예조좌랑, 성균관 전적, 사헌부 감찰 등을 역임하였다. 이발(李潑)의 추천으로 삼사(三司)에도 천거되었으나 그의 고집이 동료들에게 용납되지 못해 그해 겨울 통진현감으로 전출되었다. 그는 그곳에서 선정(善政)에 힘써 백성을 사랑하고 스스로는 검소하여 묵은 폐단을 씻는 데 온 힘을 다했다.

1577년(선조 10) 그의 나이 34살 때 겨울, 권세를 믿고 횡행하는 노비의 잘못을 법으로 다스리다 장살(杖殺)하니, 간사한 자의 무고로 형벌을 남용한다는 탄핵을 받고 달포 동안 구속되어 부친의 상에도 참여치 못하였다. 부친이 병석에 누워있을 때 쇠고기를 먹고 싶어 했지만 구하지 못해 할 수 없었는데, 부친이 돌아간 후 그는 쇠고기만 보면 눈물을 흘리고 끝까지 쇠고기를 먹지 않았다.

1580년(선조 13) 37살 때 귀양에서 풀렸고, 이듬해 봄 공조좌랑에 다시 임용되고 곧 이어 전라도 도사(都事)로 부임하였다. 이때 연산조의 공안(貢案)을 개혁하고 율곡의 입장을 옹호하는 상소를 올렸다. 39살 때 임기가 끝나자 종묘서(宗廟署) 령(令)에 임명되었고, 그해 8월 계모의 봉양을 위해 보은현감을 자청하였다. 그 후 상소를 올려 노산군(魯山君)의 후사(後嗣)를 세우고 사육신(死六臣)의 절의를 현창(顯倡)할 것과 민간의 고통을 해결하기 위한 시무책(時務策)을 건의하였다. 1583년(선조 16) 보은현감에 재임되었는데, 그해 가을 이산보(李山甫)가 경차관(敬差官)으로 호서지방의 민정을 살펴보고, 중봉의 치적이 충청좌도에서 제일임을 왕에게 보고하였다. 그해 겨울 정언 송순(宋諄) 등이 사감을 품고 그의 파직을 청하였으나, 왕이 "이와 같은 사람을 쉽게 얻을 수 없다" 하고 끝내 허락하지 않았다. 1584년(선조 17) 율곡이 세상을 뜨자, 당시 삼사에서 동인세력들이 율곡과 가까웠던 인물들을 제거하자, 그 역시 파직되어 옥천 안읍 밤티로 내려가 '후율정사(後栗精舍)'를 짓고 교육에 전념하였다. 이듬해 당론이 격심하여 정여립(鄭汝立)이 우계와 율곡을 모함하고 이발(李潑)이 이에 동조하자 오랜 친구였던 이발과 절교하였다.

1586년(선조 19) 선조의 특명으로 공주교수(公州敎授)에 임명되었다. 10월 당시 집권층이었던 이발(李潑), 김홍민(金弘敏), 윤탁연(尹卓然) 등 동인들이 우계와 율곡을 추죄(追罪)하려 하자, 만언소(萬言疏)를 올려 변명, 구원하고 율곡을 배반한 정여립을 논척(論斥)하였다. 그 후에도 여러 차례 상소문을 올렸으나 모두 받아들여지지 않자 문묘(文廟)에 글을 지어 고별하고 옥천으로 돌아왔다.

그해 11월 풍신수길이 일본의 정권을 잡고 조선에 현소(玄蘇)를 보내 화친(和親)을 청하자, 중봉은 왜국의 사신을 끊어 버릴 것을 주장하는 상소를 올렸지만 관찰사가 왕에게 올리지 않았다. 그해 12월 다시 상소를 들고 대궐에 나아가 왜국 사신의 척절(斥絕)을 주장하고 이산해(李山海)의 잘못을 규탄하였다. 이에 왕이 진노하여 상소문을 태워 버리니 다시 옥천으로 내려왔다.

1589년(선조 22) 4월 도끼를 차고 상소하여 시정(時政)의 득실(得

失)을 논하고 절박한 안보적 위기를 경고하였다. 이로 인해 함경도 길주로 유배되었다. 그는 유배 중에도 여러 번 상소를 올려 왜의 외교적 술책에 속지 말 것과 간교한 왜적이 청한 통신사를 보내지 말 것을 주장하였다. 또한 이에 대한 대비책으로 유구 및 서양 제국의 여론을 환기시켜 왜적을 물리쳐야 한다는 견해를 밝히기도 하였다. 그해 10월 정여립의 모반사건이 일어나고 동인이 물러나게 되자, 호남유생들이 상소하여 정여립 사건에 대한 중봉의 선견지명(先見之明)을 칭송하므로 11월 4일 사면되었다. 돌아오는 길에 다시 왜와 절교하여 통신사를 보내지 말 것과 동인들을 비판하는 상소를 올리니, 선조는 '간귀(奸鬼)'로 폄하하고, '아직도 조정을 경멸하고 있으니 다시 마천령을 넘고 싶은 모양'이라고 말하면서, 그를 예조 정랑에 천거한 이조판서를 경질시켜 버렸다.

1591년(선조 24) 풍신수길이 현소(玄蘇)를 보내 명나라를 칠 테니 길을 빌려 달라고 하자, 조정의 여론이 분분하였다. 그는 곧 바로 서울로 올라가 도끼를 지니고 대궐 앞에 엎드려 상소를 올렸다. 그는 이 상소에서 정탐(偵探) 들어온 왜국 사신을 처단하고 국방을 튼튼히 하면서 탐관오리들을 물리치고 명나라에 보고한 뒤 왜의 침략에 대비하자고 하였으나 받아들여지지 않았다. 정원 문밖에서 3일 동안을 기다렸으나 비답이 없자, 그는 의기(義氣)를 참지 못하고 스스로 주춧돌에 이마를 받아 피를 흘리고, '내년에 산과 계곡으로 피난 갈 때 내 말을 생각하게 될 것'이라 말하였다. 그리고 그는 명나라를 비롯하여 유구, 일본, 대마도 유민들에게 보내는 글과 왜국 사신을 목 벨 죄목을 밝히고, 영남과 호남의 왜적을 막을 방비책을 밝혔다. 그러나 이러한 그의 현실인식과 대안은 왕에게 전달되지 않았고, 이에 실망한 그는 통곡하며 옥천으로 돌아왔다. 윤 3월 문인 박락(朴略), 전승업(全

承業) 등과 만나 늦여름이나 가을에 반드시 유구의 고변(告變)이 있을 것이고, 우리나라에도 화가 미칠 것을 예언하고, 피로써 상소할 것을 부탁하며 눈물을 흘렸다. 4월에는 아들 안도(安堵)를 시켜 평안도 관찰사 권징(權徵)과 연안부사 신각(申恪)에게 글을 보내 성을 수리하여 대비할 것을 말하였다. 그해 7월 영벽루(映碧樓)에 올라 저녁 붉은 기운이 동쪽에서 일어나 비추는 것을 보고 풍신수길이 내년에 크게 침입할 것임을 예언하고, 다음날 관찰사 이광(李洸) 등에게 방어의 계책을 세우도록 하였으나 관찰사는 장계를 올리지도 않았다. 그해 겨울 대둔산에 들어가 네 명의 스님과 식사하면서, "명년에는 반드시 왜란이 있을 것이며, 나는 마땅히 의병을 일으킬 것이니, 오늘이 밥을 같이 먹은 자는 같이 와서 거사하여야만 한다"고 하며 참여할 것을 권고하였다.

1592년(선조 25) 2월 부인 신씨가 죽었는데, 아들 완기(完基)가 김포로 반장(返葬)하려 하자, 그는 곧 변란이 있을 것이므로 이곳에 두는 것이 낫다고 만류하였다. 3월 김포의 선영을 찾아 변란이 일어나 영원히 물러간다는 뜻의 제문을 지어 조상에게 인사하였다. 4월 20일 부인을 장례 지내면서 함께 죽지 못함을 애석해 하는 시를 읊고, 하늘에서 큰 소리가 나니 왜장이 바다를 건너고 있음을 알리는 하늘의 경고로 해석하고 호상하던 친구에게 피난준비를 권고하였으며, 어머니를 옥천에서 청주 선유동으로 피난시키기도 하였다. 5월 3일 청주에서 격문을 띄우고 문인 이우(李瑀), 이봉(李逢), 김경백(金敬伯) 등과 제1차 의병을 일으켰으나 실패하였다. 6월 초 옥천에서 김절(金節), 김약(金籥), 박충검(朴忠儉) 등의 문인과 향병 수백명으로 제2차 의병을 일으켜 보은의 차령에서 왜군을 만나 물리치니, 이후 왜군은 이 길로 다니지 못하였다. 6월 12일 전승업(全承業) 등의 문인과 호남 영남

등에 봉기를 촉구하는 격문을 띄우고, 관찰사 윤선각의 지원하에 다시 제3차 의병을 모집하니 1천여 명이나 모였다. 그러나 관군과의 갈등과 이미 옥천이 왜군의 세력권에 들어가게 되자 의병들이 흩어졌다. 6월 말경 다시 호우(湖右)로 가서 제4차 의병을 모집하였는데, 전 참봉 이광륜(李光輪), 정민수(鄭民秀), 김형진(金亨進), 양철(梁鐵), 김결(金潔), 한응성(韓應聖), 신란수(申蘭秀) 등이 적극 협력하여 의병수가 1천6백여 명에 이르렀다. 그는 부대를 나누어 정산, 온양 등의 지역을 순무하였다. 그는 호서의병장으로 엄정하게 군기를 확립하고, 사졸들을 덕망과 지성으로 이끄니 모두 마음으로 감복하였다. 7월 4일 그는 웅진에서 적을 토벌하기 위한 제사를 지내고, 이튿날 군사들과 왜적의 토벌에 임하는 지표로서 맹세문을 낭독하였다. 이때 왜병은 청주를 점령하고 호우지방으로 진격하려 하자, 중봉의 의병부대는 청주로 진군하였다. 8월 1일 정산, 온양, 홍주, 회덕을 거쳐 청주로 진군하여 영규대사(靈圭大師)의 승군(僧軍)과 합세하여 청주성을 수복하였다. 왜군을 격파한 뒤 그는 승전보와 함께 전라도 의병장인 고경명(高敬命)을 구원하지 않아 그들을 패사(敗死)케 한 이광(李洸), 곽영(郭嶸) 등 군관장을 참형에 처해야 한다는 상소를 지어 아들 완도와 문인 전승업을 시켜 행재소로 보낸 뒤, 다시 격문을 띄워 왜의 포로와 왜승(倭僧) 현소(玄蘇) 등을 통유(通諭)하였다. 그 후 전라도로 향하는 왜적을 막기 위해 금산으로 향하였는데, 충청도 순찰사 윤국형(尹國馨)과의 의견대립과 전공을 시기하는 관군의 방해로 대부분의 의병이 흩어지고 7백여 명의 의병만이 남게 되었다. 8월 16일 그는 의병을 이끌고 청주를 떠나 영규대사의 승군과 합세하여 금산 십리까지 진군하였다. 8월 18일 왜군은 의병의 후속부대가 없음을 알고 세 부대로 나누어 교대로 공격하여 왔다. 왜적이 장막 안까지 쳐들어오니 막하에 있는 부장들이 중봉에게 빠져나갈 것을 청하였다. 그러나 그는 웃으면서 말안장을 풀고, "이곳이 내가 순절(殉節)할 땅이다. 장부는 죽음이 있을 뿐, 난에 임하여 구차하게 이를 모면해서는 안 된다"고 하고 북을 울리며 싸움을 독려하였다. 이에 7백 의병들은 수적 열세에다 화살까지 떨어지자 맨주먹으로 최후까지 싸우다 모두 순절하였다. 그의 큰 아들 완기는 용모가 잘생기고 성품과 도량이 넓었는데, 아버지를 따라 이 전쟁에 참여하여 옷을 화려하게 입어 적이 중봉으로 잘못 알도록 유도하다가 함께 순절하였다. 싸움이 끝난 다음날 그의 아우 조범이 장수와 병사들이 둥글게 모여서 서로 베고 죽은 자리에서 선생의 시신을 거두어 옥천에 돌아와 빈소를 차렸는데, 4일 동안이나 그의 얼굴빛이 산 사람과 같았다 한다.

그는 1604년(선조 37) 선무원종공신(宣武原從功臣) 일등으로 공신록에 오르고, 이조판서 등에 추증되었으며, 1649년(인조 27) '문열(文烈)'의 시호(諡號)를 받았다. 1754년(영조 30) 영의정으로 추서 되었고, 1883년(고종 20)에는 문묘에 배향(配享)되었다.[11]

2. 중봉의 학풍

중봉의 생애는 의리적 실천으로 일관하면서도 실학풍을 지니고 있다는 데 특징이 있다. 그는 단순히 이론으로만 정의와 진리를 말했던 관념적 지식인이 아니었다. 그는 일찍이 12살 때 훗날 임진왜란을 당해 의병을 일으켰던 김황(金滉)에게서 배웠고, 이후 이지함, 성혼, 이이

11 이상, 『重峰集』, 附錄, 卷1, 「年譜」참조.

를 스승으로 삼아 그들의 문하를 출입하며 학문을 배웠다. 그는 「후율정사상량문(後栗精舍上樑文)」에서 "정암(靜菴)의 충효(忠孝)와 퇴도(退陶)의 학(學)이 한 줄기 밝게 석담(石潭)에 있도다"[12]라고 하여, 율곡의 학문적 위치와 자신의 입장을 분명히 밝히고 있다. 이는 또 그의 호를 '후율(後栗)'이라고 한 데서도 잘 알 수 있다. 그의 의리적 학풍은 멀리 정몽주-길재-김숙자-김종직-김굉필-조광조로 이어지는 절의파의 학맥과 깊은 관련이 있다. 왜냐하면 그의 조부 조세우(趙世佑)가 조광조의 문인이었으며, 그의 부친 조응지(趙應祉)가 바로 성수침(成守琛)의 문인이었기 때문이다. 결국 중봉의 가학적 연원이 여말 포은, 야은의 의리 학맥에 닿아 있고, 또 15세기 도학에 직접 연결되어 있다. 더욱이 중봉은 정암, 율곡, 우계, 토정을 존숭하였는데, 이들 모두가 도학적 모범으로 일컬어지고 있거니와, 이들 모두가 투철한 역사의식을 갖고 경세제민(經世濟民)의 탁월한 대책을 지녔던 경륜가(經綸家)였기 때문이다. 조광조는 그 자신이 지치(至治)를 실현하려다 희생되었고, 율곡은 정암을 가장 존숭하면서 의리와 경세를 아울러 갖춘 진유(眞儒)였다. 또 우계 역시 도학과 경세를 겸비하였고, 이지함은 비록 재야에 머물면서도 시무(時務)와 경세에 탁월한 식견을 지녔다. 그러므로 어느 일면에 있어서는 중봉을 조선후기 실학의 선구자로 일컫고 있으며,[13] 북학파 실학의 연원이 또한 조헌에 있다고까지 말하고 있음을 알 수 있다.[14] 북학파 실학의 대표적 인물인 초정 박제가(楚亭 朴齊家)는 『북학의(北學議)』 자서(自序)에서 "나는 어렸을 적에 최고운(崔孤雲)과 조중봉(趙重峰)의 사람됨을 사모하

12 같은 책, 卷13, 「後栗精舍上樑文」, "靜菴忠孝 退陶學 一脈昭昭在石潭."

13 김용덕, 『조선후기사상사연구』, 을유문화사, 1987, 557쪽.

14 강재언, 『근대한국사상사연구』, 17쪽.

여, 비록 시대는 다르지만 한번 말채찍을 잡아 그분들의 뒤를 따르고 싶은 소원이 있었다"고 술회하였고, "중봉은 질정관(質正官)으로 연경(燕京)에 다녀왔는데, 그는 『동환봉사(東還封事)』에서 지성스럽게도 남을 보면 나를 돌아보고 선을 보면 그와 같이 할 것을 생각하였으며, 중화의 제도로써 오랑캐의 풍습을 변동시키고자 애쓰지 않음이 없었다"고 기술하였다.[15] 그리고 유형원(柳馨遠)의 『반계수록(磻溪隨錄)』에도 율곡 다음으로 중봉의 경세책과 개혁론이 인용되고 있어, 조선후기 실학사상의 형성에 크게 영향을 미치고 있음을 알 수 있다.[16] 이렇게 볼 때, 중봉의 학풍은 일면 의리적 특성을 갖지만, 또 다른 면에서는 실학풍을 지니고 있다.

이와 관련하여 그의 학문적 특성의 하나가 바로 실천적 학풍에 있다는 점이다.[17] 그것은 많은 사람들이 그의 인품과 학풍을 일컬어 천리(踐履)를 위주로 하였다 하고,[18] 또 학문은 실천을 기하였다[19]고 한 데서도 알 수 있다. 그는 어려서부터 몸소 소를 몰아 밭갈이를 하였으며, 땔나무를 하여 부모의 방에 손수 지피기까지 하였다. 3년간 부평의 유배생활에서도 몸소 밭을 갈며 독서하여 실제로 노동을 몸에 익혔다.[20]

그런데 그의 학문에 대한 열정과 실천궁행의 자세는 유별났던 것

---

15 박제가, 『貞㽔閣集』, 卷1, 「北學議自序」.

16 이동준, 「16세기 한국 성리학파의 역사의식에 관한 연구」, 성균관대대학원(박사), 1975, 228쪽.

17 같은 글, 222쪽.
오석원, 「문열공 중봉 조헌」, 『동국18현』, 하, 율곡사상연구원, 1999, 210쪽.

18 『隱峰全書』, 卷38, 「重峰先生遺事」, "先生少力學自立 專以踐履爲主."

19 같은 책, 「抗義新編」, 趙參判一軍殉義碑(尹根壽撰), "趙公 學期實踐 含忠履貞."

20 『重峰遺事』, 「重峰年譜」 참조.

으로 보인다. 그는 밭갈이를 하면서도 쉬는 사이에 글을 읽었고, 일을 하러 나가면 먼저 책을 올려놓을 받침을 가설(架設)하였으며, 아궁이에 불을 지피고 나면 재 속에서 불을 골라 빛을 밝혀 글을 읽다 꺼진 다음에 그만두곤 하였다. 과거를 보아 벼슬길에 나선 다음에도 손에서 책을 놓지 않았으며, 중국에 다녀올 때 달리는 수레 속에서도 독서를 그치지 않았다고 한다. 여행을 하면 말에다 관솔을 가지고 다니며 불을 밝혀 글을 읽었고, 함경도 길주로 귀양 갔을 때 전염병이 돌아 약을 쓰고 구해 주느라 진력하는 중 사방에 시체가 둘러쌓인 가운데서도 독서를 그치지 않았다.[21]

그는 밤이면 『중용』과 『대학』을, 그리고 굴원(屈原)의 「이소경(離騷經)」과 제갈량(諸葛亮)의 「출사표(出師表)」를 암송하다가 때로는 강개(慷慨)하여 아침이 되도록 밤을 밝히곤 하였다. 특히 율곡과 우계 양 선생에게서 『주역』을 받은 다음, 문을 닫고 침잠하여 우러러 생각하고 굽혀 다시 읽으니, 미래를 예측하는 일에도 통철(通徹)하였다고 한다.[22]

중봉은 여러 곳에서 '평생 독서한 힘' 이란 말을 많이 사용하였다.[23] 이는 그의 학문이 단지 글을 읽고 해석함에 있는 것이 아니라, 지식을 활용하여 자신의 삶과 국가사회에 실제로 적용되고 이익이 되어야 함을 의미한 것이다. 즉 실용적인 학문관을 보여 준 것이라 하겠다.

---

21 『重峰集』, 附錄, 卷4, 「遺事」.

22 「重峰行狀」 참조.

23 이동준, 「16세기 한국 성리학파의 역사의식에 관한 연구」, 성균관대학원(박사), 1975, 225쪽.

3. 중봉의 의리정신

중봉은 성리학의 이론적 탐구에 관심이 별로 없었던 것으로 보인다. 그의 문집을 통해서 볼 때 체계적인 성리학적 저술이 보이지 않기 때문이다. 위에서 지적했듯이 그는 의리의 실천과 경세의 실현이야말로 진정한 학문의 길이라고 생각하였다. 진정한 도학은 의리를 겸한다. 도학은 사실판단으로서의 객관적 진리와 가치판단으로서의 규범적 지식을 올바르게 인식하여 참된 인격을 연마하고 사회에 정도(正道)를 구현하려는 실천적 사상이다. 인간의 구체적 현실에서 정의와 정도를 구현하려는 의리사상은, 대내적으로는 사회의 비리와 부정을 비판하여 인간의 존엄성과 사회정의를 구현하고, 대외적으로는 외세의 부당한 침략과 무도(無道)한 패도(覇道)에 항거하여 민족을 수호하고 국란을 극복하려는 강인한 저항정신이 담겨 있다.[24]

중봉은 임진왜란으로 민족과 국가가 위기에 처하자 의병을 일으켜 싸웠다. 그는 4차에 걸쳐 의병을 모집하였고, 금산전투에서 7백여 명의 의병들과 함께 장렬하게 최후를 마쳤다.

그런데 그의 의리정신은 춘추(春秋)정신에 그 근거를 두고 있다.[25] 중봉에 의하면 이웃나라 간에 사귐이 필요 없다는 것이 아니오, 또 고루하게 쇄국(鎖國)을 말함도 아니다. 다만 이웃나라와 선린(善隣)을 도모해야 한다는 것이다. 그는 "교린지도(交隣之道)는 종시 신의로서 하는 것이 옳다"[26]고 한다. 그렇지만 일본은 본래 반복하기를 잘하고 신의가 없는 나라라고 규정하였다.[27] 그리고 그는 만약 저들이 거칠

---

24 오석원, 「문열공 중봉 조헌」, 『동국18현』, 하, 율곡사상연구원, 1999, 219쪽.

25 이동준, 앞의 글, 241~249쪽 참조.

26 『抗義新編』, 「擬斬賊使玄蘇罪目」.

고 고루함을 면키 위해 사절과 물건을 보내어 빙례(聘禮)로서 구해 온다면, 우리는 성자(聖者)의 가르침을 전해 줄 따름이니,[28] 문명된 도로써 그 야만 됨을 변화시켜야만 할 것이라고 하였다.[29]

중봉은 또 나라의 승부지세(勝負之勢)는 한갓 군사력의 강약에 있는 것이 아니라 하고, 한때의 성세(盛勢)는 그것이 기본이 서 있지 못할 때 쉽게 무너질 수 있는 것임을 역사적 예를 들어 설명하였다. 따라서 저들이 재삼 통신사를 무리하게 요청해 올 때 그 죄를 들어 사신을 목 베어 단호하게 조치해야 한다고 하였다.[30] 아울러 우리의 문명한 도를 가지고 저들의 야만성을 바로잡아 주어야 할 것이며, 우리의 임금을 친하고 어른을 위해 죽을 수 있는 백성을 데리고, 저들의 다스려지지 않고 임금이 없는 무리들을 두들겨 주어야 한다 하였다.[31] 이와 같이 중봉은 인의(仁義)의 가치를 기초로 한 춘추의리(春秋義理)에 입각해 왜의 무례(無禮)를 꾸짖고 단호하게 대처해야 한다고 보았다.

그러므로 그는 금산전투가 시작되기 전날 승장(僧將) 영규대사(靈圭大師)가 비가 쏟아져 진지를 구축하기 힘드니 내일의 결전을 미루자고 했을 때, "이 적들은 본래 나의 적이 아니며, 내가 구구하게 속전(速戰)을 하려는 것은 오직 충의(忠義)의 격정으로 사기를 높이고자 한 것이다"라고 하였다. 여기에서 우리는 중봉의 전쟁의 의리가 결코 개인적 감정이나 이해에 있는 것이 아니라, 충의의 높은 가치를 지향하고 있음을 알 수 있다. 더욱이 그는 마지막 죽음을 앞에 놓고

---

27 같은 책, 「請絕倭使 第二封事」.

28 安邦俊, 『抗義新編』, 「請絕倭使 第三封事」, "如以荒僻孤陋爲悶 則時遣渠使薄物 修聘求之我國者 箕範孔教之傳而已 則用夏變夷……."

29 같은 책, 「請絕倭使 第一封事」, "明吾華夏之道 格彼蠻髦之性."

30 같은 책, 「請絕倭使 第三封事」.

31 같은 책, 「請絕倭使 第一封事」.

"오늘은 오직 한 번 죽음이 있을 뿐이다. 죽고 살며 나아가고 물러감에 있어 '의(義)'라는 글자에 부끄럼이 없게 하라"고 하였으니, 여기에서 그의 사생관(死生觀)이 오직 '의(義)'에 있음을 분명히 알 수 있다. 의(義)에 부끄럼이 없는 삶, 의에 부끄럼이 없는 죽음, 의에 떳떳한 행동이 그의 가치관이요 철학이었다. 무엇보다 말과 글로서만 의(義)를 외친 것이 아니라, 몸소 의에 맞게 살다 간 그의 실천적 의리정신은 한국유학사에서 하나의 모범이 되고 있다.

은봉 안방준(隱峰 安邦俊)은 중봉을 가리켜 일개 절의를 지킨 선비에만 그치는 것이 아니라, 그의 학문과 조행(操行)을 보면 실로 우리 동방 수천 년 간에 없었던 진유(眞儒)[32]라고 흠모하였다. 그리고 그의 자품(資禀)과 조예(造詣)는 비록 정암과 율곡에 미치지 못한 듯하나, 식견이 높고 밝은 것이나 정책을 시행하는 말과 계책은 정암과 율곡이 모두 중봉의 섬세하고 완전하게 갖춘 것보다 못하다고 평가하였다. 그러므로 자신이 편찬한 『동환봉사(東還封事)』나 『항의신편(抗義新編)』을 마땅히 자세히 살펴보라 하고, 기자(箕子)가 조선에 봉해진 이후 최초의 진유(眞儒)가 바로 조헌(趙憲)이라고 높이 평가하였다.[33]

32 『隱峰全書』, 卷3, 「與北渚金相公」, "夫重峰不止爲一段節義之士 考其學問操行 實吾東方數千載間所未有之眞儒也."

33 같은 책, 卷10, 「牛山答問」, "重峰之資禀造詣 雖似未及於靜栗而見識之高明 設施之言計 靜栗皆不如重峰之纖悉備具 愚所撰東還封事 抗義新編 君宜仔細去看 若重峰實箕封以來 數千載間所未有之眞儒也."

3장
화서 이항로(華西 李恒老)의 주리론(主理論)과 의리사상

1. 시작하는 말

화서 이항로(華西 李恒老: 1792~1868)는 한말의 대표적인 유학자로 의리적 실천에 앞장섰던 인물이다. 철학은 시대의 산물이라고 하듯이, 화서의 철학사상과 그 정신은 그가 살았던 시대와 밀접히 연관된다. 1866년 그의 나이 74살 때 병인양요가 일어나자, 그는 동부승지로서 주전론(主戰論)의 입장에 섰으며, 경연관이 되어서는 대원군의 경복궁 중건 및 과중한 조세에 반대하여 그의 미움을 사기도 했다. 그는 19세기 서양열강의 문호개방 요구와 서양문물이 물밀듯이 밀려오는 와중에서 민족 주체성과 의리정신을 몸소 실천했으며, 개화(開化)와 위정척사(衛正斥邪)가 소용돌이치는 격동기에 위정척사의 편에 서서 조선 성리학의 의리적 전통을 굳게 지켰다.

그는 한말 기호의 의리학단을 이끌었던 대표적인 유학자로, 그의 문하에 면암 최익현(勉庵 崔益鉉: 1833~1906), 성재 유중교(省齋 柳重教: 1832~1893), 중암 김평묵(重庵 金平默: 1819~1891), 의암 유인석(毅庵 柳麟錫: 1842~1915)도 위정척사, 의병활동에 앞장섰다.

급변하는 시대에서 개화와 위정척사를 놓고 시중지도(時中之道)로서의 의리가 중요한 과제였고, 이러한 시대를 살아가는 지성인의 입장에서 어떠한 처세를 해야 하는가 또한 중요한 문제였다.

화서는 무엇보다 행동하는 지성, 실천적인 유학자로서[34] 우리 앞에 다가온다. 같은 의리를 말하지만 간재 전우(艮齋 田愚)의 '자정(自靖)의 의리' 와는 구별된다. 서로 다른 처세의 의리적 가치와 평가를 어떻게 할 것인가는 매우 어려운 문제지만, 화서처럼 몸소 의리를 실천하는 것은 결코 쉬운 일이 아니다. 여기에는 살신성인(殺身成仁), 사생취의(舍生取義)의 준엄한 사생관(死生觀)이 내재해 있고, '조문도석사가의(朝聞道 夕死可矣)' 라는 공자의 정신이 자리하고 있다.

화서는 19세기 한말 위기에서 민족의 생존, 전통문화의 보호, 유학의 보위(保衛)를 자신의 사명으로 인식하고, 이를 위해 말과 글로써 그리고 때로는 몸소 의병의 선두에서 진두지휘하였다. 본고는 이러한 화서의 의리적 실천과 정신지향에 내면한 주리론(主理論)[35]의 구조를 살펴보고자 한다. 화서의 철학 전반에 자리한 주리론적 사유와 그의 의리적 실천을 유기적 관점에서 검토해 보고자 한다.

---

34 최완기, 『한국 성리학의 맥』, 느티나무, 1993, 244쪽.

35 현상윤, 『조선유학사』, 민중서관, 1948, 394쪽.
오석원, 「화서 이항로 성리학의 특징과 의의」, 『화서학논총』, 창간호, 화서학회, 2004, 43쪽.
이병도, 『한국유학사』, 아세아문화사, 1987, 476쪽.
유명종, 『조선후기 성리학』, 이문출판사, 1985, 465쪽.

2. 의리적 학통관

일반적으로 유학의 도통(道統)은 요(堯), 순(舜), 우(禹), 탕(湯), 문왕(文王), 무왕(武王), 주공(周公), 공자(孔子)로 삼고, 조선유학의 도통은 의리적 입장에서 정몽주(鄭夢周)-길재(吉再)-김숙자(金叔滋)-김종직(金宗直)-김굉필(金宏弼)-조광조(趙光祖)의 맥을 중심으로 삼는 데에 비해, 화서의 경우는 중국과 조선을 아울러 공자(孔子)-주자(朱子)-송자(宋子)의 학통관(學統觀)을 확실히 하고 있다.[36]

화서는 "주자의 말이 아니면 감히 듣지 않고, 주자의 뜻이 아니면 감히 따르지 않는다"고 할 만큼 주자를 존숭했고, 우리나라의 학자로서는 우암 송시열(尤庵 宋時烈)을 가장 존숭하여, 그를 주자의 정종(正宗)이라고 생각했다. 그는 "이제 송자(宋子)의 사공(事功)은 공자나 주자에 짝할 것이 있다"[37]하고, "권상하(權尙夏)가 말하기를, '여러 성인을 집대성한 것은 공자요, 여러 현인을 집대성한 것은 주자이며, 여러 유학자를 집대성한 것은 송시열'이라 하였는데, 이는 참으로 백세 불변의 정론이다"라고 하였다.

그리하여 화서는 요순으로부터 주공에 이르기까지가 도(道)를 행한 통(統)이고, 공자로부터 우옹(尤翁)에 이르기까지가 학문을 전한 통(統)이라 하였다. 그리고 공자는 요순과 같고, 맹자는 우와 같고, 주자는 주공과 같고, 우옹은 맹자와 같다고 하였다.[38] 따라서 공자와

36 화서는 도통(道統)과 학통(學統)을 구별해 말하고 있다. 도통(道統)은 유학의 도를 행한 통(統)이고, 학통(學統)은 유학의 학문을 전한 통(統)이다. 도통이라 할 때는 제왕 내지 그에 준하는 위치가 주어졌을 때 가능한 것이고, 학통이라 할 때는 순수이 학문을 전승한 맥을 일컫는 말이다. 그러나 일반적으로는 도통과 학통을 겸해 쓰기도 한다.

37 『華西雅言』, 卷10, 「尊中華」.

주자와 송자 세 부자를 하늘이 양성해 낸 것은 참으로 심상한 일이 아니라고 평가하였다.[39] 여기에서 화서가 우암을 맹자에 비견한 것 역시 의리적 사공에 기인한다. 맹자가 양주묵적(楊朱墨翟)의 이단사설(異端邪說)과 싸워 이룩한 벽이단(闢異端)의 업적을 우암이 평생 북벌의리에 헌신하고 사도(斯道)의 진작을 위해 살아 온 것과 비유한 것이라고 할 수 있다.

그러므로 화서는 "주자의 뒤에 출생한 우리나라 선배들로서, 그의 학설을 존숭하고 독신(篤信)하여 그를 갱장(羹牆)에서도 존모(尊慕)하기를 강조하였고, 정신이 서로 맞고 마음이 서로 융합되어 내적인 것과 외적인 것, 세미한 것과 큰 것을 모두 다 배워 빠뜨린 것이 없게 한 분이 바로 송자"라고 하였다.[40] 이처럼 화서는 우암을 우리나라 유학자 가운데 가장 훌륭한 분으로 존숭하고, 그의 위상을 맹자에 비견하고, 주자의 학문을 독실하게 계승하였다고 평가하였다.

이러한 화서의 도통관 내지 학통관은 공자의 『춘추』에 담긴 의리사상을 계승하여 실천한 도학적 입장을 배경으로 하는 것이며,[41] 이는 서세동점(西勢東漸)의 위기, 민족 주체성의 위기, 사도(斯道)의 위기에서 위정(衛正)의 기치를 높이 든 실천적 지성의 모습을 여실히 보여 준 것이다.

---

38 『華西集』, 卷14, 「溪上隨錄1」, "自堯舜至周公 行道之統也 自孔子至尤翁 傳學之統也 孔子似堯舜 孟子似禹 朱子似周公 尤翁似孟子."

39 『華西先生雅言』, 卷11, 「武王第32」, "孔朱宋三夫子 天之養得 最不尋常."

40 같은 책, 卷12, 「堯舜第36」, "後乎朱子 吾東先輩 尊信其說 而論其寓慕羹牆 神會心融 內外細大 擧學無遺則宋子也."

41 오석원, 「화서의 의리사상과 척사위정사상」, 『화서학논총』, 창간호, 화서학회, 2004, 15쪽.

3. 위정척사(闢異端)의 의리

화서의 의리정신은 『춘추』와 주자 그리고 우암의 의리를 계승한 것이었다. 화서는 "공자가 『춘추』를 지음에 대의(大義)가 수십 가지이지만 존주(尊周)가 가장 크다" 하고, "주자가 『강목(綱目)』을 편찬한 것 또한 그렇다"고 하였다. "이 의리는 한 백성이라도 익히지 않고 하루라도 밝히지 아니하면, 삼강(三綱)이 빠지고 구법(九法)이 무너지고 예악(禮樂)이 붕괴되고 이적(夷狄)이 횡행하게 되니, 어찌 금수가 되지 아니하랴"[42]하였다. 이처럼 화서는 공자의 춘추의리의 가장 큰 정신은 '존주(尊周)'에 있고, 주자가 『강목』을 편찬한 것도 마찬가지라 하였다. 존주는 문화적 관점에서의 평가로 야만을 배격하고 문화를 추종하는 입장이라 할 수 있다. 요순지도(堯舜之道), 성현지도(聖賢之道)로 지칭되는 유교문화의 정통성을 지닌 주문화에 대한 존숭이다. 그리고 그것은 한 마디로 인의(仁義)로 귀결되고 더 나아가서는 인(仁)으로 설명되는 것이었다. 인(仁) 내지 인의(仁義)를 척도로 하는 문화가치로서, 그것은 다름 아닌 인도정신의 구현이다.

화서는 이러한 인의의 의리는 보편적인 인간의 규범으로 어느 누구도 이에서 벗어날 수 없는데, 만약 이 의리를 지키지 않는다면 윤리강상과 사회질서가 무너지고 공동체의 위기를 초래할 뿐 아니라 인간이 동물세계로 전락하게 된다고 우려하였다. 이처럼 의리는 예악(禮樂)의 붕괴, 오랑캐의 횡행을 방지하는 길이며, 인간의 동물화를 방지할 수 있는 대안으로 중시되었다.

42 『華西集』, 卷3, 「辭職告歸兼陳所懷疏」, "臣聞孔子之作春秋也 大義數十而尊周最大 朱子之修綱目也亦然 此義也有一民之不講 而一日之不明 則三綱淪九法斁 禮樂崩而夷狄橫 幾何其不爲禽獸."

화서는 "군신의 의리와 화이(華夷)의 변별은 천지의 경의(經義)요 만고의 공리(公理)로서, 귀천도 사이가 없고 내외도 달리 볼 수 없다"[43]고 하였다. 이러한 화서의 의리론은 전통적인 유교의 의리론을 계승한 것으로, 군신의 의리, 부자의 의리, 부부의 의리와 더불어 같은 맥락에서 중화와 오랑캐의 의리를 강조한 것이다. 물론 이러한 화서의 화이론은 우암의 화이론과 맥을 함께하는 것으로, 존주(尊周)와 존명(尊明)이 같은 의미를 갖는다. 즉 정치적 힘의 우열을 말하는 것이 아니라 문화적 척도로서 유교문화의 정통을 계승한 주나라, 명나라에 대한 존숭이라 할 수 있다.

그런데 화서에 의하면 "의(義)란 천리인심(天理人心)의 지극히 마땅하고 지극히 엄한 것인데, 지나쳐도 얻지 못하고 부족해도 얻지 못한다"[44]고 하여, 의리의 본령이 천리인심의 지극히 마땅함에 있음을 분명히 하였다. 그리고 이 의리는 시의(時宜)에 지나쳐도 얻지 못하고 부족해도 얻지 못한다 하여 시중(時中)의 중요성을 강조하였다.

화서는 "하늘에는 음(陰)과 양(陽)이 있고, 땅에는 강(剛)과 유(柔)가 있고, 사람에게는 남과 여가 있고, 정통(正統)에는 이(夷)와 하(夏)가 있으니, 이것은 천지간 최대의 구분이라"[45] 하고, "중국을 높이고 이적(夷狄)을 물리쳐야 하는 것은 천지가 다 될 때까지의 대원칙이요, 자기의 사심을 내쫓고 제충(帝衷)을 봉행(奉行)하는 데에 있어서는 성현들의 요긴한 법이 있다"[46]고 하였다. 여기서 화서가 중화

43 『華西集』, 卷3, 「辭職告歸兼陳所懷疏」, "君臣之義 華夷之辨 天經地義 萬古之公理 不以貴賤而有間 內外而異視也."

44 같은 책, 卷6, 「答崔用九」, "蓋義者 天理人心之至當至嚴 而過些不得 不及些不得者也."

45 『華西先生雅言』, 卷10, 「尊中華第30」, "天有陰陽 地有剛柔 人有男女 統有夷夏 此天地之大分界也."

와 이적을 준엄하게 구분하는 벽이단(闢異端)의 정신은 음양, 강유, 남녀의 구분과 같은 맥락에서 이해된다. 중국을 높이고 이적을 물리쳐야 한다는 '존중화 양이적(尊中華 攘夷狄)'의 의리는 이 세상이 다 하는 날까지 지켜야 할 의리로 규정된다. 그리고 그것은 바로 사심을 버리고 천리를 온전하게 보전하는 길로 통한다.

이러한 관점에서 화서는 물리쳐야 할 적이 둘이라고 생각한다. 하나는 북쪽 오랑캐로서 청이며, 또 하나는 서양이었다. 화서는 "북쪽 오랑캐는 이적(夷狄)인지라 오히려 말할 수나 있거니와 서양은 금수인지라 말할 수도 없다"[47]고 한다. 화서에 의하면 청은 이적이라 할 수 있지만, 서양은 금수에 가깝다는 말이다. 화서의 당시 서양인 내지 서양문화에 대한 부정적 인식이 얼마나 심각한가를 잘 알 수 있다. 또 화서는 "북쪽 오랑캐들은 의관을 부숴 없애고 서쪽 귀신들은 심술(心術)을 좀먹고 있으니, 마땅히 몸을 꼿꼿이 하고 다리를 세우며 마음을 밝히고 눈을 부릅떠, 성현들의 가르침과 부조(父祖)의 유업(遺業)을 추락시키지 아니해야 할 것이니, 이것이 선비된 사람의 철두철미한 법문이라"[48]고 강조한다. 여기에서 청나라는 의관을 부숴 없앤 야만으로 인식되고 있고, 서양은 심술을 좀먹는 귀신으로 표현되고 있다. 여기에서도 청의 야만에 비해 서양은 우리의 심술을 좀먹는 귀신으로 화서의 척서(斥西) 내지 배서(排西)의 부정적 인식을 잘 볼 수 있다. 그러므로 마음과 몸을 바로하고 눈을 부릅떠, 성현의 가르침과 조상

46 같은 책, 卷10, 「尊中華第30」, "尊中華 攘夷狄 窮天地之大經 黜己私 奉帝衷 有聖賢之要法."

47 같은 책 , 卷12, 「洋禍第35」, "北虜夷狄也 猶可言也 西洋禽獸也 不可言也."

48 같은 책, 卷5, 「叩兩第15」, "北虜毁裂衣冠 西鬼蟲惑心術 當挺身立脚 明心張目 不墜聖賢之敎 父祖之業 是儒者徹上徹下法門."

들의 유업을 반드시 지켜가야 한다는 것이다. 이런 관점에서 화서는 "인의를 틀어막아 세상을 현혹시키고 사람을 속이는 말이 어느 때인들 없겠는가마는, 서양의 것과 같이 비참한 것은 없다"[49]고 하였다.

그러면 화서가 이렇게 서양의 문물을 부정적으로 보는 이유는 어디에 있는가?

> 서양의 학문은 속이지 않는 것과 죽음을 즐기는 것으로써 자기들 학문의 극치로 삼고, 재화를 융통하는 것과 연2적들도 그런 일이 있는 것을 용납하지 않는 바이다.[50]

화서가 서양의 문물에 대해 부정적으로 보아 배척하는 이유는 두 가지 측면에서 이해할 수 있다. 하나는 서학(西學)에 대한 부정적 인식이고, 또 하나는 서양문물에 대한 부정적 인식이다. 그는 서학에 대해 '속이지 않는 것'과 '죽음을 즐기는 것'을 특징으로 보는데, 문제는 죽음을 즐긴다는 것에 있었다. 이는 화서의 오해일 수도 있지만, 기독교가 죽음을 즐기는 것이 아니라 죽음에 대해 초연한다고 보는 것이 옳을 것이다. 또한 서양문물의 특징을 재화융통과 연애로 보아 비판한 것은, 당시의 문화적 환경으로 보면 충분히 납득할 수 있는 일이지만, 이러한 화서의 서양문물에 대한 인식은 객관적이라고 보기는 어렵다. 다만 유교에서의 '덕(德)은 근본이고 재물은 말단'[51]이라고

49 같은 책, 卷12, 「洋禍第35」, "充塞仁義 惑世誣民之說 何代無之 亦未有如西洋之慘."

50 같은 글, "西洋之學 以不欺樂死爲渠學之極致 而以通貨通色爲當然 乃夷狄之所不屑爲 而亦夷狄之所不容有者也."

51 『大學』, "德者 本也 財者 末也."

보는 관점과 동도서기(東道西器)의 시각에서 볼 때 서양의 물질 중심의 문화는 저급한 것으로 평가될 수 있었다. 더욱이 남녀유별과 보수적 성관념에 가득 차 있던 당시 조선사회에서 서양의 개방적 남녀관계와 성문화는 전통적 유교윤리에 반하는 것으로 비판받기에 족했다고 볼 수 있다. 화서는 또 서양문화에 대해 다음과 같이 비판한다.

> 요사이 학문하는 사람으로 서양의 화를 알고 있다면 선한 편의 사람이다. 서양 사람의 말이 비록 천 가지 만 가지 사단이 있으나 단지 아비도 없고 임금도 없는 장본이요, 재화 융통이나 하고 연애나 하는 방법인 것이다.[52]

화서는 서양문화의 폐단에 대한 안목을 갖는 것이 학문하는 사람의 기본이라고 힘써 강조한다. 그 폐단은 여러 가지가 있지만, 부자의 윤리와 군신의 윤리가 없는 것이 하나요, 마찬가지로 재화융통과 분별없는 남녀관계가 또 하나의 문제라고 지적한다. 부자윤리, 군신윤리가 결여되어 있다는 화서의 지적은 역시 유교 윤리적 관점에서의 비판이다.[53]

화서는 이러한 서양문화에 대한 부정적 인식을 바탕으로 이제 서양과 싸울 것인가 화해 협상할 것인가를 놓고 주전(主戰), 주화(主和)의 논리를 펼친다.

---

52 『華西先生雅言』, 卷12, 「洋禍第35」, "今之學者 能如西洋之禍 則善邊人也 西洋之說 雖有千端萬緖 只是無父無君之主本 通貨通色之方法."

53 화서의 이러한 서양문화에 대한 비판은 일견 타당성을 갖는 것이지만, 당시 제한된 상황과 이질적 문화에 대한 선입견도 배제할 수 없을 것이다. 아울러 화서의 당시 서양문화에 대한 인식은 정황상 일정한 한계를 가질 수 밖에 없고, 특히 유교 문화에 대해 매우 이질적이었던 서학과 서양문화에 대한 충격은 매우 컸을 것이다.

> 양구(洋寇)가 강화에 침입하매 선생이 상소하기를, 지금 국론은 양론이 분분하고 있는데, 양구를 공격해야 한다는 것은 우리 쪽 사람들의 말이요, 양구와 강화해야 한다는 것은 저쪽 사람들의 말입니다. 이쪽 말대로 하면 온 나라 안이 의상(衣裳)의 옛 제도를 보존할 것이요, 저쪽 사람들의 말대로 하면 온 국민들이 금수의 지경에 빠지게 될 것이니, 이것은 이성을 가지고 있는 사람이라면 모두 다 알 수 있을 것입니다.[54]

당시 개방과 개화를 요구했던 이양선(夷洋船)의 출몰과 이에 맞서 강경 대응했던 대원군의 쇄국정책 사이에서 결국 신미양요와 병인양요가 발발하게 되었다. 화서는 병인양요를 목도하며 문화적 위기와 함께 민족의 생존과 주체의 위기를 절감하게 된다. 화서는 서양세력과 싸워야 하느냐 강화를 해야 하느냐, 우리 편과 저들 편으로 구분해 보고, 서양 오랑캐들을 공격해야 하는 것이 시대적 의리라고 생각한다. 그리고 저들과 싸워서 이기면 우리의 의상과 옛 제도를 보존할 수 있지만, 만약 저들과 강화하거나 저들의 편에 선다면 온 국민이 금수의 지경에 빠질 것이라 경고하였다. 화서가 이렇게 양변으로 나누어 극단적 언사를 사용하고, 서양 오랑캐와의 일전을 독려하는 데는 우리 전통문화 즉 유교문화를 지켜야 한다는 간절한 염원이 담겨져 있다. 그리고 그 속에는 유교문화만이 인륜질서를 지킬 수 있고, 인의에 기초한 인도주의가 실현될 수 있다는 확신이 있기 때문이다.

19세기 조선조의 정치적 위기, 문화적 위기, 민족 주체성의 위기에서 화서는 그 구원의 길을 벽이단(闢異端)에서 찾는다.

---

54 『華西先生雅言』, 卷10, 「尊中華第30」, "洋寇入江都 先生上疏曰 今國論兩說交戰 謂洋賊可攻者 國邊人之說也 謂洋賊可和者 賊邊人之說也 由此則邦內保衣裳之舊 由彼則人類陷禽獸之域 有秉彝之心者 皆可以知之."

> 정학(正學)과 이단(異端)이 서로 성했다 쇠퇴했다 하는 까닭이 진실로 사람들의 마음 하나에 달려 있는 것이요, 천리와 인욕이 서로 소멸했다 장성했다 하는 것이 진실로 천운의 음과 양, 선과 악에 관계되며, 세도(世道)의 오르고 내림, 다스림과 어지러움에 관계되는 것이나, 천하의 사물은 다만 한 가지 이치일 뿐이기 때문에, 난세를 구제하는 길은 이단을 물리치는 것보다 우선할 것이 없고, 이단을 물리치는 길은 정학(正學)을 밝히는 것보다 급할 것이 없는데, 정학을 밝힌 다는 것이 다만 하나의 마음으로 천리와 인욕을 분간하여 구별 짓는 데 있을 뿐이다.[55]

그는 정학과 이단, 천리와 인욕, 선과 악이 혼재된 위기의 시대를 구제하는 길은 이단을 물리치는 것보다 먼저 할 것이 없다고 진단한다. 맹자, 주자, 우암에 의해 계승되어 온 벽이단의 전통을 화서가 충실히 계승하는 측면이 있다. 물론 이러한 벽이단의 과제는 시대가 처한 환경과 맞물려 있다. 우암이 병자호란 후 북벌의리, 존화양이(尊華攘夷)의 의리를 내세웠듯이, 화서는 서세동점의 위기에서 위정척사(衛正斥邪)의 의리를 내걸었던 것이다. 또한 화서는 이단을 물리치는 길은 정학을 밝히는 데 있고, 정학을 밝히는 길은 천리와 인욕을 분간하는 데 있다 하였다.

여기에서 화서는 벽이단(闢異端)-명정학(明正學)-존천리 알인욕(存天理 遏人欲)이라는 해법을 제시하고 있음을 알 수 있다. 같은 맥락에서 화서는 "이단과 사설(邪說)이 천 갈래 만 갈래지만, 그 기를 인식하여 리라 하고 욕을 일러 성이라 하는 데 있어서는 동일한 투인

55 같은 책, 卷12, 「異端第34」, "正學異端 互相盛衰 其源實由人之一心 天理人欲 互相消長 其流實關天運之陰陽淑慝 世道之升降治亂 天下之物 只是一理而已 故救亂世 莫先於闢異端 闢異端 莫急於明正學 明正學 只在一心辨別天理與人欲而已."

것이다"[56]라고 말한다. 문제는 기를 리라고 잘못 알고 인욕을 성이라고 잘못 아는 데 있으니, 이것이 모두 이단사설과 다를 바 없다는 것이다. 마찬가지로 "우리 유학의 천 마디 만 마디 말은 기의 장애를 극복하여 없애는 것으로써 주를 삼는데, 석씨(釋氏)의 천 마디 만 마디 말은 리의 장애를 소멸시키는 것으로써 목적을 삼는다"[57]고 하였다.

이와 같이 화서는 그 시대의 지성인으로 역사의식에 투철했고, 그것은 곧 벽이단, 위정척사로 나타났던 것이다. 여기서 지켜야 할 '정(正)'은 정학(正學)으로 유교문화를 말하는 것이고, 배척해야 할 '사(邪)'는 이단사설(異端邪說)로 당시 서학을 포함하는 서양문물이었다. 이러한 화서의 의리적 삶과 가치 지향적 학문태도는 마침내 그의 존재에 대한 인식이나 이기심성론에서도 주리적(主理的) 특성을 갖게 되고, 도학을 리로 보고 서학을 기로 보았기 때문에[58] 서학을 형기지학(形氣之學)으로 저급하게 보아 배척하고 비판했던 것이다.

4. 주리(主理) – 이기(理氣)의 가치개념화 –

화서가 이 세계를 어떻게 보느냐 하는 것은 그의 이기심성론을 통해 짐작할 수 있다. 화서도 성리학 일반에서 말하듯이 이 세계는 형이상자인 리(理)와 형이하자인 기(氣)의 유기적 구조라고 생각한다. 다음

56 같은 책, 卷12, 「異端第34」, "異端邪說 千條萬歧 其認氣爲理 喚欲爲性 則同一套也."

57 같은 책, 卷12, 「闢異端第34」, "吾儒千言萬語 以克去氣障爲主 釋氏千言萬語 以消滅理障爲的."

58 황의동, 『한국의 유학사상』, 서광사, 1995, 312쪽.

화서의 이기(理氣)에 대한 설명은 이를 뒷받침한다.

> 태극은 리요 음양은 기다. 기는 리에 근본하고, 리는 기에 갖추어져 있어 합하여 사이가 없다.[59]

> 대개 리는 비록 형상이 없으나 실은 만형(萬形)의 주재이고, 리는 비록 작위가 없으나 실은 만위(萬爲)의 본체가 된다.[60]

> 소위 리는 이 기가 없으면 승재(乘載), 운용(運用), 응취(凝聚), 생성(生成)이 없고, 소위 기는 이 리가 없으면 근저(根柢), 추뉴(樞紐), 주장(主張), 준칙(準則)이 없게 된다.[61]

> 소위 리는 기의 본체요 준칙이요, 소위 기는 리의 형체요 기구(器具)다. 리 밖에 기가 없고 기 밖에 리가 없다.[62]

이와 같이 인간과 자연 모두는 이기의 묘합이며, 리 밖에 기가 없고 기 밖에 리가 없는 것이다. 그리고 리는 형상이 없으나 만형(萬形)의 주재이고, 리는 작위가 없으나 실은 온갖 작위의 본체가 된다. 또 리는 기가 없으면 타고 싣고, 운용하고, 엉기고 모이고, 낳고 이룸이 없

59 『華西集』 卷4, 「答徐夏卿」, "太極理也 陰陽氣也 氣本於理 理具於氣 脗合無間."

60 같은 책, 卷5, 「答李長汝」, "蓋理雖無形而實是萬形之主宰 理雖無爲而實是萬爲之本體."

61 같은 책, 卷6, 「答李伯五」, "然則所謂理者無是氣 則無以乘載運用凝聚生成也 所謂氣者無是理 則無所根柢樞杻主張準則也."

62 같은 책, 卷15, 「溪上隨錄2」, "所謂理者 是氣之本體也 準則也 所謂氣者 是理之形體也 器具也 理外無氣 氣外無理."

고, 기는 리가 없으면 근본, 추뉴(樞紐), 주장, 준칙이 없게 된다. 따라서 리와 기는 서로 구별되지만, 존재양상에 있어서는 합해 사이가 없는 것이다. 이러한 화서의 이기에 대한 이해는 선유들의 이기론을 종합 이해한 것이라고 볼 수 있다.

또 화서는 형이상을 일러 도(道)라 하고, 형이하를 일러 기(器)라 한다 하고, 고금에 이기(理氣)의 구별을 말한 것은 이 말이 가장 다한 것이라 한다. 한 형자(形字) 위에 나아가 한 상하자(上下字)를 두었을 뿐인데, 상하자(上下字)가 함축한 것이 무궁하다 하고, 형(形)은 이기 합일의 물(物)이라 하였다.[63] 이미 정여창(鄭汝昌), 송시열(宋時烈)에 의해 거론되었던[64] 『주역』 계사(繫辭)의 '형이상자위지도 형이하자위지기(形而上者謂之道 形而下者謂之器)'에 대한 이기론적 해석을 명료하게 하고 있다.

화서는 리와 기를 상대해 말하므로 리는 무위(無爲)요 기는 유위(有爲)라고 말한다. 그런데 기의 하는 바가 곧 리의 하는 바라고 한다. 단적으로 말하면 무릇 기(氣)의 하는 바가 이 리(理)라 하였다.[65] 이는 기의 작위를 주재하는 것을 리라는 입장에서 한 말이지만, 리의 기에 대한 주재능(主宰能)을 강조한 데서 그의 주리적(主理的) 특징이 확연히 보인다.

또 화서는 천하에 리는 있으면서 기가 없는 물이 없고, 기는 있으면서 리가 없는 물이 없다고 한다. 비록 일물이 옳다 말할지라도 성현이

---

63 같은 글, "形而上者謂之道 形而下者謂之器 古今言理氣之別 此語最盡 就一形字上着一上下字而已 上下字含蓄得無窮 …… 形者理氣合一之物也."

64 『一蠹集』, 續集, 卷1, 「理氣說」, 『宋子大全』, 卷130, 「朱子言論同異攷」.

65 『華西集』, 卷15, 「溪上隨錄2」, "理氣對言 故日理無爲而氣有爲 然氣之所爲卽理之所爲也 單言則凡氣之所爲者是理也."

가르침을 세운 것은 반드시 분별해 말하였으니, 오히려 그 구분이 정밀하지 못해 혹 섞는 것을 인정할까 걱정하였다고 한다. 왜냐하면 이곳을 가장 마땅히 완색(玩索)해야 하기 때문이다.[66] 여기서도 화서는 이기가 결코 분리될 수 없는 것임을 알지만, 성현의 가르침은 이기의 분별에 초점이 있고 이곳이 바로 완색해야 할 곳이라 하여[67] 이기불상잡(理氣不相雜)을 강조[68]하였다. 이런 관점에서 화서는 "리를 설명할 때에는 기에 휩쓸리지 않아야 하고, 리를 관찰하는 데는 기와 분리되지 않아야 한다"[69]고 하였다. 이기불상리(理氣不相離)와 이기불상잡(理氣不相雜)을 아울러 보면서, 또 리의 순수성, 지선(至善)함을 알되, 기와의 유기적 관계를 결코 망각해서는 안 된다는 점을 강조하였다. 이러한 화서의 안목은 성리를 종합적으로 이해하면서도 윤리적 관점에서 존리(尊理), 주리(主理)의 정신을 강조한 것이다.

화서에 있어 이기(理氣)의 분별이란 이기를 가치개념화하고, 리가 선한 것이라면 기는 악한 것, 리가 높은 것이라면 기는 낮은 것, 리가 지키고 보존해야 할 것이라면 기는 버려야 할 것으로 규정한 것이다. 이러한 관점은 퇴계의 관점과 결코 다르지 않다.

그런데 화서는 종래의 이기와 함께 신리(神理), 형기(形氣)라는 용어를 사용해 설명하는 데에 특징이 있다.

무릇 일물이 있으면 반드시 형기신리(形氣神理)를 갖춘다. 그러나 볼 수 있

---

66 같은 책, 卷15, 「溪上隨錄2」, "天下無有理無氣之物 無有氣無理之物 雖曰一物可也 聖賢立教 必分別言之 猶恐其分之未精 認之或雜 何故也 此處最當玩索."

67 강필선, 「화서선생의 철학사상」, 『화서학논총 2』, 화서학회, 2006, 225쪽.

68 오석원, 『한국도학파의 의리사상』, 유교문화연구소, 2005, 404쪽.

69 『華西先生雅言』, 卷1, 「形而第1」, "說理時 不雜乎氣 觀理處 不離乎氣."

> 는 것은 형기요 볼 수 없는 것은 리다. 알 수 있는 것은 리요 알 수 없는 것은 신(神)이다. 이기가 합해서 사람이 되므로, 사람의 몸 가운데 단지 이 두 가지가 있을 뿐이지 다시 다른 것이 없다. 다만 리가 주가 되어 기가 부림을 받으면 불선함이 없고, 기가 주가 되어 리가 도리어 부림을 받으면 악 아님이 없다.[70]

이를 통해서 보면 화서가 사용하는 신리형기(神理形氣)는 사람의 경우를 상정해 사용한 것으로 짐작된다. 그는 볼 수 있는 것은 형기요 볼 수 없는 것은 리라 하고, 또 알 수 있는 것은 리요 알 수 없는 것은 신(神)이라 하였다. 따라서 알 수 없는 리의 신묘(神妙)한 경지를 신리(神理)라 이름했다고 볼 수 있다.

화서는 또 "형기는 기요 형이하의 기(器)다. 신리(神理)는 리요 형이상의 도다. 형(形)은 기(氣)의 질(質)이고 신(神)은 리(理)의 묘(妙)다. 기(氣)는 모착(摸捉)이 없으나 형(形)은 모상(貌象)이 있다. 리(理)는 방소(方所)가 없으나 신(神)은 운용(運用)이 있다"[71]고 하였다. 또 "형(形)은 기(氣)의 본질이요, 신(神)은 리(理)의 묘한 작용이니, 기(氣)는 붙잡을 수가 없으나 형(形)은 모양과 형상이 있고, 리(理)는 방향이 없으나 신(神)은 운용(運用)이 있다"[72]고 하였다. 이렇게 화서가 종래 보편적으로 사용했던 이기개념을 사용하면서도 다시

---

70 『華西集』, 卷15, 「溪上隨錄2」, "凡有一物 必具形氣神理 然其可見者形氣也 而不可見者理也 其可知者理也 而不可知者神也 理氣合而爲人 故人身之中 只有此二者而已 更無他物 但理爲主而氣爲之役 則無往而不善 氣爲主而理反爲役則 無往而非惡."

71 같은 책, 卷17, 「鳳岡疾書」, "形氣氣也 形而下之器也 神理理也 形而上之道也 形是氣之質 神是理之妙 氣無捉摸而形有貌象 理無方所而神有運用."

72 『華西先生雅言』, 卷1, 「形而第1」, "形是氣之質 神是理之妙 氣無捉摸 而形有貌象 理無方所 而神有運用."

신리(神理), 형기(形氣)라는 용어를 사용해 설명한 것은 특징적이다.

또한 화서는 "리(理)가 쌓여 신(神)을 낳고, 신(神)이 쌓여 기(氣)를 낳고, 기(氣)가 쌓여 형(形)을 낳는다"[73] 하고, "리(理)가 다하면 신(神)이 흩어지고, 신(神)이 흩어지면 기(氣)도 소멸되고, 기(氣)가 소멸되면 형(形)이 무너지는 것이다"[74]라고 하였다. 이렇게 볼 때 화서는 생성의 측면에서도 리(理)-신(神)-기(氣)-형(形)의 구도를 상정하였고, 소멸의 측면에서도 리(理)-신(神)-기(氣)-형(形)의 구도를 상정하였다. 화서가 신리(神理)라고 부르고 형기(形氣)라고 부른 것을 고려해 보면, 리(理)와 신(神)은 형이상자로, 기(氣)와 형(形)은 형이하자로 분류해 본 것은 분명하다. 다만 리(理)와 신(神)을 또 세부적으로 구별해 보고 기(氣)와 형(形)을 또 다시 세분해 구별해 본 것은 화서 나름의 성리에 대한 정밀한 식견을 잘 보여 준다.

특히 리가 기를 주재하면 불신함이 없고, 반대로 기가 리를 주재하면 악 아님이 없다고 한 것은 화서의 가치정향의 학문태도, 나아가 의리적 학문성향을 잘 보여 준 것이다. 인간은 이기(理氣), 신리형기(神理形氣)의 묘합체이지만, 리가 기를 주도해 의리를 잃지 않을 때 인간다운 삶을 영위할 수 있다고 보는 것이다.

또 화서는 "대개 리는 기 없이는 가지 않고 기는 리 없이는 생하지 못한다. 이기는 있으면 같이 있고 없으면 같이 없으니, 서로 떨어지는 것이 아니다. 다만 동정유행하는 사이에 리가 주가 되고 기가 주가 되는 구별이 있어서, 리가 주가 되면 정리(正理)요 순세(順勢)요, 기가 주가 되면 패리(悖理)요 역세(逆勢)가 된다. 이러므로 선악사정(善惡邪正)이 나뉜다"[75]고 하였다. 리가 기의 주재가 되어 정리, 순세로 가

---

73 같은 글, "理積生神 神積生氣 氣積生形."

74 같은 글, "理盡則神散 神散則氣消 氣消則形毁."

야 한다는 화서의 뜻이 잘 담겨져 있다. 이 또한 화서의 의리적 관점이 잘 나타나 있다.

또 화서는 이기(理氣)에 대해 다음과 같이 설명하고 있다. 즉 리와 기는 처음부터 서로 떨어져 있지 않지만, 또한 서로 섞이지도 아니한다. 처음 배움에 갑자기 분명히 깨닫기 어려운 것 같으니, 단지 당연한 것을 일러 리라 하고 당연하지 아니한 것은 기에 속하며, 단지 천하에 같은 것은 리에 속하고 사람 사람이 같지 아니한 것은 기에 속하며, 단지 천(天)에서 나와 바꿀 수 없는 것은 리에 속하고 사람에게서 나와 본받을 수 없는 것은 기에 속하며, 단지 선은 리에 속하고 불선은 기에 속한다면 비록 맞지 않을지라도 그리 먼 것은 아니다.[76] 화서는 당연한 것은 리, 당연하지 아니한 것은 기, 보편성은 리, 특수성은 기, 천에서 나와 바꿀 수 없는 것은 리, 사람에게서 나와 본받을 수 없는 것은 기라고 보았다. 특히 선은 리고 악은 기라고 말한다면 문제가 없지 않지만 많이 틀린 것은 아니라고 하였다. 여기에서도 화서의 이선기악(理善氣惡)의 의리적 관점이 여실히 드러난다.

화서의 이기에 대한 가치적 구별은 계속된다. 화서에 의하면 "리와 기를 상대해서 말하면 거느리고 부림을 받고 크고 작은 차등이 있고, 리(理)와 욕(慾), 자식과 도적의 구별이 있으니, 정밀하지 않을 수 없다"[77]고 한다. 또 "리는 본래 높아서 상대가 없다. 기는 본래 낮아서

---

75 『華西集』, 卷12, 「答崔贊謙」, "蓋理無氣不行 氣無理不生 則理氣有則俱有 無則俱無 非相離之物也 但於動靜流行之間 有理爲主氣爲主之別 而理之爲主 正理也順勢也 氣之爲主 悖理也逆勢也 是以有善惡邪正之判焉."

76 같은 책, 卷16, 「溪上隨錄3」, "理與氣初不相離 而亦不相雜 初學若猝難分曉 只以當然者謂之理 以不當然者屬之氣 只以達之天下而所同者屬之理 以人人所不同者屬之氣 只以出於天而不可易者屬之理 以出於人而不可爲法者屬之氣 只以善屬理 以不善屬氣 則雖不中 不遠矣."

상대가 있다"[78]고 한다. 이처럼 리는 높은 것 기는 낮은 것으로, 또 리는 절대적인 것 기는 상대적인 것으로 설명된다.

화서에 의하면 리와 기는 서로 섞이지 않는다. 그러므로 리로써 주를 삼아 그 기를 거느리면 가는 데마다 불선함이 없고, 기로써 주를 삼아 그 리를 배반하면 가는 데마다 흉하지 아니함이 없다. 리와 기는 서로 떨어질 수 없다. 그러므로 리로써 주를 삼아 이를 밝혀가고 기르면 능히 그 기를 변화시킬 수 있고, 기로써 주를 삼아 따라가고 북돋우면 능히 그 성정(性情)을 옮기고 바꿀 수 있다.[79] 이간(離看)의 관점에서 보면 리를 주로 삼아 기를 거느려야 불선함이 없게 된다. 또 합간(合看)의 관점에서 보면 리를 주로 삼아 이를 밝혀가고 기르면 기를 변화시킬 수 있다. 이처럼 화서는 이기를 엄격히 분별하는 관점에서 리가 주가 되어야 한다는 주리적 관점을 일관되게 견지하고 있다.

마찬가지로 리가 주인이 되고 기가 일꾼이 되면 리는 순수하고 기가 바르게 되어, 만사가 다스려 지고 천하가 편안해진다. 그러나 반대로 기가 주인이 되고 리가 보좌하면 기가 강하고 리는 숨어서, 만사가 어지럽고 천하가 위태롭다.[80]

이러한 화서의 주리론은 마침내 리가 천(天), 천군(天君), 제(帝),

---

77 『華西集』, 卷11, 「答柳穉程」, "理與氣對說 則有帥役大小之等 有理慾子賊之別 不可不精也."

78 같은 책, 卷15, 「溪上隨錄2」, "理本尊而無對者也 氣本卑而有對者也."

79 같은 글, "理與氣不相雜也 故以理爲主而率其氣則無往而不善 以氣爲主而反其理則無往而不凶 理與氣不相離也 故以理爲主而明之養之則能變化其氣質 以氣爲主而循之培之則能移易其性情."

80 같은 책, 卷25, 「理氣問答」, "合理氣則一也 其以理爲主 以氣爲主則不同也 理爲主氣爲役 則理純氣正 萬事治而天下安矣 氣爲主理爲貳 則氣强理隱 萬事亂而天下危矣."

신(神), 신명(神明)으로 언표되어 절대화된다. 화서는 "리는 하나지 둘이 아니다. 만물에 명령하는 것이지 만물에게서 명령받지 않는다. 주인이 되지 손님이 되지 않는다. 기는 둘이지 하나가 아니다. 만물에게서 명령을 받는 것이지 만물을 명령하지 않는다. 객이 되지 주인이 되지 않는다. 그러므로 하늘에 있어서는 만물을 명하는 주체를 천(天)이라 하고 제(帝)라고 말한다. 사람에 있어서는 만물을 명령하는 주체를 심(心)이라 하고 천군(天君)이라 말한다. 만물에 있어서는 만물을 명령하는 주체를 신(神)이라 말하고 신명(神明)이라고 말하니, 그것은 실은 하나의 리다"[81]라고 말한다. 리는 퇴계에서처럼 만물에 명령하는 것이지 그 무엇으로부터 명령받는 것이 아니다.[82] 반면 기는 만물에게서 명령을 받는 것이지 명령하는 것이 아니다. 그리하여 리는 하늘에서는 천(天), 제(帝)로, 사람에게서는 심(心), 천군(天君)으로, 만물에서는 신(神), 신명(神明)으로 불린다. 결국 리는 하늘에서나 사람에서나 만물에서나 마찬가지로 명령하는 주체요 주재하는 절대자로 드러난다. 이렇게 보면 화서는 이신론자(理神論者)라고 해도 지나치지 않는다. 그리고 이러한 화서의 주리적 경향은 이언적(李彦迪), 이황(李滉)으로 이어 오는 주리적 전통과 그 궤를 함께한다고 볼 수 있다. 다만 의리적 측면에서 보면 같은 주리적 입장이면서도 화서가 훨씬 더 시대정신에 투철하고 실천적이라고 평가할 수 있다.

---

81 같은 책, 卷17, 「鳳岡疾書」, "理者 一而不二者也 命物而不命於物者也 爲主而不爲客者也 氣者 二而不一者也 命於物而不命物者也 爲客而不爲主者也 是故在天言命物之主則曰天曰帝 在人言命物之主則曰心曰天君 在萬物言命物之主則曰神曰神明 其實一也."

82 『退溪全書』, 卷13, 「答李達李天機」, "理本其尊無對 命物而不命於物 非氣所當勝也."

5. 명리치기(明理治氣)의 수양론

화서의 수양론도 주리론(主理論)을 바탕으로 한다. 물론 여기에는 리를 선하게 보고 기를 악하게 보는 그의 이기관이 전제된다. 화서는 다음과 같이 명리치기(明理治氣)의 수양론을 전개한다.

> 학자에게 귀한 것은 피차를 정밀하게 변별해서, 한 번 이겨내고 한 번 회복하면, 리가 밝혀지지 않을 리가 없고 기가 변하지 못할 기는 없다. 그것은 왜 그런가? 리는 기를 통솔하는 주가 되고, 기는 리를 싣는 기(器)가 되니, 바꿀 수 없는 것은 리요 변할 수 있는 것은 기다. 이러므로 학자의 공부는 단지 리를 밝히는 것과 기를 다스리는 데 있을 뿐이다.[83]

이처럼 화서는 공부하는 학자에게 가장 귀한 일이 이기(理氣)를 정밀하게 변별하는 일이라 한다. 리는 기를 통솔하는 주가 되고 기는 리를 싣는 그릇이 되니, 리는 불변의 것이지만 기는 가변적이라는 것이다. 따라서 학자의 공부는 오직 리를 밝히는 것(明理)과 기를 다스리는 것(治氣) 뿐이다.

화서는 또 마음공부의 차원에서 명리치기(明理治氣)를 다음과 같이 말한다. "군자의 학문은 심(心)과 리(理)뿐이다. 그러나 심은 반드시 붙잡아 놓은 후에야 보존되고, 리는 반드시 연구한 후에야 알게 된다. 그 까닭이 무엇이냐 하면, 심은 기에 에워싸여 있고, 리는 모든 사물에 갖추어져 있다. 그러므로 만일 기품을 극복하여 다스려 본원을

83 『華西集』, 卷5, 「答李休範」, "所貴乎學者 爲其精辨彼此而一克一復 則理無不可明之理 氣無不可變之氣 其故何也 理爲統氣之主 而氣爲載理之器 不可移易者理也 可以變化者氣也 故學者工夫 只在明理與治氣而已."

함양하지 못하면 다시 심의 본체를 회복할 수 없는 것이요, 만일 사물을 연구하여 천만가지 변화를 통달하지 못하면 리의 묘한 작용도 발견할 수 없다. 심과 리가 회합(會合)되는 것, 이것이 즉 리의 전체이니, 이른바 그 시초를 회복한다는 것이 이것이다."[84] 심은 기에 에워싸여 있으므로 항상 불안하다. 리를 통해 기품을 극복해야 한다. 이것이 곧 심의 본체인 본성을 회복하는 길이다. 따라서 리를 밝히는 일이 곧 기를 다스리는 길이요, 기를 다스리는 것이 곧 리를 밝히는 것이기도 하다. 사람의 마음이 이기를 떠날 수 없는 한, 명리(明理)와 치기(治氣)는 하나로 소통된다.

또 화서는 이를 '명천리 알인욕(明天理 遏人欲)'으로 설명하기도 한다. 화서에 의하면 "리로써 기를 명(命)하고 의(義)로써 물(物)에 처하면 천리라 부르고, 기로써 리를 가리고 물로써 뜻을 부리면 인욕이라 부른다. 성인은 천리에 순수해서 한 터럭이라도 인욕의 허물이 없고, 하우(下愚)는 인욕에 빠져서 한 점 천리의 밝음이 없다. 그 나머지는 천리인욕이 서로 나아가고 물러가고 사라지고 자라게 되니, 그 많고 적음, 얕고 깊음에 따라 지우현부(知愚賢否)의 이름이 있게 되고 길흉흥체(吉凶興替)가 관계된다. 이러므로 성인이 가르침으로 삼고 중인이 학문으로 삼는 것은, 인욕을 막고 천리를 밝히는 것에 벗어나지 않는다."[85] 여기에서 화서는 리로써 기를 명하고 의로써 물에 처하

---

84 『華西先生雅言』, 卷6, 「忠信第18」, "君子之學 心與理而已 然心必操而後存 理必窮而後通 其故何也 心囿於氣 理具於物 故若不克治氣稟 而涵養本源 則無以復心之本體 若不研究事物 而通達萬變 則無以見理之妙用 心與理會 則乃理之全體 所謂復初者是也."

85 『華西集』, 卷6, 「答李伯五」, "以理命氣 以義處物 喚做天理 以氣掩理 以物役志 喚做人欲 聖人純於天理而無一毫人欲之累 下愚陷於人欲而無一點天理之明 其餘則天理人欲 互相進退消長焉 隨其多寡淺深 而知愚賢否名焉 吉凶興替係焉 是以聖人所以爲教 衆人所以爲學 不越乎遏人欲明天理而已."

는 것이 천리요, 기로써 리를 가리고 물로써 뜻을 부리는 것이 인욕이라 하였다. 그리고 성인이 가르침으로 삼고 중인이 학문으로 삼는 것이 다름 아닌 인욕을 막고(遏人欲) 천리를 밝히는 것(明天理)이라 하였다.

또한 화서는 옛 사람이 배우는 바는 다름이 아니라 인욕을 막고 천리를 회복하는 것일 뿐이고, 오늘날 사람들이 배우는 바는 다름이 아니라 인욕을 채우고 천리를 이기는 것이라 하였다.[86] 물질과 여색은 인욕이 가장 간절한 것이다. 군자가 인욕을 억제하여 천리를 보존하는 방법도 이것보다 더 급한 것이 없고, 소인이 욕심을 부리다가 난을 당하게 되는 화도 이것보다 더 참혹한 것이 없다.[87] 화서의 이러한 천리인욕론은 새삼스러운 것이 아니고 정주(程朱), 퇴율(退栗)의 정신을 계승하고 있지만, 주리적 시각에서 천리를 보존하고 인욕을 막아야 한다는 것을 더욱 강조한 특징이 있다.

화서는 또 인심과 인욕을 구별하고 이를 정밀하게 변별해야 한다고 한다. 화서에 의하면 "인심이 흘러 인욕이 되니, 인심은 근원이고 인욕은 파도다. 두 가지를 일찍이 변별하지 않을 수 없으니, 하나는 없을 수 없는 것이니 다만 욕구를 적게 해서 절도가 있을 뿐이고, 하나는 있을 수 없는데 반드시 욕구를 극복해 버려서 사라지게 해야 한다. 맹자의 과욕(寡欲)의 욕은 인심이고, 주자(周子)의 무욕(無欲)의 욕은 인욕이다."[88] 인심은 인욕의 근원이기는 하나 인욕과는 구별된

86 같은 책, 卷15, 「溪上隨錄2」, "古之人所學者無他 遏人欲復天理而已 今之人所學者無他 充人欲勝天理而已."

87 『華西先生雅言』, 卷5, 「處獨第14」, "貨色 人欲之最切者也 君子遏欲存理之方 莫急於此 小人縱欲致亂之禍 莫酷於此."

88 『華西集』, 卷7, 「答金穉章」, "人心流爲人慾 則人心源也 人慾波也 二者不可不早辨 一則不能無者 但欲其寡而有節而已 一則不可有者 必欲其克去而消化也 孟子寡欲之

다. 인심은 누구나 없을 수 없기 때문에 욕구를 적게 해야 하고, 인욕은 욕구를 극복해 없어지게 해야 한다. 여기서 천리, 인심, 인욕의 층차와 상호 관계를 이해할 필요가 있다.

궁극적으로 화서의 수양론은 결국 우리 마음을 리가 주재해야 한다는 것으로 귀결된다. 화서에 의하면 "무릇 성정(性情)의 주재가 심이다. 심이 주재를 얻으면 리가 밝혀져 기가 어지럽지 않다. 심이 주재를 잃으면 기가 은폐하여 리가 행하지 못하니, 어찌 기가 주재가 될 때가 있겠는가? 주재(主宰) 두 글자는 본래 마땅히 기(氣)자 위에 옮겨 써서는 안 된다. 주재는 하나일 뿐이니, 어찌 리가 주재하고 기가 주재하는 때가 있겠는가?"[89] 심이 주재를 잃으면 기가 은폐하여 리가 온전히 드러날 수 없다. 그러므로 주재란 리의 주재지 기의 주재란 용납될 수 없다는 것이다.

이와 같이 화서의 수양론은 리는 선한 것이라면 기는 악한 것, 리는 존귀한 것이라면 기는 낮고 천한 것, 리는 주재가 되고 주인이 되는 것이라면 기는 부림을 받고 손님이 되는 것, 리는 명령하는 것이라면 기는 명령을 받는 것으로 가치개념화하고, 오직 리가 기를 주재하는 데서 성선(性善)이 확보되고 기의 변화를 가져올 수 있다고 보았다. 그것은 바로 명리치기(明理治氣)요 명천리 알인욕(明天理 遏人欲)으로 표현되었던 것이다.

欲 人心也 周子無欲之欲 人欲也."

89 같은 책, 卷12, 「答柳穉程」, "凡性情之主宰者心也 心得主宰則理明而氣不亂矣 心失主宰則氣蔽而理不行矣 安有氣爲主宰之時乎 主宰二字 本不當移用於氣字上矣 主宰者一而已 安有理主宰氣主宰之時乎."

제 5 부

한국유학의 산책

1장

정신보(鄭臣保), 정인경(鄭仁卿) 부자의 행적과 유학

1. 시작하는 말

정인경(鄭仁卿: 1241; 고려원종 8~1305; 충렬왕 31)은 13세기 고려시대의 유학자로서 탁월한 무인이요 외교관이기도 했다. 그는 부친 정신보(鄭臣保; 옛 이름은 彪)와 모친 고창군대부인(高昌郡大夫人) 오씨(吳氏) 사이에서 1241년(고려 고종 28) 8월에 충남 서산시 부석면 간월도리에서 태어났다.

부친 정신보(?~ 1271; 원종 12)는 본래 중국 송나라 절강(浙江)사람으로, 남송(南宋)의 성리학자이며 고려의 충신이다. 그는 1237년(고종 24) 몽고의 침입으로 남송이 망할 무렵, 상서형부(尙書刑部) 원외랑(員外郎)의 벼슬에 있다가 충신은 두 임금을 섬길 수 없다는 의리로, 고려국 간월도(看月島)에 망명하여 서산정씨(瑞山鄭氏)의 원조(元祖)가 되었다.

모친 오씨는 위위(衛尉) 승동정(承同正) 오영로(吳永老)의 딸이며, 현정 오세재(玄靜 吳世才: 1133~1187)의 증손녀인데, 오세재는 고려 의종, 명종대의 유학자로서 '동방7현'으로 불릴 뿐만 아니라 당대 사류들의 존경을 받았던 유학자로 전해진다.

정인경의 자(字)는 춘수(春叟), 호(號)는 간월재(看月齋)이며, 시호(諡號)는 양열공(襄烈公)이다. 그는 서산지리지인 『호산록(湖山錄)』에 의하면 모범적인 인물로 일컬어져 다음과 같이 묘사되고 있다.

> 그와 같이 어진 사람으로 한 시골과 한 나라 사람들이 다 함께 존경하는 자가 그 책임을 맡아서 그 배운 바를 펴게 된 즉, 필연적으로 말이 입에서 나오면 사람들이 믿어 주고, 바른 도를 행하면 사람들이 복종하며, 가르침이 확립되면 풍속이 순화되고, 사리가 맑으면 폐단이 끊어질 것이다.[1]

그는 부친 정신보로부터 성리학을 배우고 또 중국어를 익혀 신동으로 불렸는데, 9살 때 도비산(島飛山) 정원사(현 석천암으로 추정)에 올라 부친이 늘 그리워하던 고국을 바라보며 시를 써 바위에 새겼다는 '망향시(望鄕詩)'[2]가 이를 잘 말해 준다.

그는 1254년(고종 41) 14살 때 문수사(文殊寺)를 오가며 문하시랑평장사(門下侍郎平章事) 한자희(韓自喜)[3]로부터 수학하여 과거시험에

---

1 한여현, 『湖山錄』, 鄕風 조.

2 시름 속에 높은 산에 올라, 멀리 바라보니 구름이 북쪽으로 날더라(愁登高頂髻 遙望雲飛北).
문득 조상들을 생각하니, 눈물이 봄비 따라 흐른다(忽憶先人墓 淚隨春雨落).
오랑캐 풍진이 우주에 뻗혔으니, 만 리 밖에 떨어진 외로운 신하로다(胡塵漲宇宙 萬里落孤臣).
어느 날 하늘과 땅이 평온하게 되어, 옛 나라를 다시 찾으리(何日乾坤整 重回趙氏春) — 『世譜』에 의하면 芝峰 李睟光의 『芝峰類說』에 전하는 것으로 보임.

3 『淸州韓氏平章公派譜』에 의하면 한자희(韓自喜)의 본명은 한준(韓浚)이고, 초명은 한섭(韓涉)이었는데, 후에 한자희(韓自熹)로 개명했다 한다. '희' 자도 '喜'와 '熹'로 자료에 따라 다르다.

합격하였다. 이후 그는 용맹한 무인으로서, 탁월한 외교가로서 그리고 고려왕조의 책임 있는 행정가로서의 일생을 살다가, 1305년(충렬왕 31) 12월 17일 65세를 일기로 세상을 마쳤다. 그리하여 그는 벽상삼한(壁上三韓) 삼중대광(三重大匡) 추성정책(推誠定策) 안사공신(安社功臣) 광정대부(匡靖大夫) 판삼사(判三司) 상장군(上將軍) 도첨의찬성사(都僉議贊成事)로서, 고려 최고의 관작과 최고의 벼슬을 받을 만큼 혁혁한 공적을 남겼다. 이러한 정인경의 행적에 대해 『고려사』에서는 다음과 같이 소개하고 있다.

정인경은 서주인(瑞州人)이니, 고종 말에 몽병(蒙兵)이 내침하여 직산(稷山) 신창(新昌)에 주둔하거늘, 인경이 종군하여 밤을 타서 진지를 쳐 공이 있으므로, 제교(諸校)에 보하였다. 충렬왕이 세자로서 원에 갈 때 인경이 종행(從行)하여 세자가 돌아오다가 파사부(婆娑府)에 이르러 임연(林衍)의 변을 고하는 자가 있었는데, 때에 인경의 부 신보가 인주(麟州)를 지킨지라, 인경이 가만히 강을 건너 부친에게 가서 자세히 연(衍)의 반역상(叛逆狀)을 알고 와서 세자에게 고하고, 경사(京師)로 돌아가 임금에게 아뢰어 군사를 청하여 와서 치고자 하니, 모든 종신(從臣)이 모두 돌아갈 것을 생각하고 의심하는지라, 인경이 홀로 힘써 권하니, 세자가 이를 청종(聽從)하였다. 돌아와 상장군이 되었다. 충렬왕이 즉위하매 시종한 공을 책(策)하여 2등을 삼고, 그 고향인 부성현(富城縣)을 서주군(瑞州郡)으로 삼았다. 16년에 왕이 동령부(東寧府)를 파(罷)하여 다시 우리에게 돌리기를 청할 새, 인경이 부주(敷奏)하기를 심히 상세히 하니, 임금이 청납(聽納)한지라, 왕이 이를 가상하여 부지밀직(副知密直)으로서 특히 서북면도지휘사(西北面都指揮使)를 제수하였다. 합단적(哈丹賊)이 화등(和登) 2주를 쳐 함락하므로, 왕이 군사를 강화에 피하니, 인경이 서경을 유수(留守)하다가 버리고 도망하

> 여 왔다. 이어 동지밀직사사(同知密直司事)에 오르니, 때에 국가가 양가(良家)의 처녀를 뽑기 위해 바야흐로 혼인을 금하였는데, 인경이 금함을 범하니, 해도(海島)에 유배하였다가 25년에 판삼사사(判三司事)가 되어 갑자기 도첨의찬성사(都僉議贊成事)에 옮았는데, 뒤에 중찬(中贊)을 가하여 치사(致仕)케 하고, 호를 벽상삼한삼중대광추성정책안사공신(壁上三韓三重大匡推誠定策安社功臣)이라 사(賜)하고, 또 명하여 형상을 벽상(壁上)에 도형(圖形)하고, 녹권(錄券)을 사(賜)하였다. 31년에 졸하니, 나이 69요 양열(襄烈)이라 시(諡)하였다. 성품이 근직(勤直)하여 처음에는 통역으로서 이름이 알려졌으며, 이르는 곳마다 성적(聲績)이 있었다. 일찍이 제명(帝命)을 받아 무덕장군(武德將軍) 정동성이문관(征東省理問官)이 되었다.[4]

이는 정인보의 행적에 대한 가장 확실하고 객관적인 자료라고 할 수 있다. 『고려사』의 「세가(世家)」, 「지(志)」에서도 그의 행적에 대한 기록이 간헐적으로 소개되고 있으며, 서산향토지라 할 수 있는 『호산록(湖山錄)』에도 정신보, 정인경 부자에 대한 기록이 나온다.[5] 『국사백과사전』에서도 그에 대해 간략히 소개하고 있는데, 『고려사』의 내용과 다를 바 없다.[6] 또한 안방준(安邦俊)은 『혼정편록(混定編錄)』에서 정인홍(鄭仁弘)의 선조로서 정신보(鄭臣保)가 중국 절강사람임을 말하고, 그 아들 인경(仁卿)이 고려에 벼슬하여 서산인(瑞山人)이 되었음을 밝히고 있다.[7]

4 『高麗史』, 107, 「列傳」, 卷第20, 鄭仁卿 條(그러나 『世譜』에서는 정인경이 4남 2녀를 두었는데, 장남이 유(柔), 차남이 신영(信英), 3남이 신화(信和), 4남이 신수(信綏)로 되어 있어 일치하지 않음).

5 『湖山錄』은 1619년(광해 11) 이조정랑 한여현(韓汝賢)이 쓴 서산지역에 대한 종합적인 향토지라고 볼 수 있다.

6 유홍열, 『국사백과사전』, 동아문화사, 1975, 1274쪽.

그러나 정인경에 대한 자료는 지극히 빈약하다. 우선 그의 문집이 없어 그의 학문이나 사상을 짐작하기 매우 어렵다. 그의 부친 정신보에 대한 자료도 마찬가지다. 중국문헌인 『송사(宋史)』, 『송원학안(宋元學案)』, 『중국인명사전(中國人名辭典)』에서도 그에 대한 소개는 전혀 없다. 한국유학사를 대표하는 장지연의 『조선유교연원』, 현상윤의 『조선유학사』, 이병도의 『한국유학사』, 김충렬의 『고려유학사』, 최영성의 『한국유학사상사』 등 어디에도 정신보, 정인경 부자에 대한 기록은 없다. 다만 『서산정씨세보(瑞山鄭氏世譜)』[8]를 통해 보다 상세한 행적이 소개되고 있을 뿐이다.

그런데 이 『가승(家乘)』의 내용만으로 보면 한국철학사 내지 유학사에 있어서 매우 중요한 문제들이 제기되고 있음을 알 수 있다. 예컨대 정신보가 처음으로 고려국 간월도에 정착하여 조선 성리학을 전수했다는 사실, 정신보와 남송 조복(趙復), 요추(姚樞)와의 교유, 18세기 번암 채제공(樊巖 蔡濟恭: 1720~1799)이 정신보의 비명(碑銘)을 읽고, 그가 주렴계(周濂溪), 정명도(程明道), 정이천(程伊川)을 사숙(私淑)한 것이 틀림없고, 정신보가 우리나라에 성리학을 처음 전수한 것이 틀림없다고 말했다는 기록은 주목할 만하다.

필자는 이에 근거가 되는 또 다른 자료를 찾고자 노력하였으나 아직 찾지 못했다. 서산정씨의 『가승』에 전해 온 이러한 중대한 문제들이 학문적으로 입증되기를 기대한다. 따라서 필자는 부득이 『가승』을 토대로 정신보, 정인경 부자의 행적을 더듬어 보고, 고려후기 성리학 도입기에 있어 충남 서부지역 유학자들의 활약상에 대해 검토해 보고자 한다. 여기에는 문중과 지역 향토사학자들이 발굴한 자료가 매우

7 『국역 大東野乘』, 제68권, 「混定編錄」, 7, 민족문화추진회, 1984, 499쪽.

8 『瑞山鄭氏 世譜』, 卷7 에 「家乘」 上, 下가 있음.

중요하게 사용되었음을 밝힌다.[9]

2. 정인경의 행적

(1) 무인으로서의 행적

정인경은 타고난 무관으로서 고려국의 안보에 지대한 공적을 남겼다.[10] 그가 살았던 13세기 후반의 고려는 대내적으로는 문신과 무신 간의 갈등이 고조되다가 결국 1170년 정중부의 난을 계기로 최씨 무신정권이 장기 집권하였고, 대외적으로는 몽고의 침략을 받아 98년간의 통치를 받게 되었다. 이에 대몽항쟁의 분위기가 고조되고, 민족적 자주독립이 절실히 요청되는 시기였다. 이러한 시기에 있어 정인경은 타고난 무인으로서 몽고군에 맞서 싸워 전공을 세우고, 국가적 정권의 위기에서 중요한 역할을 수행하기도 하였다.

정인경은 1259년 몽고군이 직산에 주둔하게 되자, 당시 19살의 나

9 정신보, 정인경 부자와 충남 서부지역 유학자들에 관한 자료는 주로 향토문화, 향토사학을 연구하는 분들에 의해 많이 발굴되고 있다. 이해준의 「결성 장하유적」(『향토연구』, 27호, 충남향토문화연구회, 2003), 「조선 전기 서산지역 성씨와 인물」(『서산시지』, 제2권, 서산의 역사, 서산시, 1998), 이은우의 「간월도와 원통대의 고찰」(『서산의 문화』, 16호, 서산향토연구회, 2004), 이건엽, 전옥진의 「홍주이씨」(『홍주문화』, 16권1호, 홍성문화원, 1997) 등이 대표적이다. 문중 자료로서 대표적인 것은 정표선이 엮은 「서산정씨 시조 서산군 양렬공 정인경 약전」(2005)인데, 기존 『瑞山鄭氏 世譜』의 내용을 바탕으로 역사적 전거를 보태고, 현대적으로 서술했다는 점에서 가장 상세한 자료라고 볼 수 있다.

10 『瑞山鄭氏 世譜』, 卷7을 기초로 하여, 정표선의 자료 「서산정씨 시조 서산군 양렬공 정인경 약전」을 참고하였음.

이로 마별초(馬別抄)에 들어가, 몽고군을 야간에 급습해 많은 전과를 올려, 초급지휘관인 대정(隊正)이 되었다. 이후 홍위위(興威衛) 소속의 대정(隊正)으로 수도 외곽 방위군 지휘관으로 근무하고, 그 이듬해 20살의 나이로 교위(校尉)로서 신호위(神號衛)에서 수도경비군 지휘관으로 근무하기도 하였다.

또한 그는 1269년 2월 29살 때 원종의 아들 태자 심(諶; 충렬왕)의 호위무관 겸 외교관으로 연경에 가게 되었다. 그해 7월 세자 심과 정인경이 귀국 길에 올라 파사부(婆娑府)에 도착했을 때, 원종이 병을 얻어 안경공(安慶公) 창(昌)에게 왕위를 물려주었다는 소식을 전해 듣고, 태자 심이 정인경에게 그 사태를 파악게 했다. 이에 정인경은 연경으로 선위(禪位) 서신을 가지고 가던 곽여필(郭汝弼)을 체포해 그 경위를 밝히고, 권신(權臣) 임연(林衍)이 개경환도를 통해 왕권을 강화하려던 원종을 강제로 폐하고 안경공 창에게 왕위를 넘기게 한 사실을 밝혀냈다.

이에 정인경이 상황을 보고하자, 태자는 고려로 뒤돌아 가면 즉시 감금될 것이므로 원나라로 돌아가려 하였다. 그러나 함께 갔던 많은 사신들은 그들이 원나라로 뒤돌아 가게 되면, 당시 임연이 보복할 것을 두려워하여 감히 원나라로 돌아가지 않으려 했다.

이에 정인경은 여러 신하들을 설득하여 태자를 보위하고 연경으로 돌아갔다. 충렬왕의 도움 요청에 따라 원의 원군이 서북병마사 김방경과 함께 압록강 지역으로 진군하고, 정인경은 태자와 함께 귀국하게 되었는데, 또한 고려로 돌아오는 길에 임연의 군사적 행동에 대비해 당시 인주태수로 인주를 지키고 있던 부친 정신보가 군대를 동원해 태자 일행이 무사히 고려에 도착케 하였다. 그리하여 원종은 왕위에 복위하고 왕권을 강화하는 계기가 되었다.[11] 이를 계기로 고려의 무신 독재가 무너졌고, 정인경은 왕의 측근신하로서 빠른 승진을 하였다.

그의 나이 47살 때 고려 군사의 모든 요직을 두루 거쳐, 고려 군권의 실질적 총수인 응양군(鷹揚軍) 상장군(上將軍) 겸 군부판서(軍簿判書)에 임명되어 실질적으로 고려군의 군권을 총괄 지휘하게 되고, 고려 최고의 실권자가 되었다.

1290년 합단군(哈丹軍)[12]이 고려에 침입하자, 충렬왕은 강화도로 피난하고 수도를 강화로 옮기게 되었다. 53살의 정인경은 서경을 지키면서 합단군과 치열한 전투를 벌려 1291년 이들을 섬멸하였다.

이와 같이 정인경은 군인으로서 몽고군에 맞서 싸워 혁혁한 공을 세웠고, 임금을 호위하는가 하면, 당시 권신 임연의 획책을 사전에 발견 조치하여 왕실과 나라의 안전에 크게 기여하였다.

(2) 외교관으로서의 행적

정인경은 부친이 남송 절강인으로 고려국에 망명하였기 때문에, 어려서부터 중국어에 능통했던 것으로 보인다. 이러한 외국어 능력과 친화력, 설득력이 그로 하여금 탁월한 외교가로서 명성을 얻게 된 이유라고 볼 수 있다. 그가 외교가로서 본격적으로 등장하게 된 것은 1272년 그의 나이 32살 때였다. 고려 원종은 원나라 연경에 가게 되고, 정인경은 원종을 보좌하는 외교관으로 가게 되었다.

그는 1282년, 1283년 거듭 연경을 방문해, 원군의 철수와 대몽 전

---

11 『瑞山鄭氏 世譜』, 卷7, 「忠臣宋尙書刑部員外郎鄭公臣保 高麗中贊襄烈公仁卿合傳」.

12 원나라의 반란 군인 합단(哈丹)의 군사를 말함(원 태조의 동생인 합적온(哈赤溫)의 손자).

쟁 중 포로 및 인질로 끌려간 고려인의 송환을 교섭하였으니, 그의 성실하고 정직하며 온화한 성품과 원만한 인간관계를 통해 원나라 황제를 설득시키고 직접 랴오뚱, 선양, 랴오양, 베이징에 가서 많은 고려인을 귀국시켰다. 이에 많은 고려인들이 그를 마음속으로 존경하게 되었다.[13]

1288년 48살 때 세자(충선왕)를 따라 연경을 다녀왔다. 그것은 동녕부(東寧府)를 뒤돌려 받기 위한 외교문제 때문이었다. 이 동녕부는 고려 서경에 설치된 원나라의 통치기관인데, 이는 고려에 대한 정치간섭을 하기 위한 것이었다. 정인경은 동녕부를 고려에 재 복속시키고 자비령 이북지역을 고려에 되돌려 주기를 원나라에 요청하는 외교노력을 경주했던 것이다. 이러한 정인경의 외교노력과 학문교류를 통해 원나라의 많은 유학자들과 왕래하며 교류를 하게 되었다. 그의 두터운 대원외교의 인맥과 원나라 세조를 설득시켜 1290년 마침내 서경에 설치된 동녕부를 요동으로 옮기게 하고, 서경을 고려에 복귀시켰다. 아울러 서북면 지역의 땅도 회복하게 되었다. 이 공으로 정인경은 부지밀직(副知密直)이 되고, 또한 자비령 이북 지역을 관할하는 서북면도지휘사(西北面都指揮使)가 되었다.

이어 그는 원의 세조가 죽자 이 시기를 틈타 원과의 외교교섭을 벌려, 원이 통치하던 탐라에서 원나라 군사를 철수시키고, 또한 고려군에 의해 장악케 함으로써 탐라를 제주로 개명한 후, 고려 조정에서 목사를 파견하여 고려가 직접 다스리게 하였다. 이로써 제주도에 탐라총관부가 폐지되고 고려에 재 복귀하게 되었던 것이다.

이와 같이 정인경은 탁월한 외교수완으로 원나라에 끌려갔던 고려

13 정표선, 위 자료 참조.

인들의 송환을 성취시키고, 원나라에 빼앗겼던 요동부와 탐라를 도로 찾는데 주도적인 역할을 하였다.

(3) 유학자로서의 행적

정신보와 정인경은 앞서 소개한대로 그의 문집이나 저술이 전해지지 않는다. 따라서 그의 학문과 사상을 이해하는 데는 한계가 있다. 그러나 서산정씨의 『가승』에 의하면, 정인경과 그의 부친 정신보는 고려 후기 성리학의 수입기에 매우 중요한 위치에 있었음을 짐작게 한다.

우선 부친 정신보는 남송의 절강성(浙江省) 금화부(金華府) 포강현(蒲江縣)에 살았는데, 남송의 조정에서 형부원외랑(刑部員外郎)을 지냈으며, 절강성 지역에서 학문으로 이름난 성리학자였다고 한다. 몽고가 남송을 대대적으로 침략하여 양양(襄陽), 회촉(淮蜀) 등이 차례로 함락되고, 모두가 항복하게 되었다. 몽고는 그 후 그 지역의 명망있고 학문이 뛰어난 학자들을 뽑아 그 지역을 관할하도록 하였는데, 원 태조는 양유중(楊惟中)을 시켜 문장이 뛰어나고 학문이 높은 선비를 구해 모으고자 하였다. 마침 원태조가 덕안(德安)을 함락시키고 조복(趙復)이란 학문이 뛰어난 선비를 얻었으니, 그는 유학에 뛰어나 그 지역 선비들이 그를 '강한선생(江漢先生)'이라 불렀다. 그리고 금화(金華)에 살던 정신보의 뛰어난 인품과 학문에 대해 듣고 요추(姚樞)로 하여금 그를 모시고 오도록 하였다. 그리하여 요추가 수차 정신보를 찾아와 조복과 같이 원태조를 도와 함께 원나라 조정에서 일하고자 하였다. 이에 정신보가 말하기를 "옛말에 충신은 두 임금을 섬기지 아니하고, 열녀는 두 가장을 모시지 아니한다 하였으니, 차라리 죽을지언정 오랑캐 조정에 신하가 되기 싫다"고 하였다. 요추가 원태조에게 이 말을 고하자, 태조가 그의 절개를 아름답게 생각하여 더 이상 강요하지 않았다. 그 후 1237년 정신보는 배를 타고 바다를 건너 고려의 서주(瑞州) 땅 간월도로 망명하게 되었다. 물론 그 당시 고려의 학풍은 불교국가였고, 불교가 국시로서 숭상되었는데, 정신보가 성리학을 처음으로 후학들에게 가르쳐 고려의 선비들이 정명도, 정이천의 글을 접하게 되었다 한다.[14] 『호산록』에서도 정신보의 망명 기사를 다음과 같이 기록하고 있다.

> 고려에 정신보는 중국 절강사람이다. 송나라 말엽에 벼슬하여 형부원외랑(刑部員外郎)이 되었는데, 원태조가 천하를 통일하자, 그에게 신복(臣僕)이 될 수 없다는 뜻으로, 뗏목을 타고 바다를 건너 본 읍 간월도에 살면서, 그 생을 마칠 때까지 신하의 절의를 잃지 않았다. 그 후에 대사동(大寺洞)으로 이사 가서 살았기 때문에 서산정씨의 시조가 되었다.
> 오호라, 허형(許衡), 오징(吳澄) 등 여러 사람은 본래 송나라의 신자(臣子)로서 도학을 스스로 자임(自任)하다가 하루아침에 절개를 고치고 추한 오랑캐의 신하가 되어 섬기게 되었는데, 정신보는 해외에 유랑하여 살면서 홀로 신하의 절의를 보전하였으니, 뗏목을 타고 바다를 건너와 신복(臣僕)이 되지 않은 절의는 기자(箕子) 뒤에 한 사람 뿐이다.[15]

위 내용과 비슷한 내용이지만, 특히 정신보의 절의정신을 높이 평

---

14 『世家』, 卷7, 「忠臣宋尙書刑部員外郎鄭公臣保 高麗中贊襄烈公仁卿合傳」, 「刑部員外郎公實記」.

15 『湖山錄』, 古今人物, “高麗鄭臣保 中國浙江人也 入仕宋來爲刑部員外郎 及元太祖混一天下有關爲爲臣僕之意 乘渡海來 居于本邑看月島 終身不失軀節 其後移居于大寺洞仍家焉 爲瑞山鄭氏之祖 嗚呼 許衡吳澄諸人 本以來朝臣子 道學自任 而一朝改節臣事 西西思慮 而臣保流落海外 保臣節 來渡海罔爲臣僕之節 箕子後一人而已.”

가하고 있는 것이다.

또한 『동국신속삼강행실도(東國新續三綱行實圖)』에서도 정신보를 충신조(忠臣條)에 배열하고 다음과 충신의 절의를 표장하고 있다.

> 정신보는 서산군 사람이니, 그 조상은 절강에서 살더라. 신보가 송말에 벼슬하여, 벼슬이 형부원외랑에 이르렀더니, 원이 혼일(混一)함에 미쳐, 신복(臣僕)이 되지 않고자 바다를 건너 본 고을에 와서 살았다. 고절(苦節)로 종신(終身)하니라. 그 아들 양열공(襄烈公)이 그 부친의 뜻을 이어, 나이 10살에 산에 올라 한 글귀를 새겨 이르되, 어느 날 하늘땅을 가지런히 하여, 조씨(趙氏; 송나라 황제의 성)의 봄을 다시 만날까?[16]

다른 자료와 내용은 다를 바 없지만, 조선조 유교사회가 삼강오륜을 강조하기 위해 역사상 가장 대표적인 사례를 뽑아 그림을 그리고 설명하는 형식으로 만든 『동국신속삼강행실도』에서 고려 충신 17명 중에 정신보가 선정 수록된 것은 주목할 만한 일이다. 이는 당시 조선조사회에서 정신보가 불사이군(不事二君)의 충절의리를 위해 목숨을 걸고 험난한 바다를 건너 고려국에 망명한 사실을 높이 평가하고, 이를 공인화하였음을 의미하는 것이다.

그러므로 채모(蔡謨)는 양열공(襄烈公)에게 쓴 편지 가운데에서, 정신보의 인품을 '절의도덕이 성두교악(星斗嶠嶽)과 같다'[17]고 평가했던 것이다.

---

16 『東國新續三綱行實圖』, 「忠臣篇」, 鄭臣保 條, "鄭臣保 瑞山郡人 其先居浙江 臣保仕宋末 官至刑部員外朗 及元混一 罔爲臣僕 渡海來居本邑 苦節終身 其子襄烈公仁卿 承其父志 年十歲登山 題一絕于石 日何日乾坤 整重面趙氏春云云."

17 『世譜』, 卷7, 「刑部員外郎實記」.

또한 정인경의 유학자로서의 면모는 당시 불교가 국교로서 숭앙되던 현실에서도 유학 내지 성리학을 지키기 위해 오히려 불교를 배척하는 데서 잘 나타난다. 그의 『연보』에 의하면 그가 56살 때 수원으로 이사를 하였는데, 그 당시의 풍속이 오로지 불교를 숭상하여, 사대부가에서도 대소상(大小祥) 때에 산사(山寺)에 재(齋)를 베풀기도 하고, 또 높은 벼슬을 하게 되면 마땅히 영정을 별당에 두어 숭봉(崇奉)하기도 한다는 것이다. 정인경은 당시의 이러한 현실에 대해 개탄하여 이를 크게 배척하고 항상 성리학으로 제자들을 가르쳤기 때문에, 제자들의 책상에는 다만 이정(二程)의 책만이 있었다는 것이다.[18] 이처럼 정인경은 비록 불교시대를 살았지만, 유학에 대한 신념이 매우 강하였음을 알 수 있고, 그의 유학은 바로 성리학이었음을 알 수 있다.

오늘날 우리는 고려에 처음으로 성리학이 수입된 것을 1289년(충렬왕 15)에 안향(安珦)이 원나라 연경에 가서 주자전서(朱子全書)를 베껴 그 이듬해인 1290년에 돌아 온 것을 학계가 공인하고 있는 실정이다.[19] 따라서 만약 서산정씨의 『가승』대로 정신보가 처음으로 고려에 망명해 와 성리학을 가르치고 소개했다면, 이는 한국유학사에서 참으로 중대한 사실이 아닐 수 없다. 문제는 이를 입증할 만한 근거나 자료라고 하겠다. 물론 『서산정씨세보(瑞山鄭氏世譜)』에 조선 순조 때 판서를 지낸 목만중(睦萬中: 1727~?)[20]이 지은 「충신송상서형부원외랑정공신보 고려중찬양열공인경합전(忠臣宋尙書刑部員外郎鄭公

18 같은 책, 卷7, 『年譜』, 先生 56歲 條, "麗俗專尙佛敎 士大夫家大小祥設齋于山寺 往往有卿相致仕 妥佛軀或影幀于別堂龕室 以崇奉之 先生 大加非斥之 每以性理之學訓敎 後進案上 只有兩程之書."

19 김충렬, 『고려유학사』, 고려대출판부, 1987, 160쪽.

20 목만중(睦萬中)은 조선시대의 문신으로, 자는 공겸(公兼), 호는 여와(餘窩)다. 문과에 급제하여 도사(都事)를 지내고, 1801년(순조 1) 신유박해 때 대사간의 직에

臣保 高麗中贊襄烈公仁卿合傳)」에 다음과 같은 기록이 보인다.

> 채상국(蔡相國)의 명(銘)에 이르기를, 한 조각 배로 바다를 건너 오도(吾道)가 동으로 왔으니, 기자(箕子)의 자취요, 노련(魯連)의 유풍(遺風)이로다. 후학에 은혜를 끼쳤으니, 백세의 사표이시다 하니, 그 말을 외우고 풍모를 상상하니, 또한 반드시 주렴계(周濂溪), 정명도(程明道), 정이천(程伊川)에게서 사숙(私淑)한 것이 틀림없다. 애석하도다. 그 유문(遺文)이 전해지지 못하니 전수된 것을 듣지 못했다.[21]

여기에서 (채상국蔡相國)은 정인경의 공신록권에 보이는 상장군 채모(蔡謨)를 말한다. 채모의 묘갈명에 기록된 이 내용은 성리학자로서의 정신보의 위상을 입증해 주는 매우 귀한 자료라고 할 수 있다. 비록 그가 직접 성리학을 들여왔다는 근거는 없어도, 그가 1237년 무렵 이 땅에 망명하여 남송의 성리학을 가르치고 전했으리라는 간접적인 증거가 되기에 족한 것이다. 더구나 고려사의 경우(말엽 이전) 문헌자료의 빈곤이 문제되는 정황을 고려한다면, 그 당시 채모의 묘갈명에 나타난 정신보에 대한 평가는 중요하게 다루어져야 할 것이다.

우리나라에 성리학이 왜 이렇게 늦게 들어왔는가 하는 의문은 늘 있었다. 주렴계(周濂溪:1017~1073), 장횡거(張橫渠: 1020~1077), 정명도(程明道: 1032~1085), 정이천(程伊川: 1033~1107), 주희(朱熹: 1130~1200)가 활동했던 시기가 11세기에서 12세기 말까지인데, 안향에 의해 성리학이 도입된 시기가 1290년이라 한다면, 적어도 약

있으며, 영의정 심환지(沈煥之)와 함께 천주교 탄압에 앞장서, 무자비한 박해와 학살을 감행하였다. 뒤에 판서가 되었다.

21 『世家』, 「合傳」.

1, 2백년의 시차가 발생한다. 당시 고려와 송은 우호적 관계에 있었고, 인적 교류도 전혀 없었던 것도 아닌데, 이렇게 늦어진 이유는 무엇일까? 물론 고려 인종(1123~1146)이 구산 양시(龜山 楊時)의 존재를 알고 있었다든가,[22] 문종 27년(1073)부터 이듬해에 걸쳐 사신으로 송나라에 다녀 온 김양감(金良鑑)은 정자(程子) 문하에서 송학의 대의(大義)를 전수받았다 하고,[23] 1098년(숙종 3)에 송나라에 들어간 윤관(尹瓘)은 정이(程頤)와 역(易)을 논하여 그의 칭송을 받았으며, 1128년(인종 6)에 송나라에 들어간 윤안이(尹顔頤)가 이정(二程)의 문인들과 역을 강론하였다는 기록이 있다.[24]

이렇게 볼 때, 당시 고려가 송의 성리학풍을 전혀 짐작하지 못한 것은 아니라고 보인다. 그럼에도 성리학이 고려에 늦게 들어 온 이유 중의 하나는 당시 고려는 불교국가였고, 특히 무신정권이 장기적으로 집권했다는 점이 하나의 장애요인일 수 있었다. 그렇지만 무엇보다 당시 고려 지식인들의 새로운 학문에 대한 무관심 내지 소극적인 태도가 더욱 문제였을 것이다.

이러한 점을 감안해 보면 1237년 정신보의 고려국 망명사건은 성리학 전래의 결정적인 계기가 되었다고 볼 수 있다. 정신보가 남송 절강인이고 그가 고려국 간월도에 망명해 왔으며, 그의 아들이 정인경이라는 사실은 객관적으로 확실하다.[25] 문제는 정신보와 연관된 당시 송말원초(宋末元初)의 조복(趙復), 요추(姚樞), 양유중(楊惟中) 등과

---

22 『宋元學案』, 卷25, 「龜山學案」, 行狀 條 참조.

23 이병관 편, 『동국명현언행록』, 경성, 대성학회, 1927.

24 최영성, 『한국유학사상사』, 1, 아세아문화사, 1996, 269쪽 참조 재인용.

25 이에 대해서는 안방준(安邦俊)의 『混定編錄』, 채모(蔡謨)가 쓴 「鄭臣保 墓誌銘」, 『三綱行實圖』, 『湖山錄』, 이수광(李睟光)의 『芝峰類說』, 목만중(睦萬中)이 지은

의 관계다. 즉 원태조가 덕안(德安)을 함락한 후 조복을 얻고, 금화(金華)에 살던 정신보의 학문과 인품을 듣고 요추로 하여금 그를 예로써 초빙하였으며, 조복과 함께 원태조를 도와 함께 조정에서 일하자고 했다는 사실이다. 이에 정신보는 불사이군(不事二君)의 의리를 천명하고 이를 거부하여, 마침내 고려국에 망명했다는 것인데, 이러한 정황은 대체로 맞는 것 같다. 다만 중국 측 문헌에 정신보에 관한 기록이 전혀 보이지 않음은 유감이다. 이는 아마도 당시의 중국 측 입장에서 보면 중국(宋, 元을 불문하고)을 버리고 오랑캐의 나라 고려국에 대한 망명은 용납할 수 없는 측면도 있었을 것이다.

이에 대한 김충렬의 다음과 같은 설명은 남송에서의 정신보의 위상과 이제까지의 여러 문헌에서의 그에 대한 기사가 틀리지 않는다는 것을 간접적으로 말해 주어 참고할 가치가 있다. 그에 의하면 몽고군이 하북(河北) 덕안(德安)을 공함(攻陷)하고 많은 학자들을 포로로 삼아 연경(燕京)으로 데려가면서부터 유학이 심어지게 되었다 하고, 원나라에 유학이 전파하게 된 과정에서 가장 중요한 인물로 조복과 요추 그리고 허형(許衡: 1209~1281)과 유인(劉因: 1249~1293)을 들고 있다.[26] 요추(姚樞)는 하남(河南)사람으로 뒤에 낙양(洛陽)에 살았는데, 그는 원태종(元太宗)과 가까운 양유중(楊惟中)에 의해 원조(元朝)에 벼슬하게 되고, 포로로 된 조복을 달래서 연경에 이르게 하였으며, 조복에 의해 정주학에 심취하게 되었다. 요추는 특히 원세조(元世祖)와 가까운 사이로 세조를 유치(儒治)의 길로 인도한 장본인이며, 양유중과 더불어 연경에 태극서원(太極書院)을 세우고, 조복을 청해

「忠臣宋尚書刑部員外郎鄭公臣保 高麗中贊襄烈公仁卿合傳」 등에 공통적으로 인용되고 있는 것이다.

26 김충렬, 『고려유학사』, 152쪽.

정주학을 가르치게 하였다. 그러므로 원경(元京)에 정주학이 씨앗을 내릴 수 있게 한 터전이 요추에 의해 이루어졌다고 볼 수 있다.[27]

또한 조복(趙復)은 하북(河北) 덕안(德安) 사람으로, 정주학에 대한 공부가 매우 깊었다. 당시 원병(元兵)은 송인(宋人)을 공함(攻陷)함에 도살(屠殺)을 원칙으로 하고, 그 가운데 유(儒), 도(道), 석(釋), 의(醫), 복(卜), 점(占) 등 일기(一技)를 가지고 있는 자만 살려 포로로 삼았는데, 조복도 포로의 신분이었지만 요추에 의해 연경에 가게 되었고, 거기에서 주정장주(周程張朱)의 학을 가르치게 되었다는 것이다. 뒤에 원나라의 대유(大儒)가 된 허형(許衡), 유인(劉因)도 조복에 의해 정주학을 알게 되었으므로, 조복의 학문이 바로 원에 정주학을 심는 씨앗이 되었던 것이다.[28]

또한 중국에서 주자학이 전파된 상황을 보면 주자가 죽은 후 채원정(蔡元定)과 그의 아들인 채침(蔡沈)에 의해 복건성(福建省) 북부로 전파되고, 진순(陳淳), 진기(陳沂)에 의해 복건 남부에 전파되었으며, 위료옹(魏了翁)에 의해 사천(四川) 쪽으로 전파되었으며, 특히 주자학은 절강지방에서 크게 성행하였으니, 주자의 사위인 황간(黃榦)과 두욱(杜煜)은 금화(金華)에서, 섭미도(葉味道)는 사명(四明)에서, 보광(輔廣)은 소흥(紹興)에서 , 진식(陳埴)은 절강(浙江) 동남부에서 주자학을 전파하였던 것이다.[29]

이렇게 볼 때, 송이 망하고 원이 세워지는 상황에서 특히 연경지역에 주자학을 소개하는 데 있어 조복과 요추의 역할이 매우 컸음을 알 수 있고, 정신보가 살았던 절강지방은 주자학이 가장 융성했던 지역

---

27 같은 책, 152쪽.

28 같은 책, 152~153쪽.

29 범강수 저, 홍우흠 역, 『주자와 그 철학』, 영남대출판부, 1988, 281쪽 참조.

임을 알 수 있다. 그리고 그가 살았던 금화(金華)는 주자의 사위인 황간(1152~1221)에 의해 주자학이 활발하게 강학되었던 곳임을 알 수 있다. 따라서 이러한 여건을 고려할 때 정신보의 유학자로서의 위상은 어느 정도 믿을 만하며, 그가 고려국에 와서 자신의 아들인 정인경과 이 지역 사람들에게 정주학을 소개하고 가르쳤을 것이라는 점은 충분히 짐작할 만하다. 비록 확실한 자료가 없어 확언할 수 없지만, 정신보가 여말 주자학 전래에 있어 중요한 위치에 있다는 점은 부인하기 어렵다.

여기에서 우리는 1290년 안향이 주자전서를 가져 온 것은, 우리 스스로의 의지에 의해 성리학을 받아들인 수입이라고 한다면, 1237년 정신보의 간월도 망명을 통해 이루어진 성리학의 강학과 소개는, 밖으로부터의 전래라고 할 수 있다. 다만 정신보의 성리학 전래는 충분한 정황은 인정되지만, 구체적인 사실과 근거가 부족하다는 점에서 역사적 평가를 받는 데 한계가 있다.

다음은 정신보, 정인경의 유학자로서의 행적에 대해 검토해 보고자 한다. 유학은 본래 나라에 대한 충과 의리를 중시한다. 앞에서 이미 언급했듯이 정신보는 원 태조의 부름에 응하지 않고 불사이군(不事二君)의 의리에 따라 고려국으로 망명했다고 한다. 이는 백이(伯夷), 숙제(叔齊)는 물론 고려 말 포은 정몽주(圃隱 鄭夢周), 야은 길재(冶隱 吉再)의 충절을 통해서도 잘 알 수 있다. 부귀영화라는 현실적 이해관계를 초월하여 송의 신민(臣民)이라는 의리를 지킨 데서 그의 유교적 행적이 잘 나타난다.

정인경은 어려서부터 유학자인 부친 정신보의 가르침을 받았다 한다. 전후 사정을 감안해 보면 정인경의 생애에 있어서 부친 정신보의 유학적 영향은 매우 컸으리라 짐작된다. 1253년 13살 때 정원사에 올라 성리학을 공부했다고 하니, 안향의 주자서 수입과 비교해도 37년이나 앞선다. 또한 정인경의 유학공부에 있어 스승인 한자희(韓自喜)의 영향도 컸으리라 짐작된다. 그는 1254년 문수사(文殊寺)를 오가며 문하시랑 평장사(門下侍郎 平章事) 한자희로부터 유학을 배웠다.

또한 그의 모친 고창 오씨(高昌 吳氏)는 오영로(吳永老)의 딸이며, 현정 오세재(玄靜 吳世才: 1133~1195)의 증손녀라는 점이다. 오세재는 의종, 명종연간의 유학자로서 '동방7현'으로 불리었고, 당시 사류들의 존경과 신망을 받았다고 한다.[30] 이로써 보면 정인경의 외가도 당당한 유교적 가문이었음을 알 수 있고, 모친의 유교적 가정 교육을 짐작할 수 있다.

다음 정인경은 외교와 군사 양면에서 나라에 대한 충성과 유교적 충절을 실천하였다. 이미 앞에서 소개했듯이, 그는 무인으로서 19살의 나이로 직산에 침입해 온 몽고군에 맞서기 위해 마별초(馬別抄)에 자원입대하여 이들을 물리쳤고, 29살 때에는 임연(林衍)의 반란을 사전에 포착하여 이를 슬기롭게 해결해 국가안보에 크게 기여했으며, 1291년에는 합단군(哈丹軍)과의 치열한 전투를 통해 이들을 물리치기도 하였다.

특히 그는 탁월한 외교역량으로 동녕부(東寧府)를 요동으로 옮기게 하고 서경을 고려에 복속시켰으며, 서북면의 땅도 회복케 하였다. 또 원이 통치하던 탐라에서 원의 군사를 철수하게 하고 탐라를 고려에 복속시켰다. 이러한 그의 군사적, 외교적 대몽항쟁(對蒙抗爭)의 행적은 유학자로서의 본분을 다한 것으로 높이 평가된다.

더욱이 원이 고려에 금혼령(禁婚令)을 내려 부녀자들을 공여(貢女)

30 『양렬공 정인경』, 서산정씨 대종회, 7쪽.

로 요구하는 등 무례한 요구를 해오자, 이를 반대하다 결국 남해의 섬으로 6년간 유배되기도 했으니, 이는 원나라의 무례하고 야만스런 행위에 대해서는 단호한 의리를 보여 주었던 것이다.

비록 정인경의 유학사상을 알 수 있는 자료가 없어 아쉬운 점은 있지만, 그의 유학자로서의 면모는 충분히 짐작할 수 있다. 유학은 본래 실천을 중시한다. 그리고 수기와 함께 치인을 겸해야 온전한 유학자가 된다는 점에서 보면, 정인경이야 말로 유교적 충의, 충절을 몸소 실천한 인물이다. 그는 무인으로서, 외교관으로서 탁월한 능력을 가지고 대몽항쟁에 앞장섰고, 고려의 자주회복을 위해 노력하였다. 비록 원나라의 식민통치를 받고 있는 현실에서 고려조정의 중심인물로 참여했지만, 그의 행적에서 볼 수 있듯이, 그는 결코 원나라에 붙어 비굴하게 처신하지도 않았으며 부귀영화에 연연하지도 않았다. 무엇보다 민족적 위기의 고려왕조에서 말이 아닌 실천으로 유교적 인(仁)과 충(忠)을 실천했다는 점에서 높이 평가된다.

2장

명재 윤증(明齋 尹拯)의 학문적 특성

1. 시작하는 말

명재 윤증(明齋 尹拯: 1629~1714)은 조선조 17세기의 대표적인 유학자요, 정치적으로는 소론의 영수로 중요한 위치에 있었다. 그는 수차 임금의 부름에도 불구하고 평생 벼슬길에 나아가지 아니하고, 재야의 학자로서 존경을 받아 이른바 '얼굴 없는 재상'으로 불리었다.

명재의 학문적 성격에 대해 논란이 많은데, 이는 그의 생장배경과 무관하지 않다. 그는 분명히 성리학을 공부한 학자였지만, 그의 문하에서 하곡 정제두(霞谷 鄭齊斗: 1649~1736)가 배출되었고, 실심(實心)을 중시한 학풍으로 인해 육왕학풍(陸王學風)으로 평가받기도 한다.[1] 또한 그는 예학에도 많은 관심을 갖고 학문적 성과를 남기기도 하였다. 이러한 그의 학문적 다양성은 그의 학맥과 무관하지 않다. 즉 그는 멀리 우계 성혼(牛溪 成渾: 1535~1598)-팔송 윤황(八松 尹煌:

1 명재의 학풍을 어떻게 볼 것인가 하는 문제는 학계의 이견이 팽배하다. 즉 성리학풍으로 보기도 하고(윤사순, 안병걸 등), 양명학풍으로 보기도 하며(이은순, 김길락, 송석준 등), 복합적으로 보는 견해(고영진, 유명종 등)도 있다.

1572~1639)-미촌 윤선거(美村 尹宣擧: 1610~1669)의 가학적 영향을 받아 우계학맥의 적통을 이었다.[2] 한편 우암 송시열(尤庵 宋時烈; 1607~1689)과 시남 유계(市南 兪棨: 1607~1664)의 문하에서 수업하였고, 장인인 탄옹 권시(炭翁 權諰: 1604~1672)의 도학풍을 배우기도 하였다. 이러한 복잡한 학연이 그의 사상적, 학문적 성격을 곤란케 하는 요인이 되고 있다. 따라서 명재의 학문적 특성이나 위상에 대한 학계의 논쟁이 끊이지 않고 있다. 특히 그의 실심(實心)에 기초한 무실(務實)학풍을 육왕학적으로 이해하려는 견해와 성리학의 연장선상에서 이해하려는 견해가 대립하고 있는 실정이다. 이러한 그의 학문적 성격을 탐색하는 데 본 연구의 목적이 있다.

또한 그는 부친 윤선거와 그의 친우 윤휴와의 관계 때문에 스승인 송시열과의 사제관계가 끊기고, 나아가 정치적으로는 노, 소론의 분당을 가져와 심각한 갈등을 겪게 되었다. 물론 여기에는 강도(江都)사건, 묘지명(墓誌銘)사건, 기유의서(己酉擬書), 신유의서(辛酉擬書), 예송(禮訟) 등 일련의 사건들이 복합적으로 작용해 이들의 관계를 더욱 갈등하게 만들었다.

또한 이들의 갈등에는 이러한 외면적 사건들이 직, 간접적으로 영향을 미친 것이 사실이지만, 명재와 우암, 우계학파와 율곡학파(우암학파) 간의 이념적, 학문적 차이도 갈등의 한 요인으로 간과해서는 안 될 것이다.

---

2 황의동은 『우계학파연구』(서광사, 2005, 15쪽)에서 윤증에 의해 우계학파의 면모가 분명해졌다고 평가하였다.

2. 윤증의 삶

(1) 학문적인 삶

윤증은 1629년(인조 7) 서울 정선방(貞善坊) 대묘동(大廟洞) 외가에서 태어났다. 자(字)는 처음 인경(仁卿)이라 했으나 나중에 자인(子仁)으로 고쳤다. 그는 9살 때 병자호란을 맞아 부모와 함께 강화도로 피신하였는데, 어머니 공주 이씨가 순절(殉節)하자, 누이와 더불어 친히 어머니의 시신을 수렴하여 거처하는 마루 밑에 묻고 사방에 여덟 개의 돌과 숯을 가득 채워 후일의 표시로 삼았다.

그는 15살 때 시남 유계(市南 兪棨)의 문하에서 수업하였고, 20살 때 탄옹 권시(炭翁 權諰)의 딸과 결혼하여 그의 문하를 출입하며 수업하였다. 24살 때에는 부친의 스승이요 예학의 대가였던 신독재 김집(愼獨齋 金集)을 방문하여 가르침을 받았고, 그 이듬해에는 동춘당 송준길(同春堂 宋浚吉)을 방문해 가르침을 받았다. 27살 때에는 구포(鷗浦)로 포저 조익(浦渚 趙瀷)을 방문해 가르침을 받았으며, 30살 때에는 김집의 추천으로 송시열의 문하에 정식 입문하여 주자서를 받고 성리학을 배웠다.

그런데 명재의 학문형성에 있어서 중요한 바탕은 가학적 연원이라 할 수 있다. 그는 우계의 학풍을 가학으로 계승하여, 조부 윤황과 부친 윤선거로부터 유교의 학문적 기초를 배웠다. 윤황은 성혼의 사위로 창령 성씨(昌寧 成氏)의 '은거수지(隱居守志)'의 가학풍을 이어받아 윤선거, 윤증을 통해 파평윤씨(坡平尹氏)의 가학풍을 여는 데 중요한 역할을 했다. 더욱이 노성(魯城)을 중심으로 한 노종(魯宗) 5방파와 그 후손들인 윤훈거(尹勛擧), 윤순거(尹舜擧), 윤상거(尹商擧), 윤문거(尹

文擧), 윤선거(尹宣擧), 윤민거(尹民擧), 윤경거(尹耕擧), 윤시거(尹時擧), 윤원거(尹元擧) 등은 당대 호서사림으로 크게 활약하였다.

이렇게 볼 때, 명재의 학문적 연원은 성리학은 송시열, 예학은 김집, 유계, 부친 윤선거, 무실(務實)학풍은 장인 권시와 부친 윤선거로부터 배운 것으로 볼 수 있다.

그러면 명재의 「연보」에 따라 그의 학문적 자취를 살펴보기로 하자. 명재는 1658년(戊戌, 31세) 9월 부친 윤선거를 도와 『가례원류(家禮源流)』를 수정하였고, 그 이듬해에는 여산(礪山)의 황산원재(黃山院齋)에서 주자서(朱子書)를 강론하였다. 1660년(庚子, 33세) 권시, 유계, 이유태(李惟泰) 등과 서신으로 예송(禮訟)을 논하였고 서인의 예설을 지지하였다. 1672년(壬子, 45세) 윤7월에는 『상례비요(喪禮備要)』를 감수 교정하였고, 그 이듬해에는 『소학』을 감수하여 재편찬하였다. 1675년(乙卯, 48세) 10월에는 기정익(奇挺翼)과 기수설(氣數說)에 관해 논한 편지를 받고 이에 답장하였다. 1678년(戊午, 51세) 여름 『가례원류(家禮源流)』, 『계갑록(癸甲錄)』을 교정하였으며, 그 이듬해 9월에는 박태보(朴泰輔)가 「역의언결(易義諺訣)」을 논한 편지에 답장하였다. 또한 1680년(庚申, 53세) 정월 박세채(朴世采)가 「심학지결(心學旨訣)」을 논한 편지에 답장하였고, 10월에는 박세채와 왕복교정하여 「국휼중사례사의(國恤中四禮私議)」를 저술하였다. 1686년(丙寅, 59세) 6월 이세필(李世弼)이 『심경석의(心經釋疑)』와 『대학』에 대해 논한 편지를 교정하였고, 1691년(辛未, 64세) 박세당(朴世堂)에게 서신을 주어 『대학』과 『논어』의 의의(疑義)에 대해 논하였다. 1694년(甲戌, 67세) 7월 김집의 『의례문해속(疑禮問解續)』을 감수 정정하고 발문을 찬술하였고, 8월에는 이세구(李世龜)의 「심경구결(心經口訣)」을 교정하였다. 1701년(辛巳, 74세) 10월 율곡의 「위학지방도(爲

學之方圖)」를 정정 보완한 뒤에 발문을 찬술하였고, 그 이듬해 7월 「근사후록(近思後錄)」을 편찬하였다. 1706년(丙戌, 79세) 4월 유생들에게 이기설(理氣說)을 강론하였고, 5월에는 양득중(梁得中)이 사단칠정설을 논한 편지에 답장하였다. 1708년(戊子, 81세) 8월 백광서(白光瑞)에게 『근사록(近思錄)』을 강론하였고, 1713년(癸巳, 86세) 윤5월 유상기(俞相基)의 『가례원류(家禮源流)』에 대한 논설 편지에 답장을 하였다.

이렇게 볼 때, 명재의 연보에 나타난 학문적 관심은 주로 예학과 성리학에 있었지만, 주고받은 편지 속에는 무실(務實)학풍을 많이 볼 수 있다. 그리고 이를 위해 『소학』, 『논어』, 『대학』 같은 유학의 경전과 함께 송학의 기초서인 『근사록』, 『심경』과 함께 주자서가 중심이 되었다. 아울러 유계와 윤선거의 『가례원류』, 김집의 『의례문해속(疑禮問解續)』, 김장생의 『상례비요』 같은 선유들의 예서가 그의 예학공부에 있어 중요한 역할을 하였고, 「사례사의(四禮私議)」를 저술하기도 하였다. 특히 그의 대표적인 예문답서인 『의례문답(疑禮問答)』은 명재예학을 알 수 있는 소중한 저술이다. 이 책은 서문이나 발문이 없어 간행 연대를 정확히 알 수 없다.

또한 그의 학문관을 알 수 있는 것으로, 1682년(壬戌, 55세)에 쓴 「초학획일도(初學劃一圖)」와 「제위학지방도(題爲學之方圖)」가 있다.[3] 이는 그의 학문관, 학문 방법론을 알 수 있는 자료인데, 대체로 우계와 율곡의 학문관을 계승한 것이다.

명재의 문인으로는 정제두(鄭齊斗), 박태보(朴泰輔), 민이승(閔以升), 한영기(韓永箕), 윤동원(尹東源), 양득중(梁得中), 권이진(權以

3 『明齋遺稿』, 卷30.

鎭), 임상덕(林象德), 성지선(成至善) 등이 있다.

(2) 정치적인 삶

명재는 평생을 벼슬길에 나아가지 아니하고 재야의 학자로 살았지만, 자신의 의지와는 관계없이 조선조 17세기 정치계의 중심인물로 등장하였다. 그것은 그의 스승인 우암과 결별한 이후 자연스럽게 소론의 중심인물로 추앙되어 소론의 영수로 자리하게 되었기 때문이다. 명재가 우암과 갈등하여 정치적으로 독자적인 길로 가게 된 것은 여러 가지 이유가 있지만, 무엇보다 부친 윤선거와 부친의 친우였던 윤휴 때문이었다. 1637년 이른바 강도(江都)사건은 병자호란 때 부친의 강화도 탈출에 대한 시비의 문제였고, 1653년의 황산서원모임과 1665년의 동학사모임은 모두 윤휴를 둘러싼 사정시비(邪正是非)의 문제로써 부친과 우암과의 논쟁이었다. 또한 1659년의 기해예송(己亥禮訟)과 1674년의 갑인예송(甲寅禮訟)은 윤증 부자와 우암의 직접적인 충돌은 아니었으나, 윤휴가 문제가 되어 양파 간에 예학적, 정치적 대립으로 전개된 사건이다.

다음 1673년 명재가 부친의 죽음을 맞아 우암에게 묘지명(墓誌銘)을 써 줄 것을 청하였으나, 이에 우암이 성의껏 써주지 않자, 1684년 마침내 명재는 사제 간의 관계를 끊었으니, 이것이 묘지명사건이다. 그런데 이 과정에서 우암의 심기를 불편하게 한 것이 바로 「기유의서(己酉疑書)」다. 이것은 1669년 윤선거가 우암에게 보내려고 써 놓은 글로, 우암에게 비판과 충고를 한 글이었다. 명재는 평소 부친이 우암과 허심탄회했던 정의를 생각해 묘지명 작성에 참고하라는 뜻으로 함께 보냈는데 이것이 도리어 화근이 되었던 것이다.

그 후 1687년 명재가 쓴 「신유의서(辛酉疑書)」가 우암에게 발각되자 양자의 관계는 더욱 악화되어 돌아올 수 없는 길을 걷게 되었다. 이 글은 1681년에 명재가 우암에게 보내고자 쓴 글인데, 명재는 이것을 박세채(朴世采)에게 보여 주었고, 박세채는 그 내용이 지나치다고 만류한 바 있었다. 그런데 박세채의 사위이며 우암의 손자인 송순석(宋淳錫)이 이를 보고 우암에게 전해 줘 문제가 되었다. 여기에서 명재는 우암을 정면으로 비판하였고, 이로 인해 노, 소론의 분당이 본격화되고 양파의 대립갈등이 심화되었던 것이다.

명재는 37세 때 유일(遺逸)로 천거되어 내시교관에 징소(徵召)된 이후, 공조좌랑, 전라도사, 세자시강원 진선, 사헌부 집의 성균관 사업, 호조참의, 한성부 우윤, 사헌부 대사헌, 이조참판, 세자시강원 찬선, 공조판서, 의정부 우참찬, 성균관 제주, 이조판서, 의정부 좌참찬, 의정부 좌찬성, 의정부 우의정, 판중추부사 등 수많은 관직에 임명되었으나 사양하고, 한 번도 조정에 나아가지 않았다. 숙종은 그의 학덕을 흠모하여 한 번 만나보기를 원했지만, 명재는 임금 앞에 그의 얼굴을 보여 주지 않고 세상을 떠났다. 그리하여 세상에서는 그를 가리켜 '얼굴 없는 재상', 또는 '백의정승'이라 일컬었던 것이다.

이처럼 명재는 은둔(隱遁)과 수지(守志)로 재야에서 일생을 보냈지만 그는 현실정치에서 자유로울 수 없었다. 그것은 당시 그의 학문적, 정치적 위상이 매우 높았기 때문이다.

특히 1683년 그는 박세채의 주선에 의해 우암과 함께 3인 동사(同事)를 고려하기도 했지만, 그의 3대 명분론이 받아들여지지 않자 참여를 포기하기도 하였다. 이처럼 그가 비록 재야에 있었지만 나라와 국민을 결코 잊은 것은 아니었다. 더욱이 그가 우암과 결별함에 따라 그와 이념을 함께하는 소장파 지식인들에 의해 소론파의 영수로 추대되었고, 이후 정치적 결속이 더욱 강화되었다.

이렇게 볼 때, 명재의 정치적 생애는 은둔과 소극적인 처세로 일관했다고 볼 수 있는데, 이는 무엇보다도 부친 윤선거의 강도사건이 그의 일생동안 멍에가 되었다. 아울러 스승인 우암과의 갈등과 불편한 관계는 그의 삶을 더욱 피곤하게 했다.

명재 윤증은 평생 자신의 은둔적 처세에도 불구하고 17, 8세기 당쟁의 시대에 있어 우암과 함께 그 중심에 서 있었다. 그는 직접 정치현실에 뛰어든 것은 아니었지만, 여러 가지 조건과 환경이 그로 하여금 정치적 삶에서 자유로울 수 없게 만들었다.

3. 윤증의 학문적 특성

(1) 성리학적 특성

명재의 학풍이 다양함에 따라 그의 학문적 정체성이 무엇이냐 하는 문제가 학계에서 논란이 되고 있다. 그것은 그의 무실(務實)학풍이 갖는 성격 때문이다. 실심(實心)에 기초한 그의 무실학풍을 성리학적으로 볼 것인가 육왕학적으로 볼 것인가 아니면 실학적으로 볼 것인가 하는 데 있다. 먼저 그의 성리학적 학풍에 대해 검토해 보기로 하자. 명재의 성리학적 관점은 율곡 성리학의 범주에서 크게 벗어나지 않는다. 그의 세계에 대한 인식은 주자, 율곡과 마찬가지로 이기이원(理氣二元)의 존재론을 바탕으로 삼고 있다. 즉 이 세계는 형이상자로서의 리(理)와 형이하자로서의 기(氣)가 하나의 존재양상으로 있다고 파악하였다. 천하에 리 없는 기가 있지 아니하고 또 기 없는 리가 없으니, 서로 섞여 있다고 말할 수도 없고 또 서로 떨어져 있다고 말할 수도 없다고 하였다.[4] 마찬가지로 태극과 음양은 서로 떨어져 있지도 않고 또 서로 섞여 있지도 않다. 떨어져 있지 않은 즉 일물이 되고, 섞여 있지 않은 즉 이물이 된다고 하였다.[5]

이처럼 일체존재는 모두가 리 없는 기가 없고 기 없는 리가 없으며, 태극과 음양이 하나인 채로 있다. 현상적 관점에서 보면 리와 기는 하나의 존재양상으로 있지만, 이를 이론적으로, 개념적으로, 가치적으로 분변하면 리와 기는 구별된다.

그리고 리와 기의 개념 설명에 있어서도 그는 율곡의 설에 따라 발하는 것은 기요 발하게 하는 것은 리라고 말한다.[6] 또 주자의 말을 인용하여 응취조작(凝聚造作)하고 정의계탁(情意計度)이라고 말한 것은 모두 기유위(氣有爲), 리무위(理無爲)의 뜻을 형용한 말이라 하였다.[7] 리의 발이 문제가 되는 것인데, 율곡은 주자나 율곡의 해석에 따라 형이상자로서의 리는 현실적으로 운동하거나 작용하지 않는 것이고, 그 운동 작용은 어디까지나 기의 기능이요 역할이라고 보았다. 그러나 기가 아무리 운동 작용의 기능을 가지고 있더라도 리의 주재나 역할이 없이는 불가하다고 보았다.

명재는 율곡의 이통기국(理通氣局)은 두루 통하여 막힘이 없는 명

4 『明齋言行錄』, 卷4, 「問答上」, "天下未有無理之氣 亦無無氣之理 不可謂相雜 而亦不可謂相離也."

5 『明齋遺稿』, 卷25, 「答鄭萬陽葵陽」, "太極與陰陽不相離 亦不相雜 不可離則爲一物 不可雜則爲二物."

6 『明齋言行錄』, 卷4, 「問答上」, "又曰 栗谷先生所謂發者氣也 發之者理也 是顚撲不破底語."

7 『明齋遺稿』, 卷24, 「與梁得中擇夫」, "凝聚造作 情意計度云者 皆言氣有爲而理無爲之意 而形容之說耳."

리(名理)의 설이라 극찬하고,[8] 기가 발함에 리가 탄다는 율곡의 기발이승(氣發理乘) 네 글자도 바꿀 수 없는 이론이라고 하였다.[9] 이와 같이 그는 율곡의 이기지묘(理氣之妙), 기발이승(氣發理乘), 이통기국(理通氣局)의 기본입장을 그의 이기론의 기반으로 삼고 있다.

그런데 명재는 가치론적 관점에서 이기(理氣)를 설명하기도 한다. 명재에 의하면 천하에 진실로 리 없는 곳은 없다. 그런데 리의 본체는 선할 뿐이고, 불선한 후에 악이 된다. 악한 뒤에는 또한 악의 리가 없다고 할 수 없다. 이는 마치 물의 흐름이 산 위에서 사람의 이마를 지나쳐 흐르는 것과 같으니, 결국 이는 물이 아래로 흐르는 이치를 거스른 것이다. 이것을 역리(逆理), 패리(悖理)라고 부르는 것이 무슨 의심이 있겠는가? 만약 한갓 선악이 모두 리인 줄만 알고 순역(順逆)을 구분하지 못한다면, 리는 주재할 대상이 없게 되고 기의 부림을 받게 되어 기를 거느릴 수 없으니 어찌 리라 하겠느냐 하였다.[10] 이처럼 리는 본래 선한 것으로 규정된다. 다만 불선한 후에 악이라 말할 수 있고 악에도 악의 리가 있다고 말할 수 있다. 그러나 선의 리와 악의 리는 구별되어야 한다. 만약 선의 리와 악의 리를 혼동할 경우 선악의 혼동을 초래함은, 리가 사물의 부림을 받아 인간의 선 행위를 기대하기 어렵게 된다. 이는 명재가 존재론적으로는 이기의 묘합구조하에서 양자의 상보성을 중시하면서도, 가치론적, 수양면에서는 리의 가치적

---

8 『明齋言行錄』, 卷4, 「問答上」, "理通氣局四字 又所以曲暢旁通無有窒碍名理之說到此殆無餘蘊."

9 『明齋遺稿』, 卷24, 「與梁得中擇夫」, "栗谷所論氣發理乘四字 已爲不易之論."

10 같은 책, 卷19, 「與朴泰輔士元」, "天下固無無理之處 然理之本體 則善而已 不善而後爲惡 爲惡之後 則亦不可謂無惡之理 如水之在山過顙 終是逆就下之理也 如是而謂之逆理悖理 何疑之有 若徒知善惡之皆理 而不分順逆 則理爲無主宰之物 爲氣之役 而無以率氣矣 豈理也哉."

우위성과 리의 주재기능을 강조한 것이다.

또한 명재는 심성론에 있어서 전인적, 현실적 인간관을 보여 주어 율곡의 심성관을 계승하고 있다. 그는 기질지성(氣質之性) 중심의 성론(性論)을 펴는데 이에 관해 다음과 같이 설명하고 있다.

> 이기(理氣)가 묘합해서 형(形)을 이루고 형이 있으면 성(性)이 그 속에 있으니 기질지성(氣質之性), 본연지성(本然之性)이 두 가지 성이 아니다. 단지 기질 가운데 나아가 그 리 한쪽을 들으면 이것이 본연지성이다. 이제 이 두 말은 다른 것이 아니다. 단지 주리(主理)로 말하면 성성(成性)이라 하고, 주기(主氣)로 말하면 성형(成形)이라고 말한다. 성(性)은 형(形)을 떠나서 홀로 이루어지지 않는 것인 즉, 또 어찌 성 없이 홀로 이루어지는 형이 있으랴.[11]

이와 같이 명재는 리와 기가 묘합해 형을 이루고 그 속에 성이 있으므로, 기질지성, 본연지성이 서로 다른 두 가지 성이 아니라 하였다. 다만 기질 가운데 리만을 들어 본연지성이라 부르는 것이라 하였다. 이는 주자나 율곡의 성론을 그대로 계승한 것으로, 기질과 관계없이 선험적으로 존재하는 본연지성 같은 것을 인정하지 않은 것이다.[12]

그런데 그의 글 속에서 인심도심에 관한 논의를 제외하고서는 사단칠정이나 본연지성, 기질지성 등에 관한 본격적인 논의는 보이지 않는다. 따라서 다음은 그의 인심도심론에 관해 고찰해 보고자 한다.

---

11 같은 글, "理氣妙合而成形 有形則性在其中矣 氣質之性 本然之性 非二性也 只就氣質之中 擧其理一邊則是本然之性也 今此兩語 非有不同也 只主理而言 則曰成性 主氣而言 則曰成形 性非離形而獨成 則亦安有無性 獨成之形哉."

12 윤사순, 「명재의 성리학적 실학」, 『도산학보』, 제4집, 도산학술연구원, 1995, 172쪽.

명재는 인심과 도심을 이렇게 설명하고 있다.

> 정이 형기에 가려서 곧장 성명(性命)의 본연을 이룰 수 없는 것을 이름하여 인심이라 한다. 사람들로 하여금 그 과불급(過不及)을 살펴 절제해야 하니, 절제하는 것은 도심이 하는 바다. 형색(形色)은 천성(天性)이니 인심 또한 어찌 선하지 않겠는가? 그 과불급이 있기 때문에 악으로 흐를 뿐이다. 만약 능히 도심을 확충하고 인심을 절제해서 형색으로 하여금 그 법칙에 좇는다면 동정운위(動靜云爲)가 성명의 본연 아님이 없다.[13]

이는 율곡의 말을 인용하여 설명한 것인데, 명재는 인심을 형기에 가려 성명(性命)의 본연을 이루지 못한 정으로 규정하고, 이것은 과불급이 있어 절제하지 않으면 안 되는데, 이를 절제하는 것은 바로 도심이라 하였다. 그러나 형색이 곧 천성이므로 인심도 선하지 않을 수 없다고 하였다. 다만 인심은 과불급이 있기 때문에 악으로 흐를 가능성이 있다는 것이다. 그러므로 도심은 확충하고 인심은 절제하게 되면 우리들의 모든 행위가 성명의 본연으로 돌아가지 않을 수 없다 하였다.

그런데 명재의 인심도심론에서 특이한 것은 그가 인심, 도심, 인욕의 삼층으로 이 문제를 설명하고 있다는 점이다. 먼저 그의 말을 인용해 보기로 하자.

> 도심은 성명(性命)에서 발하므로 은미(隱微)하고 인심은 형기에서 생하므

---

13 『明齋遺稿』, 卷26, 「答或人」, "情之揜乎形氣 而不能直遂其性命之本然者 目之以人心 使人審其過不及而節制之 節制之者 道心之所爲也 形色天性也 人心亦豈不善乎 由其有過不及而流於惡耳 若能充擴道心 節制人心 使形色 各循其則 則動靜云爲 莫非性命之本然矣."

로 위태하다. 형기에서 생해서 그 마땅히 욕구하는 바를 욕구하므로 인심이고, 그 마땅히 욕구해서는 안 될 것을 욕구하면 인욕이다. 그 마땅히 욕구할 것을 욕구한 것은 상지(上智)의 인심이고, 그 마땅히 욕구해서는 안 될 것을 욕구하는 것은 중인의 인욕이니, 이와 같이 보건대 어찌 비교적 그렇지 않겠는가?[14]

이와 같이 명재는 성명(性命)에서 근원한 마음을 도심이라 하고, 형기에서 생해서 그 마땅히 욕구해야 할 바를 욕구하는 마음을 인심이라 하고, 그 마땅히 욕구해서는 안 될 것을 욕구하는 마음을 인욕이라 하였다. 예컨대 배고플 때 밥을 먹고 목마를 때 물을 마시는 것은 인심이지만, 과식을 하고 과음을 하는 것은 인욕이 되는 것이다. 따라서 그 마땅히 욕구해야 할 바를 욕구하는 마음이 상지(上智)의 인심이고 그 마땅히 욕구해서는 안 될 것을 욕구하는 마음을 중인의 인욕이라 하였다. 이렇게 그가 인심, 도심, 인욕을 삼층으로 나누어 설명하는 것은 특이한 일이지만, 선유들에 있어서는 인심을 설명하면서 그것이 과불급일 경우는 곧 인욕이 된다고 설명했다.[15]

또한 명재는 인심도심을 일원화시켜 일심 속에서 보려는 태도가 뚜렷하다. 그에 의하면 인심도심(人心道心), 위미(危微), 정사(正私) 등의 글자는 일심 가운데에 나아가 분별해 말한 것이라 한다.[16] 심은

---

14 같은 책, 卷16, 「與李君輔(世弼)」, "道心 發於性命 故微也 人心 生於形氣 故危也 生於形氣 而欲其所當欲 故人心也 欲其不當欲 則人慾也 欲其所當欲者 上智人心也 欲其不當欲者 衆人之人慾也 如此看之 豈不較然乎."

15 『栗谷全書』, 卷10, 書2, 「答成浩原」, "夫形色天性也 人心亦豈不善乎 由其有過有不及 而流於惡耳."
같은 책, 卷14, 「人心道心圖說」, "道心 純是天理 故有善而無惡 人心也 有天理也有人欲 故有善有惡."

하나인데 그 양태에 따라 인심이니 도심이니 인욕이니 구별할 뿐이다. 그러므로 도심으로서 인심을 부린다고 말한 것은 온당치 못한 듯하다고 하였다. 대개 그 방출(放出)하는 것도 비록 형기가 시켜 그런 것이며, 회수(回收)하는 것도 비록 성명의 양능(良能)일지라도 방출하는 것도 이 심이요 회수하는 것도 또한 이 심이라 하였다. 방출한 것을 알고 구하고자 하면 심은 곧 있게 되니, 마치 잡고 버리고 있고 없음을 말할 뿐이라 하였다. 심은 하나이니 이 마음으로서 저 마음을 구하는 것이 아니라 하였다.[17]

이러한 일심의 차원에서 명재는 인심도심으로 구분하기 이전의 마음을 '본심지정(本心之正)'으로 설명하고 있다. 그의 설명을 보기로 하자.

> 정(精)하면 둘 사이를 살펴서 섞이지 않게 되고, 일(一)하면 그 본심의 정(正)을 지켜서 떠나지 않게 된다. 이미 본심의 정이라 하였는데, 인심의 과불급이 없음이 곧 소위 본심의 정이다. 본심의 정이 곧 도심이다. 어찌 인심도심에 분속(分屬)할 수 있으랴.[18]

이처럼 본심이 과불급 없이 바르게 작용한 것이 도심이요 과불급

---

16 『明齋遺稿』, 卷25, 「答鄭萬陽葵陽」, "人心道心危微正私等字 就一心之中 而分別言之也."

17 같은 글, "但以道心使人心云者 似未穩 盖其放出者 雖是形氣之使然 收回者 雖是性命之良能 然放者 是心也 收者 亦是心也 知其放而欲求之 則心便在 如操舍存亡之云耳 心則一也 非以此心求彼心也."

18 같은 책, 卷24, 「答朴泰漢喬伯」, "精則察夫二者之間而不雜 一則守其本心之正而不離 旣曰本心之正 則人心之無過不及者 卽所謂本心之正 本心之正 卽道心也 何可分屬於人心道心耶."

해서 잘못 작용한 것이 인심이다.[19] 본심의 정(正)은 인심도심으로 구별하기 이전의 마음이다. 이는 명재가 인심도심을 설명하면서도 두 마음으로 구별하기 이전의 본연의 마음, 즉 일심을 강조하는 것으로 특징적 의미가 있다. 물론 이러한 명재의 일심이나 본연의 마음을 강조하는 것은 그의 독창은 아니고, 이미 선유들에게서도 보인다. 율곡의 경우도 인심과 도심이 비록 두 이름이나 그 근원은 단지 한 마음인데, 발함에 혹 이의(理義)를 위한 것과 혹 식색(食色)을 위한 것이 있기 때문에 발함에 따라 이름이 달라진다고 하였다.[20]

다음은 명재가 인심도심의 이기론적(理氣論的) 구조를 어떻게 설명하고 있는지 살펴보기로 하자. 기본적으로 명재도 율곡의 기발이승(氣發理乘)의 설에 따라 인심도심을 설명하고 있다. 명재는 기발이승일도(氣發理乘一道)는 진실로 인심도심에 사이가 없다 하고,[21] 기가 본연의 리에서 변함이 있으면 또한 본연의 기에도 변함이 있다고 한다. 그러므로 리 또한 그 소변지기(所變之氣)를 타고 인심이 되어 혹 지나치고 혹 미치지 못하게 된다 하였다.[22] 결국 도심은 리가 본연의 기를 탄 것이고 인심은 소변지기(所變之氣)를 탄 것이라 할 수 있으니, 이는 율곡의 설을 그대로 좇고 있다.[23]

이렇게 볼 때, 명재는 그의 문집 전체를 통틀어 보더라도 인심도심

19 윤사순, 「명재의 성리학적 실학」, 『도산학보』, 제4집, 도산학술연구원, 1995, 171쪽.

20 『栗谷全書』, 卷10, 書2, 「答成浩原」, "人心道心 雖二名 而其原 則只是一心 其發也 或爲理義 或爲食色 故隨其發 而異其名 ……."

21 『明齋遺稿』, 卷16, 「與李君輔(世弼)」, "氣發理乘一道 固無間於人心道心 ……."

22 같은 책, 卷26, 「答或人」, "氣有變乎本然之理者 則亦變乎本然之氣也 故理亦乘其所變之氣 而爲人心而或過或不及焉."

23 『栗谷全書』, 卷10, 書2, 「答成浩原」, "…… 理乘其本然之氣而爲道心焉 …… 故理亦乘其所變之氣而爲人心."

에 관한 논의가 가장 많고 또 정밀하다. 비록 율곡의 인심도심설에 기반하고 있으나 도심, 인심, 인욕의 삼층으로 심을 설명하고 있다든가, 일심의 바탕에서 인심도심을 설명한다든가, 도심의 과불급을 말하면서 그 원인을 인심에 돌리는 것 등은 명재 나름의 철학적 고뇌의 흔적이라고 평가된다.

이렇게 볼 때, 명재의 성리학은 기본적으로 주자나 율곡에 그 기반을 두고 있다고 볼 수 있다. 독창적인 면이 보이지 않음은 유감이지만, 이통기국(理通氣局)의 체인, 이기지묘(理氣之妙)의 사유, 인심도심론(人心道心論)의 전개 등을 통해 그의 성리에 대한 해박한 식견과 이해를 충분히 짐작할 수 있다. 오히려 그의 독창의 면은 사변적인 성리논변 그 자체를 꺼리고, 실심(實心)에 기반하여 실공(實功)을 추구한 그의 '무실학풍(務實學風)'에서 찾는 것이 옳다.

(2) 예학적 특성

명재의 학문적 활동에 있어 예학은 중요한 의미를 갖는다. 그것은 17세기가 예학의 시대였고, 또 그를 둘러싼 지역적, 학문적 환경이 예학풍에 젖어 있었기 때문이다. 17세기 호서지역은 기호예학의 중심지였다. 사계, 신독재 문하의 송시열(宋時烈), 송준길(宋浚吉), 윤선거(尹宣擧), 이유태(李惟泰) 등이 사계 예학을 계승하고 있었고, 이들 외에도 부친의 친우 윤휴, 장인 권시(權諰) 등이 모두 예학에 많은 관심을 갖고 활동했기 때문이다. 명재에게 있어 윤선거는 부친이요, 권시는 장인이요, 김집, 유계는 스승이었으니, 그의 예학적 수업은 이러한 배경에서 이루어졌다.

그의 대표적인 예서로는 『의례문답(疑禮問答)』이 있다. 이 책은 그의 친우 및 문인들의 예에 대한 질문에 답한 글인데, 항목별로 분류하여 편집 간행한 것이다. 그런데 이 책에는 서문이나 발문이 없어 책이 만들어진 시기와 정황을 알 수 없다.

이 책은 「가례도(家禮圖)」, 「통례(通禮)」, 「관례(冠禮)」, 「혼례(婚禮)」, 「상례(喪禮)」, 「제례(祭禮)」, 「국휼중사례(國恤中私禮)」, 「왕가례(王家禮)」, 「예서질의(禮書疑義)」등의 순서로 되어 있는데, 상례가 가장 많은 분량을 차지하고 있다.

명재의 예설은 대체로 『의례문답』에 종합되어 있고, 단편적이기는 하나 『명재유고(明齋遺稿)』 가운데 「상례유서(喪禮遺書)」와 「제례유서(祭禮遺書)」에도 일부가 실려 있다. 그런데 그의 주된 관심은 역시 상제례(喪祭禮)에 있었다. 물론 그것은 명재만의 예학적 경향이라기보다 그의 예학의 대본을 이루는 『가례(家禮)』의 구성상 특징이고, 또한 당시 사람들의 일반적 경향이기도 하였다. 다만 『의례문답』의 경우 그 비중이 점차 관혼례(冠婚禮)와 통례(通禮)로 확대되고 있다는 점이 이전의 예 문답서들과의 차이점이라고 할 수 있다.[24] 이제 사례(四禮)를 중심으로 명재 예학의 특징이 무엇인지 검토해 보기로 한다.[25]

명재 예학의 첫 번째 특징은 무엇보다 주자의 『가례』를 중시하고 있다는 점이다. 명재의 예학은 사계예학파의 전통에 따라 주자의 『가례』가 예학의 기본이라는 확고한 신념을 가지고 있었다. 따라서 『가

24 한기범, 「명재 윤증의 자주적 예학사상」, 『무실과 실심의 유학자 명재 윤증』, 청계, 2001, 334쪽.

25 한기범은 위 논문에서 명재 예학의 특성을 『家禮』의 尊信, 俗禮에 대한 자긍적 예인식, 보편 지향적 예 인식과 宗法的 禮論, 務實的 예사상, 自見的 禮說과 自家禮 인식으로 규정하고 있는데, 이를 주로 참고하여 서술하고자 한다.

례』의 존신(尊信)과 철저한 계승을 예학 연구의 우선으로 삼았다. 그는 윤지교(尹智敎)와의 예 문답에서 주자의 『가례』를 기본으로 삼아야 구차한 근심이 없으며, 『가례』에 빠진 부분이 있을 때만 구준(丘濬)[26]의 『가례의절(家禮儀節)』이나 다른 예서를 참고 하는 것이 좋다고 하였다.[27] 또한 박세채(朴世采)와의 문답에서도 예설의 차이로 빚어지는 여러 문제에 대해 한결같이 『가례』를 기준으로 해결하는 것이 원칙이라고 하였다.[28]

둘째, 명재예학의 특성은 속례(俗禮)에 대한 자긍적 인식의 태도를 지적할 수 있다. 『가례』가 조선조 예학의 근간이 되는 예서이기는 하지만, 이는 분명 중국의 예서라고 볼 때 예의 구체적 적용면에서는 많은 문제를 안고 있었다. 조선과 중국은 지역이 다르고 문화가 다르고 형편이 다르기 때문이다. 그러므로 명재는 속례를 검증할 때 일차적으로는 『가례』와 고례 및 그와 관련된 예설들을 기준으로 삼았지만, 전거가 불분명할 경우에는 시의성과 정례(情禮)에 합당한 것인지 여부를 판단의 주요 기준으로 삼았다. 예를 들면 독축(讀祝)할 때 우리나라에서는 주인이 무릎을 꿇는 데에 대해, 『가례』에서는 그러한 기록이 없다고 질문을 하였다. 이에 대해 명재는 그것은 『가례』의 궐문(闕文)이 아니라 우리나라와 중국의 공경의 표현 방식이 다르기 때문이라 하고, 우리나라의 풍속을 좇아 무릎을 꿇는 것이 온당하다고 답변하였다.[29]

셋째, 명재 예학의 특성은 보편 지향적 예 인식과 종법적(宗法的)

26 15세기 중국 명나라의 학자.

27 『疑禮問答』, 卷1, 「通禮」, 有事則告.

28 같은 책, 卷7, 「祭禮」.

29 같은 책, 卷1, 「通禮」, 有事着告.

예론에 있다. 사계학파의 천하동례적(天下同禮的) 보편지향성은 왕조례(王朝禮)의 문제인 예송(禮訟)에 잘 나타나 있는데, 사계 예학파의 종법론은 주자학적 보편지향성을 추구하는 경향을 지니고 있으며, 그것은 김장생-김집-송시열의 단계로 내려오면서 점차 강화되었다.[30] 종법(宗法)이란 적장자(嫡長子) 상속을 핵심으로 하는 친족조직의 원리인데, 그것은 기본적으로 차등적 폐쇄성을 전제한다.

윤지교(尹智敎)가 「오종도(五宗圖)」 아래의 부주(附註)에서 주자가 "아버지가 돌아가시면 종자(宗子)가 그 제사를 주재하고, 서자(庶子)가 벼슬에 있으면 그가 제사할 때의 예는 역시 등급을 낮추는 것이 합당하다"고 하였는데, 등급만 낮출 뿐 아니라 마땅히 예에 근거해 바로잡아야 한다고 주자의 말에 이의를 제기한 바 있다. 이에 대해 명재는 "송나라 때는 지자(支子)가 제사하는 것이 풍속을 이루었으므로 그와 같이 말한 것이다. 주자가 『가례』를 편찬한 뒤에야 종법이 비로소 밝아졌다"고 하였다.[31] 이와 같이 명재는 종자가 있는데도 지자(庶子)가 아버지의 제사를 지내는 것은 예가 아니라고 보았으니, 이는 적장자(嫡長子) 상속을 철저히 고수하는 종법주의적 입장으로 종지(宗支)의 구분을 분명히 하고자 하는 율곡 이래의 종법주의 정신을 계승하고 있다.

넷째, 명재의 예학에는 무실적(務實的) 색채가 매우 짙다고 볼 수 있다. 명재는 예제의 정립과 운영면에서 명분보다는 실질을 추구하고, '예출어정(禮出於情)'의 원리와 예의 시의성을 중시하여 정례(情禮)와 시의에 맞는 예의 실천을 추구하였다. 명재의 무실적 예인식은

30 한기범, 「명재 윤증의 자주적 예학사상」, 『무실과 실심의 유학자 명재 윤증』, 청계, 2001, 345쪽.

31 『疑禮問答』, 卷1, 「通禮」, 宗法.

『의례문답』에서 발견되는데, 여기에서 그는 실생활에서의 문제들을 학술적으로 검증하여 보다 의식적인 예 실천을 이루고자 하였으니, 예 문답서의 계술(繼述)은 무실(務實)을 중시했던 사계 예학파의 예학경향의 하나라고 볼 수 있다.[32]

명재의 무실적 예의식을 알 수 있는 사례로 「상례유서(喪禮遺書)」의 다음과 같은 내용을 볼 수 있다.

> 묘표(墓表)는 가장 긴요하고 절실한 것인데, 사람들은 그것을 소홀히 하고 있다. 간혹 묘표를 세우지 않고 있다 몇 세대가 지난 뒤에 묘소의 위치를 알지 못하는 경우도 있다. 그러므로 반드시 3년 이내에 세워야 한다. 반드시 음기(陰記)를 필요로 하지 않으니, 단지 성명만 새겨도 된다. 고총(古冢)들을 둘러보면 비록 짧은 표석이 풀밭에 묻혀 있지만, 오히려 누구의 묘인지 알 수가 없다. 묘갈(碑碣)은 반드시 필요하지 않지만, 표석(表石)은 마땅히 반드시 3년 이내에 세워야 한다.[33]

이와 같이 명재가 묘갈 없이 묘표만 세우고, 또 묘표에는 음기를 쓰지 말라는 유언은 그의 무실적 예학의 단면을 잘 보여 주는 경우다. 명재에 의하면 묘표란 어디까지나 묘소의 위치를 알리는 데 목적이 있으므로, 묘표 외에 묘갈명(墓碣銘)이나 묘표음기(墓表陰記)는 반드시 필요한 것이 아니라는 것이다. 당시 상례의 허례허식에 대한 비판적 태도요, 실용적, 합리적인 예 인식을 엿볼 수 있다.

32 한기범, 앞의 책, 351쪽.

33 『明齋遺稿』, 卷30, 「喪禮遺書」, "墓表最爲要切 而人家多忽之 或至於終不能爲之 子孫數世後 不知其處 不可不必於三年內立之 不必有陰記 只刻姓名可矣 常見古冢 雖短表埋草 而猶可知爲某人之墓碑碣 則不必有也 表石當必於三年內立之."

끝으로 명재의 예학에서 자주적 태도를 볼 수 있다. 명재는 예서에 구체적인 절목이나 사례가 없는 경우 그는 자신의 견해로써 대답을 하고 있다. 윤주익(尹周翊)이 선대의 묘소에 흙을 더하려고 하는데 상고할 만한 절목이 있으며, 일을 마친 후에 고유제(告由祭)를 지낼 때 묘제(墓祭)의 축사(祝辭)를 써야 하는가에 대해 질문했는데, 이에 대해 명재는 "무덤에 흙을 더하는 예에는 별다른 절목이 없다. 먼저 술과 과일로 고유제를 올리고 일을 끝낸 뒤에 다시 고유제를 드리는데, 모두 임시로 제문을 만들어 써야지, 묘제의 축문을 써서는 안 된다. 만일 사시(四時)의 절사(節祀)에 제사할 때는 제문의 축문을 써도 무방할 것이다"라고 하였다.[34]

이와 같이 명재는 예 문답에서 고례나 『가례』 그리고 선유의 예설에도 근거가 없는 경우에는 자신의 자주적 입장에서 예 해석을 하였다.

또한 명재는 많은 예 문답에서 자신의 집안 즉 파평윤씨가의 예를 들어 설명하기도 하는데, 이는 그의 예학이 객관적 근거를 가지고 있으면서도 자가례(自家禮)를 통해 보완하고 있음을 알 수 있다.

(3) 무실적(務實的) 특성

명재의 특징적인 학풍이 무실(務實)학풍이다. 명재는 입지(立志)와 무실(務實)이 학문하는 자가 가장 먼저 힘써야 하는 것이며, 나머지는 모름지기 책에 있을 따름이라 하였다.[35] 이처럼 그는 입지와 무실

---

34 『疑禮問答』, 卷7, 「祭禮」, "問 將行先墓加土之後 此有節目之可據者否 畢後後似有告祭 而當用墓祭祝辭否(尹周翊) 答 加土之禮無別樣節目 先以酒果告由後畢後又告皆臨時措辭以用 不當用墓祭祝文也 若當四時節目 則後畢後仍行祭禮 而用祝文無妨否."

을 학문의 기초로 삼았다.

그런데 이는 명재가 율곡과 우계의 사상을 계승한 것이다. 명재는 「제위학지방도(題爲學之方圖)」에서 그 배경을 다음과 같이 설명한다.

> 소위 입지(立志), 무실(務實) 두 조목은 내가 양 선생의 뜻을 취하여 첨가한 것이다. 대개 입지가 아니면 시작할 수 없고, 무실이 아니면 마칠 수 없으니, 이는 「격몽요결(擊蒙要訣)」과 「성학집요(聖學輯要)」가 모두 입지로서 수장(首章)을 삼았다.[36]

이와 같이 명재가 학문의 근본으로 입지와 무실을 제시한 것은 율곡과 우계의 사상을 그대로 계승한 것인데, 입지가 아니면 학문을 시작할 수 없고, 무실이 아니면 학문을 마칠 수 없다고 보았기 때문이다. 명재에 의하면 「격몽요결」, 「성학집요」는 모두 입지로써 수장을 삼는다. 대개 이 뜻이 있은 연후에 그 일을 할 수 있기 때문이다. 비록 그 일을 하더라도 참되지 아니하면 이룰 수 없다. 그러므로 무실하고자 하는 것이다. 무실로써 학문을 끝마치지 않는다면, 또한 학문하는 지극한 공부가 되지 않는다.[37] 결국 입지가 학문의 시작이지만, 무실이 갖추어지지 않으면 학문의 진실한 효과를 기대할 수 없다.

---

35 『明齋遺稿』, 卷14, 「答羅顯道」, 戊辰, 正月 29日, "所叩教學之術 有何別方 立志務實 最爲學者之先務 其餘在方册耳."

36 같은 책, 卷30, 「題爲學之方圖」, "所謂立志務實二目 則拯之僭取兩先生之意而添之者也 蓋非立志則無以始 非務實則無以終 此擊蒙要訣及聖學輯要 皆以立志爲首章 ……."

37 같은 책, 卷26, 「答或人」, "擊蒙要訣及聖學輯要 皆以立志爲首章 蓋有是志 然後方可爲其事故也 雖爲其事 不以誠則不能成 故欲其務實 非以務實爲學之終也 亦非以爲學之極功也."

아들 윤동원(尹東源)에 의하면, 명재는 항상 "입지가 독실하면 '성인의 성품이 곧 나의 성품'이라고 말한다. 학문이 성인의 경지에 이르지 못하면 나의 성품에도 미진함이 있는 것이다. 무실이 지극하면 '모두 실리(實理)'라고 말할 만큼 사물을 전부 체득하게 된다. 무실은 상하의 학문에 일관된 공효를 가져온다"고 하였다. 이처럼 무실은 학문에 있어 상하를 관통하는 것으로, 이를 통해 공효가 이루진다고 보았다.[38] 그러므로 입지와 무실은 명재에 있어서 학문의 근본이었는데, 이것은 가전(家傳)의 지결(旨訣)이었다.[39]

명재는 이유태(李惟泰)에게 보낸 편지에서도 무실(務實)하지 않는 것이 학자들의 큰 병폐라고 지적하고 있으며,[40] 박세채(朴世采)에게 보낸 편지에서도 '무실(務實)' 두 글자로 학문의 기초를 삼아야 한다고 하였다.[41]

이렇게 명재가 학문에 있어 입지와 무실을 중시한 까닭은 율곡의 「격몽요결」과 우계의 「위학지방(爲學之方)」에 근거한 것이다.

> 선인께서는 초학자를 보면 반드시 「격몽요결」로써 우선을 삼았으니, 이 책이 비록 약(約)하나 실로 학문하는 지남(指南)이다. 그 다음 또한 우계가 기록한 「위학지방」보다 중요한 것이 없으니, 이로써 선인께서는 반드시 학자

---

38 『明齋先生年譜』, 附錄, 卷1, 「家狀」, "立志之篤 則日聖人之性亦吾性也 學問不及於聖人 則於吾性有未盡分處 務實之至 則日 皆實理也 無物不體 務實爲徹上徹下之功."

39 같은 책, 附錄, 卷1, 17章, "…… 又必以立志務實爲本 此乃先生家傳旨訣爾."

40 『明齋遺稿』, 卷9, 「上草廬書」, 己未, "仄聞近地章甫 多有出入門墻者 未知有將來可望者否 近來彌覺不務 實爲學者之大患 須先有眞實根本而後 可以闖得去 隨其高下而有所成就 未知如何(己未)."

41 같은 책, 卷11, 「與朴和叔」, "…… 以務實二字 貼於爲學初頭 庶乎做得基址."

들로 하여금 반드시 먼저 이 두 책을 읽어야 한다 하였다.[42]

> 일찍이 선인께 들으니, 율곡 선생이 지은 「격몽요결」과 우계 선생이 쓴 주자의 「위학지방」은 초학자가 먼저 읽지 않으면 안 된다.[43]

이처럼 율곡의 「격몽요결」과 우계의 「위학지방」이 강조된 이유는, 부친 윤선거의 가학적 영향이 매우 컸다. 결국 입지와 무실은 율곡과 우계에 있어 학문의 근본으로 강조되었는데, 이를 부친 윤선거가 중시했고 명재 또한 이를 계승하였다.

그러므로 명재는 무실론(務實論)의 근간이 되는 진실심(眞實心)의 확립을 특별히 강조하였다. 그는 옛 사람이 학문하는 방법은 책에 갖추어 있는데, 세상의 학자들이 진실한 마음을 가지고 있는 경우가 드물다 한탄하고,[44] 학문은 모름지기 진실한 마음을 기본으로 삼은 후에, 잊지도 말고 조장하지도 말아서 순서에 따라 점차 나아가야 한다고 하였다.[45]

그런데 명재는 인간주체의 실심(實心)을 가지고 실공(實功)을 해야 수기, 치인 양면에서의 공효가 가능하다고 하였다. 그는 진실한 뜻을

---

42 같은 책, 卷21, 「答李漢游漢泳」, "先人每見初學者 必以擊蒙要訣爲先 以爲此書雖約 實爲學之指南也 其次又莫要於牛溪所抄爲學之方 以此先人必使學者 必先讀此二書 ……."

43 같은 책, 卷23, 「答權綵汝柔」, "唯嘗聞諸先人 以爲栗谷先生所著擊蒙要訣及牛溪先生所抄朱子書爲學之方 初學者不可不先讀也."

44 같은 책, 卷21, 「答李彦緯武叔」, "古人爲學之方 具在方册 而世之學者 罕有眞實心地."

45 같은 책, 卷24, 「答朴泰漢喬伯」, "須以眞實心地爲之基本 而後勿忘勿助 循序漸進而已."

세워서 실공을 짓는 것이 진실로 천하의 큰 사업이라 하고,[46] 오직 마땅히 실심으로써 실공을 해야 한다 하였다.[47] 또한 실심으로써 실공을 지으면, 하루에 반드시 하루의 일이 있고, 잠시도 방과(放過)하지 말면 비로소 차제(次第)를 말할 수 있어 빈말로 돌아가는 것을 면케 될 것이라 하였다.[48] 그리고 붕우들에게 바라는 바는 오직 실공을 지어 우리 학문에 나아가 서로 더불어 의리를 강구하고 열심히 힘써 복행(服行)하여, 부족한 자신으로 하여금 은혜를 입기를 바랄 뿐이라 하였다.[49]

또한 이세구(李世龜)에게 답한 글에서는 실심이 있으면 저절로 실공이 있고, 또한 쉼 없는 공부가 있을 뿐이라 하였고,[50] 아들 행교(行敎)에게 준 글에서, 근심할 바는 실심을 확충하기 어렵고 실공을 힘쓰기 어려울 뿐이니, 이 실심실공이 없으면 헛소리와 실화(實禍)가 작은 일이 아닐 것이라 경계하였다.[51]

이러한 관점에서 명재는 실심이 있은 후에 실공이 있고, 실공이 있은 후에 실덕(實德)이 있으며, 실덕이 있은 후에 밖으로 나타나, 어디에서든지 실하지 아니함이 없게 된다고 하였다.[52] 결국 명재의 무실론은 실심이 실공으로, 실공을 통해 실덕으로 수기가 완성되고, 이러

46 같은 책, 卷15, 「答羅顯道」, "若因此而擴充之 立實志而做實功 則誠天下之大業也."

47 같은 책, 卷19, 「與閔以升彦暉」, "惟當以實心做實功 口不言一點時事 而惟日孜孜於學習 則徜庶幾乎."

48 같은 책, 卷21, 「答金龜孫」, "深源以實心做實功 一日必有一日之事 勿令頃刻放過 則方有次第之可言 而免於擔閣空言之歸矣."

49 같은 책, 卷21, 「與李燔希敬」, "所望於朋友者 亦唯做實功 進吾學 相與講究義理 勉强服行 使衰朽者 得借餘光 是冀而已."

50 『明齋遺稿補遺』, 「答李壽翁, 世龜」, "有實心則 自有實功 亦在不息工夫而已."

51 같은 책, 卷29, 「與子行教」, "…… 所患者 實心之難充而實功之難辦耳 無此實心實功 則虛聲實禍 非小事也."

한 실덕이 실제로 사업에 구체화될 때 매사가 실하지 않을 수 없게 된다고 보았다.

이러한 그의 무실론은 마침내 실학으로 귀결된다. 그는 여러 곳에서 실학을 강조한다.

> 금일 우리 무리가 함께 힘써야 할 바는, 오직 마땅히 우리의 실학에 나아가 잠구역행(潛究力行)하여 하나의 맥을 전하는 데 도와서 단절에 이르지 않도록 할 뿐이다.[53]

> 정의존성(精義存省)이 더욱 나아지는 원대한 실학으로써 오도(吾道)의 여망에 보답한다.[54]

> 잡서를 박람(博覽)하면 읽는 것이 있어도 일을 성취하지 못한다. 반드시 실학을 착실히 공부해야만 밖으로 내달리는 폐단을 면할 것이다.[55]

> 만약 먼저 실학을 행한 뒤에 과예(科藝)를 한다면, 당연히 성공하는 사람이 있을 것이다.[56]

---

52 『明齋遺稿』, 別集, 卷3, 「擬與懷川書」, "夫有實心 而後有實功 有實功而後有實德 有實德 而後發於外者 無往而不實."

53 같은 책, 卷23, 「答朴壽岡」, "今日吾黨之所共勉者 唯當就吾實學 潛究力行 庶幾傳扶一脉 不至斷絕而已."

54 같은 책, 卷20, 「與朴士元(泰輔)」, "精義存省益進 遠大之實學 以慰吾道之望也."

55 같은 책, 卷19, 「與朴士元(泰輔)」, 壬子, "訖觀雜書博洽 則有之不濟於事 須着工於實學 庶免外馳之弊也."

56 같은 책, 卷15, 「答羅顯道書」, 癸酉, "若先實學 而後科藝 則當有興起者."

이와 같이 명재의 학문은 곧 실학이었고 '오도(吾道)' 였다. 실학은 자신이 추구한 학문정신이면서 문인이나 자제에게 강조한 학문이었다. 명재는 내 마음에 있는 것이 실덕이고, 남에게 영향을 주는 것이 실학이라 하여,[57] 수기적 측면에서 실덕을 말하고, 치인의 측면에서 실학을 말하였다. 이렇게 볼 때, 명재의 실학적 바탕은 실덕에 있지만, 그 실덕을 제가, 치국, 평천하로 발휘할 때 실학은 온전히 드러난다고 보았다.

이러한 그의 실학은 비록 조선후기 영, 정조시대의 본격적인 실학과는 거리가 있지만, 적어도 성리학 내지 예학의 사변성이나 관념성에 대한 반성과 보완의 의미를 갖는 실학이었다.

명재의 실심, 실공, 실덕으로 이어지는 무실론은 멀리 송학(宋學)에서 성(誠)을 실리(實理), 실심(實心)으로 해석한 데서 연유하며,[58] 여말선초 권근(權近)의 '무실(務實),'[59] 변계량(卞季良)의 '궁리지실학(窮理之實學),'[60] 김시습(金時習)의 '실리(實理),'[61] 조광조(趙光祖)의 '실공(實功),'[62] 김정국(金正國)의 '무실(務實),'[63] 이언적(李彦迪)의 '실학(實學),'[64] 송인수(宋麟壽)의 '무기성실(務其誠實),'[65] 이황(李滉)의 '무본실(務本實),'[66] 김인후(金麟厚)의 '무실(務實),'[67] 유희

---

57 같은 책, 卷32, 「一齊集跋」, 庚申, "由是在己者爲實德 及人者爲實學."

58 『性理大全』, 卷37, "誠者 在道則爲實有之理 在人則爲實然之心."

59 『陽村集』, 卷21, 「子虛說」.

60 『春亭集』, 卷8, 「策問題」.

61 『梅月堂集』, 卷20, 「生死說」.

62 『靜庵集』, 卷3, 「侍讀官時啓」, 6.

63 『思齋集』, 卷3, 「策題」.

64 『晦齋集』, 卷5, 「答忘機堂 第1書」.

65 『圭庵集』, 卷2, 「因災救弊疏」.

66 『退溪集』, 卷40, 「答完姪」.

춘(柳希春)의 '무실(務實),'[68] 노수신(盧守愼)의 '무실(務實),'[69] 정개청(鄭介淸)의 '실리실심(實理實心),'[70] 성혼(成渾)의 '실심(實心)'[71] 등을 계승한 것이다. 특히 율곡은 실리, 실심, 실공, 실덕, 실효를 중심으로 한 체계적인 무실사상을 보여 주고 있는데, 이는 명재 무실론의 연원으로 매우 큰 영향을 미쳤다.

이렇게 볼 때, 명재의 무실론(務實論)은 분명 율곡을 중심으로 한 '성리학적 실학'의 성격을 지니고 있지만,[72] 양명학적 시각에서 보기도 하는데,[73] 한말 도산 안창호(島山 安昌浩: 1878~1938)의 무실역행(務實力行)사상으로 이어지기도 하였다.[74]

---

67 『河西集』, 卷12, 「策」.

68 『眉巖集』, 「經筵日記」.

69 『穌齋集』, 內集, 上篇, 「侍講錄」, 1.

70 『困齋集』, 「愚得錄」.

71 『牛溪集』, 卷3, 「庚寅封事」.

72 윤사순, 「명재 윤증의 성리학적 실학」, 『무실과 실심의 유학자 명재 윤증』, 청계, 2001.

73 송석준, 「명재 윤증의 심학사상」, 『무실과 실심의 유학자 명재 윤증』, 청계, 2001.

74 박종홍, 『한국사상사논고』, 서문당, 1977, 216~226쪽.
황의동, 「도산사상에 관한 고찰」, 『학생생활연구』, 제11집, 청주대학교 학생생활연구소, 1989, 35쪽.

3 장

진주강문(晉州姜門) 유학자들의 학문과 사상

1. 시작하는 말

조선의 유학은 학연, 지연, 혈연, 정치적 당파가 어울리는 가운데 형성되고 발전해 갔다. 그것은 가학적 배경과 전통이 학문 수수(授受)의 중요한 배경이 되었고, 정치적 당파에 따라 학문의 전수도 이루어졌다. 또한 스승의 학문에 대한 존신(尊信)과 스승에 대한 존경에서 학맥을 이어가기도 했고, 생장지, 유배지, 관직상 근무지가 사승관계를 이어 주는 계기가 되기도 했다. 이렇게 복잡한 배경에서 조선의 유학은 전개되었다. 따라서 조선유학사의 전개에 있어 학맥이나 학파의 규정은 복합적인 배경을 고려하지 않으면 안 된다. 이런 관점에서 문중학문 연구에 대한 부정적인 시각에도 불구하고 연구의 필요성과 타당성이 있다.

진주강문(晉州姜門)은 고구려 영양왕 때의 명장 강이식(姜以式) 장군을 시조로 삼고,[1] 고려시대 귀주대첩의 명장 강감찬(姜邯贊)장군과

1　강대희 편저, 『진주강씨 역대중요 인명사전』, 도서출판 뽑힌글, 1988, 5쪽.

그와 함께 홍화진(興化鎭)에서 거란군을 격파한 공로로 병부상서(兵部尙書)에서 상주국(上柱國)에 오른 은열공(殷烈公) 강민첨(姜民瞻; 963~1021) 장군을 비조(鼻祖)로 섬긴다.[2]

구체적으로 진주강문은 인헌공파(仁憲公派; 姜邯贊), 은열공파(殷烈公派; 姜民瞻), 박사공파(博士公派; 姜啓庸) 등 여러 파가 있는데, 진주강문 전체를 통틀어 가장 많은 유학자 내지 역사적 인물을 배출한 것은 은열공파와 박사공파다.

특히 은열공파 중 학사공파는 대대로 충남 온양(현재 아산시 송악면 동화리 일대)에 향제(鄕第)와 농장을 마련하고 세거(世居)하다가, 강문한(姜文翰; 1464~1547)에 이르러 충청도 회덕 북면 한사산 아래 한사동(현재 대전광역시 대덕구 석봉동 잔골 일대)으로 시거지(始居地)를 새로 마련하게 되었다.[3]

이 지역을 중심으로 가세가 번창했던 진주강문은 송시열이 말한 대로 '남송북강(南宋北姜)'으로 일컬을 만큼[4] 회덕지역에서 은진송씨(恩津宋氏) 다음으로 재지사족(在地士族)으로서의 위치를 갖고 있었다. 진주강문은 많은 과거 급제자를 배출하여 강맹경(姜孟卿), 강희안(姜希顔), 강희맹(姜希孟) 등이 조선시대 정치, 행정의 일선에서 중요한 역할을 수행하였고, 강주의 아들(姜栢年), 손자(姜鋧), 증손자(姜世晃) 3대가 연이어 기로소(耆老所)에 입사하여 세상으로부터 '삼세기영지가(三世耆榮之家)'라는 칭호를 얻기까지 하였다.[5]

---

2 강경훈, 「죽창선생집 해제」, 『죽창선생집』, 태학사, 2006, 30쪽.

3 같은 글, 30쪽.

4 「懷德鄕案序」에서 송시열(宋時烈)은 "호서에 예부터 3대족의 칭이 있으니, 연산(連山)의 김(金)과 니산(尼山)의 윤(尹)과 회덕(懷德)의 송(宋)이다. 그러므로 회덕향안(懷德鄕案)에는 송씨(宋氏)가 가장 많다. 또 '남송북강(南宋北姜)'의 칭이 있으니, 강씨(姜氏)가 다음으로 많다"고 하였다.

또한 저명한 유학자로서 강희맹(姜希孟), 강학년姜鶴年), 강백년(姜栢年), 강세구(姜世龜), 강혼(姜渾), 강항(姜沆) 등이 있고, 19세기 서학에 눈을 떴던 강이천(姜彝天), 강이문(姜彝文), 강이원(姜履元), 강이오(姜履五), 강이중(姜履中), 강이인(姜履寅), 강완숙(姜完淑) 등이 있고, 시(詩), 서(書), 화(畵) 등 예능에 뛰어났던 강희안(姜希顔), 강주(姜籒), 강세황(姜世晃), 강준흠(姜浚欽), 강이천(姜彝天) 등이 있다.

진주강문은 정치적 당색으로 보면 북인계열 그중에서도 소북(小北)계열[6]로 볼 수 있지만, 18세기 후반 다산(茶山)과 함께 서학운동을 했던 진주강문의 학자들은 오히려 남인계열로 볼 수도 있어 일률적으로 단정 짓기는 어렵다.[7]

---

5 강경훈, 같은 글, 29쪽.

6 동인이 남북으로 분열된 후 북인이 정권을 잡았으나 1599년(선조 32) 북인 홍여순(洪如淳)이 대사헌이 되려고 할 때 같은 북인이었던 남이공(南以恭)이 이에 반대하자, 홍여순(洪如淳)파의 대북(大北)과 남이공(南以恭)파의 소북(小北)으로 갈라지게 되었다. 1602년(선조 35) 소북(小北)의 영수 유영경(柳永慶)이 영의정이 되면서 많은 소북계 인사들을 등용하여 선조 말기 까지 세력을 떨쳤다. 1613년(광해 5) 계축옥사(癸丑獄事)와 1615년 인목대비(仁穆大妃)의 폐위(廢位) 때 이이첨(李爾瞻)의 대북파(大北派)와 맞서 폐위를 반대하였다. 소북계는 남인과 정치적 유대를 갖기도 했고, 경종 이후에는 소론과 연합하기도 했다.

7 강주(姜籒)의 당색이 소북(小北)인데 비하여 형인 강첨(姜籤)은 남인이다(강경훈, 「죽창선생집 해제」, 『죽창선생집』, 태학사, 33쪽). 남송북강(南宋北姜)을 이루고 있던 진주강씨는 북인계적 경향을 띠고 있었다. 그것은 회덕인 강첨(姜籤)이 서인계의 최영경(崔永慶)과 정철(鄭澈)을 탄핵하였고, 또 인조반정 초기에 장령 강학년(姜鶴年)이 반정정권을 향하여 '이폭역폭(以暴易暴)'이라 강하게 비판한 데서도 알 수 있다. 당시의 반정정권의 서인, 남인의 연합정권이었던 점을 고려한다면 반정정권에 대한 이러한 강학년(姜鶴年)의 원색적 비판은 그의 당색이 어떤 것인지 대강 짐작케 한다(한기범, 「조선중기 대전지방의 역사와 문화」, 『대전시사자료집 3』, 대전광역시사편찬위원회, 2008, 78쪽). 또한 강세구(姜世龜)의 경우

본 연구는 진주강문 유학자들의 학연과 학풍을 검토하는 데 목적이 있다. 다만 회덕에 세거했던 진주강문을 중심으로 하되, 그 외의 진주강문도 부수적으로 검토해 보고자 한다. 진주강문의 학연이나 학맥은 명확하게 드러나지 않는다. 따라서 진주강문 학자들 가운데 주목되는 인물들을 중심으로 학맥이나 당색을 살펴보고 학풍의 특성을 검토해 보고자 한다.

이를 위해 먼저 가승(家乘)을 중심으로 진주강문 학자들의 계보와 현황을 살펴 본 후, 진주강문의 학문적 특성을 고찰하고자 한다.

2. 가승을 통해서 본 진주강문의 학문

진주강문은 고구려의 명장 강이식을 시조로 삼지만, 은열공파는 강민첨을 중시조로 삼고 있다. 강문한(姜文翰)은 온양에서 회덕으로 진주강문의 세거지(世居地)를 옮긴 입향조(入鄕祖)라고 할 수 있다. 강문한은 임(琳), 선(瑄), 인(璘), 근(瑾), 침(琛), 필(琿), 구(球) 7형제를 두었는데, 장남 임(琳)은 구상(龜祥)을 낳고, 구상은 잠(簪), 부(符), 균(筠), 절(節), 로(簬), 일(鎰)의 6형제를 두었다. 3남 인(璘)은 운상(雲祥), 봉상(鳳祥) 형제를 두었는데, 봉상은 5남 침(琛)에게 양자를 갔다. 운상은 첨(籤), 주(籒) 형제를 두었고, 봉상은 황(篁), 순(筍), 범(範), 성(筬), 전(篆) 5형제를 두었다.

도 장희빈 사사사건 때 소론 측 주장에 동조하여 장희빈의 사사를 극력 반대하였고, 그의 신도비명(神道碑銘)을 기호 남인계 실학자인 성호 이익(星湖 李瀷)이 썼다는 점에서 보면 기호남인계로 추정할 수 있을 것이다(곽호제, 「용호사」, 『대전의 향교. 서원』, 제2권, 대전광역시사편찬위원회, 2008, 598쪽).

강운상은 효행으로 정려(旌閭)를 받은 바 있고, 속임이 없어야 한다는 '불기(不欺)'를 가훈으로 가르쳤다. 『소학』, 『가례』로 처신의 규범으로 삼고 항상 자제를 가르쳤고, "내 평생에 '불기(不欺)' 두 글자를 가슴에 품고 생활하였으니, 너희들도 마땅히 힘쓰라. 만약 입신(立身)하게 되거든 부모 섬기는 효심을 옮겨 임금님께 충성을 다하라. 군신 간에 정성이 미덥게 오가면 충절을 보전할 뿐만 아니라 경사가 자연히 후손에게까지 미치리니, 너희들은 가슴에 새기고 소홀함이 없게 하라"[8]고 훈계하였다.

특히 잠(簪), 부(符), 균(筠), 절(節), 로(簬), 첨(籤), 주(籒), 황(篁), 순(筍), 범(範), 성(筬), 전(篆) 12명의 종형제들은 1591년(辛卯) 10월 황(篁)의 주도하에 회덕 용호마을 죽림정(竹林亭)에 모여 계회(契會)를 열고, 「죽림정연구십이운(竹林亭聯句十二韻)」을 읊고 가문의 융성과 형제간의 우애를 다졌다. 죽림정은 강황의 호요 정자였지만, 대죽자(竹) 행렬(行列) 12명의 종형제들이 형제계를 통해 우애를 다지고, 문학을 통해 선비의 교양을 강마함을 볼 수 있다. 이들 12죽(竹) 가운데 강운상의 아들 첨(籤)과 주(籒) 형제는 매우 중요한 위치에 있다.

첨(籤: 1559~1611; 秋月堂, 竹月軒)은 대헌공(大憲公)으로 임진왜란 때 군량보급에 공을 세웠고, 서인계 정철(鄭澈)의 탄핵에 앞장서기도 하였다. 동생 주(籒: 1566~1650, 竹窓)는[9] 부친의 가훈에 따라

8 「증대광보국 숭록대부의정부영의정겸 경연관상감사 진양강공휘운상 효행기적」, 『진주강씨세보』, 186쪽.

9 『죽창선생집』의 서문을 정두경(鄭斗卿: 1597~1673; 東溟)이 썼는데, 강주(姜籒)는 정두경(鄭斗卿)의 조부인 정지승(鄭之升: 1550~1589)에게서 배웠다. 이때 함께 수학한 사람이 남이공(南以恭), 박이서(朴彛敍), 송일(宋馹) 등이다. 정지승(鄭之升)은 북창 정렴(北窓 鄭磏)의 조카로 유(儒), 불(佛), 도(道)에 회통(會通)

'물기(勿欺)'를 자손들에게 훈계하였고, 시문(詩文)과 서예에 재능이 있어 『죽창집(竹窓集)』을 남겼다.[10]

첨(籤)은 학년(鶴年)을 낳고, 주(籒)는 계년(桂年)과 백년(栢年) 형제를 두었는데 강학년, 강백년은 진주강문을 대표하는 유학자라고 할 수 있다. 강학년(姜鶴年: 1585~1647; 復泉, 紫雲)은[11] 병자호란 때 척화(斥和)상소를 올린 바 있고, 인조반정 초기 정치의 난맥과 개혁이 지지부진함을 신랄하게 규탄하고, 당시 반정정권을 향해 '이포역포(以暴易暴)'의 논리로 꾸짖어 결국 은진으로 귀양가게 되었다. 이와 같이 강학년은 매우 강직한 성품으로 유학자로서의 의리에 투철하였는데, 저서로는 『복천유고(復泉遺稿)』가 있고 회덕 용호서원(龍湖書院; 龍湖祠)에 제향되었다.

또한 강백년(姜栢年: 1603~1681; 雪峰, 閑溪)은 강빈옥사(姜嬪獄事) 때 강빈의 억울함을 상소했다가 삭직(削職)을 당한 바 있고, 청백리로 뽑혀 존숭받기도 했다. 온양의 정퇴(靜退)서원, 황해도 수안의 용계(龍溪)서원, 청원 낭성의 기암(機巖)서원에 제향되었고, 저서로는 『설봉집(雪峰集)』, 『한계만록(閑溪謾錄)』이 있다.

강학년은 호(鎬), 전(銓), 석(錫), 옥(鈺), 용(鏞)의 5형제를 두었고, 호(鎬)는 세봉(世鳳), 세린(世麟), 세구(世龜) 3형제를 두었다. 이 가운데 강세구(姜世龜: 1632~1703; 三休堂)는 중요한 위치에 있다. 그는 대사간으로 왕의 유행(遊幸)을 간하다가 파직당하기도 했고,

---

한 선도(仙道)문학의 대표적 인물이다(강경훈, 「죽창집서문」, 각주, 『죽창선생집』, 태학사, 76쪽).

10 강경훈, 박용만, 김덕수 역주, 『죽창선생집』, 태학사, 2006 참조.

11 『유학연원록』(역경연구원, 1980, 198쪽)에는 박사공파의 강홍중(姜弘重), 강연(姜演)과 함께 여헌 장현광(旅軒 張顯光)의 문인으로 되어 있다.

1701년 장희빈이 사사될 때 이를 극력 반대하다 홍원에 유배되기도 했다. 염근리(廉謹吏)로 선발되어 존경을 받았고, 강학년과 함께 회덕 용호서원에 제향되었다.

그런데 여기서 주목할 것은 세봉(世鳳)의 현손(玄孫) 이원(履元), 이오(履五), 세린(世麟)의 현손 이중(履中), 세구(世龜)의 현손 이인(履寅)이 모두 다산 정약용과 친밀한 교유관계에 있으면서 서학에 몸담고 있었다는 점이다.

계년은 아들이 없어 아우 백년의 차남 현(鋧)을 양자로 삼았는데, 현(鋧)은 기로소(耆老所)에 들어가는 영광을 누렸고 소북파(小北派)의 영수로 추대된 바 있고, 세윤(世胤), 세원(世元), 세황(世晃) 3형제를 두었다. 이 가운데 강세황(姜世晃: 1712~1791: 豹庵)은 시(詩), 서(書), 화(畵)에 능했던 삼절(三絕)로 일컬어지며, 조부, 부친과 함께 기로소에 들어갔는데, 저서로는 『표암집(豹庵集)』이 있다.

세황은 인(1729~1791), 완(1739~1775), 관, 빈(儐: 1745~1808) 4형제와 서자 신(信)을 두었고, 완의 아들로 이천(彝天)과 이문(彝文)이 있다. 강이천(姜彝天: 1769~1801; 重庵)은 천주교인으로 1801년 신유사옥(辛酉邪獄) 때 주문모(周文謨) 신부와 함께 옥중에서 죽었다. 그는 조부 강세황의 가학을 이었고, 이승훈(李承薰)의 외조부인 이용휴(李用休)에게서 배웠다. 이용휴는 성호 이익의 조카로서 이가환(李家煥)의 부친이다. 따라서 강이천은 이익-이용휴의 학맥을 이었다고 볼 수 있다.

강이천은 비록 33세의 젊은 나이로 요절했지만, 그가 남긴 「남성관희자(南城觀戲子)」와 「한경사(漢京詞)」는 한국연극사, 풍속사 연구의 귀중한 문헌으로 높이 평가받는다.[12]

또한 강경(姜絅: 1555~1634; 是庵)은 임진왜란 때 임금을 호종(扈

從)한 바 있고, 정묘호란 때는 협상의 일선에 나아가 노력하였으며, 선천군수 때는 관개수로를 건설하여 백성들의 칭송이 높아 '강공제(姜公堤)'라 불렀다. 강세정(姜世靖: 1743~1818; 松潭)은 회덕현감을 지냈고, 서학 배척 통문에 참여하기도 하였다. 강준흠(姜浚欽: 1768~1833; 三溟)은 서예가로 이름이 높았고, 서장관(書狀官)으로 청나라에 다녀왔는데, 저서로는 『유헌록(楢軒錄)』, 『삼명시집(三溟詩集)』이 있다. 또 필악(必岳)의 아들 강세륜(姜世綸: 1761~1842; 芝圃)은 대사간을 지냈는데, 강세정, 강준흠과 더불어 공서파(攻西派)의 중심적 위치에 있었다. 또한 강시영(姜時永: 1788~1868; 聖沙)도 부친과 마찬가지로 서예가로 이름이 높았고, 서장관으로 청나라에 다녀오기도 했다.

강맹경(姜孟卿: 1410~1461)은 세종 때의 문신으로 계유(癸酉)정난 때 수양대군을 도와 좌익공신에 올라 진산부원군(晉山府院君)에 봉해졌으며, 영의정을 지냈다. 강혼(姜渾: 1464~1519; 木溪子, 東皐)은 점필재 김종직(佔畢齋 金宗直)의 문인으로 김일손(金馹孫)과 도의지교(道義之交)를 했다. 1492년 그는 사가독서(賜暇讀書)에 뽑혀 문명(文名)을 떨쳤고, 1498년 무오사화(戊午士禍) 때 김종직의 문인이라 하여 장류(丈流) 당하기도 했다. 그 후 연산군의 총애를 받아 도승지가 되었으며, 중종반정 때는 정국공신(靖國功臣)으로 진천군(晉川君)에 봉해지기도 했다. 저서에는 『목계집(木溪集)』이 있다.

또한 강희맹(姜希孟)의 가계는 다시 학손(鶴孫)-형수(亨壽)-오복(五福)-극검(克儉)-항(沆)으로 이어졌다. 강희안(姜希顔: 1417~1464; 仁齋)은 단종복위 혐의로 심문을 받았으나 성삼문(成三問)의 변호로

---

12 강경훈, 「중암 강이천의 문학 연구」, 동국대대학원(박사), 2001, 1쪽.

화를 면했다. 시(詩), 서(書), 화(畵)에 능해 삼절(三絶)로 칭송이 높았고, 정인지(鄭麟趾)와 함께 세종을 도와 훈민정음 창제와 실험에 많은 기여를 했다. 강희맹(姜希孟: 1424~1483; 私淑齋, 菊塢)은 신숙주(申叔舟)와 함께 『세조실록(世祖實錄)』 편찬에 참여하였고, 서화(書畵)에도 뛰어났는데, 저서로는 『사숙재집(私淑齋集)』이 있다.

이 가문에서 주목할 만한 유학자는 앞에서 설명한 강혼과 강항이다. 강항(姜沆: 1567~1618; 睡隱)은 전라도 영광 출신으로 임진왜란 때 의병을 모집하여 싸웠고, 이순신 장군의 휘하에 들어가 싸우다가 왜군에 포로가 되어 잡혀갔다 돌아왔다. 그는 일본에서 성리학을 전파하여 일본 성리학의 원조가 되었다. 그림에도 뛰어났으며 저서로는 『수은집(睡隱集)』, 『간양록(看洋錄)』이 있는데, 영광 용계사(龍溪祠)에 제향되었다.

또한 강자평(姜子平)은 성종 때 대사간을 지냈고, 그의 아들 형(詗), 심(諶), 집(諿), 겸(謙), 함(諴), 흔(訢)이 유명하다. 형(詗: ?~1504)은 갑자사화 때 능지처참을 당하였고, 심(諶)은 김종직의 문인으로 무오사화 때 밀양으로 귀양가 죽었다. 또 집(諿)과 겸(謙)도 김종직의 문인이었는데, 겸(謙: ?~1498)은 무오사화 때 화를 당했다. 흔(訢: ?~1498)도 김종직의 문인으로 홍유손(洪裕孫), 김굉필(金宏弼)에게도 배웠는데, 무오사화 때 직언을 하다 창령으로 귀양가서 죽었다. 이처럼 자평의 아들들은 김종직의 문인으로 도학의리에 투철하여 사화시대에 화를 입었다. 형(詗)의 5대손으로 정묘호란 때 후금군(後金軍)의 선봉이 되어 강화에서의 화의(和議)를 도모한 강홍립(姜弘立: 1560~1627)과 장현광(張顯光)의 문인으로 인조반정 후 대북파(大北派)를 다스렸던 강홍중(姜弘重: 1577~1642; 道村)이 있다.

3. 진주강문의 학풍

(1) 의리학풍

학풍은 개인적 학문경향일 수 있지만, 학파, 가문, 정파의 영향을 받기도 한다. 진주강문 출신 학자들의 학풍을 어떻게 보아야 할까? 첫째로 의리학풍을 들 수 있다. 조선조사회가 성리학 중심의 사회라고 볼 때, 이론 성리학에 침잠하기 보다는 성리의 실천, 의리의 실천에 두드러진 면모를 발견하게 된다.

강혼(姜渾: 1464~1519)은 20세에 생원진사시에 장원급제하고, 23세 때인 1486년에 식년문과에 급제한 후 한림사인(翰林舍人)으로 호당(湖堂)에 뽑혔다. 17세에 김종직(金宗直)의 문하에 들어가 김일손(金馹孫) 다음으로 문명(文名)이 높았고,[13] 김일손과는 도의지교(道義之交)를 했다.[14] 그런데 보다 구체적으로 강혼의 학문적 교유는 '신교(神交) 13인'으로 일컬어지는데, 도학에 김굉필(金宏弼), 정여창(鄭汝昌), 이백연(李伯淵), 문장에 강혼(姜渾), 이주(李冑), 이원(李黿), 이목(李穆), 유일(遺逸)에 남효온(南孝溫), 신영희(辛永禧), 안응세(安應世), 홍유손(洪裕孫), 음율(音律)에 이백원(李百源), 이정은(李貞恩)이 도의를 강마한 것으로 전해진다.[15] 이렇게 볼 때, 강혼은 15세기 도학파의 일원이었음을 알 수 있다.

그 후 1498년(연산군 4) 무오사화가 일어나자, 김종직의 문인으로 붕당을 만들어 정치를 비방했다는 이유로 체포되어 형벌을 받았다.[16]

13 『木溪逸稿』, 卷2, 「摭遺」.

14 같은 책, 卷2, 「神道碑銘」.

15 같은 책, 卷2, 「摭遺」.

이때 함께 처벌을 받은 이로는 김굉필, 이종준(李宗準), 최보(崔溥), 박한주(朴漢柱)가 있다.[17] 1506년 중종반정이 일어나자 강혼은 이에 참여하여 정국공신(靖國功臣) 3등으로 진천군(晉川君)에 봉해졌다. 또 단종의 생모 폐비 권씨의 복위에 앞장서서 이를 관철시키기도 하였다.

강자평(姜子平)의 아들인 강형, 강심, 강집, 강겸, 강흔 형제들은 김종직의 문인으로 사화시대에 도학의리를 지켰다. 강형은 갑자사화 때 능지처참을 당했고, 강심은 무오사화 때 밀양으로 귀양가 죽었으며, 강겸은 무오사화 때 화를 입었고, 강흔은 무오사화 때 창령으로 귀양가 죽었다. 이처럼 형제들이 모두 도학의리를 지킨 경우는 흔치 않은 일이다.

강경서(姜景敍: 1443~1510; 草堂)도 김종직의 문인으로 무오사화 때 회령에 장류(杖流)되었다가 후에 풀려 나와 대사간을 역임하였다. 강절(姜節: 1542~?; 沙峰)은 생원이 되어 1576년(선조 9) 식년문과(式年文科)에 급제하여 한림(翰林), 단성현감을 지냈다. 그는 임진왜란 때 회덕의 형강을 지나 호남으로 진격하려는 왜적을 방어하기 위해 의병을 일으켜 여러 차례에 걸쳐 혁혁한 전공을 세웠다.[18] 그는 상주목사로 순절하였는데, 그 공로로 정려(旌閭)를 받고, 통정대부승정원도승지 겸 영경연참찬관((通政大夫承政院都承旨 兼 領經筵參贊官)에 증직(贈職)되었다.[19]

---

16 『연려실기술』, 「연산조고사본말」.
한기범, 「강혼」, 『한밭인물사』, 대전직할시, 1993, 44쪽.

17 『木溪逸稿』, 卷2, 「家狀」.

18 『광해군일기』, 권36, 1610년(광해군 2) 12월 26일(정유).
한기범, 「조선중기 대전지방의 역사와 문화」, 『대전시사자료집』, 3, 대전광역시사편찬위원회, 2008, 63쪽.

강항(姜沆: 1567~1618)은 강희맹의 5대손으로 우계 성혼(牛溪 成渾)의 문인이다. 그는 1597년 정유재란(丁酉再亂)이 일어나자 이광정(李光庭)의 종사관(從事官)이 되어 남원에서 항거하였다. 그 후 영광에서 의병을 모집하여 싸우다가 왜군에게 잡혀 대판(大板)에 잡혀갔는데, 1600년 귀국 후에는 벼슬에 나아가지 않았다. 일본에 성리학을 가르쳐 일본 성리학의 원조가 되었다.

강학년은 서천군 한산(韓山) 외가에서 출생하여 13세 때에 신탄진 석봉동으로 이사하였는데, 『소학』과 『심경(心經)』을 읽고 학문하는 방법을 알았다 한다. 그는 25세에 생원시에 합격했으나, 병이 많아 출사하지 않고 성인의 학문에 침잠하였다. 강학년은 부제학 신담(申湛)의 외손으로 이대순(李大淳)에게서 『중용』을 배웠다.[20] 그는 인조 초년에 학행으로 최명길(崔鳴吉)이 천거하여 연기현감으로 제수하였으나 나아가지 않았다. 병자호란 때 그는 다음과 같이 척화의 상소를 올려 오직 의(義)로써 임금의 마음을 세워야 한다 하였다.

> 엎드려 바라건대, 성명(聖明)께서는 군의(群議)에 움직이는 바 되지 마시고, 단호히 성상의 마음을 한결같이 의(義)로써 해서 구차하게 않는다면, 나라를 보전하고 혼란을 바로잡는 기틀이 이에서 벗어나지 않을 것입니다.[21]

---

19 강대희, 『진주강씨 역대중요인명사전』, 도서출판 뼙힌글, 1988, 105쪽.

20 『復泉遺稿』, 卷2, 附錄, 「碑銘」, "子久少讀小學心經 早知爲學之方 從賢公子德信正受大學易乾坤文言之旨 講中庸於李大淳先生 萬曆三十七年補國子生員 多病不出 沈潛聖人之學."

21 같은 책, 卷1, 「斥和疏」, "伏願聖明 勿爲群議所動 斷自宸衷一以義而不苟 則保邦勘亂之機 不外此矣."

조정이 만약 대책(大策)을 건의하지 못하고 오로지 화의(和議)만을 주장한다면, 신은 아마도 충신의사(忠臣義士)들이 실망해 사방으로 흩어지고 기(氣)를 잃어, 국가를 위해 죽기를 힘쓰는 뜻을 회복하지 못할 것입니다.[22]

또한 강학년은 1626년(인조 4) 상소를 올리고, 반정 초기 정치혁신의 부진함을 극력 비판하였다.

신은 삼가들으니, 나라를 다스리는 도(道)는 한 가지만이 아니지만, 오직 하은주(夏殷周) 삼대를 본 받아야 한다 합니다. 삼대의 법은 실로 성제(聖帝)와 명왕(明王)의 심법에서 나온 것이니, 이를 따르지 않으면 모두 구차한 것입니다. 전하께서 즉위하신 이래로 어진 덕화로 다스리지 못하여 은택이 아래에 미치지 못했고, 시행하고 다스리는 방도는 형정(刑政)의 말단을 벗어나지 못함으로써 두서가 없이 어지러워도 가닥을 찾아 다스리지 못하며, 번다하고 과중한 부역이 중첩으로 나오는 것은 대체로 백성들의 신의를 잃은 데서 나온 처사로써, 천심을 어기고 인심에 거슬린 것이 많으니, 위란(危亂)의 조짐일까 두렵습니다. 전하께서 비록 어진 마음과 어진 명예를 지니셨지만, 선왕의 도와 정사에는 미치지 못하였습니다. …… 삼가 비교하건대, 백성은 창자이고 나라는 몸통입니다. 창자가 병들면 몸통은 쓸모가 없게 되는 것이고, 외부로부터의 병의 감염이 바로 그러한 때를 타게 되는 것은 형세나 사리로 보아 당연한 것입니다.[23]

그는 이어서 1634년(인조 12) 백이(伯夷)의 '이포역포(以暴易暴)'

22 같은 책, 卷1, 「斥和疏」, "朝廷若未有建大策 而專以和議主張 則臣恐忠臣義士解體喪氣 不復有爲國家效死之志矣."

23 『국역 인조실록』, 인조 4년 12월 16일 조.

의 고사를 인용해, 반정(反正)을 한 정권을 또 다시 폭력으로 갈아치워야 할 사태가 아닌가 경고하였다.

> 『서경』에 '정치는 어지러워지기 전에 제어하고 나라는 위태로워지기 전에 보전하라' 하였는데, 전하의 국사는 이미 위태롭고 어지러운 지경에 들어갔습니다. 여러 차례 큰 난을 겪었는데도 조금도 허물을 반성하지 않고 고식책(姑息策)만을 써서 저절로 패망(敗亡)의 지경에 이르게 되었으니, 이는 주나라의 홀어미와 칠실녀(漆室女)가 깊이 걱정했던 것과 같은 상황입니다. 그런데 전하께서는 스스로 총명한 척하며 한결같이 간언 막기만을 힘쓰시니, 전하께서도 이것이 덕이 많은 임금의 일이 아님을 아실 것입니다. 옛날 난정(亂政)으로 나라를 전복시킨 자들과 거의 같은 전철을 밟게 될 것인데, 신은 그 종말이 어떠할지 모르겠습니다. 당초 전하께서 반정(反正)한 거사는 세상에 드문 변환을 적절히 대응한 조처라 하겠습니다. 그러나 백이(伯夷)가 있었다면 반드시 '포악한 자가 포악한 자를 갈아 치웠다(以暴易暴)'는 비난을 했을 것이고, 엄연년(嚴延年)이 있었다면 반드시 곽광(霍光)을 탄핵하는 조처가 있었을 것입니다. 그러니 반드시 비상한 거조로 세상을 크게 감동시키고 탁월한 실적을 이룩하여 모든 행동이 옛 성현들과 합치된 뒤에야 천의(天意)를 따르고 인심을 복종시켜 전하 자신의 마음에 부끄러움이 없게 됨은 물론 국가의 복도 장구히 이어질 것입니다.[24]

이에 대해 사간원의 격렬한 비판과 반발이 이어졌고, 강학년을 삭탈관직하라는 요구로 결국 강학년은 은진으로 유배되었다. 이는 그가 장령으로서 흐트러진 민심을 바로잡고 관아의 횡포를 바로잡기 위해

24 같은 책, 인조 12년 11월 5일 조.

죽음을 무릅쓰고 '이포역포(以暴易暴)'의 상소를 올려 세상을 놀라게 한 것인데, 이는 주나라 무왕이 은나라의 폭군 주(紂)를 바로잡겠다고 하여 그를 축출하고 새 왕조를 세웠지만, 실은 주보다 더한 폭정을 하고 있다고 비판한 백이숙제의 고사에서 유래된 것이다.

그러므로 미수 허목(眉叟 許穆)은 그를 평하여 "경서에 밝고 몸을 깨끗이 하여, 말이 구차하지 않고 행동이 더럽지 않으며, 몸을 굽혀 남을 따르는 것을 부끄러워하여, 궁해도 하늘을 원망하지 않고 고생해도 민망히 여기지 않으니, 옛 사람이 말한 덕을 높이고 의리를 즐거이 하는 자다"[25]라고 하였고, 「용호서원상량문(龍湖書院上樑文)」에서는 "빈천(貧賤)에도 지조를 옮기지 않아 벼슬이 없이 그대로 지냈다. 오직 찬바람과 서리 앞에 홀로 선 곧은 마음은 흰 칼날이라도 밟을 만하고, 임금에게 속임 없는 한 장의 소문(疏文)은 또한 천추에 말할 만하기에 족하다"[26]고 그의 인품을 말하고 있다.

강백년(姜栢年)은 24세(1627년) 때 정시문과(庭試文科)에 을과로 급제한 후 인조 이후 네 임금을 섬겼는데, 벼슬은 대광보국숭록대부 판중추부사(大匡輔國崇祿大夫 判中樞府事)에 이르렀다. 1695년(숙종 21) 청백리로 녹선되었는데,[27] 이때 함께 청백리에 피선된 사람은 이시백(李時白), 홍명하(洪命夏), 이상진(李尙眞), 조경(趙絅), 조석윤(趙錫胤), 유경창(柳慶昌), 박신규(朴信圭), 최관(崔寬), 성이성(成以性), 이후정(李后定), 홍무(洪茂), 홍우량(洪宇亮), 강설(姜說), 이태영

---

25 『復泉遺稿』, 卷2, 附錄, 「碑銘」, "子久明經潔身 言不苟 行不汚 恥枉己而循人 窮而不悶 戹而不怨 古之所謂尊德樂義."

26 같은 책, 卷2, 附錄, 「龍湖書院上樑文」, "貧賤不移之志 素位而行 惟風霜獨立之貞 白刃可蹈 至若無諱一疏亦足 有辭千秋 ……."

27 강경훈, 「죽창선생집 해제」, 『죽창선생집』, 태학사, 2006, 28쪽.

(李泰英)이고, 염근리(廉謹吏)에 피선된 사람은 이세화(李世華), 강세구(姜世龜), 윤추(尹推)다.[28] 이와 같이 진주강문에서 강백년은 청백리로, 강세구는 염근리로 선발되는 영광을 누렸다.

강세구(姜世龜: 1632~1703)는[29] 1660년에 진사가 되고, 1678년(숙종 4) 증광문과에서 을과로 급제, 정언, 홍문관 수찬, 교리를 거쳐 우승지가 되고, 1689년(숙종 15) 충청도 관찰사, 1692년(숙종 18) 예조참의에 이어 다음 해 대사간, 공조참판이 되었다. 1695년(숙종 21) 7월 11일 종조부(從祖父) 강백년이 청백리에 녹선될 때 청렴하고 근실한 관리를 뜻하는 염근리로 선발되었다. 1701년(숙종 27) 희빈 장씨를 사사하고 그 아들 경종까지 죽이려 하자, 신사소를 올려 이를 극력 반대하다가 홍원에 유배되어 그곳에서 죽었다. 뒤에 관작이 회복되고 청백리에 녹선되었다. 강세구는 매우 강직하고 용기가 있어 임금에게 간언을 많이 하였다.

> 해마다 기근이 들어 백성들이 곤궁하고 재물이 다 없어졌는데, 궁궐을 수선하고 토목의 역사를 번거롭게 일으켜 기한을 정하여 완성하도록 독촉하며, 단청을 지난번보다 사치스럽게 하지만, 조정에 있는 사람으로 종이의(鍾離意)[30]와 장현소(張玄素)[31] 같은 이가 있어서 전하로 하여금 잘못을 청문(聽問)하도록 하였다는 말을 듣지 못했습니다. 이것은 다른 것이 아니라 전하께서 바르게 간하는 것을 즐겁게 들으려고 하지 않기 때문입니다. 나

28 『국역 숙종실록』, 숙종 21년 7월 11일 조.

29 강세구의 학맥을 鄭逑-(張顯光)-許厚-姜世龜-權以鎭으로 보기도 하는데 이는 재고의 여지가 있다(차기진, 『조선후기의 서학과 척사론 연구』, 한국교회사연구소, 2002, 289쪽).

30 후한 명제(後漢 明帝) 때의 염이(廉吏)

31 당나라 태종(太宗) 때의 명관(名官)

> 라에서의 언로는 사람에게 있어서 혈맥과 같으니, 혈맥이 막혀서 통하지 않는데도 병이 들거나 죽지 않는 자는 아직 없었습니다. 삼가 원하건대, 전하께서는 반드시 귀에 거슬리는 말을 너그럽게 용서하시고, 책망받기를 물 흐르듯이 하는 것을 제일의 의리로 삼아 간하는 사람들을 인도하도록 하소서.[32]

이처럼 언로를 사람의 혈맥과 같다 하고, 혈맥이 통하지 않으면 병들어 죽으니, 나라의 언로를 개방하고 간언을 용납하라고 권면하였다. 그는 또 나라의 근본이 날로 무너지는데도 위에 알려지지 않고, 조정의 기강이 날로 무너지는데도 아래서 말하지 않으니, 진실로 수레의 멍에를 풀고 쉴 곳을 모르겠다고 하였다.[33]

또 전후의 진퇴가 반드시 한결같이 대공지정(大公至正)의 도리에서 나오지 못하고, 그 좋아하고 미워하는 바에 편벽된 까닭에, 능히 사람을 아는 데 밝지 못해 어질고 간사함을 분별하지 못하고, 능히 덕언(德言)을 듣는 데 밝지 못하고, 시비에 어두워 조정의 공기(公器)를 한낱 큰 바가지로 만들어 왼손으로 당기고 오른 손으로 끌으니, 어떻게 쪼개지지 않을 수 있겠느냐 하였다. 그리고 그는 임금의 본원의 바탕이 천리에 순수하지 못하고 덕을 잡음이 굳지 못함을 보았다 하고, 해와 달처럼 밝은 총명으로 권강(權綱)을 총람(總攬)하여 음험(陰險)한 길을 막고 여러 가지로 굽은 일을 그치게 하며, 용사(用舍), 출척(黜陟)을 마치 저울로 물건을 달듯이 하라 하였다. 진실로 이런 도리로써 임한다면, 오늘날 귀양 보내고 방축(放逐)한 신하가 반드시 모두 죄 줄만한 것이 아니고, 오늘날 등용하여 쓴 사람이 반드시 모두

32 『국역 숙종실록』, 숙종 19년 8월 28일 조.

33 같은 책, 숙종 19년 8월 14일 조.

쓸 만한 것이 아니며, 대옥(大獄)이 반드시 엄체(淹滯)되지 않고, 법망이 반드시 괴란(壞亂)하지 아니하며, 군자는 믿는 바가 있어서 두려워하지 않고, 소인은 두려워하는 바가 있어서 방자하지 못할 것이니, 비록 간사한 붕당과 아첨하는 무리가 있다 하더라도 누가 감히 전하의 평명(平明)한 다스림을 범할 자가 있겠느냐 하였다. 근년 이래 성심(聖心)이 차츰 해이하여 후정(後庭)의 놀이와 내총(內寵)의 성함이 성인의 성명(性命)을 기르는 도리에 어긋남이 있다 하고, 전하의 한 몸은 곧 종묘사직의 기탁하는 바이거든, 어찌 스스로 가벼이 함이 이와 같으냐고 임금을 질책하였다.[34] 결국 이 상소로 강세구는 삭탈관작되고 문외출송(門外黜送)의 벌을 받게 되었는데, 당시 사신의 다음과 같은 평은 참고할 만하다.

> 강세구의 상소는 그 시험하여 본 듯한 태도가 진실로 미워할 만하다. 그러나 그 소의 끄트머리의 몇 구절의 말은 오늘날 정신(廷臣)이 능히 말하지 못하는 것을 말하였다. 그리고 그 직책을 묻는다면 간관(諫官)의 장이니, 출납(出納)의 자리에 있는 자는 다만 마땅히 봉입(捧入)할 따름이거늘, 어찌 반드시 장황하게 진계(陳啓)하여 죄상을 노열(臚列)한단 말인가? 임금의 이를 죄준 것이 비록 조정을 현란함을 가지고 조목으로 삼고 있으나, 만약 임금의 깊이 노여워하는 바가 끝의 일관(一款)에 있었고, 이를 핑계하여 죄를 삼았다면, 후사(喉司; 승정원)의 아룀이 또한 성상의 허물 듣기를 싫어하는 과실을 양성함이 아니겠는가? 진실로 탄식할 만하다.[35]

부제학 오도일(吳道一)은 "강세구는 청렴하고 검소한 절조가 있으

34 같은 책, 숙종 21년 9월 9일 조.

35 같은 글.

니, 붕당을 감싼 잘못이 있더라도 용서해야 마땅합니다" 하였는데, 임금이 드디어 강세구의 직첩을 도로 주고, 홍중하 등을 모두 서용하라 명하였다.[36]

그 밖에도 강덕룡(姜德龍: 1560~1627)은 임진왜란 때 정기룡(鄭起龍)과 함께 왜적을 격퇴시켰으며, 강사룡(姜士龍: 1573~1637; 杏亭)은 김굉필(金宏弼)의 문인으로 임진왜란 때 창의(唱義)를 했고 병자호란 때는 화의(講和)소식을 듣고 자살하였다. 강극효(姜克孝: 1535~1612; 碧流), 강기룡(姜紀龍: ?~1593; 東湖)도 임진왜란 때 창의하였고, 강위구(姜渭龜: 1542~?; 慕軒)도 임진왜란 때 조헌(趙憲)과 함께 창의하여 금산전투에서 순절하였으며, 강찬(姜燦: 1557~1603; 東郭)은 이이(李珥), 송익필(宋翼弼)의 문인으로 임진왜란 때 두 왕자가 회령에서 적의 포로가 되자 의병을 모아 대적하고 결사대를 행재소(行在所)에 파견하기도 하였다.

또한 강위빙(姜渭聘: 1569~1637)은 병자호란 때 강화도에 들어가 봉림대군(鳳林大君)을 돕다가 성이 함락되자 순절하였고, 강대적(姜大適)도 병자호란 때 의병을 일으켜 싸웠다. 또 강락원(姜樂遠), 강란수(姜蘭秀)는 1895년 유인석(柳麟錫)과 함께 제천에서 창의하였고, 강사문(姜士文: 1876~1909)은 구한말 광주에서 의병을 일으켰다.

이러한 진주강문의 의리적 학풍은 멀리 강이식, 강감찬, 강민첨 장군의 충의정신을 계승한 것으로, 문무를 회통하는 충절의리정신을 볼 수 있다. 또한 이러한 학풍은 당시 성리학의 이론적 심화에 전념했던 노론계의 학풍과는 일정한 거리를 둔 것으로 볼 수 있다. 그것은 진주강문의 수많은 유학자들 가운데 누구에게서도 체계적인 성리이론을

36 『국역 숙종실록』, 제30권.

볼 수 없고, 또 아예 이러한 성리탐구에서 벗어나 있었던 것이라고 생각된다. 이러한 경향은 소론계열인 우계학파(牛溪學派)에서도 보이는데, 당시 노론중심의 정치권력 구도의 소외된 입장에서 유학 본래의 자기 수양에 전념하며 성리이론의 천착보다는 의리의 실천 내지 내면적 자기수양에 전념했던 것이다.[37] 진주강문의 이러한 학풍도 당시 권력에서 소외되었던 소북계(小北系)의 정치적 입장과 무관하지 않은 것으로 보인다.

(2) 개방적 학풍

진주강문의 또 하나의 학풍은 성리학으로부터 벗어나는 학문적 개방성이다. 물론 당시 조선조 사회에서 기본적으로 유학에서 완전히 벗어난다는 것은 거의 불가능한 일이었지만, 적어도 진주강문의 학자들에게서 노장(老莊)을 비롯한 제자학(諸子學)에 대한 관심과 수용은 주목할 만하다.

은열공파의 중심적 위치에 있는 강주(姜籒: 1567~1650; 竹窓)는 문학에 뛰어났는데, 제자백가에 정통했으며, 특히 진한(秦漢)의 글 중에서도 『장자』와 『사기』를 더욱 좋아했다.[38] 강주의 다음 시는 장자의 『남화경(南華經)』을 읽고 쓴 것으로 그의 노장학에 대한 관심을 잘 말해 준다.

---

37 황의동은 우계학파의 사상적 특징을 1) 개방적 학풍 2) 內聖的인 학풍 3) 務實학풍 4) 陸王學風의 주도 5) 脫性理學風으로 규정하고 있다(『우계학파연구』, 서광사, 2007, 80~96쪽 참조).

38 정두경, 「죽창집서문」, 『죽창선생집』, 태학사, 2006, 77쪽.

「밤에 남화경을 읽다(夜讀南華經)」

고요히 앉아 제물론(齊物論)을 담론하며,
혀끝으로 온 천지를 맘껏 희롱한다네.
미세한 것은 가을터럭 끝까지 설파하고,
광대한 것은 태극의 뿌리까지 궁구한다네.
세상 사람 모두가 득실을 다투건만,
해질 무렵 뉘라서 다시 아침저녁을 분별할까!
시원스레 흉금을 말끔히 씻어 버리며,
새벽까지 등잔 불똥 모두 깎아 버렸네.[39]

이러한 강주의 자유분방한 학풍은 그의 학연과 무관하지 않은 것으로 생각된다. 정두경(鄭斗卿: 1597～1673; 東溟)이 쓴 「죽창집서문(竹窓集序文)」에 의하면, 강주는 남이공(南以恭), 박이서(朴彛敍), 송일(宋馹) 등과 함께 정지승(鄭之升: 1550～1589; 叢桂堂)에게서 배운 것으로 생각된다.[40] 정지승은 정렴(鄭磏: 1506～1549; 北窓)의 조카이며 정두경의 조부가 된다. 정렴은 유불도(儒佛道)는 물론 천문, 음율, 복서(卜筮), 의술, 문학 등 다방면에 조예가 깊었던 통유(通儒)였고, 정지승 또한 유불도(儒佛道)에 회통한 통유로서 매우 개방적인 학풍을 지녔던 인물이다. 이러한 개방적 학풍이 강주에게 영향을 미쳤을 것이라 짐작된다.

또한 강학년이나 강백년만 하더라도 그들이 비록 스스로 유학자라고 자처하고 있고, 또 그들의 언설 속에 유학적 신념이 전제되어 있지

39 정경훈, 앞의 책, 4권, 349쪽.

40 정두경, 「죽창집서문」, 『죽창선생집』, 태학사, 2006, 76쪽.

만, 노장학은 물론 폭넓은 제 학문에 대한 수용적 태도를 볼 수 있다. 강학년은 비교적 순정(醇正)한 유학자라고 할 수 있는데도, 그가 태극(太極)을 설명하는 가운데 노자의 말을 인용해 다음과 같이 설명하고 있다.

> 태극은 리(理)요 리는 형상이 없다. 리가 형상이 없으니 어찌 그릴 수 있으랴. 그리면 혹 네모나거나 혹 둥그니, 곧 형상에 속한다. 노자가 말하기를, 형(形)이 없는 것은 형상 있는 것의 임금이라 했으니, 리는 형상이 없으면서 형상 있는 것의 주인이다(炭翁集 閒居筆舌에 나옴).[41]

이는 강학년이 태극을 리로 보고, 리는 형상이 없다고 설명한 것인데, 만약 리를 형상으로 그리자면 네모나 원으로 표시해야 하니, 이미 어떤 형상으로 표현하면 곧 형상이 있는 것이 되고 만다는 것이다. 따라서 노자가 말한 '형이 없는 것은 형상 있는 것의 임금' 이라는 말처럼, 리는 형상이 없으면서 형상 있는 것의 주인이라 하였다. 강학년이 노자 『도덕경』을 인용해 유학의 태극, 리를 설명하고 있는 데서, 그의 노장에 대한 수용적 태도와 개방적 입장을 볼 수 있다. 이러한 강학년의 학풍을 짐작할 수 있는 글이 『노서유고(魯西遺稿)』에 다음과 같이 보인다.

> 장령(掌令) 강학년 또한 일찍이 온양에 살아 여러 번 왕래하여 본적이 있다. 강학년은 실로 호인(好人)이다. 종일 말한 것이 경서를 벗어나지 않는

41 『復泉遺稿』, 卷2, 附錄, 「拾遺」, "余聞諸姜丈日 太極理也 理無形 理無形者 安可圖 圖則或方或圓 便屬形矣 老子日 無形者 形之君也 理則無形 而有形之主也"(出炭翁集閒居筆舌).

다. 매양 하경(夏卿)에게 말하기를, 이미 고인의 책을 다 읽었다고 하였다. 대개 제가(諸家)를 널리 보아 경학을 주로 하지 않았다(魯西遺稿).[42]

여기에서 윤선거(尹宣擧)는 강학년의 학문이 유학의 경서를 기본으로 하고 있지만, 독서가 매우 넓어 제가를 섭렵해 경학만을 위주로 하지는 않았다고 전해 주고 있다. 이는 강학년의 박학풍(博學風)과 학문적 개방성을 입증해 주는 글이다.

특히 강백년의 경우 그의 학문이 유학에 머물지 않고 제가에 미치는 매우 광범한 것임을 알 수 있다. 그의 문집인 『설봉유고(雪峰遺稿)』에 「불물자능물물설(不物者能物物說)」[43]이란 글이 있는데, 이는 도가의 설을 인용해 쓴 글이다. 그는 "사람도 그 사이에 또한 일물인데, 만물 가운데 가장 영특하다"[44] 하고, "도(道)로써 천지를 보고, 천지로써 만물을 보면, 나 또한 물(物)이요 물 또한 나다. 천지 또한 만물이요 만물 또한 천지니, 어찌 물이 내가 아니며 어찌 내가 물이 아니랴. 물이 그렇지 아니함이 없고 물이 불가함이 없으니, 소위 물이 아니면서 능히 물을 물되게 하는 것이 아니랴"라고 하였다.[45] 이러한

42 『魯西遺稿』, 卷15, 雜著, 日記, 「丁酉」, "又云姜掌令鶴年亦曾寓溫 數相往見 姜則實好人 終日語言 不出經書 每言夏卿已讀古人書盡了 盖譏其泛濫諸家 而不主於經學也."

43 『雪峰遺稿』, 卷23, 「不物者能物物說(己巳冬月課魁)」.

44 같은 책, 卷23, 「不物者能物物說」, "人於其間 亦一物也 而最靈於萬物者也."

45 같은 책, 卷23, 「不物者能物物說」, "噫 在物爲理 處物爲義 則以我觀物者情也 以物觀物者性也 故橫渠張子有言曰 性性爲能存神 物物爲能過化 又曰 大人者 有容物無去物 有愛物無徇物 然則物至而隨應 物去而不留 以物喜物 以物悲物者 非所謂物各付物者耶 況有是物則便是有是氣 有是氣則便有是理 天地之所以爲天地 人之所以爲人 物之所以爲物也 亦不過乎同此理而已 以道而觀天地 以天地而觀萬物 則我亦物也 物亦我也 天地亦萬物也 萬物亦天地也 何物不我 何我不物 無物不然 無物不可

강백년의 글은 물론 소강절(邵康節)의 『황극경세서(皇極經世書)』의 「관물편(觀物篇)」과 「어초문대(漁樵問對)」를 인용하고 있지만,[46] 이 역시 도가적인 성격을 담고 있다.

또 강백년은 「소요유설(逍遙遊說)」에서 다음과 같이 『장자』 「소요유편(逍遙遊篇)」의 의의를 설명하고 있다.

즉 소요유(逍遙遊) 1편은 글자 수가 많지 않으나 그 종지(宗旨)는 또한 사물의 크고 작음, 많고 적음을 논한 것에 불과한데, 천지만리(天地萬理)가 포함되지 아니함이 없고, 날고 잠긴 동식물들이 다 그 속에 들어 있다 하고, 이에서 보면 인간 세상에 많고 적음, 크고 작음 인간과 사물의 낳고 기르는 이치가 밝게 갖추어 있어서, 귀하고 천하고, 어리석고 지혜롭고, 사농공고(士農工賈), 오래 살고 일찍 죽고, 영화롭고 욕되고, 배부르고 배고프고, 춥고 따뜻한 것을 모두 가히 미룰 수 있다고 하였다.[47]

非所謂不物而能物物者耶 可以無心而致萬物 可以無意而贊化育 可以不我不物而遊乎天地之間 然則吾之身一太極也 萬物亦一太極 而物物各有一太極也 天地亦一太極而太極本無極也 自此以往 不過曰無爲之誠而已 何慮之有 何思之有 何我之有 何萬物之有 何天地之有哉 其問之答之者誰 日漁者也樵者也 其傳之者誰 邵堯夫云."

46 邵康節, 『皇極經世書』, 「觀物內篇」, "然則人亦物也 聖亦人也 …… 以天地觀萬物則萬物爲物 以道觀天地 則天地亦爲萬物 …… 夫所以謂之觀物者 非以目觀之也 非觀之以目 而觀之以心也 非觀之以心而觀之以理也 …… 所以謂之反觀者 不以我觀物也 不以我觀物者 以物觀物之謂也 旣能以物觀物 又安有我於其間哉."
같은 책, 「漁樵問對」, "漁者曰 夫所以謂之觀物者非以目觀之也 非觀之以目而觀之以心也 非觀之以心而觀之以理也 天下之物莫不有理焉 莫不有性焉 莫不有命焉 所以謂之理者 窮之而後可知也 所以謂之性者 盡之而後可知也 所以謂之命者 至之而後可知也 此三知者天下之眞知也 …… 聖人之所以能萬物之情者 謂其聖人之能反觀也 所以謂之反觀者 不以我觀物也 不以我觀物者 以物觀物之謂也 旣能以物觀物 又安有我於其間哉 是知我亦人也 人亦我也 我與人皆物也."

47 『雪峰遺稿』, 卷23, 「逍遙遊說」, "逍遙遊一篇 字數不多 其宗旨亦不過論物之大小多

또한 「구우설(鷗友說)」에서 "물(物)과 사람이 함께 천지 사이에서 사는데, 조물자(造物者)와 함께 더불어 노릴게 되니, 이것이 옹(翁)과 갈매기가 서로 친하고 가까이 해서 적막한 물가에서 소요유(逍遙遊)하는 까닭이다"[48] 하고, "사람이 사물을 시샘하지 않으면 사물도 사람을 시샘함이 없다. 사람과 사물이 담연(淡然)히 잊어서 저절로 사물과 나의 구분이 있음을 알지 못하니, 그 즐거움을 다 계산할 수 있으랴"[49] 하였다. 이처럼 강백년은 자연과 인간, 나와 물, 나와 갈매기가 하나가 되는 물아일체(物我一體)의 세계를 소요유의 경지로서 표현하였다.

그는 또 수양의 방법으로 양기(養氣)를 말하고, 구체적으로 무욕(無欲), 과욕(寡欲), 경(敬)에 대해 다음과 같이 설명하고 있다.

> 어떻게 정(正)으로써 기를 수 있는가? 무욕(無欲)일 뿐이다. 어떻게 무욕을 얻겠는가? 과욕(寡欲)으로 무(無)에 이를 뿐이다. 어떻게 가히 과욕(寡欲)할 수 있는가? 경(敬)으로써 함양(涵養)할 뿐이다. 아! 맹자의 과욕(寡欲)의 설이 진실로 이미 지극하다. …… 그 소위 욕(欲)이라는 것은 반드시 빠진 연후에야 욕이라고 한다. 의(意)가 비로소 향함이 있으면 곧 그 바름을 잃으니, 인심도심은 단지 이 작은 것들의 다툼이다. 일분(一分)의 천리(天理)가 있으면 곧 일분의 인욕을 이기고, 일분의 인욕이 있으면 곧 일분의 천리가 없어진다. …… 경을 있게 해서 과욕을 하고자 하고, 과욕해서 무욕

少 而天地萬理無不包得 飛潛動植 咸有乎其中 …… 觀乎此則人間世多小大人物生養之理昭昭乎備矣 而貴賤愚智士農工賈 壽夭榮辱 饑飽寒溫 皆可以推之."

48 같은 책, 卷23, 「鷗友說」, "物與人竝生於天地之間 而俱得與造物者爲遊 此所以翁與鷗相親相近 而與之逍遙遊乎寂寞之濱者也."

49 같은 책, 卷23, 「鷗友說」, "人無猜於物 物無猜於人 人與物淡然相忘 而不自知物我之有分也."

에 이르고자 함이 대개 이와 같다.[50]

여기에서 강백년은 맹자의 과욕(寡欲)을 통해 무욕(無欲)에로 가야 한다는 논리를 펴고 있는데, 이는 유교적 수양론을 바탕에 깔고 있지만, 무욕(無欲), 금욕(禁欲), 절욕(絕欲)을 이상으로 삼는다는 점에서 도가적 성격이 혼재해 있다.

또한 강백년의 『한계만록(閑溪謾錄)』을 통해 그의 박학풍(博學風)과 함께 학문적 개방성을 알 수 있다. 이는 소북파(小北派) 가문의 중요한 학습서로서, 『대학』과 각종 전적에서 가언(嘉言)과 명구(名句)를 모아 편찬한 것으로, 학식을 통한 앎과 행의를 통한 실행을 목표로 하고 있다. 중요한 것은 노장과 불가, 술가(術家)의 글일지라도 모범이 되는 것은 기휘(忌諱)하지 않았다는 점이다.[51]

그는 항상 주장(主靜), 입극(立極), 정위(正位), 응명(凝命), 주일무적(主一無適), 비례물동(非禮勿動) 등의 말을 책상 위에 써서 두고 체험하며, 새벽에 일어나면 『대학』 한 편을 외우고 염락(濂洛)에 좋은 글을 몸에 지니고 다니며 『한계부집(閑溪裒集)』이라 이름하고, 심학의 중요한 말와 고금의 가언(嘉言), 선행(善行)을 모아 『대학』 8조목을 모방하여 한 권의 책을 만들고, 『한계만록(閑溪謾錄)』이라 이름하여 상자 안에 두고, 남에게 보이지 아니하고 오직 스스로 경계하는 자료로 삼아 말하기를, "내가 평생에 큰 과실이 없는 것은 이 책의 공이

50 같은 책, 卷23, 「養心箴 并序」, "…… 如何而可以養得以正耶 曰無欲而已 如何而便得無欲耶 曰寡欲以至於無耳 如何而可以寡欲耶 曰敬以涵養而已 噫! 孟子寡欲之說固已至矣 …… 其所謂欲也者 非必沈溺然後乃謂之欲也 意才有向 便失其正 是以人心道心 只是爭些子 存一分天理 卽勝一分人欲 有一分人欲 卽滅一分天理 …… 其所以存敬而欲寡欲 寡欲而欲至於無欲者 盖以此也."

51 강경훈, 「죽창선생집 해제」, 62쪽.

다" 하였다 한다. 만년에는 『참동계(參同契)』를 좋아하고, 또 '청월헌(聽月軒)' 이라 스스로 이름하였는데, 이는 대개 태음(太陰)의 청명(淸明)한 본체를 본받아 깨달음이 있게 함이었다고 한다.[52] 여기에서도 강백년의 유교 내지 성리학에 머물지 않은 개방적인 학문태도를 읽을 수 있다.

강백년의 『한계만록』은 비록 주자를 비롯한 송대 성리학과 유교적 문헌이 가장 비중 크게 인용되어 있지만, 통계에서 보듯이 제자학, 문학, 불교, 도교서 등 광범한 자료를 많이 인용하고 있음을 알 수 있다. 이러한 강백년의 학문 경향은 순정(醇正) 주자학을 외치고 고집하는 것과는 구별되는 것으로 그의 개방적 학풍을 짐작할 수 있다.

또한 19세기 실학자의 한 사람인 강위(姜瑋: 1820~1884; 秋琴)는 민노행(閔魯行)과 추사 김정희(秋史 金正喜)에게서 배웠다. 연행사(燕行使)로 청나라에 가서 그곳 문인들과 학문적 교유를 하였고, 김홍집(金弘集)을 수행하여 일본에 다녀오기도 하였다. 1883년에는 박영선(朴永善)과 박문국(博文局)을 설치하고 우리나라 최초의 신문인 「한성순보(漢城旬報)」를 간행했다. 강위는 실학적 관심 외에도 불교, 제자백가에도 매우 능했다.

이와 같이 진주강문에게서 보이는 탈성리학적 경향이나 개방적 학풍은 그들이 지닌 당색과 무관하지 않은 것으로 짐작된다. 소북파에서 공통적으로 나타나는 학문과 사상의 뚜렷한 특징은 교조적인 주자학과는 일정한 거리를 두고 있다는 점이다.[53] 이른바 '소북8약조'

---

52 「숭록대부판중추부사 겸지춘추관사동지성균관사예문관제학 증대광보국숭록대부 의정부영의정겸영경연홍문관예문관춘추관관상감사세자사설봉강공행장」, 『진주강씨세보』, 208~215쪽 참조.

53 강경훈, 「죽창선생집 해제」, 63쪽.

(1657년, 효종 8)[54]에 보이는 정치권력에 대한 불가근, 불가원의 태도나 소극적인 처신은 학문적으로도 집권세력인 노론의 성리학 중심에서 벗어나, 보다 자유로운 입장에서 학문하는 태도를 갖게 되었을 것이다.

(3) 서학에 대한 관심

서학은 넓게 보면 서양의 과학기술 문물과 천주교를 포함한다. 서학이 우리나라에 전래된 첫 번째 단계는 조선 선조 때 임진왜란과 더불어 서양문물에 간접적으로 접촉하다가 영조 때까지 서양에 대한 지식이 축적되는 시기요, 둘째 단계는 18세기 말엽 정조의 시대로, 서양에 대한 이해가 지식의 단계를 넘어 신앙운동으로 표면화되어 이론적 비판과 논쟁이 일어났던 시기다. 셋째 단계는 19세기 초부터 중엽까지 순조에서 고종까지로, 왕조의 강력한 금교(禁教)정책이 진행되면서 한편 천주교 신앙문제와 서양의 무력위협이 연관되어 나타나는 시기다. 넷째 단계는 고종시대로, 19세기 말에 문호를 개방하고 척사론(斥邪論)의 저항을 받으면서 서양의 문물이 결정적인 우세로 전개되는 시기다.[55]

---

54 벼슬하여 조정에 나아가면 한마음으로 임금을 섬긴다(一日 立朝事君同心), 노인이 되면 조용히 살면서 자손들을 가르친다(二日 老人潛居教孫). 어릴 때는 문닫고 독서에 전념한다(三日 少年閉門讀書). 벼슬에 나갔을 때는 땅을 사서 재산을 늘리지 않는다(四日 爲宰不賣田土), 남혼(男婚), 여가(女嫁) 때 상대방의 영고(榮枯)를 따지지 않는다(五日 嫁娶不計榮枯), 사사로이 있을 때에는 공적인 말을 삼간다(六日 私居勿言公事), 이사할 때는 벌열(閥閱)과 척신(戚臣)들이 사는 안국동으로는 가지 않는다(居不移安國坊), 낙향할지라도 임금이 계신 곳으로부터 멀리 떨어져 있는 충청도 이남으로는 가지 않는다(八日 鄕不下忠清道).

그런데 진주강문의 학자들이 서학에 관심을 갖고 활동했던 것은 18세기 후반부터 19세기 후반에 해당한다. 물론 서학에 경도되었던 진주강문의 학자군은 그리 많지 않지만 주목할 만한 의미가 있다.

이들은 첨(籤)-학년(鶴年)-호(鎬)의 세계(世系)에서 호의 아들인 세봉(世鳳), 세린(世麟), 세구(世龜)의 현손(玄孫)인 강이원(姜履元), 강이오(姜履五), 강이중(姜履中), 강이인(姜履寅)과 주(籒)-계년(桂年)-현(鋧)-세황(世晃)-완의 세계에서 완의 아들인 강이천(姜彝天), 강이문(姜彝文)이 그 중심인물이 된다. 또 어느 세계인지 확인되지 아니한 여성 서학운동가인 강완숙(姜完淑)이다. 강이오, 강이중, 강이인은 강이원(姜履元)의 종형제(從兄弟)들로 다산 정약용과 절친했던 교우들이다.[56]

강이원(姜履元: 1764~1849)의 자는 인백(仁伯), 호는 서산(西山)인데, 다산과는 혈맹의 우정을 맺고 있었다. 1787년(정조 11년) 반촌(泮村)에서의 사서강습(邪書講習)사건, 즉 이승훈, 정약용, 강이원 등이 성균관 수업을 폐한 채 반촌 김석태(金石太)의 집에 모여 천주교서를 강습한 것이 발각되었으나, 다행히 정조의 너그러운 관용으로 무사히 화를 면할 수 있었다.

그러나 1795년(정조 19) 7월 초순 남인내 공서파(攻西派)의 선두에 섰던 목만중(睦萬中)이 소북파인 박장설(朴長卨)을 사주, 중국인 신부 주문모(周文謨)의 밀입국과 관련시켜 다산과 이가환(李家煥) 등을 탄핵하기 시작했다. 이에 정조는 두 사람을 보호해 줄 목적으로 이가환을 충주목사로, 다산을 종6품관이 나가는 충청도 홍성의 금정찰

55 금장태, 「동서교섭과 근대한국사상의 추이에 관한 연구」, 성균관대대학원(박사), 1979, 5쪽.

56 강경훈, 「죽창선생집 해제」, 36쪽.

방으로 좌천시켰다. 강이원 등은 훗날 이때의 일을 두고 "성은이 짐짓 시론(時論)을 따라 인심을 안정시키고자 했다"고 술회했다.

이해 10월 다산은 근동에서 세거하는 벗들과 함께 온양 봉곡사(鳳谷寺)의 서암(西巖) 요사채에서 강학을 열고, 성호 이익이 남긴 저서들을 교정하는 일에 전념하였는데, 이 사실을 기록한 「서암강학기(西巖講學記)」가 『여유당전서(與猶堂全書)』 제1집 시문집(詩文集)에 편차되어 있다.[57] 이때 모인 사람이 이삼환(李森煥: 1735~1813; 木齋)을 비롯하여 이광교(李廣敎), 이재위(李載威), 박효긍(朴孝兢), 강이인(姜履寅), 이유석(李儒錫), 심로(沈潞), 오국진(吳國鎭), 강이중(姜履中), 권기(權夔), 강이오(姜履五), 이명환(李明煥) 등 이었다. 강이원만 무슨 사정인지 참여하지 못하고 강씨 문중의 삼종형제가 모두 참석하는 한편, 이때의 양석을 봉곡사(鳳谷寺)가 있던 충청도 온양 동화리의 강씨 농장에서 모두 충당했다고 가승(家乘)에는 적혀 있다.[58] 이렇게 볼 때, 이들 강이원, 강이오, 강이중, 강이인 진주강씨 삼종형제들은 모두 다산과 매우 절친한 관계로 서학에 깊숙이 관여하였고, 양석까지 진주강씨의 온양 동화리 농장에서 충당했다는 것은 얼마나 깊숙이 관련되었는가를 시사해 준다. 또 『여유당전서』에는 「강사빈 이인(姜士賓 履寅)에게 주다」, 「강인백 이원(姜仁伯 履元)에게는 글」 등 시문이 종종 나타난다.

1811년(순조 11) 겨울 다산은 유배지인 강진에서 흑산도로 귀양간 중형 정약전(丁若銓: 1758~1816; 巽庵)에게 올린 편지에서 "인백(仁伯)은 전에 남산에서 꽃버들 만발하던 때 성재(聖在) 등과 술을 마시고 매우 취하던 때를 생각하며, 우리 형제를 찾으면서 방성대곡(放

57 정약용 저, 민족문화추진회 편, 『국역 다산시문집 1』, 솔, 1994, 318쪽.

58 강경훈, 「죽창선생집 해제」, 37쪽.

聲大哭)하였다고 했습니다. 그렇지만 지금 소식의 왕래는 영영 끊기고 말았습니다"라고 썼다.[59] 이를 통해 다산 형제와 강이원이 얼마나 절친한 관계인가를 짐작할 수 있다.

진주강문의 서학풍은 이들과는 달리 주(籀)-계년(桂年)-현(鋧)-세황(世晃)-완의 세계(世系)에서 완의 아들인 강이천(姜彝天), 강이문(姜彝文) 형제를 통해 확연히 드러난다. 강이천(姜彝天: 1769~1801; 重庵)은 주로 천안에서 살았는데, 조부 강세황의 가학을 계승하면서 이용휴(李用休: 1708~1782; 惠寰)에게서 수업을 받았다. 이용휴는 성호의 조카요 이가환의 부친이며 이승훈(李承薰)의 외조부가 된다. 따라서 강이천의 학맥은 이익-이용휴-강이천으로 이어지는 기호남인 성호학파에 닿아 있다.[60] 그는 서숙(庶叔)이며 화가인 강신(姜信: 1767~1821)의 주선으로 서학에 관계하게 되었는데,[61] 1797년 비어옥(飛語獄)의 주모자로 흑산도로, 다시 제주도에 유배되었는데, 1799년 5월에는 대사간 신헌조(申獻朝)가 상소를 올려 권철신(權哲身), 이가환(李家煥), 정약용(丁若鏞) 등과 김로(金鑪), 강이천(姜彝天)의 죄를 논하다가 체직된 경우도 있었다.[62] 강이천은 1801년 제주도에서 압송되어 신유사옥(辛酉邪獄) 때 모진 고문 끝에 옥중에서 세상을 마쳤다. 이때 주문모신부, 김건순(金建淳), 김이백(金履白)은 효수되고, 아우 강이문(姜彝文)은 언양(彥陽)으로 유배되었고, 서숙 강신은 공주로 잠적하였다.[63]

---

59 강경훈, 「죽창선생집 해제」, 38쪽.

60 강이천의 문집인 필사본 『重庵集』이 규장각에 소장되어 있으나 필자는 아직 접하지 못했다.

61 강경훈, 「중암 강이천 문학연구」, 동국대대학원(박사), 2001, 172쪽, 강이천 연보 26세 조 참조.

62 차기진, 『조선 후기의 서학과 척사론 연구』, 한국교회사연구소, 2002, 311쪽.

그는 비록 33세의 짧은 생애를 살았지만, 문학에도 조예가 깊어 그가 남긴 「남성관희자(南城觀戲子)」와 「한경사(漢京詞)」는 한국연구사와 풍속사 연구에 귀중한 자료로 평가 받는다.[64]

이렇게 볼 때, 앞서 강이원, 강이오, 강이중, 강이인 등은 새로운 학문이요 신앙인 서학에 대해 많은 관심을 갖고 있었음에 대해, 강이천, 강이문 형제의 경우는 유배의 형과 고문을 받을 만큼 깊은 신앙에 빠져 있었고, 또 서학운동의 주도적 위치에 있었다.

특히 진주강문에는 여성으로서 서학운동의 주도자가 있었으니 그가 강완숙(姜完淑: 1761~1801)이다. 그의 세례명은 콜롬바인데, 그가 진주강문의 어느 세계에 속하는지는 알 수 없다.

그는 1791년(정조 15) 신해사옥(辛亥邪獄) 때 체포되었다가 석방되자 서울로 옮겨 살았는데, 1795년부터 6년간 주문모 신부를 은거(隱居)시켜 그의 전도활동을 도와주었다. 그는 우리나라 최초의 천주교 여성회장으로 은언군(恩彦君)의 부인, 상계군(常溪君)의 부인 등 여성들을 상대로 적극적인 전도활동을 전개했는데, 1801년 신유사옥 때 처형되었다.[65]

진주강문의 서학에 대한 적극적인 관심과 참여는 매우 중요한 의미를 갖는다. 위에서 말한 개방적 학풍과도 상통된다. 도가나 불교 제자

---

63 강경훈, 「중암 강이천 문학연구」, 173쪽, 「강이천 연보」 33세 조 참조.

64 중암 강이천(重庵 姜彝天: 1769~1801)에 관한 대표적인 연구로는 강경훈의 「중암 강이천 문학연구」(동국대대학원(박사), 2001), 남윤수의 「중암 강이천의 漢京詞 해제」(『서울문화』, 제3집, 경인문화사, 1997), 방현아의 「중암 강이천의 漢京詞 연구」(성균관대대학원(석사), 1993), 정우봉의 「강이천의 漢京詞에 대하여」(『한국학보』, 75집, 1994, 여름, 일지사)가 있는데 모두가 문학적 연구다.

65 유홍열, 『국사백과사전』, 동아문화사, 1975, 32쪽.
강대희 편저, 『진주강씨 역대중요인명사전』, 도서출판 뽑힌글, 1988, 73쪽.

학은 그래도 서학에 비하면 그 충격이 적다고 볼 수 있다. 전통적인 유교문화를 거부하고 이질적인 서양의 기독교를 수용하고 관심 갖는 데서 진주강문의 개방성은 뚜렷해진다. 그리고 이러한 서학에의 접근은 아마도 다산을 비롯한 남인들과의 인간적 유대, 그리고 성호 이익에 대한 존경과 강백년의 사위인 남익훈(南益薰)의 사위인 6대손인 남종삼(南鍾三)과 강이천의 서숙인 강신의 영향이 컸던 것으로 보인다.

그런데 진주강문의 강세정(姜世靖), 강준흠(姜浚欽)은 공서파(攻西派)의 대표적 인물로 서학에 대해 부정적이었다. 강세정의 『송담유록(松潭遺錄)』에는 신후담(愼後聃)의 『서학변(西學辨)』이 「돈와기문편(遯窩記聞編)」으로 실려 있고,[66] 강세정은 서학 배척 통문에도 참여한 바 있다.[67] 『서학변』이 훗날 강세정의 『송담유록』에 「돈와기문편」으로 실려 있다는 사실에서 볼 때, 공서계 인물들에게 일정한 영향을 주었을 것이라고 추정할 수 있다. 강세정은 공서계 인물인 강준흠(姜浚欽: 1786~?; 三溟)의 부친이다.[68]

이렇게 볼 때, 진주강문 내에서도 서학에 적극적으로 참여한 그룹이 있는가 하면, 또 서학을 배척한 공서파도 존재하는 것이다.

---

66 차기진, 『조선후기의 서학과 척사론 연구』, 한국교회사연구소, 2002, 244쪽.

67 같은 책, 287쪽.

68 같은 책, 244쪽.

제 6 부

유학과 이학(異學)과의 대화

1장

정통과 이단, 그 역사와 본질 - 율곡을 중심으로 -

1. 시작하는 말

'정통과 이단'의 갈등은 역사적으로 오래된 일이다. 지금도 이 갈등은 지속되고 있다. 한쪽이 정통을 표방하면 다른 한쪽은 이단이 되고 만다. 정통과 이단은 대화도 타협도 없다. 오직 싸움뿐이요 어느 일방의 승리와 패배만이 있을 뿐이다. 그것은 정통은 선이고 이단은 악이며, 정통은 옳고 이단은 그르다는 가치판단이 전제되기 때문이다.

오늘날 다문화사회, 다종교사회에서도 정통과 이단의 갈등은 매우 심각하다. 사회적 갈등을 넘어서 국가 간의 대립, 종교 간의 대립, 문화 간의 충돌로 지구촌의 평화를 위협하고 있다.

그런데 이러한 정통과 이단의 갈등은 근본적으로 상대를 용납하지 못하는 독선과 아집에서 비롯된다. 내 주장, 내 종교, 내 신념체계만이 옳고 타방은 그르다는 독선에서 갈등은 비롯된다. 요컨대 폐쇄적 사고의 산물이다.

대체로 정통과 이단의 갈등은 역사적 산물이기도 하다. 즉 어느 특정의 사상이나 종교가 다양한 사상과 종교 간의 경쟁에서 살아남기 위해 자기의 정체성을 절대화하고 타방을 인정하지 않는 데서 갈등은 비롯되었다.

본고는 율곡의 정통과 이단에 대한 입장과 그것이 갖는 현대적 의미를 검토하는 데 목적이 있다. 이를 위해 중국사상사에서 그리고 한국사상사에서 있어온 정통과 이단의 갈등사를 간략하게 검토해 보고자 한다. 그리고 율곡의 정통과 이단에 대한 입장을 정리해 보고, 그것이 갖는 현대적 의미를 뒤 새기는 것으로 이 글을 마치고자 한다.

율곡은 조선조 유학자 가운데 소위 이단에 물든 대표적 인물이다. 19세에 가출하여 금강산에 들어가 불교에 깊이 빠졌으니 다음 글은 이를 잘 말해 준다.

> 신은 본시 한양의 한 평민으로 어린 나이에 도학을 추구하였으나 옳은 방도를 알지 못하고, 제가(諸家)에 범람(泛濫)하여 안정된 바탕을 이루지 못하였습니다. 운수가 불길한 탓으로 일찍이 모친을 여의고 망녕되이 슬픔을 억누르려 한 나머지 마침내 불교에 탐닉하게 되었습니다. 기름이 배어들고 물이 스며들 듯 갈수록 깊이 빠지게 되자, 나중엔 본심까지 어두워져 깊은 산중으로 달려 들어가 선문(禪門)에 종사하기를 거의 일 년 가까이나 하였습니다. 하늘의 신령하심에 힘입어 하루아침에 깨닫고 나니, 그것들은 터무니없는 속임수요 거짓말로서 결함이 환히 보였습니다. 더럽혀진 오장육부를 씻어낼 길은 없고, 맥이 빠진 채 집으로 돌아와서는 부끄럽고 분하고 죽고 싶은 심정이었습니다. 옛날부터 불교의 해독에 걸린 사람들치고 신처럼 특히 심각했던 사람은 없었을 것입니다.[1]

1 『栗谷全書』, 卷3, 「辭副校理疏」.

잠시 불교에 탐닉했던 자신을 돌아보고 반성하는 글이지만, 율곡이 불교를 비롯한 제가(諸家)에 얼마나 깊이 빠졌는가를 잘 알 수 있다. 현대적 안목으로 보면 19세 청년학도의 이러한 사상 편력은 매우 의미 있는 것임에도, 불교를 이단으로 보고 유교를 정통으로 보는 경직된 사고에서 이러한 글이 나오게 된 것이다.

율곡은 『순언(醇言)』을 저술할 만큼 도가에 대해서도 능통하였다. 노자의 『도덕경』을 이해한 바탕 위에 유교적 입장에서 노자와 도가를 이해하였다. 이 또한 정통과 이단의 잣대로 보면, 율곡은 20대의 불교 탐닉 못지않게 위험한 이단의 길을 걸었다고 할 수 있다.

뿐만 아니라 양명학에 대한 입장이나 화담 서경덕(花潭 徐敬德)의 기학(氣學)에 대한 관점에서도 순유(醇儒)의 정통론과는 구별되는 율곡의 견해를 볼 수 있다.

그런데 이러한 율곡의 학문적 개방성과는 달리 그는 정통과 이단에 대해 여타 유학들처럼 분명한 입장을 보여 주고 있다.

먼저 중국과 우리나라에서의 정통과 이단의 갈등사를 검토해 보고, 율곡의 이에 대한 입장을 고찰한 다음, 정통과 이단의 본질과 그 현대적 함의를 밝혀보고자 한다.

2. 유학사에서 정통과 이단의 갈등

율곡의 정통과 이단에 대한 입장을 살펴보기 전에 유학사에서의 정통과 이단의 갈등에 대해 검토해 보기로 하자. 일찍이 공자는 "이단을 전공하면 해로울 뿐이다"[2]라고 하여, 이단의 폐해에 대해 경계한 바 있다. 또 공자는 당시 은자(隱者)의 무리였던 장저(長沮)와 걸익(桀

溺)에 대해 "새와 짐승은 인간과 함께 살지 못할 지니, 내가 사람의 무리와 함께 살지 아니하고 누구와 함께 살리오. 천하에 정도(正道)가 서 있으면 나는 개혁하려 하지 아니하리라"[3]라고 하였다. 여기서 공자는 장저와 걸익 같은 은자는 인간세상을 도외시하므로 인간과 세속에 대한 우환의식을 본질로 하는 유학과는 다르다는 입장에서 그들과 함께할 수 없음을 분명히 하였다. 이를 통해 우리는 공자의 벽이단(闢異端)의 일단을 볼 수 있다.

유학사에서 본격적으로 이단을 배척한 이는 맹자라고 할 수 있다. 맹자는 말하기를, "세도(世道)가 쇠미(衰微)하고 사설포행(邪說暴行)이 일어나 신하가 그 임금을 죽이는 일이 있고, 자식이 그 부모를 죽이는 일이 있게 되어, 공자가 이를 두려워하여 『춘추』를 지었다"고 하였다.[4] 공자가 『춘추』를 지은 이유를 세도의 쇠미함과 사설포행으로 신하가 그 임금을 죽이고 자식이 그 부모를 죽이는 윤리강상의 위기에서 찾고 있다.

또한 맹자는 당시 중국의 사상계를 이렇게 설명하고 있다.

> 성왕이 일어나지 아니하여 제후가 방자하고 처사가 횡의(橫議)하여 양주묵적(楊朱墨翟)의 언론이 천하에 꽉 차, 천하의 언론이 양주(楊朱)로 돌아가지 아니하면 묵적(墨翟)에게로 돌아갔다. 양씨(楊氏)는 나만을 위하니 이는 임금이 없는 것이요, 묵씨(墨氏)는 겸애(兼愛)하니 이는 부모가 없는 것이

---

2 『論語』, 「爲政篇」, "子曰 攻乎異端 斯害也已."

3 같은 책, 「微子篇」, "夫子憮然日 鳥獸不可與同群 吾非斯人之徒與 而誰與 天下有道 丘不與易也."

4 『孟子』, 「滕文公下」, "世衰道微 邪說暴行有作 臣弑其君者有之 子弑其父者有之 孔子懼 作春秋 ……."

다. 부모가 없고 임금이 없는 것은 금수다. …… 양주묵적(楊朱墨翟)의 도가 멈추지 아니하면 공자의 도가 드러나지 아니하니, 이는 사설(邪說)이 백성을 속여 인의(仁義)가 꽉 막힌 것이니, 인의가 꽉 막히면 짐승을 거느려 사람을 잡아먹다가 사람이 장차 서로 먹게 될 것이다.[5]

당시 사상계는 양주(楊朱)의 위아(爲我)주의와 묵적(墨翟)의 겸애(兼愛)주의로 양분되었다고 진단한다. 맹자에 의하면 양주는 나만을 위하는 것을 취해, 한 터럭을 뽑아 천하가 이롭다 하더라도 하지 않고, 묵자는 겸애를 주장하여 이마가 닳고 발꿈치가 해지더라도 천하에 이롭다면 한다고 한다.[6] 양주는 자기만을 위하니 사회, 국가를 부정하는 무군지도(無君之道)요, 묵적은 똑같은 사랑을 주장하니 부모를 부정하는 무부지도(無父之道)라는 것이다. 따라서 양주의 위아주의는 극단적인 개인주의이며, 묵적의 겸애주의는 극단적인 전체주의라 할 수 있다. 맹자에 의하면 국가나 사회를 부정하고 부모를 부정하는 것은 금수지도(禽獸之道)로서 이단이므로 물리쳐야 한다는 것이다. 맹자는 이러한 이단지도(異端之道)가 멈추지 않으면 공자의 도가 드러나지 못하고, 이단사설(異端邪說)이 백성들을 속여 마침내 인의(仁義)의 도가 폐색되고 만다고 경고하였다.

맹자는 이를 두려워하여 선왕의 도를 지켜 양묵(楊墨)을 막고 음사(淫辭)를 몰아내며, 사설(邪說)을 만들지 못하게 하려 한다 하였다.[7]

5 같은 책, 「滕文公下」, "聖王不作 諸侯放恣 處士橫議 楊朱墨翟之言 盈天下 天下之言 不歸楊則歸墨 楊氏爲我 是無君也 墨氏兼愛 是無父也 無父無君 是禽獸也 …… 楊墨之道不息 孔子之道不著 是邪說誣民 充塞仁義也 仁義充塞 則率獸食人 人將相食."

6 같은 책, 「盡心上」, "孟子曰 楊子取爲我 拔一毛而利天下 不爲也 墨子 兼愛 磨頂放踵 利天下 爲之."

그는 옛날에 우(禹)가 홍수를 막아내서 천하를 태평하게 하였고, 주공(周公)이 이적(夷狄)을 병합하고 짐승들을 몰아내어 백성들이 평안하게 되었고, 공자가 『춘추』를 지어 난신적자(亂臣賊子)를 두렵게 하였는데,[8] 이제 자신은 인심을 바로잡고, 사설(邪說)을 멈추도록 하며, 치우친 행동을 배격하며, 음탕한 말을 추방하여, 우, 주공, 공자의 세 성인을 계승하고자 부득이 말을 많이 하게 되는 것이라 변명 아닌 변명을 하였다.[9] 여기서 맹자는 자신의 역사적 사명이 바로 이단사설을 물리쳐 공자의 인의지도(仁義之道)를 세상에 드러내는 데 있음을 분명히 하였다.

한편 주자는 "양주(楊朱)는 다만 자기 몸만을 알고 다시 몸을 바치는 의리가 있는 것을 알지 못하였으니 임금이 없는 것이며, 묵적(墨翟)은 사랑이 평등하여 그 지친(至親)을 뭇사람과 다름없이 보았으니 부모가 없는 것이다. 부모도 없고 임금도 없음은 인도의 절멸(絶滅)이다. 그러므로 금수일 뿐이다"라고 하였다.[10]

그러나 맹자 이후 진한(秦漢)을 거쳐 위진남북조시대 그리고 수당(隋唐)을 거쳐 송까지 무려 천여 년 동안 중국사상계는 도불(道佛)이 융성하였고 유교는 침체를 면치 못했다. 『신당서(新唐書)』에서는 이러한 정통과 이단의 갈등사를 이렇게 설명하고 있다.

진(秦)나라에서 수(隋)나라에 이르기까지 노자와 불교가 뚜렷하게 유행하

7 같은 책, 「滕文公下」, "吾爲此懼 閑先聖之道 距楊墨 放淫辭 邪說者不得作 ……."

8 같은 책, 「滕文公下」, "昔者禹 抑洪水而天下平 周公 兼夷狄驅猛獸而百姓寧 孔子成春秋而亂臣賊子懼."

9 같은 책, 「滕文公下」, "我亦欲正人心 息邪說 距詖行 放淫辭 以承三聖者 豈好辯哉 予不得已也."

10 『栗谷全書』, 卷20, 「聖學輯要 2」, 第4章, 窮理.

> 여 성인의 도는 허리띠와 같이 겨우 끊어지지 않았다. 여러 유학자는 천하 정의를 내버려 두고 괴상한 신을 돕는다. 한유(韓愈)는 홀로 이것을 탄식하면서 성인을 인용하여 온 세계의 미혹함과 다툰다. 비록 헐뜯고 비웃음을 받아서 넘어질지라도 다시 분투하였다. …… 옛날 맹자가 양주와 묵적을 물리친 것은 공자와의 거리가 겨우 2백 년이었다. 한유가 노자와 불교를 배척하는 것은 거리가 천여 년이나 되었다. 혼란을 뿌리 뽑고 바른 데로 돌이키니, 공로는 맹자와 나란히 하지만 힘을 그 두 배로 들였다. 그러므로 순자(荀子)와 양웅(楊雄)보다 지나침이 적지 않다.[11]

이처럼 맹자 이후 천여 년의 질곡에서 유학의 부흥을 부르짖으며 도불(道佛)을 이단시하여 배척한 이가 당나라 말기의 한유(韓愈)였다. 그는 정통의 본질을 도(道)로 보고 노자와 불교가 말하는 도와 구별해 이렇게 설명한다.

> 이 도(道)는 무슨 도인가? 내가 말하는 이 도는 전에 노자와 불교가 말하는 도가 아니다. 요(堯)는 그것(道)을 순(舜)에게 전했고, 순은 우(禹)에게 전했고, 우는 탕(湯)에게 전했고, 탕은 문(文), 무(武), 주공(周公)에게 전했고, 공자는 그것을 맹자에게 전했다. 맹자가 세상을 떠나고는 그 전함을 얻지 못했다.[12]

---

11 『新唐書』, 卷176, "自晉訖隋 老佛顯行 聖道不斷如帶 諸儒倚天下正義 助爲怪神 愈獨喟然引聖 爭四海之惑 雖蒙訕笑 跆而復奮 訕昔孟軻距楊墨 去孔子才二百年 愈排二家 乃去千餘歲 撥亂反正 功與齊而力倍之 所以過況雄爲不少矣."

12 『昌黎集』, 卷11, 「原道」, "斯道也 何道也 日 …… 斯吾所謂道也 非向所謂老與佛之道也 堯以是傳之舜 舜以是傳之禹 禹以是傳之湯 湯以是傳之文武周公 文武周公傳之孔子 孔子傳之孟軻 軻之死 不得其傳焉."

이처럼 한유가 말하는 도(道)는 요, 순, 우, 탕, 문, 무, 주공을 거쳐 공자, 맹자로 전승된 도였다. 그 도는 유가의 도요 성현지도요 공맹지도라고 할 수 있다. 또 달리 말하면 요순지도(堯舜之道)요 인의지도(仁義之道)라고 할 수 있다. 이렇게 볼 때, 한유에 있어 정통이란 바로 유학으로서의 '사도(斯道)'요 '사문(斯文)'이었다.

한유의 벽이단운동은 신유학, 즉 송학이 발흥할 토양을 마련하는 데 성공했으나, 불교는 아직도 많은 지지와 호응을 받으며 중국의 대표적인 사상이자 종교로 존재하였다. 이에 송대 성리학을 이끌었던 정명도, 정이천, 주자 등은 불교를 이단으로 규정하고 벽이단운동을 전개하였다.

정명도(程明道)는 불교를 비평하는 데 치중하였고, 도가는 큰 영향이 없었던 것으로 생각하여[13] 다음과 같이 말하였다.

> 지금 이단의 해로움 중에서 도가의 설은 더 물리칠 것이 없다. 오직 석가모니의 설이 널리 퍼져 매우 깊이 빠졌다. 오늘날 석가모니 설이 융성하고 도가는 쓸쓸한 모습이다.[14]

> 도가의 설은 그 해로움이 마침내 적다. 오직 불학(佛學)은 지금 사람마다 그것을 말하고 널리 가득차서 하늘에 까지 넘쳐흐르니, 그 해로움이 끝이 없다.[15]

---

13 노사광 저, 정인재 역, 『중국철학사(송명편)』, 탐구당, 1989, 259쪽.

14 『河南程氏遺書』, 第2上, "今異敎之害 道家之說則更沒可闢 唯釋氏之說 衍蔓迷溺至深 今日是釋氏盛 而道家蕭索."

15 같은 책, 第1, "如道家之說 其害終小 惟佛學今則人人談之 瀰漫滔天 其害無涯."

정명도는 말하기를, "불씨(佛氏)의 말은 양묵(楊墨)에 비한다면 더욱 리에 가까워서 그 폐해는 더욱 심하다. 배우는 자는 마땅히 음성(淫聲)이나 미성(美性)처럼 멀리해야 할 것이다. 그렇지 않으면 점차로 그 가운데 들어가게 된다"[16]고 하였다. 즉 불교는 양주, 묵적의 설에 비하면 매우 치밀한 논리를 가지고 있어 이에 현혹되기가 훨씬 쉽다는 것이다.

그러면 왜 불교를 이단시하여 배척하는가? 정명도는 말하기를, "선학(禪學)은 비록 스스로 이것과 다르다고 말하지만, 그러나 그 요점을 말하면 단지 이 뜻과 생각은 모두 이기적인 마음일 뿐이다"[17]라고 말한다. 불교를 이단시하는 이유는 출가하여 입산수도하는 것을 이기적인 것으로 보았기 때문이다. 다음 글은 불교를 이단시하는 까닭을 자세히 설명하고 있다.

> 요컨대 결코 그 얕은꾀를 취함이 없다. 대개 이것을 인륜을 끊는 것인데, 세상에서 이 이치가 있음을 받아들이지 않는다. 또 그 말은 세상을 떠나감(出世)을 요구하니, 어느 곳으로 떠나가겠는가? 또 그 자취는 반드시 가정을 떠나야 한다.(出家) 그렇다면 가정이란 임금과 신하, 부모와 자식, 남편과 아내, 형과 아우가 이러한 일들을 처리하는 것을 모두 임시로 거처하는 집으로 여기는 것에 불과하다. 그러므로 충(忠), 인(仁), 효(孝), 의(義)를 하게 하는 것은 모두 부득이 하여 할 뿐인 것으로 여긴다. 이 그물을 벗어나려고 한다면 지극히 어리석고 미혹한 것이다. 결국 그것을 배우는 자는 부처와 비슷하게 이르는 것에 불과하다. 부처란 것은 하나의 교활한 오랑

16 『栗谷全書』, 卷20, 「聖學輯要2」, 第4章, 窮理, "佛氏之言 比之楊墨 尤爲近理 其害尤甚 學者當如淫聲美色以遠之 不爾則駸駸然入於其中矣(程氏遺書, 明道先生語)."

17 『河南程氏遺書』, 第1, "至如禪學者 雖自日異此 然要之是此個意思 皆利之心也."

캐일 뿐이다.[18]

여기서도 정명도의 불교 비판은 출가문제에 집중되어 있다. 출가는 세속을 떠남이요 세속에 대한 부정이다. 그리고 출가는 가정에 대한 부정이요 인륜에 대한 부정이다. 따라서 군신관계, 부자관계, 형제관계, 부부관계 등 유가의 인륜을 근본적으로 부정한다는 점에서 이단시 하였다. 만약 불교가 대승불교의 정신으로 세속을 떠나지 아니하고 중생을 제도하고 교화한다면 이러한 비판은 피할 수 있었을지도 모른다.

또한 주자는 "불교는 허(虛)한데 우리 유가는 실(實)하다. 불교는 둘로 나누는데 우리 유가는 하나다. 불교는 사물의 이치를 긴요하지 않게 여기고 알아내지도 않는다"[19]고 비판하였다. 이는 주자가 불교를 허무지도(虛無之道)로 보면서 유학을 실학으로 본 것인데, 이는 불교의 비현실성을 비판하면서 유학이야말로 일용평상의 도임을 자부한 것이다. 또 주자는 말하기를, "양묵(楊墨)은 학설이 천박하여 사람을 미혹하지 못하지만, 불씨(佛氏)는 가장 정미(精微)하여 사람을 경동(警動)케 하므로 그 설을 따름이 깊을수록 더욱 사람을 해친다"[20]고 하였다. 주자가 볼 때 양주묵적의 설은 천박한 수준이어서 이단의 폐

18 같은 책, 卷2 上, "要之決無取其術 大概且是絕倫類 世上不容有此理 又其言待要出世 出那裏去 又其迹須要出家 然則家者 不過君臣父子夫婦兄弟 處此等事 皆以爲寄寓 故其爲忠孝仁義者 皆以爲不得已爾 又要得脫此網 至愚迷者也 畢竟學之者 不過至似佛 佛者 一點胡爾."

19 『朱子語類』, 卷115, "釋氏虛 吾儒實 釋氏二 吾儒一 釋氏以事理爲不緊要而不理會."

20 『栗谷全書』, 卷20, 「聖學輯要2」, 第4章, 窮理, "朱子曰 楊墨做得來淺 不能惑人 佛氏最有精微動人處 從他說 愈深愈害人."

해가 비교적 적다는 것이다. 그러나 불교는 그 이론이 매우 정미해 사람들에게 감동을 주기 때문에 그 폐해가 매우 크다는 것이다.

그러면 한국유학사에서 나타난 벽이단의 역사는 어떠한가 살펴보기로 하자. 먼저 고려 말 주자학이 들어오고 이것이 조선의 정치이념으로 정립되는 과정에서 벽이단운동이 벌어졌다. 우리나라에 처음으로 주자학을 소개한 이는 안향(安珦)인데, 그는 학생들에게 보낸 글에서 다음과 같이 불교를 비판하고 있다.

> 성인의 도는 일상적인 윤리에 지나지 않으니, 아들 된 자는 마땅히 효도하며, 신하된 자는 마땅히 충성하고, 예로써 집을 다스리며, 신의로써 친우를 사귀고, 경(敬)으로써 몸을 닦으며, 성실(誠實)로써 일을 처리할 뿐이다. 불교는 친족을 버리고 집을 떠나 인륜을 멸시하며 의(義)에 거역하니 이적(夷狄)의 무리다.[21]

안향에 의하면 성인의 도, 즉 공맹의 도는 일상적인 윤리로서 자식의 부모에 대한 효, 신하의 임금에 대한 충, 제가(齊家)윤리로서의 예(禮), 붕우간의 신의, 수기지도(修己之道)로서의 경(敬), 대사(對事)윤리로서의 성(誠) 등이 이에 해당한다고 본다. 그러나 불교는 친족을 버리고 집을 떠나 인륜을 멸시하고 의리를 거스르니 이적(夷狄)의 도라고 비판하였다. 여기서도 역시 가장 큰 문제는 불교의 출가에 있다. 출가에서 빚어지는 가정의 부정, 부모형제, 자식과의 절연은 인륜에 대한 부정이요 의리에 반하는 것으로 규정하는 것이다.

---

21 『晦庵先生實記』, 卷2, 「諭國子諸生文」, "聖人之道 不過日用倫理 爲子當孝 爲臣當忠 禮以齊家 信以交朋 修己必敬 立事必誠 而彼佛者 棄親出家 蔑倫悖義 卽一夷狄之類."

또한 '동방이학(東方理學)의 조(祖)'로 존경받던 포은 정몽주(圃隱鄭夢周)도 다음과 같이 유교와 불교를 비교해 설명한다.

> 유자(儒者)의 도는 모두 일용 평상적인 일을 벗어나지 않는다. 예컨대 음식 남녀와 같은 것은 모든 사람들에게 같은 것이며, 거기에 지극한 이치가 있으니, 요순(堯舜)의 도 또한 이것 밖에 있지 않다. 움직이고 고요하고 말하고 침묵하는 데 있어서 그 올바름을 얻는 것, 이것이 곧 요순의 도이니, 그것은 처음부터 높고 멀어서 실천하기 어려운 것이 아니다. 그런데 불교는 친척을 버리고 남녀가 떨어져 있으며, 홀로 산속에서 나물을 먹으며 공(空)을 생각하니 어찌 평상의 도이겠는가?[22]

여기서 포은은 유학을 정통으로 불교를 이단으로 보고, 양자를 비교해 설명하고 있다. 즉 유학은 일상적인 생활윤리에 지나지 않는다는 것이다. 동정어묵(動靜語默)에 그 올바름을 얻는 것이 요순의 도이기 때문에 그것은 처음부터 알기 어렵고 실천하기 어려운 것이 아니라 한다. 그러나 불교는 친척을 버리고 부부관계를 끊고 홀로 입산수도하여 불교적 진리를 찾으니 일상의 도가 아니라는 것이다. 여기서도 불교의 출가문제로 인한 인륜의 부정과 현실을 떠나 진리를 구하는 출세간적(出世間的) 태도를 비판하고 있다.

또한 삼봉 정도전(三峰 鄭道傳)은 「심기리편(心氣理篇)」, 「불씨잡변(佛氏雜辨)」등을 통해 유교의 입장에서 불교, 도가의 문제점을 제시하고 이를 적극적으로 비판하였다.

---

22 『圃隱集』, 續錄, 卷1, 「經筵啓辭」, "儒者之道 皆日用平常之事 飮食男女 人所同也 至理存焉 堯舜之道 亦不外此 動靜語默之得其正 卽是堯舜之道 初非甚高難行 彼佛氏之敎 則不然 辭親戚 絕男女 獨坐巖穴 草衣木食 觀空寂滅爲宗 豈是平常之道."

한국유학사에서 이러한 벽이단의 태도는 흔히 볼 수 있는 일이다. 유학자들이 자신의 유교적 순수성을 강조하기 위해서는 도불(道佛)에 대한 비판을 하게 되기 때문이다. 17세기 청나라의 침략으로 짓밟힌 문화적 자존심은 화이론(華夷論)으로 표출되었다. 이 시기 화이론의 선봉에 섰던 우암 송시열(尤庵 宋時烈)은 다음과 같이 북벌대의(北伐大義)를 설명하고 있다.

> 이른바 정사를 바르게 하여 오랑캐를 물리친다는 말은, 공자가 『춘추』를 지어 대일통(大一統)의 의리를 천하 후세에 밝혔으니, 무릇 혈기 있는 무리는 중국을 당연히 높여야 하고 오랑캐를 추하게 여겨야 함을 알지 못하는 이 없습니다.[23]

그는 북벌의 의리를 『춘추』의 대일통(大一統) 의리에서 찾고, 중화는 당연히 높여야 하고 오랑캐는 마땅히 추하게 여겨야 한다고 역설한다. 그가 '존중화 양이적(尊中華 攘夷狄)'의 기치(旗幟)를 높이 드는 것은 문화적 척도에서 하는 말이다.[24] 당시 청은 야만의 문화를 가진 민족이고 조선은 수준 높은 유교문화를 향유한 민족이므로, 비록 힘이 없어 청에게 굴욕적인 항복은 했지만 청을 좇을 수 없고, 반드시 원수를 갚아 부끄러움을 씻어야 한다는 것이다. 이러한 우암의 벽이단의식은 의리학으로 드러났다. 그는 평생 의리의 실천과 부식에 앞

---

23 『宋子大全』, 卷5, 「己丑封事」, "所謂修政事以攘夷狄者 孔子作春秋 以明大一統之義於天下後世 凡有血氣之類 莫不知中國之當尊 夷狄之可醜矣."

24 『춘추』의 화이(華夷)사상은 인도(仁道)정신을 발휘하여 문화가 낮은 국가와 민족을 포용하여 대동(大同)세계를 실현시키려는 대일통(大一統)사상이 있으며, 동시에 불의의 침략에 대항하여 민족의 자주성을 확보하려는 적극적인 비판사상이 담겨있다(오석원, 『한국 도학파의 의리사상』, 유교문화연구소, 2005, 53쪽).

장서면서 "국가가 숭상하고 장려해야 할 것이 오직 도학과 절의다"[25] 라고 한다. 그리고 천하국가를 다스리는 것은 대륜(大倫)을 밝히고 대법(大法)을 세우는 것에 불과하다 하고, 대륜이란 부자, 군신, 부부를 의미하고, 대법이란 이들 삼자 간에 행해야 할 도리를 의미한다고 하였다. 그는 말하기를, 만약 이 세 가지가 하나라도 밝지 못하고 삼자 간에 행하는 것이 하나라도 다하지 못함이 있으면, 중국이 오랑캐에 빠지고 인류가 금수에 들어가게 되므로, 성인이 사람을 가르치는 것이 이보다 먼저 할 것이 없다고 하였다.[26] 여기서 우암이 강조하는 대륜과 대법은 삼강을 기초로 한 윤리질서를 의미한다. 이 가운데 어느 하나가 결여되어도 중국이 오랑캐에 빠지고 인류가 금수가 되므로, 성인의 가르침이 이보다 먼저 할 것이 없다고 하였다. 부자, 군신, 부부의 삼강이라는 인륜질서는 우암에게 있어 중화와 이적을 구별하는 척도가 된다. 즉 정통과 이단을 구별하는 기준이 된다. 이렇게 볼 때, 우암이 청나라와 싸워 복수설치(復讐雪恥)해야 하는 이유와 중화를 높이고 이적을 물리쳐야 하는 까닭이 바로 인륜에 있었다.

또 조선유학사에서 벽이단운동이 세차게 불었던 시기는 19세기에서 20세기에 이르는 한말의 격동기였다. 서세동점(西勢東漸)의 격랑에서 유교를 중심으로 한 전통문화의 위기를 간파한 조선의 유학자들은 위정척사(衛正斥邪)의 기치를 높이 들고 싸웠다. 특히 기호의 화서 이항로(華西 李恒老)를 비롯한 면암 최익현(勉庵 崔益鉉), 의암 유인

25 『宋子大全』, 「年譜」, 42年, 己酉, 先生 63歲 條, "先生又進日 國家之所崇獎 惟在道學與節義 ……."

26 같은 책, 「年譜」, 42年, 己酉, 先生 63歲 條, "先生又上箚以爲爲天下國家者 不過日明大倫立大法而已 所謂大倫者 父子君臣夫婦也 所謂大法者 所以行乎三者之間者也 斯三者一有不明 而所以行乎三者之間者 一有未盡 則中國淪於夷狄 人類入於禽獸."

석(毅庵 柳麟錫), 중암 김평묵(重庵 金平默) 등 화서학파와 영남의 면우 곽종석(俛宇 郭鍾錫) 등은 유교문화의 수호를 위해 강렬한 저항을 하였다.

위정척사운동의 중심에 섰던 이항로는 정학(正學)과 이단(異端)에 대해 다음과 같이 설명하였다.

> 정학과 이단이 서로 성하였다 쇠퇴하였다 하는 그 원인이 진실로 사람들의 마음 하나에 달려 있는 것이요, 천리와 인욕이 서로 소멸하였다 장성하였다 하는 것은 그 결과가 진실로 천운의 음과 양, 선과 악에 관계되며, 세도(世道)의 향상과 저하, 치란(治亂)에 관계되는 것이나, 천하의 사물은 다만 한 가지 이치일 뿐이기 때문에 난세를 구제하는 길은 이단을 물리치는 것보다 우선할 것이 없고, 이단을 물리치는 길은 정학을 밝히는 것보다 급할 것이 없는데, 정학을 밝힌다는 것은 다만 하나의 마음으로 천리와 인욕을 분간하여 구별 짓는 데 있을 뿐이다.[27]

이처럼 그는 정학과 이단의 문제를 천리와 인욕의 문제로 바꾸어 보았다. 난세를 구하는 길이 이단을 물리치는 것이고, 이단을 물리치는 길이 곧 정학을 밝히는 것인데, 정학을 밝힌다는 것은 다름 아니라 천리와 인욕을 구별하는 데 있다고 보았다.

그는 또 이단과 사설이 천 갈래 만 갈래지만, 그 기(氣)를 인식하여 리(理)라 하고 욕심을 일러 성(性)이라고 하는 데에 있어서는 마찬가지라 하였다.[28] 이처럼 화서는 이단사설(異端邪說)의 본질을 기를 리

---

27 『華西雅言』, 卷12, 「異端」, 第34, "正學異端互相盛衰 其源實由人之一心 天理人欲互相消長 其流實關天運之陰陽淑慝 世道之升降治亂 天下之物 只是一而已 故救亂世 莫先於闢異端 闢異端 莫急於明正學 明正學 只在一心辨別天理與人欲而已."

라 인식하고 욕을 성이라 잘못 인식하는 데 있다고 보았다. 이런 관점에서 화서는 양주, 묵적, 불교, 도가에 대해 이렇게 평가하고 있다.

> 묵씨(墨氏)는 인(仁)만 알고 의(義)를 알지 못하였으니 도가 아니요, 양씨(楊氏)는 의만 알고 인을 알지 못하였으니 도가 아니며, 노씨(老氏)는 인의를 소소하게 여기고 현허(玄虛)를 숭상하였으니 도가 아니요, 불씨(佛氏)는 인의를 단절하고 윤회(輪廻)만 말하였으니 도가 아니다. 인과 의는 사람의 도이다. 사람으로서 사람의 도를 폐지하여 버린다면 하늘이 능히 추웠다 더웠다 하지 못하고, 땅이 능히 생겨내고 키우지 못하는 것과 같게 될 것이다.[29]

묵자의 겸애(兼愛)는 인(仁)만 알고 의(義)를 몰랐으며, 양주의 위아(爲我)는 의만 알고 인을 알지 못하였으며, 노자는 인의를 가볍게 여기고 현허(玄虛)를 숭상하였으며, 불교는 인의를 끊고 윤회만 말하였다는 것이다. 인의가 인도의 본질인데, 양주묵적과 도불(道佛)이 모두 인의를 무시하고 또 잘못 알고 있으니, 사도(邪道)요 이단으로 규정하지 않을 수 없다는 것이다. 여기서 화서는 이단과 정통의 본질을 '인의(仁義)' 라는 인도에서 찾고 있음을 알 수 있다.

그리고 화서는 "석씨(釋氏)와 노자의 허무(虛無)와 적멸(寂滅)은 다만 한편에 치우쳐 올바르지 못한 것이나, 우리 유학은 그렇지 아니

28 같은 책, 卷12, 「異端」, 第34, "異端邪說 千條萬歧 其認氣爲理 喚欲爲性 則同一套也."

29 같은 책, 卷12, 「異端」, 第34, "墨氏知仁而不知義 非道也 楊氏 知義而不知仁 非道也 老氏 小仁義 而尙玄虛 非道也 佛氏 絶仁義 而說輪廻 非道也 仁義 人之道也 人而廢人之道 猶天不能寒暑 地不能生養也."

하여 허(虛)하면서도 유(有)하고 적(寂)하면서도 감(感)한 것이다"[30] 라고 하여, 불교와 도가가 한쪽에 치우친 이단임에 대해, 유학은 허하면서도 유하고 적하면서도 감하여 어느 한쪽에 치우친 사상이 아니라 하였다.

화서는 육왕학(陸王學)에 대해서도 "육씨(陸氏)의 학문이 실지는 선회(禪會)에 빠져 상통하면서 억지로 '존덕성(尊德性)'이라는 명칭을 절취(竊取)하여 스스로 표방한 것이다"[31]라고 비판하였다. 화서는 육왕학이 실제는 불교적인 유교라 규정하고, 『중용』의 '존덕성'을 훔쳐 유교와 다름없는 것으로 표방하고 있다고 진단하였다.

이러한 입장의 연장선상에서 화서의 벽이단론은 마침내 서학을 이단으로 규정하여 배척한다.

> 요사이 학문하는 사람으로 능히 서양의 화(禍)를 알고 있다면 선한 편의 사람이다. 서양 사람들의 말이 비록 천 가지 만 가지 사단이 있으나, 단지 아비도 없고 임금도 없는 장본이요 재화 융통이나 하고 연애나 하는 방법인 것이다.[32]

> 인의(仁義)를 틀어막아 세상을 현혹시키고 사람을 속이는 말이 어느 때라도 없으리오마는, 또한 서양의 것과 같이 비참한 것이 있지 아니하였다.[33]

---

30 같은 책, 卷12, 「異端」, 第34, "釋老虛無寂滅 只是詖 吾儒不然 虛而有 寂而感."

31 같은 책, 卷12, 「異端」, 第34, "陸氏之學 實則沈淫禪會 而强竊尊德性之名 以自標幟."

32 같은 책, 卷12, 「洋禍」, 第35, "今之學者 能知西洋之禍 則善邊人也 西洋之說 雖有千端萬緖 只是無父無君之主本 通貨通色之方法."

33 같은 책, 卷12, 「洋禍」, 第35, "充塞仁義 惑塞誣民之說 何代無之 亦未有如西洋之慘."

재화융통과 통색(通色)하는 화는 한 번 반전(反轉)할 새도 없이 금수나 이적(夷狄)에 빠져들어 가는 것이다.[34]

여기에서 화서는 서학을 양주묵적과 마찬가지로 무부무군지도(無父無君之道)로 규정하는 동시에 재화융통과 통색(通色)의 화를 극력 비판하고 있다. 그의 눈에 비친 서학은 물질주의와 성개방으로 인륜질서가 붕괴될 것이라는 매우 부정적인 인식이었다. 그리고 그것은 달리 말하면 서학을 인의(仁義)의 인륜질서를 파괴하는 이적의 야만문화로 인식한 것이다.

이와 같이 한국유학사에서 볼 때, 정통과 이단의 갈등은 끊임없이 있어 왔는데, 특히 유교와 제가와의 갈등이 가장 심각했다고 볼 수 있다.

3. 율곡의 정통과 이단

(1) 정통의 본질

율곡은 비교적 개방적인 학풍을 지닌 바 있고 또 그의 삶에 드러난 자취를 통해서도 소위 이단과의 소통이나 교감의 흔적을 많이 볼 수 있다. 앞서 설명한대로 일찍이 청년시절 불교에 침잠한 사실이 있고, 『순언(醇言)』을 써서 노자를 깊이 이해하고 있었으며, 육왕학에 대해서도 비판적 수용의 태도를 보여 준 바 있다. 또 화담의 기학(氣學)에 대해서도 퇴계와는 달리 높이 평가하기도 하였다. 그럼에도 불구하고

34 같은 책, 卷12, 「洋禍」, 第35, "通色通貨之禍 不待一轉 而陷入於禽獸夷狄."

율곡의 벽이단의식은 다른 유학자들과 별 차이가 없어 보인다. 이제 율곡에 있어서 정통과 이단의 본질은 무엇인지 검토해 보기로 하자.

첫째, 율곡에게 있어 정통의 본질은 '도학(道學)'으로 규정된다. 그것은 그의 도학에 대한 남다른 평가와 관심, 그리고 선유에 대한 도학적 평가를 통해 나타난다. 율곡은 우리나라에 있어 도학의 유래를 이렇게 설명하고 있다.

> 삼가 살피건대, 도학(道學)이란 명목이 예전에 없었다. 옛 선비란 집에서는 효도하고 밖에서는 공손하며, 벼슬하면 도(道)로써 임금을 섬기고 맞지 아니하면 자신을 돌려 물러났다. 이와 같이 하는 자를 선이라 하고 그렇지 못한 자를 악이라 하였을 뿐, 도학이라는 특별한 명목을 세우지 않았다. 세상이 말세가 되고 도가 쇠퇴하여 성현의 전통이 전수되지 못하므로, 악한 자는 말할 것도 없거니와 소위 선한 자도 다만 효우충신(孝友忠信)만 알고 진퇴의 의리와 성정(性情)의 온오(蘊奧)를 알지 못하여, 가끔 실행해도 그 당연함을 밝히지 못하고 익혀도 그 소이연(所以然)을 알지 못한다. 이래서 이치를 연구하고 마음을 바르게 하며, 도에 의해 나아가고 물러서는 것을 도학이라 지목하게 되었으니, 도학이란 명목을 세운 것은 말세의 부득이한 일이다. 이 명목이 세워지자 간악한 자들이 지목 배척하여 도리어 세상엔 용납을 받지 못하게 되니, 실로 애달프다. 아! 도학이란 명목조차도 이미 말세에 나온 것인데, 세속이 더욱 저하되어 경서나 읽고 저술이나 하는 사람을 도학으로 지목할 뿐, 그 심성의 공부와 출처의 대절(大節)에는 미처 생각할 겨를도 없으니, 세도가 더욱 변했음을 알 수 있다. 조문정(趙文正)의 학문은 비록 미진(未盡)하기는 했으나, 조정에 서서 오로지 도를 행하는 일만을 힘써 삼대의 도가 아니면 결코 임금 앞에 말하지 않았으므로, 그가 도학이란 이름을 얻은 것은 진실로 당연한 일이다.[35]

여기서 율곡은 우리나라에서 도학이라는 이름이 생겨나게 된 배경을 유학의 말폐 현상에서 찾고 있다. 특별히 도학이란 이름을 부르게 된 것은 유학자들이 효우충신(孝友忠信)의 윤리만 알고 진퇴의리와 성정(性情)의 이치를 알지 못하며, 가끔 실행해도 그 당연함을 밝히지 못하고 익혀도 그 소이연을 모른다는 것이다. 그러므로 이치를 연구하고 마음을 바르게 하며, '도(道)'에 의해 나아가고 물러서는 것을 도학이라 부르게 되었다 한다. 여기서 도학은 윤리의 근거로서의 이치를 아는 것과 또 도에 의해 나아가고 물러선다는 강한 실천성을 특징으로 하고 있다. 따라서 진정한 도학은 윤리적 근거로서의 이기심성(理氣心性)의 이치를 체득하여 도에 맞게 살아가는 데 있다. 이는 단순한 효제충신(孝悌忠信)의 실천이 아니라 선과 악, 시(是)와 비(非)의 준엄한 판단과 생사의 대절(大節)을 실천하는 데까지 나아가는 것이다. 그러므로 도학은 절의를 포함하고, 절의가 없는 도학은 말할 수 없게 되는 것이다.[36]

율곡은 이경로(李景魯)에게 주는 글에서 도학의 어려움을 이렇게 설명하고 있다.

아! 도가 밝지 못하고 행해지지 못한지 이미 오래되었습니다. 선비로 이름

---

35 『栗谷全書』, 卷28, 「經筵日記1」, 隆慶元年 丁卯, "謹按 道學之名 非古也 古之爲士者 入則孝 出則弟 仕則以道事君 不合則奉身而退 如此者謂之善 不如此者謂之惡 不以道學別立名目 及其世降道衰 聖賢之統不傳 惡者 固不足道矣 雖所謂善者 亦徒知孝友忠信 而不知進退之義性情之蘊 往往行不著習不察 於是 擇其窮理正心 以道出處者 目之以道學 道學之立名 衰世之所不得已也 此名旣立 姦人或指而斥之 反使不容於世 吁可悲矣 嗚呼 道學之名 旣出於衰世 而世尤降俗又下 則又以能讀經著書者目爲道學 其於心性工夫 出處大節 有不暇恤者 尤見世道之變也 趙文正之學 雖有所未盡 觀其立朝 惟以行道爲務 非三代之道 不敢陳於王前 此其得道學之名 固宜矣."

36 황의동, 『우계학파연구』, 서광사, 2005, 173쪽.

난 자가 천 명이면 도를 구하는 자가 한 명이고, 도를 구하는 자가 천 명이면 도를 아는 자가 한 명이고, 도를 아는 자가 천 명이면 도를 행하는 자는 한 명이고, 도를 행하는 자가 천 명이면 도를 지키는 자는 한 명입니다.

이른바 선비로 이름난 자도 공자의 옷을 입고 공자의 말을 외우면서 명성과 이욕을 추구하고 부귀를 구차히 구해서 경전을 봉록 구하는 도구로 삼으며, 인의(仁義)를 분수 밖의 일로 삼으니, 누가 인(仁)에 뜻을 두고 악을 행하려 하지 않겠습니까? 이것이 선비로 이름난 자가 천 명이면 도를 구하는 자가 한 명이 되는 까닭입니다.

이른바 도를 구하는 자는 세속에 뛰어나서 마음으로는 도를 구하고자 합니다. 그러나 바른 학문이 밝아지지 못하고 이단이 길을 막아서 고명(高明)한 자질도 속임을 당하는데 하물며 중등 이하의 사람이겠습니까? 이것이 도를 구하는 자가 천 명이면 도를 아는 자가 한 명이 되는 까닭입니다.

이른바 도를 안다는 것은 바른 길에 수레를 몰아 사특한 갈림길에 의혹되지 않으며, 사물의 이치를 궁구하여 극치에 도달하고 그칠 바를 알아 정함도 있으나, 인심은 위태롭고 도심은 미약해서 천리의 공평함이 마침내 인욕의 사사로움을 이길 수 없으니, 이것이 도를 아는 자가 천 명이면 도를 행하는 자가 한 명이 되는 까닭입니다.

이른바 도를 행하는 자는 보고 듣고 말하고 움직임이 예에 의하여 행하지 않음이 없으며, 경(敬)으로 마음을 곧게 하고 의리로 사물을 바르게 합니다. 그러나 이 마음을 온전히 체득하여 휴식함이 없는 것은 군자들이 행하기 어렵게 여기므로 책임은 무겁고 갈 길은 멀어 끝내 이루지 못합니다. 이것이 도를 행하는 자는 천 명이면 도를 지키는 자가 한 명이 되는 까닭입니다. 참으로 이 도를 지킨다면 그만두려 해도 되지 않아 마침내 변화하는 경지에 이르게 될 것입니다. 아! 오늘날은 도를 구하는 자도 오히려 많이 얻지 못하는데, 하물며 도를 지키는 자이겠습니까?[37]

여기서 율곡은 도(道)를 구하는 자, 도를 아는 자, 도를 행하는 자, 도를 지키는 자로 단계를 구별하고, 단계마다 천 명이면 한 명밖에 없을 만큼 그 어려움을 설명하였다. 특히 도를 알기 어려운 이유를 이단의 장애 때문이라 하고, 바른 길에 수레를 몰아 사특한 이단의 갈림길에 유혹되지 않고 사물의 이치를 궁구하여 지극한 경지에 도달해야 한다 하였다. 따라서 도를 알고 실천하는 데 있어 가장 중요한 것이 이단사설에 대한 구분이며, 그것은 곧 천리를 잘 보존하고 인욕을 막는 문제로 환원되는 것이었다.

이러한 관점에서 율곡은 정암 조광조를 우리나라 도학의 창시자로 규정하고,[38] 그의 도학적 공헌에 대해 높이 평가한다.

> 삼가 살피건대, 우리나라가 덕을 쌓고 인(仁)을 쌓아 대대로 정치를 잘해 왔다고는 하나, 일찍이 도학으로 군주에게 고한 사람은 없었다. 오직 조문정(趙文正)이 성리학으로 중종을 보필하여 세도(世道)가 거의 변화하려 하였는데, 남곤(南袞)의 참소하는 입부리가 칼날보다 더욱 참독(慘毒)하여 선

37 『栗谷全書』, 拾遺卷3, 書下, 「與李景魯」, “傷夫道之不明不行 厥惟久矣 儒名者千 而求道者一 求道者千 而知道者一 知道者千 而行道者一 行道者千 而守道者一 所謂儒名者 服孔子之服 誦孔子之言 趨名逐利 苟求富貴 以經傳爲干祿之具 以仁義爲分外之事 孰肯志於仁而無惡者哉 此所以儒名者千 而求道者一也 所謂求道者 拔乎流俗 心欲求道 而正學不明 異端塞路 高明之資 尙被所誣 況乎中人以下者耶 此所以求道者千 而知道者一也 所謂知道者 發軔正路 不惑邪歧 窮理格物 知止有定 而人心惟危 道心惟微 天理之公 卒無以勝其人欲之私 此所以知道者千 而行道者一也 所謂行道者 視聽言動 莫不由禮 敬以直內 義以方外 而全體不息 君子所難 任重道遠 竟莫之致 此所以行道者千 而守道者一也 苟能守之矣 則欲罷不能 終至於化矣 嗚呼 今之求道者 尙不多得 況乎守道者耶.”

38 같은 책, 卷31, 「語錄上」, “鄭圃隱號爲理學之祖 而以余觀之 乃安社稷之臣 非儒者也 然則道學自趙靜庵始起.”

량한 이들을 모두 없애려고 나라를 병들게 하였다.[39]

율곡은 조광조만이 도학으로 군주를 보필했고, 중종에게 도학을 권면하여 세도의 변화를 기필할 즈음에 남곤 등의 모함으로 지치(至治)의 이상이 좌절되고 정암이 희생되는 기묘사화를 낳게 되었다고 하였다.

율곡은 또 회재 이언적(晦齋 李彦迪)에 대서도 도학적 관점에서 다음과 같이 평가하고 있다.

이문원(李文元)으로 말하면, 다만 충효한 사람으로 옛 서적을 많이 읽고 저술을 잘하였을 뿐, 그 사생활을 보면 부정한 여색을 멀리하지 못했고, 조정에 나와서는 도를 행할 책무를 수행하지 못하였으며, 을사사화 때에 직언으로 항거하지 못하고 누차 추관(推官)이 되어 허위에 참록(參錄)되었다. 결국 권간들에게 죄를 얻기야 했지만, 역시 부끄러운 일이다. 어찌 도학으로 추존(推尊)할 수 있겠는가?[40]

이와 같이 율곡은 이언적에 대해 그가 충효를 실천하고 학문에 독실한 공은 인정하면서도, 부정한 여색을 멀리 하지 못한 점, 조정에서 도를 제대로 수행하지 못한 점, 을사사화 때에 직언으로 항거하지 못한 처신을 문제 삼아 도학으로 추존(推尊)하기 어렵다는 평가를 하고

39 같은 책, 卷28, 「經筵日記1」, 隆慶元年 丁卯, "謹按 我國家積德累仁 世躋治道 而未嘗聞有以道學告君上者 惟趙文正以性理之學 輔我中宗 世道幾變 而衮之讒喙 慘於銛鋒 芟刈良善 殄瘁邦國."

40 같은 책, 卷28, 「經筵日記1」, 隆慶元年 丁卯, "若李文元則只是忠孝之人 多讀古書善於著述耳 觀其居家 不能遠不正之色 立朝不能任行道之責 乙巳之難 不能直言抗節 乃至累作推官 參錄僞勳 雖竟得罪 顙亦泚矣 烏可以道學推之耶."

있다. 이러한 그의 선유에 대한 평가는 전적으로 도학적 준거에 의한 것이다.

또 율곡은 이러한 관점에서 선유의 문묘종사에 대해서도 이의를 제기한다.

> 전조(前朝)에 종사(從祀)한 사람으로 정문충(鄭文忠) 한 삶 외에 설총(薛聰), 최치원(崔致遠), 안향(安珦)은 도학에 관계가 없으니, 의리대로 정한다면 이 세 분은 다른 곳에서 제사 지내는 것은 옳지만 문묘에 배향함은 잘못이다.[41]

율곡은 도학적 관점에서 보면 설총, 최치원, 안향은 도학과 무관하므로 문묘에 배향함은 잘못이라는 것이다. 이러한 평가는 매우 어려운 문제임에도 불구하고 율곡은 도학적 관점에서 서슴없이 문제제기를 하고 있다.

이러한 도학적 관점에서 도통(道統)이 전한 것은 복희(伏羲)씨로부터 시작하여 맹자에 와서 그치고, 드디어 전하지 않았다[42]고 평가한다. 그리고 주자 뒤에 도통의 정맥(正脈)을 얻은 이는 꼭 누구라고 지적할 만한 사람이 없다고 하였다.[43]

율곡에 의하면 도통이 군상(君相)에게 있으면 도가 그 시대에 행해져서 혜택이 후세에 흐르고, 도통이 필부(匹夫)에게 있으면 도가 그

41 같은 책, 卷29, 「經筵日記2」, 萬曆元年 癸酉, "前朝從祀者 鄭文忠一人外 其餘薛聰崔致遠安裕則無與於斯道 如欲裁之以義 則斯三人者 可以祀於他所 而不可配於文廟也."

42 같은 책, 卷26, 「聖學輯要8」, 聖賢道統 第5, "臣按 道統 傳自伏羲 止於孟子 遂無傳焉."

43 같은 책, 卷26, 「聖學輯要8」, 聖賢道統 第5, "臣按 朱子之後 得道統正脈者 無可的

세상에 행해질 수 없고 다만 후학들에게 전하여질 뿐인데, 만약 도학의 전통을 잃고 필부까지도 일어나지 않는다면 천하는 어두워 그 좇을 바를 모르게 된다 하였다. 또 그는 말하기를 주공(周公)이 세상을 떠난 지 백 세가 되어서도 잘 다스려지지 않고, 맹자가 돌아간 지 천 년이 되어서도 세상에 진유(眞儒)가 없었다는 것은 이것을 두고 한 말이라 하였다. 이제 율곡은 선유들의 말에 의해 도통의 전함을 역력히 서술하였다 하고, 복희에서 시작하여 주자에서 끝을 맺었는데, 주자 이후에는 또 확실한 전통이 없으니, 이것을 길이 한탄하는 바이며, 깊이 전하에게 촉망하는 것이라 하였다.[44]

이러한 주자의 도통에 대한 이해는 오로지 도학적 관점에서 하는 말이다. 그리고 그것은 유학의 정통성 내지 정체성을 표준으로 한 도통의 이해라고 할 수 있다.

둘째, 율곡에 있어 정통의 본질은 삼대학문, 즉 성현지도(聖賢之道), 요순지도(堯舜之道), 공맹지도(孔孟之道)에 있었다.[45]

율곡은 말하기를, "전하께서는 먼저 큰 뜻을 세우셔서 반드시 성현을 표준으로 삼으시고, 삼대를 기필(期必)하시어, 전심(專心)하여 글을 읽으시고 사물에 나아가 이치를 궁구하시옵소서"[46]라고 말한다. 임금의 학문은 반드시 성현을 표준으로 삼아야 하고 삼대를 기필해야

指之人."

44 같은 책, 卷26, 「聖學輯要8」, 聖賢道統 第5, "是故 道統在於君相 則道行於一時 澤流於後世 道統在於匹夫 則道不能行於一世 而只傳於後學 若道統失傳 竝與匹夫而不作 則天下貿貿 不知所從矣 周公歿 百世無善治 孟軻死 千載無眞儒 此之謂也 今臣謹因先儒之說 歷敍道統之傳 始自伏羲 終於朱子 朱子之後 又無的傳 此臣所以長吁永歎 深有望於殿下者也."

45 유정동은 정통을 中, 天命, 道로 보고, 중국적 주체성으로 파악하기도 하였다(유정동, 『동양철학의 기초적 연구』, 성균관대출판부, 1986, 170쪽).

한다는 것이다. 또 "성인의 학문에 마음을 두시어 게으름을 피우지 말고 소홀히 하지 말 것이며, 천리와 인욕에 대해 털끝만한 사실까지도 자세히 분석하여, 그것이 천리임을 알면 곧 그것을 공경히 확충시켜 조금도 정체되거나 막히지 않도록 해야 할 것입니다. 그것이 인욕임을 알면 곧 그것을 공경히 끊어 버려 작은 티끌만한 것도 남아 있지 않도록 하셔야 합니다"[47]라고 하였다. 여기서도 율곡은 임금에게 성인의 학문에 힘쓸 것을 권면한다. 그리고 천리와 인욕의 경계를 잘 살펴서 천리면 그것을 공경히 확충시켜야 하고, 인욕이면 공경히 끊어 버려 티끌만한 것도 용납해서는 안 된다고 하였다. 그리하여 "성현의 뜻이 아니라면 감히 마음에 두지 마시고, 성현의 글이 아니라면 감히 보지 마십시오"[48]라고 권면한다. 성현지학, 성인지학은 율곡에 있어 제왕학의 본령이다. 그리고 그것은 다름 아닌 유학으로서의 사도(斯道)요 사문(斯文)이다.

(2) 율곡의 벽이단론(闢異端論)

율곡은 「성학집요(聖學輯要)」에서 이단의 폐해에 대해 자세히 언급하고,[49] 임금에게 이단의 가르침이나 세상을 미혹시키는 술법 같은 것은 일체 엄금해야 한다 하였다.[50] 율곡은 당우(唐虞)와 삼대에는 도가 진실로 크게 밝고 크게 행하였는데도 사흉(四凶), 비렴(飛廉), 악래(惡

46 『栗谷全書』, 卷19, 「聖學輯要 1」, 進箚, "伏望殿下先立大志 必以聖賢爲準 三代爲期 專精讀書 卽物窮理 ……."

47 같은 책, 卷3, 「諫院陳時事疏」, "潛心聖學 無怠無荒 天理人欲 縷析毫分 知其爲天理 則敬以擴之 不使少有滯礙 知其爲人欲 則敬以絶之 不使留其纖芥 ……."

48 같은 책, 卷5, 「萬言封事」, "…… 非聖賢之志 不敢存 非聖賢之書 不敢觀 ……."

49 같은 책, 卷20, 「聖學輯要 2」, 第4章, 窮理.

來)의 무리가 대대로 그치지 않고 나타나 또한 족히 정도(正道)를 해치게 되니, 이것이 곧 이단의 시작이라 하였다. 다만 성군과 현신이 상하에서 번갈아 닦는 다스림에 힘입어 정도(正道)는 자라나고 사악(邪惡)은 소퇴(消退)했기 때문에 비록 이단하는 사람이 있더라도 이단의 해독을 받지 않았다는 것이다. 주(周)나라의 도가 쇠약해지니 비로소 노장과 양묵이 있어 그 사특한 말을 제멋대로 늘어놓았는데, 이들은 비록 맹자가 물리쳤지만 또한 멈추게 하지는 못하였다 하였다.

또한 대개 상고시대의 이단은 분명히 사악한 것이 드러났으므로 현자는 오히려 혹시 더렵혀질까 두려워했는데, 중고시대의 이단은 이욕을 말끔히 벗어나 사악해도 바른 것 같았으므로 현자가 유혹되기 시작하였다 한다. 한나라 이하부터는 또 불학이 있고 당나라 이하부터는 불학이 변하여 선학(禪學)이 되었는데, 그 말이 정미하여 사람을 선동하는 정도가 노장이나 양묵에 비교할 것이 아니었으므로, 고명한 선비들이 미연(靡然)히 그리 따라 드디어 중국으로 하여금 선불(禪佛)의 세계가 되게 하였으니, 생각하면 비탄스러운 일이라 하였다.

다행히 정자와 주자가 흥기(興起)하여 무너지는 우주를 떠받치고 해와 달을 깨끗이 닦아 밝게 하였으니, 이단을 꺾어 무너뜨려 훤하고 맑게 한 공적은 옛사람에 견주어 보더라도 더욱 성대한 편이라 평가하였다. 이에 이르러 선불(禪佛)의 학문은 쇠퇴하여 떨치지 못하였지만, 정자, 주자가 이미 별세하고 나니, 밖은 유학이나 속은 선학(禪學)인 학문이 있어서 마치 꺼진 재를 불어 불을 일으키듯 하여 다시 세상에서 기세가 성하였으니, 이단의 멸식(滅息)시키기 어려움이 이와 같다고 하였다.[51]

---

50 같은 책, 卷3, 「諫院陳時事疏」, "…… 至於異端之敎 惑世之術 一切禁斷."

같은 맥락에서 율곡은 중국에서의 벽이단의 역사와 그 역사적 의의에 대해 다음과 같이 설명하고 있다.

> 대체로 주나라 말엽에 온 천하가 공리(功利)로 흐르고 도를 가진 이는 공자 한 분이었습니다. 그러므로 공자는 지난날의 성인을 이어받고 앞으로 올 세상의 학자들을 열어 주었는데, 그 공이 요순보다 나으셨습니다. 만약 제후에게 유세하는 사람들이 다 공자와 같았다면 공자는 수사(洙泗) 사이에서 예를 아는 한 사람에 불과할 뿐이지, 어찌 천 년 뒤에 공자를 우러러 사모하게 되었겠습니까. 주나라가 망하려 할 적에 천하가 거짓과 무력만 추구하고 도를 전한 이는 맹자한 분이었습니다. 그러므로 맹자가 인욕을 막고 천리를 보존하였는데 그 공이 우(禹)임금보다 아래에 있지 않았습니다. 만약 제후에게 유세하는 사람들이 모두 맹자와 같았다면 맹자는 추(鄒)나라의 논변을 좋아하는 한 사람에 불과할 뿐이지, 어찌 천 년 뒤에 맹자만을 우러러 사모하게 되었겠습니까. 사문(斯文)이 8대 동안 진작되지 못할 때에 당나라의 한유(韓愈)가 있어서 사정(邪正)을 밝혀 도를 보호했습니다. 만약 당나라 사람이 모두 한유의 의논과 같았다면 후세 사람들이 누가 한유가 있었음을 알겠습니까. 이단이 오계(五季)에 떼지어 일어날 적에 송나라에 정자와 주자의 무리가 있어서 성리를 궁구하여 도를 알았습니다. 만약 송

---

51 같은 책, 卷13, 「學蔀通辨跋」, "唐虞三代 固大明大行 而四凶飛廉惡來之徒 代不乏人 亦足害正 此乃異端之首也 只賴聖君賢臣上下交修 正長而邪消 故雖有異端之人而不受異端之害 周衰 始有老莊楊墨 騁其邪說 雖經孟子闢之 亦未能止 蓋上古異端顯是邪惡 故賢者猶恐或汚也 中古異端 掉脫利欲 邪而似正 故賢者始惑焉 自漢以下又有佛學 自唐以下 佛變爲禪 其精微動人 非老莊楊墨之比 於是 高明之士 靡然從之 遂使中國爲禪佛世界 思之可爲於邑 幸賴程朱作興 撑拄宇宙 昭洗日月 其摧陷廓淸之功 比古尤盛 於是禪佛之學 衰微不振矣 程朱旣沒 乃有外儒內禪之學 噓灰起火 復熾于世 甚矣異端之難息 有如是夫."

> 나라 사람들이 모두 정자와 주자의 학문과 같았다면 후세 사람들이 누가 정자와 주자가 있었음을 알겠습니까.[52]

이처럼 율곡은 제자 백가시대의 공자, 맹자, 당나라 말기의 한유, 송대의 정자, 주자의 벽이단의 공로를 높이 평가하고 있다. 이들의 이단에 대한 비판과 반대가 없었다면 정통으로서의 유학의 전승은 기대하기 어려웠다는 것이다.

그러면 율곡은 이단에 대해 어떻게 정의하고 있는가? 그는 「학부통변발(學蔀通辨跋)」에서 다음과 같이 이단에 대해 정의하고 있다.

> 이단의 말이란 어찌 반드시 불교와 노자와 선학과 육학(陸學)만이 그러한 것이겠는가. 세상에서 선왕의 도를 그르게 여기고 나 한 몸의 욕심만을 따르는 자는 이단 아닌 것이 없는 것이다.[53]

여기서 율곡은 이단을 불교, 도가, 육왕학뿐이 아니라 선왕의 도를 부정하고 개인의 사리사욕을 좇는 것은 모두 이단이라 규정하였다. 이러한 율곡의 설명에서 불교, 도가, 육왕학을 이단으로 보는 이유가 분

---

52 같은 책, 拾遺卷3, 書下, 「與崔立之」, "夫周之末 天下滔滔 而有道者 一孔子也 故孔子繼往聖開來學 而賢於堯舜焉 苟使游說諸侯者 皆若孔子 則孔子不過洙泗之一知禮者耳 豈使千載之下 慕仰孔子哉 周之將亡 天下趨於詐力 而傳道者 一孟子也 故孟子遏人欲存天理 而功不在禹下焉 苟使游說諸侯者 皆若孟子 則孟子不過鄒國之一好辯者耳 豈使千載之下 慕仰孟子哉 及斯文之不振於八代也 唐有韓愈者 明邪正而衛道焉 誠使盡唐之人 皆若韓愈之論 則後世之人 孰知有韓愈哉 異端之朋興於五季也 宋有程朱輩 窮性理而知道焉 誠使盡宋之人 皆若程朱之學 則後世之人 孰知有程朱哉."

53 같은 책, 卷13, 「學蔀通辨跋」, "異端之言 豈必佛老禪陸爲然乎 世之非先王之道 循一己之欲者 莫非異端也."

명해 진다. 그것은 바로 선왕의 도 즉 공맹지도(孔孟之道), 성현지도(聖賢之道), 요순지도(堯舜之道)가 아닐 뿐 아니라 이들을 이기적인 것으로 보는 데 있다. 도가가 세속을 외면하고 초탈의 세계를 추구한다든지, 불교가 마찬가지로 출가를 통해 가정과 사회, 국가를 부정하고 개인의 깨달음을 구하는 것을 이기적인 행위로 본 것이다. 육왕학에 대한 비판도 불교적 색채를 지녔다는 점에서 마찬가지라 할 수 있다.

이러한 이단에 대한 인식에서 율곡은 당시 유행했던 민간의 무속신앙이나 도교 그리고 불교에 대해 강한 비판을 서슴지 않았다.

> 중들이나 건달 같은 무리들을 단속하시어 그들을 모두 농촌으로 돌려보내고, 예에 어긋나고 복을 받지 못하는 기도를 폐지하셔서 제사의 의법(儀法)을 바로잡으시며, 정업원(淨業院)과 같은 서울에 있는 오랑캐 신의 묘(廟) 따위는 모두 부숴 버리고, 선왕의 후궁들은 별전(別殿)에 거처하게 하여 변형(變形)하고 부처를 받드는 구습(舊習)을 일체 없애 버리십시오.[54]

또 마니산의 초제(醮祭)는 환인(桓因), 환웅(桓雄), 단군(檀君)의 삼신(三神)에게 지내는 도교적 성격의 제사였는데, 율곡은 이를 사도(邪道)로 규정하고 다음과 같이 비판하였다.

> 지금 마니산 참성단(塹城壇) 초제(醮祭)의 삼헌청사(三獻靑詞)는 전하께서도 그것이 사도(邪道)에 속하는 것임을 이미 알고 계시어, 감히 간관(諫官)에게 지어 바치라고 강요하지는 못하고 소신에게 명하셨습니다. 이것은 간

54 같은 책, 卷3, 「玉堂陳時弊疏」, "…… 括緇門游手之徒 悉歸之畎畝 罷非禮無福之禱 以正其祀典 至於淨業院等胡神之廟在京城者 一切破毁 而先王後宮 俾處別殿 一洗變形奉佛之舊習 ……."

관(諫官)은 사도(邪道)로써 임금을 섬기면 안 되지만 강관(講官)은 사도(邪道)로써 임금을 섬겨도 괜찮다는 결론이 됩니다. …… 신하와 백성들은 성상께서 바야흐로 크게 일을 하겠다는 뜻을 분발하여 삼대와 같은 다스림을 회복시킬 것을 간절히 바라고 있는데, 이와 같은 사도에 속하는 초제를 아직도 인습을 따라 그대로 지내면서 개혁할 것을 명하지 않으신다면 기타 다시 무엇을 더 바랄 수가 있겠습니까.[55]

저 마니산(摩尼山)의 초제(醮祭)는 전하께서 이미 그것이 좌도(左道)인 줄 아시는데, 어찌 외부의 신하가 없어서 하필이면 경악(經幄)의 신하에게 그 초사(醮詞)를 지으라고 명령하십니까. 신은 지금 맹자의 '사설(邪說)을 물리치고 정도(正道)를 호위하는' 학설로써 진강하는 처지라, 결코 이 예 아닌 부정한 글을 지을 수 없습니다. 전하께서 꼭 신에게 명령을 하신다면 청하옵건대 먼저 신의 직책부터 바꾸어 주신 다음 이 글을 지어 올리도록 명하시어, 전하께서 사설을 억제하고 정도를 부식(扶植)하는 의지를 보이시옵소서.[56]

이와 같이 율곡은 자신에게 마니산 초제의 초사(醮詞)를 지으라는 임금의 지시는 부당하다고 비판하고, 자신은 맹자의 이른바 이단사설을 물리치고 정도를 수호하는 책임을 진 경연관으로서 그 명령을 수

---

55 같은 책, 卷3, 「辭命製摩尼山醮靑詞箚」, "今摩尼山塹城醮三獻靑詞 殿下旣知其爲左道 不敢强使諫官製進 而乃命小臣 是諫官不可以左道事君 而講官猶可以左道事君也 …… 臣民顒望聖上方奮大有爲之志 以復三代之治 而如此左道之醮 尙且因循姑息 不命改革 則他復何望."

56 같은 책, 拾遺, 卷2, 「辭免命製摩尼山醮詞第二箚」, "夫摩尼之醮 殿下旣知其爲左道矣 豈無外臣 而必命經幄之臣製其詞乎 臣方以孟子闢邪衛道之說進講 決不敢製此非禮不正之文 殿下必欲命臣 則請先遞臣職 然後乃命製進 以示殿下抑邪扶正之意."

행할 수 없다고 거절하였다.

또한 율곡은 "문소전(文昭殿)과 연은전(延恩殿)에는 오직 삭망제(朔望祭)만을 지내시고, 각 능침(陵寢)에 대하여는 오직 여섯 명절날에만 제사를 지내시며, 소격서(昭格署)나 마니산(摩尼山) 등의 부정한 제사 같은 것은 일체 폐지시키십시오[57]라고 하여, 역시 마니산의 초제와 도교의 제사를 주관하던 관청인 소격서의 폐지를 주장했다.

또한 율곡은 불교에 대해서도 이론적 비판은 물론 배불(排佛)의 강경한 면모를 보여 주고 있다.

> 신이 살피건대, 불씨의 설은 정미한 것도 있고, 조잡한 것도 있습니다. 조잡한 것은 다만 윤회응보(輪廻應報)의 설로서 죄와 복을 확장시키고, 우매한 백성을 유혹 협박하여 그들로 하여금 공양을 분주하게 시킬 뿐이지만, 그 정미(精微)한 것에 있어서는 극히 심성을 논하였는데, 리(理)를 마음으로 인정하여 마음을 만 가지 법칙의 근본이라 하고, 마음을 성(性)으로 인정하여 성을 보고 듣는 작용이라 하며, 적멸(寂滅)을 종지(宗旨)로 하여 천지만물을 환망(幻妄)이라 하고, 출세(出世)를 도로 하여 윤리도덕을 질곡(桎梏)이라 하였습니다. 그 공부의 요점은 문자를 내세우지 않고 바로 인심을 가리키며, 성(性)을 보아 부처를 이룬다 하여, 갑자기 깨달은 뒤에 비로소 점점 닦는데, 만일 뛰어난 사람이라면 바로 깨닫고 바로 닦는 사람도 있습니다. 달마(達磨)가 양무제(梁武帝)때에 중국으로 들어와 비로소 그 도를 전하였는데, 선학(禪學)이라는 것이 이것입니다. …… 송나라 시초까지도 그 무리들이 아직 치열하였는데, 정주(程朱)가 배척해서 밝게 한 뒤로부터는 그 세력이 비로소 쇠퇴하여 지금은 거의 절멸(絕滅)하였습니다.[58]

57 같은 책, 卷4, 「擬陳時弊疏」, "臣請考古禮以明祀典 於文昭延恩殿 只設朔望祭 於各陵寢 只祀六名日 至於昭格署摩尼山等不正之祀 一切革罷."

여기서 율곡은 불교의 인과응보(因果應報)의 설은 조잡한 이론으로 우매한 백성들을 유혹하고 협박하여 공양을 받는다 비판하였다. 그러나 불교의 심성에 대한 이론은 매우 정미하다 하고, 리(理)를 심(心)으로 인정하여 만법의 근본으로 삼고, 심(心)을 성(性)으로 인정하여 성을 보고 듣는 작용으로 본다고 비판한다. 아울러 적멸(寂滅)을 종지(宗旨)로 하여 천지만물을 환망(幻妄)이라 하고 출세(出世)를 도로 하여 윤리도덕을 부정한다고 비판하였다.

율곡은 또 당시 문정왕후(文定王后)가 보우(普雨)를 중심으로 불교를 옹호하는 데 대해 극렬하게 비판하고 있다.

> 양종(兩宗) 선과(禪科)는 치평(治平)에 있어서는 정사에 결점이 되고 성명(聖明)에 있어서는 덕에 누가 되는 것입니다. 이교(異敎)가 일어나서 정기(精氣)가 소저(消沮)하고 인심이 분노하고 공론이 울분한지 거의 20여 년이 옵니다. 성상께서는 어찌 사교(邪敎)란 숭상할 수 없는 것이며 공론이란 막을 수 없는 것임을 알지 못하옵니까. …… 만일 공론을 거역하고 인심을 거스려서 국가를 위란(危亂)의 지경에 빠뜨리고 사교(邪敎)만을 보호한다면, 이것은 필시 문정왕후의 본의가 아닐 것이옵니다.[59]

---

58 같은 책, 卷20, 「聖學輯要 2」, 第4章, 窮理, "臣按 佛氏之說 有精有粗 粗者 不過以輪廻報應之說 廣張罪福 誘脅愚迷 使之奔走供奉而已 其精者 則極論心性 而認理爲心 以心爲萬法之本 認心爲性 以性爲見聞作用 以寂滅爲宗 以天地萬物爲幻妄 以出世爲道 以秉彝人倫爲桎梏 其用功之要 則不立文字 直指人心 見性成佛 頓悟之後 方加漸修 若上根地人 則或有頓悟頓修者 達磨於梁武帝時 入中國 始傳其道 所謂禪學者是也 …… 宋初 其徒猶熾 自程朱廓淸之後 其勢始衰 于今所謂禪學者 殆至於絶矣."

59 같은 책, 卷8, 「請革兩宗禪科啓」, "兩宗禪科 爲治平疵政 聖明累德 異敎朋興 正氣消沮 人心憤悶 公論鬱抑者垂二十年 聖明豈不知邪敎之不可崇 公論之不可遏哉 …… 若拒公論拂人心 阽國家於危亂之域 而只保邪敎 則必非文定王后本意也."

> 아! 역적 보우(普雨)의 죄는 천신(天神)이 위에서 내려다보고 지지(地祇)가 아래에서 증명하며, 온 국내에 무릇 혈기 있는 자라면 그 살을 찢어 죽이려 하지 않는 이가 없습니다. 그런데도 시종 남달리 보호하여 반드시 그 흉악한 목숨을 보전시키려 하는 이는 오직 전하 한 분뿐입니다. 전하께서는 인심을 생각하지 않고 사람들의 말도 듣지 않으신 채, 단지 요사한 중만을 못내 두둔하시니 도대체 무슨 소견으로 그러하십니까. …… 이제 전하께서는 백 천의 공자무리들은 가볍게 대우하고 한낱 임금도 모르는 역적만을 소중히 아끼시니, 가사 보우가 조그만 죄도 없이 애매한 누명을 썼다 하더라도 천하 후세에 전하를 어떠한 군주라 하겠습니까? 더구나 보우의 죄는 만 번 죽어 마땅하며 국민의 여론이 허망하지 않은 것이겠습니까?[60]

이상 율곡의 불교 비판을 통해 그가 불교를 깊이 이해하고 있고 또 잠시 불교에 침잠한 이력에도 불구하고, 그의 벽이단의 견해는 확고함을 알 수 있다.

다음은 육왕학에 대한 율곡의 견해에 대해 검토해 보기로 하자. 율곡에 의하면 "나흠순(羅欽順)은 뛰어난 인물이지만 보는 바가 조금 틀렸고, 설선(薛瑄)은 비록 독자적인 견해는 없지만 현자(賢者)라고 말할 수 있다. 왕수인(王守仁)은, "주자의 해독이 홍수나 맹수의 화보다 심하다"고 말하였으니, 그의 학문을 알 수 있다. 그런데 중국의 조정에서는 마침내 그를 성묘(聖廟)에 종사(從祀)하기에 이르렀다 하

---

60 같은 책, 拾遺, 卷2, 「代淸洪道儒生論普雨疏」, "嗟乎 賊雨之罪 天神鑑于上 地祇證于下 四境之內 凡有血氣者 莫不欲磔其肉 而終始曲護必欲保其凶喘 則惟殿下一人而已 殿下不念人心 不恤人言 惟惓惓於妖僧 抑何所見而然耶 …… 今殿下輕待百千孔子之徒 而重惜一箇無君之賊 假使普雨無毫髮之罪 受曖昧之名 天下後世 謂殿下爲何如主耶 況雨之罪 足以萬死 而國人之論 非妄也耶."

니, 중국의 학문을 알만하다"[61]고 하였다. 또 육상산(陸象山)이 주자와 같은 세대에 출생하여 치지(致知)의 공을 배격하여, 지루하고 번잡하여 진리를 잃는다고 여겨 오로지 본심공부만 하였는데, 이것도 함양하는 데는 도움이 없는 것은 아니나, 배우는 자는 반드시 지식과 실천을 병행해야 한다 하였다. 만일 도리도 모르고 시비도 가릴 줄 모른다면 마음을 보존한다는 것이 무엇에 의거하겠느냐고 반문하고, 만일 정좌(靜坐)만을 한다고 모든 진리가 스스로 밝혀진다면 공자는 어찌하여 반드시 "문(文)에 박학해야 한다" 하였겠으며, 자사(子思)는 어찌하여 반드시 "학문에 연유해야만 한다" 하였겠느냐 하였다. 그는 또 말하기를, 상산(象山)은 이미 죽었으나 그 학풍은 끊어지지 않아 지금은 주자의 정통적인 학문과 병립하여 서로 대항하니, 근로(勤勞)를 싫어하고 간편한 것을 즐기는 무리들은 서로 심오하고 황홀한 설을 만들어 그들과 부합한다 하고, 그것도 사도(斯道)의 불행이라 하였다.[62]

율곡은 왕양명이 '주자의 해독이 홍수나 맹수의 화보다 심하다' 고 한 말로 볼 때 양명학이 반주자학적이라 본 것이고, 격물치지(格物致知) 공부를 도외시하고 성의정심(誠意正心)만을 추구하고, 박문(博

---

61 같은 책, 卷31, 「語錄上」, "日羅欽順 拔萃人物 而所見少差 薛瑄 雖無自見處 而可謂賢者也 王守仁 則以謂朱子之害 甚於洪水猛獸之禍 其學可知 而中朝至乃從祀於聖廟云 中朝之學 可知."

62 같은 책, 卷20, 「聖學輯要2」, 第4章, 窮理, "又有陸象山 與朱子竝世而生 揮斥致知之功 以爲支繁失眞 專用功於本心 此於涵養 不爲無助 但學者知行必須竝進 若不知道理 不辨是非 則所謂存心者 亦將何據 若只靜坐而萬理自明 則孔子何必曰博學於文 子思何必曰道問學乎 此不幾於禪學詖淫邪遁之說乎 象山旣沒 其學不絕 至今與朱子正學 竝立而相抗 一鍾厭勤勞樂簡便之徒 相與作爲幽深慌惚之說 以附之 嗚呼其亦斯道之不幸也歟."

文)을 경시하고 약례(約禮)만을 중시하며, 존덕성(尊德性)만을 중시하고 도문학(道問學)을 무시하는 것은 공맹(孔孟)의 본지에 어긋난다고 보았다.

또 율곡은 말하기를, 선학(禪學)은 사람을 의혹하게 하되 그 언어는 유학이 아니며, 그 행실은 윤리를 절멸(絕滅)하게 하니, 세상에서 하늘이 준 본성이 있음을 조금이라도 아는 자는 진실로 이미 의심하였으며, 또 정주(程朱)가 선학(禪學)을 배척하여 그 자취는 말끔히 사라졌다 하였다. 그런데 육상산의 학은 그렇지 않아서 말은 반드시 공맹을 일컫고 행실은 반드시 효제(孝悌)에 근거하였으나, 그 마음을 쓰는 정미한 곳은 선학과 같다고 평가하였다. 이를 물리치기가 어찌 불씨보다 열배나 힘들지 않겠느냐 하고, 불씨의 폐해가 외구(外寇)의 침략과 같다면, 육씨의 피해는 간신이 나라를 그르치는 것과 같다 하였다.[63]

그리고 율곡은 진건(陳建)이 사특한 것을 물리치고 정도(正道)를 부식(扶植)하는 것으로 목적을 삼아 「학부통변(學蔀通辨)」을 지어, 육상산과 왕양명의 가리고 감춘 속셈을 손가락으로 집어내듯 하여, 방황하는 사람들로 하여금 속여서 유혹함을 당하지 않게 하였으니, 그 뜻이 참으로 훌륭하고 그 의논이 매우 정대하다고 평가하였다.[64]

이와 같이 율곡도 다른 유학자들과 마찬가지로 벽이단의 입장에서

---

63 같은 책, 卷20, 「聖學輯要2」, 第4章, 窮理, "禪學雖足以惑人 其言非儒 其行滅倫 世間稍知有秉彝者 固已疑阻 又經程朱之闢 宜乎其迹若埽矣 陸學則不然 言必稱孔孟 行必本孝弟 而其用心精微處 乃是禪學也 闢之之難 豈不十培於佛氏乎 佛氏之害 如外寇之侵突 陸氏之害 如奸臣之誤國 ……."

64 같은 책, 卷13, 「學蔀通辨跋」, "淸瀾陳建氏慨然以闢邪扶正爲志 著學蔀通辨 博搜深究 明辨詳言 指出象山陽明掩藏之心肝 使迷者不被甚惑 其志甚盛 而其論甚正矣."

불교, 도가, 육왕학에 대해 많은 비판을 하였던 것이며, 소격서(昭格署)의 폐지, 마니산 초제(醮祭)의 폐지, 승 보우(普雨)에 대한 극렬한 비판을 서슴지 않았던 것이다.

4. 맺는 말 –정통과 이단의 본질과 현대적 조명–

유학사에서 '정통과 이단'의 갈등 역사는 멀리 제자백가(諸子百家)시대로 올라가 공자, 맹자를 통해 알 수 있고, 당말(唐末) 한유(韓愈)의 유교부흥을 위한 벽이단(闢異端)운동의 자취를 볼 수 있다. 그 뒤를 이어 송대 성리학을 정립했던 정자와 주자도 벽이단의 기치를 높이 들었다.

우리나라에서는 여말 주자학의 수입기에 이색(李穡), 정도전(鄭道傳), 정몽주(鄭夢周) 등이 벽이단에 앞장섰고, 17세기 병자호란 후 송시열(宋時烈)을 비롯한 의리학파는 화이론(華夷論)의 입장에서 존명배청(尊明排淸)을 주장하고, 북벌을 통해 복수설치(復讐雪恥)를 하고자 했다. 또한 한말 서세동점(西勢東漸)의 위기에서 이항로(李恒老)를 비롯한 유학자들은 위정척사(衛正斥邪)를 주장하여, 서학을 사도(邪道)로 배척하고 유학을 정도(正道)로 지키고자 하였다.

특히 율곡의 경우도 다른 유학자들과 마찬가지로 불교, 도가, 육왕학에 대해 이를 이단사설(異端邪說)로 규정하여 많은 비판을 하였다.

이러한 정통과 이단의 갈등은 비록 유교에서만 있는 것은 아니다. 오늘날 지구촌의 기독교와 이슬람교의 갈등 역시 정통과 이단의 문화충돌이라 할 수 있다.

이제 이러한 정통과 이단의 갈등을 통해 그 속에 담긴 본질이 무엇이며, 이러한 갈등에 대한 현대적 의미는 무엇인지 생각해 보기로 하자. 먼저 유학에 있어 정통의 본질은 무엇인가? 중국이나 우리나라에 있어서 역사적으로 전개된 정통과 이단의 갈등 역사를 종합적으로 검토해 볼 때, 정통의 본질은 인(仁), 인의지도(仁義之道), 공맹지도(孔孟之道), 성현지도(聖賢之道), 선왕지도(先王之道), 요순지도(堯舜之道)에 있다. 그것은 달리 말하면 사도(斯道), 사문(斯文)으로서의 유학 그 자체를 말하는 것이기도 하다. 또 이는 율곡의 표현을 빌면 도학이라고도 할 수 있다. 특히 율곡은 불교, 도가, 육왕학과 같은 형식이 중요한 것이 아니라, 선왕의 도(聖賢之道)를 부정하고 개인의 사리사욕을 좇는 것은 모두가 이단이라 하였다. 따라서 율곡이 불교, 도가, 양명학을 이단시 하는 논거는, 먼저 그것들이 유학에 반하는 것이라는 것과, 불교의 출가나 도가의 초탈적 성격은 가정과 사회, 국가를 부정하는 이기적인 것이라고 보는 데 있다. 정주나 조선의 유학자들의 벽이단론에서 가장 강하게 비판하는 점은 철학적 이론보다도 출가 문제에 있었다. 유교의 입장에서 보면 출가는 곧 가정의 부정이고 세속에 대한 회피이며 인륜에 대한 부정이라고 보았다. 다만 대승불교의 경우에서처럼 '상구보리 하화중생(上求菩提 下化衆生)'으로 세속을 떠나지 아니하고 중생을 제도하는 측면에서 본다면 유교의 비판은 훨씬 가벼웠을 것으로 짐작된다.

그러면 이러한 유교와 타 종교, 타 사상과의 정통과 이단의 갈등을 현대적 관점에서 어떻게 보아야 할 것인가? 현대사회는 다종교, 다문화사회라고 할 수 있다. 그리고 나라와 민족의 장벽이 활짝 열린 글로벌시대를 살고 있다. 사실 정통과 이단의 갈등이란 타협이나 조화의 여지가 없는 것이다. 한쪽이 정통이면 다른 한쪽은 이단으로 사악한 것이 되고 만다. 선과 악, 시(是)와 비(非)로서 자기의 정통성을 보위하기 위해 타를 이단으로 응징하지 않을 수 없다.

유교가 자신을 정통이라 자부하는 것은 나름대로 일리가 있다. 그것은 유교가 '인간'을 위한 학문이며, 그 인간의 본질은 '인(仁, 仁義, 仁義禮智)'인데 그것을 실현하는 것이 인간의 도리(義理)이며, 이것을 사회적 관계에서 실현함으로써 개인과 사회가 더불어 평화롭게 살 수 있다는 신념 때문이다. 즉 유교는 인간학이요 도덕학이라는 자기 정체성을 자부하는 데 있다. 만약 이러한 유교의 신념체계를 절대화시켜 고집한다면, 이는 학문이 아니라 신앙이라 해야 할 것이다. 사실 조선조의 많은 유학자들은 유교의 독실한 신앙인이었음을 부인하기 어렵다.

그러나 유교가 자기 정체성을 강조한 나머지 타 종교와 사상을 이단시하는 것은 학문적 입장에서 볼 때 정당하다고 볼 수 없다. 왜냐하면 타 종교나 사상의 자연관이나 세계관 그리고 인생관도 나름대로 의미가 있는 것이기 때문이다. 오히려 유교의 입장에서는 불교나 도가를 통해 유교의 부족한 점을 보완할 필요가 있다.

이제 21세기를 맞아 종교, 사상, 이념의 갈등을 씻고 넉넉한 마음으로 타를 용납하는 아량이 요청된다. 유교만이 정통이라는 독존(獨存)주의는 타 종교, 사상과의 갈등이 불가피하다. 오늘날 지구촌의 문화충돌은 단순한 갈등을 넘어 전쟁으로까지 치닫고 있다. 나의 정통만을 고집하지 말고 타를 수용함으로써 다양한 지구촌의 문화를 꽃피워야 할 것이다. 그리고 타를 받아들임으로써 자기의 부족함을 보완해야 할 것이다.

2장

진묵(震默)과 유교와의 대화

1. 시작하는 말

진묵(震默 : 1562, 명종 17~1633, 인조 11)은 조선조 16세기 후반에서 17세기 전반에 걸쳐 조선 불교사에 큰 족적을 남긴 선승(禪僧)이요 무애승(無碍僧)인데, 법휘(法諱)는 일옥(一玉), 자호(自號)는 진묵(震默)이다. 1562년(壬戌) 전북 김제군 만경면 불거촌(현 火浦里)에서 출생하여 1633년(癸酉) 10월 28일 향년(享年) 72세로 세상을 떠났으니 승랍(僧臘)이 52년이다.

그는 7살에 출가하여 봉서사(鳳棲寺)와 인연을 맺고, 변산 월명암(月明庵), 진산 태고사(太古寺) 등 전주지방을 중심으로 활약하였고, 수많은 일화와 기이한 종교적 체험을 통해 인구(人口)에 회자(膾炙)되었다. 특히 진묵은 부처님의 화신(化身)으로 일컬어져 왔고, 말과 글이 아닌 삶 그 자체로 불교의 참된 의미를 가르쳐 준 스님이다.

그는 전쟁과 당쟁이 이어지는 갈등과 상쟁의 시대를 살았다. 진묵이 전북 일원에서 신앙의 대상으로 추앙된 것은 정여립(鄭汝立 : 1546~1589)사건과 무관하지 않다. 정여립사건은 1589년(己丑, 선조 22)

에 일어난 것으로, 여기에 관련된 인물이 무려 수 천명이고, 사형되거나 고문으로 죽은 사람만 해도 대략 천명이나 되었다 한다. 당시 28살이었던 진묵은 권력층에 의해 민중이 희생당하는 현실을 목도하였으니, 이것이 그의 탈역사적 성향과 현실정치를 벗어나 활동하게 되는 직간접적인 원인일 것으로 짐작해 볼 수 있다.[1] 그리고 이들이 대부분 자신의 고향이라 할 수 있는 전북지역의 민중들이었다고 볼 때, 정치권력에 의해 무참히 희생당한 민중의 입장에서 진묵은 그들의 아픔을 치유해 주고 억울함을 풀어줄 수 있는 영웅이었기 때문이다.

또한 1592년 임진왜란을 맞아 서산(西山)과 사명(泗溟)은 승군을 이끌고 전쟁에 참여하였는데, 이때 진묵은 31세의 장년으로 호남지역을 중심으로 가난한 민중들의 삶 속에서 같이 부대끼며, 그들 속에 살아 있는 부처의 화신으로 숭앙받았다. 진묵이 부처의 화신이라는 일화가 다음과 같이 전해진다.

> 선사(禪師)는 나이 7살에 출가하여 전주의 봉서사(鳳棲寺)에서 내전(內典)을 읽었는데, 어려서부터 슬기롭고 영명(英明)하여 스승의 가르침을 받지 않고서도 현묘(玄妙)한 이치를 정확하게 밝히었다. 이미 머리를 깎고 먹물옷을 입고 사미(沙彌)가 되었을 때 절에 불사(佛事)가 있었는데, 일을 주관하는 스님이 그가 나이가 어리고 행(行)이 깨끗하다 하여 그를 차출하여 옹호단(擁護壇)의 향 피우는 소임을 맡겼다. 그 일을 맡아본지 얼마 안 되어서였다. 밀적신장(密跡神將)이 그 일을 주관하였던 스님의 꿈에 나타나 이르기를, "우리들 제천(諸天)은 모두 부처님을 호위하는 신이거늘, 어찌 감히 도리어 부처님의 예를 받겠는가. 급히 향 받드는 소임을 바꾸어 우리들

1 박윤호, 「진묵 일옥의 선풍 연구」, 동국대대학원(석사), 2008, 84쪽.

로 하여금 아침과 저녁을 편히 지내게 해 다오" 하였다.[2]

내가 일찍이 『석가현기(釋迦懸記)』를 읽은 적이 있는데, 거기에 이르기를, "내가 멸도(滅道)한 뒤에 이름을 나옹(懶翁)이라 하는 한 비구(比丘)가 있을 것이니, 나의 몸이라고 하였고, 또 이름을 진묵(震默)이라 하는 한 비구가 나올 것이니, 나의 몸이라"고 하였다. 저 두 법로(法老)는 곧 우리 본사(本師; 석가모니불)의 작은 화신으로서 몸을 천억으로 나누어 염부(閻浮)의 고해(苦海)에서 미진수(微塵數)의 어린 중생들을 제도한다는 것을 미루어 알 수 있다. 경술(1850)년 봄에 내가 운수행각(雲水行脚)을 하며 잠깐 전주의 봉서사에 머물고 있었는데, 이 절이 바로 나옹이 중수(重修)하고 진묵이 상주(常住)하던 곳이다.[3]

이와 같이 진묵은 사미시절 향 피우는 일을 맡아 일을 했는데, 스님의 꿈에 진묵이 부처님인데 어떻게 그분의 예를 받겠느냐고 했다는 일화가 전해지고, 또 『석가현기(釋迦懸記)』를 인용해 나옹(懶翁)과 진묵(震默)이 석가의 화신임을 말하고 있다.

그런데 불교학자 이종익(李鍾益)은 『진묵대사소전(震默大師小傳)』의 발문(跋文)에서 진묵의 위상을 다음과 같이 평가하고 있다.

우리 동국 불교사상 고승대덕(高僧大德)으로서 대선사(大禪師), 학장(學

---

2 이일영 편, 『진묵대사소전』, 보림사, 1983, 44쪽(『震默禪師遺蹟攷』는 은고 김기종(隱皐 金箕鍾)이 진묵(震默)을 존경 흠모하여 그의 행적을 수집해 초의의순(草衣意恂)에게 집필을 의뢰해 1850년에 씌어진 것이다. 이일영의 『震默大師小傳』은 이 『遺蹟攷』를 번역하고 자세히 주석한 책이다).

3 이일영 편, 『진묵대사소전』, 보림사, 1983, 125~126쪽.

> 匠), 신승(神僧)들을 이루 다 헤아릴 수 없지만, 조선 중년에 전북 만경현에서 출현한 진묵대사(震默大師)와 어깨를 견줄 분이 그리 흔치 않을 것이다. 그 태두(泰斗)처럼 높은 도덕과 창명(滄溟)처럼 깊은 지혜를 사람들이 다 측량할 수 없었다. 그 당시의 거유(巨儒)이던 김봉곡(金鳳谷)선생이 대사의 도덕을 흠모하여 평생 상종(相從)하여 놀았으나 대사의 도(道)는 측량할 수 없었던 것이다.
>
> 대사는 평소에 문자유희(文字遊戲)가 없었기에 시문(詩文) 등의 유고(遺稿)는 없었던 것이며, 『동사열전(東師列傳)』에 초의의순(草衣意恂), 제산은고화상(霽山隱皐和尙)이 교정 간행했다고 한 어록판(語錄板)은 곧 이 『유적고(遺蹟攷)』였다. 대사 입적(入寂) 후 수백 년에 전주인 은고거사(隱皐居士) 김기종(金箕鍾)이 그 전문(傳聞)한 일화, 기적 등을 채집하여 초의, 제산과 꾀하여 이 『유적고』를 간행한 것이다.

이처럼 진묵은 우리나라 불교 역사에 있어 매우 중요한 인물로 평가받지만, 그 스스로 글을 쓰거나 책을 써서 남기지 않은 까닭에 오늘날 그의 학문적 깊이를 연구하는 데에 어려움이 있다.[4] 그러나 진정한 의미에서의 학문이나 인물에 대한 평가는 오히려 그의 삶이 가장 중요한 평가의 척도가 된다고 볼 때, 말과 글을 넘어서서 몸소 실천을 통해 부처의 진면목을 보여 준 진묵에 대한 평가는 새롭게 조명되어야 할 것이다. 왜냐하면 이름이 높다고 거친 돌에 새길 필요도 없고, 노상에 다니는 사람들의 입이 곧 비석이기 때문이다. 초의(草衣)는 『유적고』 발문에서 진묵의 무언(無言)의 설법에 대해 이렇게 설명하

---

4 진묵(震默)의 글로 전해오는 것은 어머니에게 올린 제문(祭文)과 태고사(太古寺)에 있을 때 썼다고 하는 게송(偈頌) 1편과 사미승(沙彌僧)과 냇물을 건너다 그에게 경계의 뜻으로 쓴 1편의 시가 전할 뿐이다.

고 있다.

> 들을 수 없을 뿐만이 아니라 대사께서 또한 설하지 않았을 것이다. 설하지 않고 들을 수 없는 것이 일찍이 참으로 설한 것이요 참으로 들려 준 것이다. 진실한 설법은 무언(無言)에서 설하는 것이니, 무언의 설법을 매우 성하게 항상 설하여 그 설법이 간단(間斷)이 없으며, 참다운 들음은 무성(無聲)에서 듣는 것이니, 무성의 들음은 응연(凝然)히 항상 듣되 그 들음은 간단이 없는 것이다. 그렇다면 대사는 상적광토(常寂光土) 가운데서 설하지 않을 때가 없고 중생은 비로계(毘盧界) 안에서 듣지 않을 때가 없다. 그러나 말을 버리고 설법을 구하며, 소리를 떠나 들음을 구하는 것은 도리어 옳지 않다. 대개 말에 즉하여 뜻을 얻으면 말을 잊는 것이니, 말마다 참다운 설법이요, 소리에 즉하여 뜻을 알면 소리를 잊는 것이니, 소리마다 참다운 들음이다. 이로 미루어 본다면 앞에 기록한 열 일곱 가지 말의 자취는 그 하나 하나가 모두 언어와 묵상(默想)을 여읜 도리였으니, 하나라도 우리 대사의 참다운 설법 아닌 것이 없다. 사(師)의 설법은 부처님의 도(道)에서 멀지 않으니, 이것을 오늘에 있어서 기록하지 않을 수 없는 것이다.[5]

이처럼 초의는 진묵의 가르침을 진정 이해하는 길은 말과 글에 있지 아니하고, 말 없는 가르침을 통해 배우고 깨달아야 한다고 보았다. 그것은 오랜 세월을 두고 전해 내려온 무수히 많은 진묵의 종교적 체험들, 그 이야기 속에 담겨진 알짬을 알아야 한다고 보았다.

진묵이 어떻게 살았고, 무엇을 말하였는가 하는 것을 알 수 있는 유일한 자료가 초의의순(草衣意恂)[6]이 쓴 『진묵대사유적고(震默大師遺

5 이일영 편, 『진묵대사소전』, 보림사, 1983, 119～120쪽.

蹟攷)』라고 할 수 있다. 그 조차도 대부분이 구전을 통해 전해 온 일화들을 수집한 것일 뿐, 진묵 스스로 쓴 글은 거의 없다고 볼 수 있다. 그리고 이러한 일화들도 기이한 행적으로 이루어져 순수 학문적 관점에서는 이해하기 어려운 점이 있다.

그럼에도 불구하고 진묵은 수많은 일화를 남기면서 일반 민중들에게 산 부처로서, 미륵(彌勒)의 화신으로 숭앙 받았을 뿐만 아니라, 지금까지도 불교계는 물론 증산교(甑山教), 신흥종교, 기타 무교(巫教) 등에 의해 신앙의 대상으로 깊숙이 자리 잡아 오고 있다.[7] 예컨대 원불교(圓佛教)의 창시자인 소태산 박중빈(少太山 朴重彬)은 진묵을 성현으로 보았고, 또 자신이 바로 진묵의 화신이라고 주장하였다.[8] 그리하여 그는 믿음이 두터운 제자들을 거느리고 직접 봉서사를 방문하기도 하였다.[9] 또 증산교에 있어서 진묵은 증산 강일순(甑山 姜一淳)에 의해 불교계의 종장(宗匠)으로 자리매김하게 되었다.[10] 그는 이렇게 말한다.

선도(仙道)와 불도(佛道)와 유도(儒道)와 서도(西道)는 세계 각 족속의 문

---

6 초의의순(草衣意恂: 1786~1866)은 전남 나주출신으로 속성(俗姓)은 장씨(張氏), 자(字)는 중부(仲孚), 호(號)는 초의(草衣)다. 15세에 운흥사(雲興寺)에 들어가 중이 되고, 19세에 완호(玩虎)의 法을 이었다. 다산 정약용(茶山 丁若鏞)에게서 유학과 시문을 배우고, 유학자 홍석주(洪奭周), 신위(申緯), 김정희(金正喜) 등과 교유하였다. 뒤에 해남 두륜산(海南 頭輪山)에 일지암(一枝庵)을 짓고 지관(止觀)을 닦으며 여생을 마쳤다. 저서에 『草衣集』, 『東茶頌』, 『一枝庵遺稿』 등이 있다.

7 유병덕, 김홍철, 양은용, 「호남지역의 진묵신앙 유포현황과 그 민중적 성격」, 『한국종교』, 제21집, 1995, 6쪽.

8 백승종, 「소태산 대종사와 진묵신앙의 관계 연구」, 『원불교학』, 제3집. 211쪽.

9 『大宗經』, 「第8佛地品」, 제18장 참조.

10 김방룡, 「증산교와 진묵대사」, 『연구논문』, 135쪽.

화의 근원이 되었나니, 이제 최수운(崔水雲)은 선도(仙道)의 종장(宗匠)이 되고, 진묵은 불도의 종장이 되고, 주회암(朱晦庵)은 유도의 종장이 되고, 이마두(利瑪竇)는 서도의 종장이 되어 각기 그 진액을 거두며, 모든 보통신(普通神)과 문명신(文明神)을 거느려 각 족속들 사이에 나타난 여러 갈래 문화의 정수를 뽑아 통일케 하느니라.[11]

이처럼 강증산에 의해 진묵은 불교의 종장으로 추앙되고 있다. 특히 진묵이 유학자들에 의해 존숭되고 그의 행적이 유학자들에 의해 기록 보존되어 왔다는 것은 매우 주목할 만한 일이다. 유학자인 은고 김기종(隱皐 金箕鐘)은 진묵에 대해 다음과 같이 평가하고 있다.

유교와 불도는 도가 같지 아니하나 우리 유씨(儒氏)는 이따금 부도(浮屠)와 더불어 교유해 왔으며, 승려로서도 유씨(儒氏)를 좇아 교유한 자가 그 이름이 더욱 드러났으니 그것은 왜 그런가? 생각건대 같지 아니한 가운데 혹 같은 바가 있어서 그러리라. …… 오호라! 명선(明宣) 양조(兩朝) 사이에 울연(蔚然)히 인물이 많이 났으니, 저 봉곡(鳳谷) 선생 같은 분은 사옹(沙翁)의 고제(高弟)로서 도학(道學)을 창도(倡導)하여 밝혔으며, 진묵대사는 여래(如來)의 응신(應身)으로서 선(禪)과 교(敎)를 닦고 행하였으니, 다 한때의 걸출한 인물이었다.[12]

여기서 김기종은 유불(儒佛)의 교섭과 소통을 말하면서, 진묵을 여래의 응신이라 하고, 교선(敎禪)을 겸해 갈고 닦은 걸출한 인물로 평

11 『대순전경』, 제5장, 제9절, 302쪽.

12 김기종, 「진묵선사유적고서」, 『진묵대사소전』, 보림사, 1983, 21~22쪽.

가하고 있다.

그럼에도 불구하고 순수한 학문적 입장에서 진묵 연구가 부진한 이유는, 현재까지 내려오는 저작이 거의 없고, 진묵에 대한 동시대의 사료가 많지 못하며, 수집된 사료들은 설화나 구전에 의한 내용이 대부분이기 때문이다.[13]

본고는 진묵의 유교적 행적과 그의 무애행(無碍行)을 유교적 관점에서 재조명하여, 유불(儒佛)을 뛰어넘고 성속(聖俗)을 초월한 진묵의 회통적(會通的) 삶의 의미를 새기고자 한다. 유교와 불교는 그 세계관과 인간관 그리고 내세관에 있어서 비록 구별되는 바 있지만, 같은 동양적 토양에서 나온 문화체계라는 점에서는 공통의 지반도 없지 않다. 그러므로 불교인들 중에서도 유교를 깊이 이해한 이가 많고, 또 유교인들 중에서도 불교나 도가를 깊이 이해한 이가 많다. 논자는 진묵의 생애와 삶을 원효(元曉)와 같은 무애(無碍)의 지평에서 보고자 한다. 이러한 진묵의 무애행은 유교적 삶과 소통의 여지를 담고 있다. 하나는 세속과 민중에 대한 관심이며, 다른 하나는 형식에 구애됨이 없이 세속과 초월을 넘나드는 데 있다.

2. 진묵의 유교적 행적

(1) 진묵의 효행과 유불(儒佛)의 효

한국 불교사에서 진묵은 효행을 실천한 대표적 인물로 평가받는다. 그

13 박윤호, 「진묵 일옥의 선풍 연구」, 동국대대학원(석사), 2008, 10쪽.

는 출가 후에도 어머니를 절 가까운 곳에 모셔 지극히 봉양하였다. 진묵이 전주의 왜막촌(倭幕村; 현 전북 완주군 용진면 아중리)에 머물렀을 때 어느 여름 날, 그의 어머니가 모기 때문에 괴로워하자, 그는 산신령에게 고하여 모기 떼를 다 쫓아 버렸다 한다. 그 후로부터 지금까지 온 마을에는 모기 떼의 괴로움이 없어졌다고 전해 온다.[14] 이 일화는 어머니가 모기 때문에 겪는 괴로움을 산신령에게 고하여 해결해 주었다는 데서 어머니에 대한 효성이 얼마나 지극했는가를 알 수 있다.

또 하나의 일화는 진묵이 스님이 될 때, 그의 어머니가 "나는 아들이 너 하나뿐인데 네가 스님이 되면 나의 제사는 누가 지내주느냐?"고 걱정하자, 진묵은 "그런 걱정 하지 마십시오. 내가 천 년 동안은 제사가 끊이지 않도록 할 테니"라고 하였다 한다. 어머니가 돌아가자 진묵이 직접 묘지를 이 곳에 정했다고 한다.[15] 그래서 이 곳이 '무자손천년향화지지(無子孫千年香火之地)'라고 불린다.

진묵은 어머니가 돌아가자 만경 북쪽의 유앙산(維仰山 또는 祖仰山)에 길지(吉地)를 가려 장사지냈다. 그런데 그 묘역의 풀을 깎고 술과 음식을 차려 제사를 지내면 그 사람의 그해 농사가 풍년이 드는 까닭에 가까운 곳은 물론 먼 곳 사람들까지 앞을 다투어 묘소를 돌봤다. 그러한 전통은 수백 년이 지난 지금까지도 계속되어 그 묘역은 늘 깨끗하고 향화(香火)가 끊이지 않고 있다.[16] 이러한 진묵의 어머니에 대한 효심은 다음 어머니에게 바친 제문에서도 잘 나타난다.

14 이일영 편, 『진묵대사소전』, 보림사, 1983, 48쪽.

15 유병덕, 김홍철, 양은용, 「호남지역의 진묵신앙 유포현황과 그 민중적 성격」, 『한국종교』, 제21집, 1995, 31쪽.

16 범해 찬, 김윤세 역, 『동사열전』, 광제원, 1991, 153쪽.

열 달 동안 태중(胎中)의 은혜를 무엇으로 갚으리오. 슬하에서 3년 동안 길러주신 은혜 잊을 수 없습니다. 만세(萬歲) 위에 다시 만세를 더하여도 자식의 마음에는 그래도 부족하온데, 백 년 생애에 백 년도 채우지 못했으니, 어머니의 수명은 어찌 그리도 짧습니까? 한 표주박을 들고 노상에서 걸식하는 이 중은 이미 말할 것도 없거니와, 비녀를 꽂고 규중(閨中)에 처하여 아직 출가하지 못한 누이동생이 어찌 슬프지 않겠습니까? 단(壇)에 올라 불공을 마치고 내려와 파하자, 중들은 제각기 방으로 찾아들어 가고 앞산 뒷산만 첩첩한데, 영령(英靈)은 어디로 떠났습니까? 아! 애닯도다.[17]

전해 오는 진묵의 글 가운데 대표적인 이 제문(祭文)은 진묵의 어머니에 대한 지극한 사랑과 효심은 물론 인간적인 면모를 잘 알게 해준다.

불교는 출가문제로 인해 유교로부터 많은 비난과 오해를 받아 왔다. 부모처자와 일가친척의 관계를 끊고 출가하는 행위는 유교의 입장에서는 이해하기 어려운 문제였다. 유교는 내가 태어나 살아가는 이 세상을 매우 소중하게 생각한다. 이 세상은 생명의 영속성을 통해 이어가고 발전해 간다. 유교는 낳고 또 낳는 것을 역(易)이라 하였고,[18] 천지의 큰 덕을 만물을 낳음에 두었다.[19] 유교의 입장에서는 남녀가 만나 결혼을 하고 가정을 가져 자녀를 낳고 또 낳는 데서부터 만사는 시작된다고 보았다. 즉 군자의 도리도 부부의 만남에서 비롯되기 때문이다.[20]

---

17 이일영 편, 『진묵대사소전』, 보림사, 1983, 48~49쪽.

18 『周易』, 「繫辭上」, "生生之謂易."

19 같은 책, 「繫辭下」, "天地之大德曰生."

20 『中庸』, "君子之道 造端乎夫婦."

그런데 불교가 결혼을 부정하고 부모형제와의 관계를 단절하고 출가하여 수행을 하는 것은 무엇보다 인륜에 반한다고 본 것이다. 인륜은 인간의 도리다. 『맹자』에서는 오륜(五倫)을 제시하고, 그 가운데 부모와 자녀와의 관계를 부자유친(父子有親)으로, 임금과 신하와의 관계를 군신유의(君臣有義)로, 남편과 아내와의 관계를 부부유별(夫婦有別)로, 어른과 아이들의 관계를 장유유서(長幼有序)로, 친우와 친우의 관계를 붕우유신(朋友有信)으로 설명해 왔다.[21] 그 가운데 부모에 대한 효(孝)는 가장 근본이 되는 윤리다. 효제(孝弟)는 인(仁)을 행하는 근본으로 중시된다.[22] 『설문해자(說文解字)』에서는 효를 부모를 잘 섬기는 것(善事父母)으로 설명하고 있는데, 유교에서 3년상을 고집한 것도 어린 자식이 어미의 품에 안겼던 3년의 고마움이라도 잊지 말자는 의미에서였다.[23]

인간은 한 개체로서는 유한한 존재다. 태어나서는 반드시 죽게 되어 있다. 그러나 인간은 효를 통해 한 개체로서의 유한성을 넘어 영원으로 이어지는 길을 열었다.[24] 공자는 효도라는 것은 부모를 봉양하는 것을 일컫는데, 개나 말에게도 때가 되면 밥을 주는데 부모에 대한 공경함이 없다면 이와 무엇이 다르겠느냐 하였다.[25] 효의 근본정신은 보은(報恩)의 진정에 있다. 공경하는 마음이 없는 효는 진정한 효가 아니다.

---

21 『孟子』, 「滕文公上」, "人之有道也 飽食煖衣 逸居而無教 則近於禽獸 聖人有憂之 使契爲司徒 敎以人倫 父子有親 君臣有義 夫婦有別 長幼有序 朋友有信."

22 『論語』, 「學而篇」, "君子務本 本立而道生 孝弟也者 其爲仁之本與."

23 같은 책, 「陽貨篇」, "子生三年然後 免於父母之懷 夫三年之喪 天下之通喪也."

24 김충렬, 『유가의 윤리』, 배영사, 1983, 11쪽.

25 『論語』, 「爲政篇」, "子游問孝 子曰今之孝者 是謂能養 至於犬馬 皆能有養 不敬 何以別乎."

이와 같이 유교는 효를 백행의 근본으로 매우 중요시해 왔고, 효는 전통윤리의 근간으로 중시되어 왔다.

이에 반해 불교는 출가문제로 인륜을 저버리고 부모를 버린 패륜의 종교로 비난받아 왔다. 그러나 이러한 유교의 비판은 어디까지나 유교적 시각에서의 비판이고 불교는 불교대로의 논리를 가지고 있다고 볼 수 있다.

불교에서도 유교 못지 않게 효를 중시해 왔다. 효를 설한 대표적인 경전으로는 『효자경(孝子經)』, 『우란분경(盂蘭盆經)』, 『섬자경(睒子經)』, 『부모은난보경(父母恩難報經)』, 『육방례경(六方禮經)』, 『심지관경(心地觀經)』, 『불승도리천위모설법경(佛昇忉利天爲母說法經)』, 『부모은중경(父母恩重經)』 등이 있다.[26]

신라의 원광(圓光)은 화랑(花郞) 세속오계(世俗五戒)에서 '사친이효(事親以孝)'를 말하고 있으며,[27] 자장(慈藏)은 태어나기 전에 일찍이 그의 부모가 삼보(三寶)에 귀심(歸心)하여 아들을 낳게 되면 훌륭한 불자(佛子)가 되게 하겠다는 서원(誓願)에 따라 처자를 버리고 입산수도하였고, 그 집을 절로 삼았다.[28] 그 밖에도 한국 역사에서 스님들의 효에 관한 일화는 무수히 많이 전해지고 있다.[29]

또한 부모를 위해 불사(佛事)를 일으킨 예로서는 신문왕(神文王)의 감은사(感恩寺), 효성왕(孝成王)의 봉덕사(奉德寺), 경덕왕(景德王)의 봉덕사종(奉德寺鐘), 김지성(金志誠)의 감산사(甘山寺) 및 미륵미타

---

26 소순자, 「불교 효윤리의 중국적 전개」, 『한국의 청소년문화』, 한국청소년효문화학회, 제11집, 2008, 191쪽.

27 『三國史記』, 卷45, 列傳5, 貴山條.

28 『三國遺事』, 卷4, 義解5, 慈藏定律條.

29 김영태, 「한국불교사에 나타난 효」, 『한국불교학』, 제3집, 한국불교학회, 1977 참조.

이불상(彌勒彌陀二佛像), 김대성(金大成)의 불국사(佛國寺), 석굴암(石窟庵), 고려 현종의 현화사(玄化寺) 등이 있다.[30]

석가모니의 출가가 부모와 처자식을 버리고 행해졌다는 것 때문에 후대에 불교의 효사상에 대한 많은 오해를 불러 일으켰지만, 성도(成道) 후 부처가 행한 45년간의 교화의 일생을 보면 이는 잘못된 이해라고 하는 것을 알 수 있다. 부처님은 아난다에게 이렇게 말했다.

> 나로 하여금 빨리 위 없는 정진(正眞)의 도결(道決)을 이루게 한 것은 모두 나의 부모께서 가르치신 자비한 은혜이다. 죽음으로부터 살아나고 하늘과 용과 귀신이 감동한 것은 부모의 은혜가 중하고 효도함으로 이룬 바이며, 이제 부처가 되고 아울러 나라 사람을 제도(濟度)하는 것이 모두 효순(孝順)한 덕으로 말미암은 것이다.[31]

이것은 석가모니가 효행으로 인한 선업(善業)이 부처가 될 기연임을 설한 것이다. 『대방편불보은경(大方便佛報恩經)』에서는 부처님이 출가할 때까지 효도하지 않았다는 비난에 대해, 부처님은 전생에 인욕태자로서 부왕의 병을 낫게 하기 위해 뼈를 끊고 골수를 내며 두 눈을 도려내어 약을 만들어 바쳤다는 이야기를 들려주며, 이러한 인연으로 부처가 되었다고 설하였다.[32]

『시가라월육방례경(尸迦羅越六方禮經)』에서는 부모와 자녀의 도리에 대해 다음과 같이 설하고 있다.

---

30 같은 책, 438쪽 참조.

31 『佛說菩薩睒子經』, 卷1, "使我疾成無上正眞之道決 皆是我父母育養慈恩 從死得生 感動天龍鬼神 父母恩重孝子所致 今得爲佛 并度國人 皆由孝順之德."

32 『大方便佛報恩經』, 卷3.

동방을 향해 절하는 것을 말하자면 자식이 부모를 섬기는 것과 같으니, 마땅히 다섯 가지의 할 일이 있느니라. 첫째는 살림살이 할 생각을 하는 것이요, 둘째는 일찍 일어나 하인들을 지시하여 제 때에 식사를 하게 하는 것이며, 셋째는 부모에게 걱정을 끼쳐 드리지 않는 것이요, 넷째는 언제나 부모의 은혜를 잊지 않는 것이며, 다섯째는 부모가 병환이 나시면 곧 염려하여 의사를 불러다 치료해 드리는 것이니라.

부모도 역시 자식을 돌보는 데 다섯 가지 할 일이 있느니라. 첫째는 언제나 나쁜 짓을 버리고 좋은 짓을 하도록 하는 것이요, 둘째는 학업을 가르쳐 닦게 하는 것이며, 셋째는 경전과 계율을 지니게 하는 것이며, 넷째는 일찍 장가들이는 것이요, 다섯째는 재산을 맡겨 주는 것 등이니라.[33]

여기서는 부모의 자애(慈愛)와 자식의 공경(恭敬)을 함께 들어 맹목적인 헌신이 아닌 수평적 윤리를 제시하고 있다.[34] 물론 유교에서 말하는 오륜의 부자유친(父子有親)도 부모의 자애(慈愛)와 자녀의 효경(孝敬)을 서로 실천하는 쌍무적(雙務的)인 윤리지만, 불교에서도 부모의 자애와 자녀의 공경을 쌍무적으로 이해하고 있다.

또한 『대승본생심지관경(大乘本生心地觀經)』에서는 사은(四恩) 가운데 하나로 부모은(父母恩)을 다음과 같이 설하고 있다.

세간(世間)과 출세간(出世間)의 은혜에는 네 가지가 있으니, 첫째는 부모의

---

33 『尸迦羅越六方禮經』, 卷1, "佛言 東向拜者 謂子事父母 當有五事 一者當念治生 二者早起勅令奴婢 時作飯食 三者不益父母憂 四者當念父母恩 五者父母疾病 當恐懼求醫師治之 父母視子亦有五事 一者當念令去惡就善 二者當敎計書疏 三者當敎持經戒 四者當早與娶婦 五者家中所有當給與之."

34 『효의 세상 정토의 세상』, 사찰문화연구원출판부, 1994, 12쪽.

> 은혜요, 둘째는 중생의 은혜요, 셋째는 국왕의 은혜요, 넷째는 삼보(三寶)의 은혜다. 이러한 네 가지 은혜는 일체의 중생들이 평등하게 짊어진 것이다. 선남자(善男子)여, 부모의 은혜라 함은 아버지에게는 자애(慈愛)한 은혜가 있고, 어머니에게는 자비(慈悲)한 은혜가 있는 것이니, 만일 내가 이 세상에서 일겁(一劫)동안 머무르면서 말한다 하더라도 능히 다하지 못할 것이다.[35]

이와 같이 은혜에는 부모에 대한 은혜, 중생의 은혜, 국왕의 은혜, 삼보(三寶)의 은혜 네 가지가 있는데, 그 가운데 첫째가 부모에 대한 은혜라 규정하고, 아버지에게는 자애(慈愛)의 은혜가 있고 어머니에게는 자비(慈悲)의 은혜가 있다 하였다.

또한 중생의 은혜라는 것은 곧 처음 시작된 곳이 없어서, 일체 중생이 오도(五道)에 돌고 돌아 백천겁(百千劫)을 지내는 동안 여러 번 태어나는 가운데 서로 부모가 되었다 한다. 서로 부모가 되었던 까닭에 일체의 남자는 곧 자애한 아버지요, 일체의 여자는 곧 자비한 어머니이니, 옛날에 태어났을 때마다 큰 은혜가 있었으므로 현재 부모의 은혜와 평등하여 차별이 없는 것이라 하였다. 이러한 옛적 은혜도 오히려 갚지 못하거늘, 혹 망령된 업(業)으로 말미암아 중생이 모든 것을 어기고, 집착하는 까닭에 도리어 그 원수가 되는 것은, 무명(無明)이 숙주지(宿住智)의 밝음을 덮고 가려서, 전생에 일찍이 부모였으므로 은혜를 갚아 서로 이롭게 해야 함을 깨닫지 못하였기 때문이니, 이롭게 함이 없는 것을 불효라고 한다 하였다. 이러한 인연으로 모든 중생

---

35 『大乘本生心地觀經』, 卷2, "世出世恩有其四種 一父母恩 二衆生恩 三國王恩 四三寶恩 如是四恩 一切衆生平等荷負 善男子 父母恩者 父有慈恩 母有悲恩 若我住世於一劫中說不能盡."

들은 어느 때라도 또한 큰 은혜가 있어서 참으로 갚기 어려우니, 이러한 일을 중생의 은혜라고 한다 하였다.[36]

이처럼 일체의 남자는 모두 나의 자부(慈父)이고, 일체의 여자는 모두 나의 비모(悲母)이므로, 초기 경전에서 설한 것과 같이 부모의 은혜가 평등하여 차별됨이 없다고 보는 것이다. 더욱이 불효에 대해서는 무명(無明)으로부터 발산된 망령된 업과 집착으로 인해 큰 은혜를 갚지 못하는 것으로 보고 있다.

또한 어머니가 계시는 것을 부자라 하고, 어머니가 계시지 아니한 것을 가난하다고 하며, 어머니가 계실 때를 한낮이라 하고, 어머니가 돌아가신 때를 해가 졌다고 하며, 어머니가 계실 때를 달이 밝았다 하고, 어머니가 돌아가신 때를 어둔 밤이라고 한다 하였다. 그러므로 부지런히 더욱 닦아서 부모님께 효도하고 봉양하라 하고, 만일 사람이 부처님께 공양하면 복이 평등하여 다름이 없으니, 마땅히 이와 같이 부모님의 은혜를 갚아야 한다고 하였다.[37] 여기서 부모에 대한 효도와 봉양은 부처님에 대한 공양과 상통한다. 부처님에게 공양을 잘하면 그것이 곧 부모에 대한 효도와 다름이 없다는 것이다.

또한 부모의 은혜를 자세히 설한 『부모은중경(父母恩重經)』에서는 부모의 은혜를 이렇게 설명하고 있다. 아이를 태중(胎中)에 품고 있

---

36 『大乘本生心地觀經』, 卷1, "衆生恩者 卽無始來 一切衆生輪轉五道經百千劫 於多生中互爲父母 以互爲父母故 一切男子卽是慈父 一切女人卽是悲母 昔生生中有大恩故猶如現在父母之恩等無差別 如是昔恩猶未能報 或因妄業生諸違順 以執著故反爲其怨 何以故 無明覆障宿住智明 不了前生曾爲父母 所可報恩互爲饒益 無饒益者名爲不孝 以是因緣諸衆生類 於一切時亦有大恩 實爲難報 如是之事名衆生恩."

37 같은 책, 卷2, "悲母在堂名之爲富 悲母不在名之爲貧 悲母在時名爲日中 悲母死時名爲日沒 悲母在時名爲月明 悲母亡時名爲闇夜 是故汝等 勤加修習孝養父母若人供佛福等無異 應當如是報父母恩."

는 동안의 은혜, 해산(解産)할 때의 참기 어려운 산고(産苦)를 겪는 은혜, 자식을 낳았다고 근심을 잊는 은혜, 쓴 것은 삼키시고 단 것은 뱉어 먹여 주신 은혜, 젖은 자리는 부모가 차지하고 마르고 따뜻한 자리에 눕혀주신 은혜, 태중에서 많은 젖을 먹여 길러주신 은혜, 대소변 등 더러운 것을 씻어주신 은혜, 자식이 외출하면 돌아올 때까지 항상 염려하시는 은혜, 자식을 위해서는 어떤 조악(造惡)도 서슴지 않으신 은혜, 100살 된 어머니가 항상 89살 된 늙은 아들을 염려하시는 은혜이다. 이 망극한 은혜를 갚으려고 왼쪽 어깨에 아버님을 모시고, 오른쪽 어깨에 어머님을 모시어, 그 어깨위에서 대소변을 받으며 백천겁 동안에 수미산(須彌山)을 돌아도 다 갚지 못한다고 하였다. 이러한 『부모은중경』의 설명은 불교가 얼마나 부모의 은혜에 대한 효의 윤리를 중시하고 있는가를 잘 말해 준다.

그런데 불교에서는 출가수도야말로 부모의 은혜를 갚고 참으로 부모를 위하는 가장 큰 효도라고 생각한다. 한국 불교인들은 출가를 하나의 효행으로 보았으며, 또 삼보(三寶)에 귀신(歸信)하는 것이 부모의 대은(大恩)에 보답하는 길이라고 생각하였다.[38] 불교사상의 핵심은 보살(菩薩)의 이타(利他)사상에 있고, 또한 이 보살의 근본 바탕은 자비심(慈悲心)이요, 자비심의 원천은 공경심이며, 공경심의 원천은 효순심(孝順心)이라 하였다.[39]

불교는 존재를 연기(緣起)된 제법(諸法)인 오온(五蘊)으로 해명한다. 오온은 물질적 요소(色蘊)와 정신적 요소(受想行識)로 표현되는 여러 인연들이 화합하여 생겨난 것이다. 그러므로 존재하는 것에는

---

38 김영태, 「한국불교사에 나타난 효」, 『한국불교학』, 440쪽.

39 소순자, 「불교 효윤리의 중국적 전개」, 『한국의 청소년문화』, 한국청소년문화학회, 제11집, 2008, 220쪽.

'나'라고 할 만한 것이 없으며(無我), '나의 것'이 없다(無所有)고 말한다. 나는 다만 연기된 제법인 가유(假有)로서 임시적으로 존재할 뿐이다. 그러므로 효의 주체나 효의 대상 역시 고정된 실체로서 존재하지 않는다. 그러므로 나에 대한 집착을 넘어서 있기에 나를 낳아준 부모에 대해서도 절대적으로 얽매이지 않는다. 이것은 주관적 지평을 지닌 나라는 개체가 본디 비실체성으로 이루어져 있음을 깊이 통찰했기 때문이다.[40]

이렇게 볼 때, 불교 효학(孝學)은 공간적으로는 재가(在家)의 일효(一孝)와 달리 출가(出家)의 대효(大孝)를 지향한다. 시간적으로는 현재 일세의 효만이 아니라 과거, 현재, 미래 삼세의 효를 지향한다. 여기에서 한걸음 더 나아가 인간의 범주를 넘어 지옥-아귀-축생-수라-인간-천인의 여섯 갈래 범주로 까지 확장된다. 이렇게 볼 때, 효가 미치는 공간의 날줄로는 지옥에서 천인을 넘어 성문-연각-보살을 거쳐 붓다의 영역까지 미치고, 시간의 씨줄로는 과거와 현재와 미래의 삼세에 걸쳐 이루어진다고 할 수 있다.[41]

흔히 세간에서는 효행이 가장 중요한 윤리로 제시되기도 한다. 그러나 불교계에서는 세간의 효에 대해 출세간 효가 더 필요한 것으로 이해되고 있다. 세간에서는 가장 중요한 도덕윤리가 부모에 효성을 다하는 길이지만, 출세간 효는 그와는 달리 불법승(佛法僧) 삼보(三寶)전에 정성을 다해 봉양을 하는 것이니, 그것이 넓은 의미에서 효성(孝誠)이라고 본 것이다.[42]

나아가 부모의 은혜에 대한 자각과 보답에 입각한 부모의 봉양과

---

40 고영섭, 『불교와 생명』, 불교춘추사, 2008, 318쪽.

41 박윤호, 「진묵 일옥의 선풍 연구」, 동국대대학원(석사), 2008, 44쪽.

42 같은 글, 47쪽.

그 부모를 해탈의 길로 인도하는 것으로 귀결된다. 부모에 대한 효행은 곧 모든 존재의 속성인 무상(無常), 고(苦), 무아(無我)에 대한 명료한 통찰 위에서 이루어진다.[43] 유교적 윤리에서 본다면 효의 범위가 자기를 낳아준 부모에게만 국한하고 있으나, 불교적 입장에서 말한다면 현생 부모만을 효경(孝敬)할 뿐 아니라 널리 일체 중생을 보경진도(普敬盡度)해야 한다고 설해 왔던 것이다.[44]

그런데, 불교의 효도윤리는 재가자(在家者)의 효와 출가자(出家者)의 효로 구분할 수 있다. 전자의 경우에는 어버이의 생전 효도와 사후천도(薦度), 그리고 물질적 감지효(甘旨孝)와 정신적 안심효(安心孝) 등 네 가지로 나눌 수 있고, 출가자의 경우에는 선사(先師)를 위해 치경도복(致敬禱福)하여 정토(淨土)에 왕생(往生)케 하는 방법과 그리고 육체적 시양(侍養)이 아닌 착실히 수도하여 청람(靑藍)의 덕(德)으로 스승을 빛나게 하는 것 등이라 할 수 있다.[45] 출가자의 효도란 부모 생전의 육체적인 시양(侍養)보다도 출가의 본래 목적인 수도에 전념하여 견성오도(見性悟道)하여 전법도생(轉法度生)하는 것을 무엇보다 중요시하고 있다.[46]

요컨대 이타적(利他的)인 보살사상이 곧 효심이다. 불교의 핵심사상은 보살의 이타정신에 있고, 보살의 이타정신은 곧 자비심이요, 자비심의 원천은 공경심이며, 공경심의 근원은 효순심(孝順心)이라 할 수 있다.[47] 다시 말하면 부처님이 출가하였던 것은 부모를 버리고 도

43 같은 글, 48쪽.

44 이지관, 「불전상에 나타난 효」, 『한국불교학』, 제3집, 한국불교학회, 1977, 426쪽.

45 같은 글, 426쪽.

46 같은 글, 429쪽.

47 같은 글, 431쪽.

망간 것이 아니라, 부모의 아들로 태어난 이 몸을 가장 값있고 떳떳하게 함으로써 천상천하에 둘도 없는 영광된 부모님이 되게 하는 결과를 가져오게 하려 하였던 것이다.[48]

신라에 최초로 불교를 전하였다는 아도화상(我道和尙)은 고구려 여인인 그 어머니에 의해 일찍이 출가하였고, 16세 때에 중국으로 가서 위인(魏人)인 그 아버지를 찾아 본 다음 거기서 불법을 공부하고 다시 어머니에게로 돌아왔으며, 그는 다시 어머니의 말을 따라서 아직 고구려에도 불교가 잘 알려져 있지 않은 당시에 신라로 넘어와 많은 어려움을 겪으며 신라불교의 터를 열어 놓았다.[49] 이처럼 불교에서의 효는 내 부모에 대한 효가 기본이 되지만, 여기에 머물지 않는 것이며, 또 궁극적으로는 부처의 보살행(菩薩行)을 실천하고, 출가 수도정진하여 불국토(佛國土)를 실현하고 중생을 제도하는 것이 곧 대효(大孝)의 길이라고 보았다.

이렇게 본다면 불교의 효 윤리는 유교의 효 윤리와 크게 다르지 않다. 왜냐하면 『효경(孝經)』에서는 "신체는 부모에게서 받은 것으로 감히 훼상할 수 없으니 효의 시작이요, 입신(立身)하여 도를 행하고 후세에 이름을 드날려 부모를 빛나게 하는 것이 효의 끝맺음이다"[50]라고 하기 때문이다. 또 "효는 어버이를 섬기는 것으로부터 시작하여, 임금을 섬기는 것을 다음으로 하고, 입신(立身)에서 끝난다"[51]고 말하기 때문이다. 또 증자(曾子)의 삼효(三孝)에서도 부모를 존귀하

---

48 김영태, 「한국불교사에 나타난 효」, 『한국불교학』, 434쪽.

49 같은 글, 435쪽.

50 『孝經』, 「開宗明義章」, "身體髮膚 受之父母 不敢毁傷 孝之始也 立身行道 揚名於後世 以顯父母 孝之終也."

51 같은 책, 「開宗明義章」, "夫孝 始於事親 中於事君 終於立身."

게 함, 부모를 욕되지 않게 함, 음식을 봉양함이라[52] 하였는데, 그중에 부모를 존귀하게 하는 것이 첫 번째로 제시되고 있다.

이렇게 볼 때, 유교에서도 효의 완성은 자신이 수양하여 훌륭한 성인군자가 되고, 나라와 백성을 위해 큰일을 하는 일꾼이 되어 부모의 이름을 선양함에 있기 때문이다. 이런 점에서 유교는 충효(忠孝)는 일본(一本)이라 한다. 즉 가정의 효가 국가생활에 나타난 것이 충이므로, 가정에서의 자기성실이 곧 효라면, 나라에서의 자기성실이 곧 충이 되는 것이다. 『효경』에 의하면 효로써 임금을 섬기는 것이 곧 충이라 한다.

이렇게 볼 때, 불교에서의 출가는 대효를 위한 하나의 방편이라고 이해할 수 있다. 그러나 유교의 입장에서 보면 출가하지 않고 부처가 될 수 있다면 더욱 이상적이지 않겠느냐는 반문이 가능하고, 출가가 불교의 최선이어서는 안 되고 부득이한 차선이어야 한다는 충고를 할 수 있는 것이다.

(2) 유학자 봉곡 김동준(鳳谷 金東準)과의 교유

진묵의 생애에서 특이한 발자취가 유학자 봉곡 김동준(鳳谷 金東準: 1575~1661)과의 교유(交遊)다. 김동준은 나이로 보면 진묵보다 13년 후배가 되므로 대등한 교유는 아니었을 것으로 짐작된다. 그럼에도 불구하고 양자의 우의가 돈독하고 피차 존경하면서 교유한 흔적을 볼 수 있다.

조선조 사회는 억불숭유(抑佛崇儒)정책으로 유교가 중시되고 불교

52 『禮記』, 「祭義篇」.

는 억압받고 산속으로 들어가 입산수도를 중시했던 시대였다. 또한 유학자들은 대체로 불교나 도가를 이단시하여 배불 내지 척불의 기치를 들어 순정(醇正)한 유학을 표방했던 시대였다.

그런데 문헌상으로 보거나 전해 오는 얘기를 통해 볼 때, 진묵과 김동준, 김동준과 진묵은 매우 친밀한 교유를 했던 것으로 짐작된다. 비록 일부 종교와 구전에 의해 김동준이 진묵을 죽였다느니 많은 시기와 갈등이 있었던 것으로 전해지고 있지만,[53] 논자가 보기에 이는 후일 덧붙여진 얘기이거나 종교적 필요에 의해 만들어진 일화로 생각된다. 분명한 것은 불교인 진묵과 유학자 김동준이 상당히 높은 차원에서 도의지교(道義之交)를 했음을 유추할 수 있다. 먼저 이들이 서로 교유한 내용에 검토해 보기로 하자.

> 김 선생(鳳谷)이 살던 곳에서 오 리쯤 되는 곳에 봉서사라고 하는 절이 있었으니, 바로 진묵대사가 주석(住錫)하던 곳으로 산봉우리가 빼어나고 계곡이 시원하며 밝기가 완연히 저 호계(虎溪). 용문(龍門)의 승지(勝地)와 같았다. 서로 왕래하면서 침식을 같이 하던 사이였으니, 곧 속세를 떠난 방외(方外)의 사귐이라 할 것이다. 한 번은 선생께서 강목(綱目)을 빌려 주고 한 종으로 하여금 사(師)를 뒤따르게 하였는데, 사(師)는 길에서 손 가는대로 책을 펴보고 한 권을 다 마치면 번번이 그것을 땅에 버렸다. 종은 따라가면서 그것을 주워 모았는데, 거의 절에 당도하자 책 한 질을 다 보았다. 타일 선생이 사(師)에게 말씀하기를, "책을 빌려 보고 땅에 버리는 것은 무엇 때문입니까?" 하니, 사(師)는 대답하기를, "고기를 잡았으면 통발은 필요 없지요"라고 하였다. 선생이 책을 뽑아 시험해 보니 과연 한 글자도 틀림이

53 증산교의 『대순전경』에서는 김동준이 진묵을 죽인 것으로 묘사하고 있고, 또 김동준이 진묵을 시기하여 양자가 갈등관계였던 것으로 보고 있다.

> 없었다.[54]

여기서 진묵과 봉곡은 침식을 같이 하던 사이라고 소개되어 있고, 속세를 떠난 방외의 사귐이라 하였다. 여기서 우리는 진묵과 진리를 논하고 유불(儒佛)을 뛰어넘는 회통(會通)의 경지에서 고준담론(高峻談論)을 했을 봉곡을 짐작해 볼 수 있다. 스님과 유학자라는 외형을 벗어던지고 높은 진리의 언덕에서 우정을 나누었으리라 짐작되는 바 있다.

그런데 어느 날 김동준이 진묵에게 『강목(綱目)』 한 질을 빌려 주고 종을 시켜 그 뒤를 따르게 했다는 것이다. 진묵은 걸어가며 그 책을 읽은 후 한 권을 다 마치면 그것을 땅에 버렸는데, 절에 도착했을 때 그 한 질을 다 읽었다 한다. 후일 봉곡이 진묵에게 책을 빌려 읽고 땅에 버리는 것은 무슨 까닭이냐고 물었다. 이에 진묵은 "고기를 잡았으면 통발은 필요 없다"고 대답했다고 한다. 여기서 김동준이 빌려주어 진묵이 읽은 책이 『강목』이라 되어 있는데, 이에 대한 재검토가 필요한 것 같다. 이 『강목(綱目)』은 송대 주자(朱子)가 쓴 『통감강목(通鑑綱目; 資治通鑑綱目)』을 말하는데, 『동사열전(東師列傳)』에서는 『주자강목(朱子綱目)』이라 하고 있다.[55]

그런데 지원 조삼수(芝園 趙秀三: 1762~1849)가 쓴 「영당중수기(影堂重修記)」에서는 이에 대해 다음과 쓰고 있다.

> 대사는 어느 날 부중(府中)에 사는 한 선비에게 찾아가 『강목(綱目)』 전부를 빌려 하인에게 짊어지우고 따르게 하고서는 한 책을 다 보면 번번이 길

54 김기종, 「진묵선사유적고서」, 『진묵대사소전』, 보림사, 1983, 22쪽.

55 범해 찬, 김윤세 역, 『동사열전』, 광제원, 1991, 151쪽.

에 던져 버렸다. 하인은 뒤따라가면서 그것을 주웠는데, 절에 이르기까지 30리를 오자 70책을 이미 다 보았다. 그 뒤에 선비가 시험 삼아 책을 뽑아 물어 보니, 거의 한 글자도 그르침이 없었다.[56]

여기에서도 『강목』이라 되어 있지만 70책이라 설명한 것에 주목할 필요가 있다. 주자의 『통감강목(資治通鑑綱目)』은 사마광(司馬光)이 쓴 『자치통감(資治通鑑)』이 방대한 분량이므로 이를 간추려 59권으로 편찬한 책이다. 본래 편년체의 역사서를 주자가 춘추필법(春秋筆法)에 의해 강목(綱目)으로 나누어 쓴 책이다.

그런데 『성리대전(性理大全)』은 70권이고, 주자의 『자치통감강목(資治通鑑綱目)』은 59권이며, 『성리대전』은 성리학에 관한 가장 대표적인 개론서라면 『자치통감강목』은 역사서라고 볼 수 있다. 이렇게 볼 때, 아마도 진묵이 읽었다는 그 책은 『성리대전』이 아닐까 추정된다. 이러한 논자의 의문에 답하듯이 『대순경전(大巡典經)』에서는 『성리대전』이라 기록하고 있음을 참고할 필요가 있다.[57] 그리고 김동준은 사계 김장생(沙溪 金長生)의 고제(高弟)로서 성리학과 예학에 조예(造詣)가 깊었다고 볼 때 이러한 추정을 더욱 가능케 한다.

그러면 유학자 김동준은 어떤 인물인지 검토해 보기로 하자. 김기종(金箕鍾)은 『유적고』 서문에서 진묵과 김동준을 이렇게 소개하고 있다.

오호라! 명선(明宣) 양조 사이에 울연히 인물이 많이 났으니, 저 봉곡(鳳谷)

56 이일영 편, 『진묵대사소전』, 보림사, 1983, 110쪽.

57 증산교회본부, 『대순전경』, 제3장, 「문도의 추종과 훈회」, 147절, 문우당, 1975, 162~164쪽.

선생 같은 분은 사옹(沙翁)의 고제로서 도학을 창도(倡導)하여 밝혔으며, 진묵대사는 여래(如來)의 응신(應身)으로서 선(禪)과 교(敎)를 닦고 행하였느니, 다 한때의 장대하고 훌륭한 인물이었다.[58]

여기서 김동준은 사계 김장생의 고제로 소개되어 있고 도학을 창도해 밝혔다고 말하고 있다. 사계 김장생은 '동국18현'의 한 사람이며, 율곡의 적전(嫡傳)으로 성리학과 예학에 밝았는데, 특히 예학에 밝아 '동방예학의 종장(宗匠)'으로 추앙받는 인물이다. 김동준은 이러한 사계의 문하에서 수업하였는데, 송시열은 「감찰김공묘갈명병서(監察金公墓碣銘并序)」에서 김동준에 대해 다음과 같이 소개하고 있다.

문원공(文元公) 사계(沙溪) 선생이 동남에서 도학을 주창(主倡)하니 학자가 많이 따랐다. 그중에서도 가장 가깝고 또 오래된 자로는 김공(金公)이라 하였으니, 휘(諱)는 동준(東準)이요, 자(字)는 이식(而式)이다. 광해조 때를 당해 동기간을 죽이고 모후(母后)를 내쫓아 유폐(幽廢)시켰는데, 순종한 자는 현달(顯達)하여 영화로웠고, 헐뜯는 자는 죽거나 귀양 갔다. 공은 그때 전주에 있었는데, 향인들이 이웃을 이끌고 당국에 소를 올리며 따라붙어 대중에게 호령하기를, "따르지 않는 자는 죽이리라"고 하였다. 공은 꿋꿋이 움직이지 않고 말하기를, "나에게는 죽음이 있을 뿐이라"고 하였다. 그때에 공과 뜻을 같이 한 사람은 최석계 명룡(崔石溪 命龍)과 유백석 집(柳白石楫)의 부자였으니, 모두 사계의 문하다. 대체로 집안에서나 그 고을에서 한 일은 모두 스승에게 아뢰고, 물러와서는 또 스스로 참고하고 고증하여 오직 옳다고 해야만 이에 따랐다. 그러므로 그때에는 앞으로 벼슬을 주겠다

58 김기종, 「진묵선사유적고서」, 『진묵대사소전』, 보림사, 1983, 22쪽.

고 유혹도 하고, 뒤에서는 위협과 해칠 마음으로 겁을 주어도 마을 사람들이 난정(亂政)을 좇지 않는 자가 매우 많았다.

인조가 반정(反正)하고 문원공을 등용하니 공을 천거하여 의금부도사, 사헌부감찰, 한성판관을 제수하였다. 마을사람으로 난정(亂政)에 앞장서고 비열하게 매달린 자는 그 경중에 있어 모두 관리들의 의논에 따랐다. 공과 뜻을 같이 한 자와 견주어 보면 영화롭고 욕됨이 너무 현수(懸殊)하였으니, 향인(鄉人)들이 그 정의를 사모함이 더욱 돈독하고 공을 덕스럽게 여김이 더욱 깊었다.

병자호란 때에는 서울에서 남한산성까지 호종(扈從)하였고, 적병이 물러간 뒤에 지평, 현감 및 사부에 제수되었으나 다 부임하지 않고 일찍이 상운도 찰방(祥雲道察訪)이 되었으나 1년 만에 해직되었다. 숭정(崇禎) 신축(辛丑; 1661)년에 나이 87세로 8월 3일 집에서 고종(考終)하였다.[59]

또한 『호남절의록(湖南節義錄)』에서는 김동준에 대해 다음과 같이 소개하고 있다.

김동준의 자는 이식(而式)이요, 호는 봉곡(鳳谷)이며 관향(貫鄉)은 광산(光山)이다. 고려조에 시중을 지낸 문정공(文正公) 태현(台鉉)의 후예이며 생원 희지(熙止)의 아들로 만력(萬曆) 을해(乙亥; 1575)에 태어났다. 19세에 비로소 글을 읽을 줄 알고 성리학에 전심하여 사계 김 선생에게 수업하였다. 석계 최명룡(石溪 崔命龍), 태주 김지수(苔州 金地粹), 백석 유집(白石 柳楫)과 정학(正學)을 강마(講磨)하여 세인의 사종(師宗)이 되었다. 만력(萬曆) 정사(丁巳; 1617)에 사마가 되었을 때, 서궁에 사은(謝恩)하는 예가 없

59 『宋子大全』, 卷175, 「監察金公墓碣銘并序」.

었는데, 송수옹(宋睡翁) 갑조(甲祚)가 공과 함께 유독 예를 행하니, 이이첨(李爾瞻)의 무리들이 그를 미워하여 무고(誣告)하였다. 공과 조평(趙平; 沙溪의 문인)공이 이를 알고 미리 옥(獄)으로 나아가 스스로 갇히니, 유집(柳楫) 등이 서울로 올라가 변론하여 마침내 구금을 면하였다.

계해(癸亥; 1623)에 모후 복위의 의논을 주창, 동지 제현과 소를 지어 서울에 올라가니 때는 이미 반정된 뒤였다. 사계 문원공공이 먼저 공을 천거하여 특별히 금부도사에 제수되고 다음에 한성참군(漢城參軍)에 배명(拜命)되었으나 자취를 감추고 본분을 지키니, 요로의 인사들도 일찍 그의 얼굴을 아는 이가 없었다. 병자(丙子; 1636)에 감찰로서 임금을 호종, 남한산성에 들어가 김반(金槃) 제공(諸公)과 함께 준엄히 화의(和議)를 배척하니, 그 사의(辭意)가 간절하였으나 소를 올리기 전에 화의가 이미 이루어진지라 비분함을 이기지 못하고, 바로 산성에서 산을 넘고 물을 건너 고향집으로 돌아왔다. 소회(所懷)를 읊은 시에 이르기를, "나라를 그르침은 진회(秦檜; 남송의 재상)가 많았고, 동해를 밟는 데는 노련(魯連: 중국 전국시대의 辯士)이 있었네. 노신(老臣)은 죽지 못한 것 부끄러워 서쪽을 바라보며 풍천시(風泉詩: 망국을 노래한 詩經의 篇名)에 눈물지었소"라고 하였다. 그 후로부터 세상을 하직하고 스스로 숨어 살면서 「계몽도설(啓蒙圖說)」, 「심성서언(心性緒言)」등을 저술하였다. 뒤에 인봉사(麟峰祠)에 배향하였으니, 그 축문에 이르기를, "엄동(嚴冬)에 곧은 송백(松栢)이요 모진 바람에 억센 풀이라" 하였고, 또 이르기를, "도학을 남에서 부르짖고 여러 냇물을 막아서 동으로 흐르게 했다"고 하였다. 우암 송 선생이 묘지(墓誌), 묘갈명(墓碣銘)을 지었다.[60]

60 『湖南節義錄』, 卷5, 上.

이상 두 자료를 통해서 볼 때, 김동준과 진묵의 교유내용은 전혀 언급이 없다. 당시 불교를 금기시했던 시대적 여건에서 보면 불교인 진묵과의 교유는 자랑거리가 아니었기 때문이다. 김동준은 김장생의 총애를 받았던 제자임이 틀림없고, 광해군 때 이이첨(李爾瞻) 등에 의해 서궁에 유폐되었던 인목대비(仁穆大妃)에게 나아가 송시열의 부친인 송갑조(宋甲祚)와 함께 사은(謝恩)의 예를 갖추어 의리를 실천했으며, 병자호란 때는 척화의리(斥和義理)에 앞장서 『호남절의록(湖南節義錄)』에서는 그의 절의를 기리고 있다.

그의 저술로는 「계몽도설(啓蒙圖說; 啓蒙篇)」, 「심성서언(心性緖言)」이 있다고 하는데, 『광산김씨세보(光山金氏世譜)』에 의하면 그 밖에도 「연역도(演易圖)」, 「의례문해(疑禮問解)」 등이 있는 것으로 보이며, 인봉원(麟峰院)에 배향되었다.

전해 오는 바에 의하면, 진묵과 김동준이 서로 주고받은 시문(詩文)이 많이 있다고 하나, 세월이 오래되어 다 흩어지고 전하는 것이 없다.[61]

그런데 참으로 흥미로운 것은 진묵의 삶과 발자취를 알 수 있는 유일한 자료 『유적고(遺蹟攷)』가 유학자들의 손에 의해 보존되고 간행되어 왔다는 사실이다. 비록 『유적고』를 쓴 이는 초의의순(草衣意恂)이었지만, 전해오는 자료를 오랫동안 수집해서 초의에게 집필을 부탁한 이가 유학자 은고 김기종(隱皐 金箕鍾)이었다. 또 그 아들인 김영곤(金永坤)은 부친의 뜻을 받아 재력을 들여 이 책을 간행하며 제산 운고(霽山 雲皐)스님에게 발문(跋文)을 요청했고, 자신도 이 책의 발문을 썼던 것이다. 김영곤은 여기에서 부친이 유독 진묵을 존경하고

61 이일영 편, 『진묵대사소전』, 보림사, 1983, 80쪽.

그 발자취를 세상에 전하고자 한 것은 진묵의 유자(儒者)다운 행실을 높이 평가했기 때문이라 하였다. 당시 불교를 이단시하고 순유(醇儒)를 자랑스럽게 여기던 시대에 불교인 진묵을 존경하고 흠모하여 그의 생애와 발자취를 후대에 전하고자 한 것은 특이한 일이다. 이는 다음 김동준의 『일기』의 내용이 이를 잘 입증해 준다.

> "일옥선사(一玉禪師)가 돌아갔다고 하였다. 이 중은 이름이 중이지 행실은 유자(儒者)니 슬픔을 이기지 못하겠다"고 하였다. 대사가 교유한 바는 유현(儒賢)을 기필한 것이요, 선생이 슬퍼한 것은 대사의 유자(儒者)다운 행실 때문임을 알 수 있다.[62]

이를 통해서 볼 때, 김동준은 진묵을 외형은 스님이지만 그의 내면적 행실은 유자(儒者)였다고 평가하고 있는 것이다. 반대로 진묵이 볼 때 김동준은 외형은 유학자였지만 내면에 있어서는 불교를 잘 이해하는 통유(通儒)였다고 보았음 직하다. 두 사람은 유불(儒佛)의 외형에 갇히지 않고 소통하고 대화하였으며, 서로의 깊은 경지를 이해함으로써 종교와 사상을 떠나 돈독한 우의를 지녔던 것으로 짐작된다.

3. 진묵의 무애행(無碍行)에 대한 유교적 이해

진묵의 생애에서 많은 기적과 신이(神異)한 체험들이 전해 오고 있다. 학문은 참된 사실에 근거해야 한다고 할 때, 이러한 진묵의 기행(奇

---

62 김영곤, 「震默禪師遺事跋」, 『진묵대사소전』, 보림사, 1983, 133~134쪽.

行)은 매우 당혹스런 일면이 없지 않다. 그것은 사실이라 믿기 어려운 신기한 내용들이기 때문이다. 논자는 전해 내려오는 진묵의 일화가 사실이냐 아니냐를 떠나 그 내용 속에 담긴 의미를 중심으로 논지를 정리해 보고자 한다. 『진묵대사유적고(震黙大師遺蹟攷)』를 비롯해 전북일대 민간에 구전되어 오는 진묵일화는 무수히 많다. 진묵은 술을 매우 즐긴 스님으로 전해 오는데, 이에 대한 일화를 소개해 보자.

> 대사는 일찍 술을 좋아하였다. 그러나 술을 곡차(穀茶)라고 하면 마시고 술이라고 하면 마시지 않았다. 어떤 중이 연회를 베풀기 위해 술을 거르는데, 술의 향기가 진하게 풍겨 사람을 얼근히 취하게 하였다. 대사는 지팡이를 짚고 가서 묻기를, "그대는 무엇을 거르느냐?" 하니, 중이 대답하기를, "술을 거른다"고 대답하였다. 대사는 묵묵히 돌아왔다. 얼마 후에 또 가서 묻기를, "그대는 무엇을 거르느냐?" 하니, 중은 앞서와 같이 대답하였다. 대사는 돌아왔다가 잠시 후에 또 가서 물었으나 중은 여전히 끝내 곡차라고 대답하지 않고 또 술을 거른다고 대답하였다. 대사는 드디어 희망을 잃고 돌아왔다. 얼마 후에 금강역사(金剛力士)가 철추로써 술거르는 중의 머리를 내려쳤다.[63]

진묵은 술과 차가 일여(一如)로서 술을 마시는 데도 술의 경계가 없었다. 다만 계행(戒行)을 나타내기 위해 곡차(穀茶)라고 한 것만 마시는데, 대접하기 아까워 한 중은 그 과보(果報)로 타살된 것이다. 설령 행위는 술을 마시더라도 일체 음주로 인한 영향이 없게 해야 한다. 참된 지계(持戒)는 술을 마시지 않음을 넘어서서 술이 가진 불의(不

63 이일영 편, 『진묵대사소전』, 보림사, 1983, 50쪽.

義)한 효과가 발생하지 않는 것에 있음을 보여 준 것이다.[64]

진묵은 속인과 술도 하고 고기도 먹었다. 언뜻 보면 중이 아니라 속인 같다. 그래서 그는 반속인(半俗人) 반불승(半佛僧)으로 살았다. 진정 속인과 어울리고 그들 세계에 뛰어들지 않고 어찌 불도를 전하겠는가? 이 점은 원효대사(元曉大師)의 경우와 상통한다.[65]

> 한번은 대사가 길을 가다가 여러 소년들을 만났는데, 그들은 천렵을 하여 시냇가에서 물고기를 끓이고 있었다. 대사는 끓는 솥을 들여다보며 탄식하기를, "발랄한 물고기가 아무 죄도 없이 가마솥에서 삶는 괴로움을 받는구나" 하였다. 한 소년이 희롱하기를 "선사께서 이 고깃국을 드시겠습니까" 하니, 대사가 말씀하기를, "나야 잘 먹지" 하였다. 소년이 말하기를, "저 한 솥을 선사에게 맡기겠으니 다 드시오"라고 하였다. 대사께서는 솥을 들어 입에 대고 순식간에 남김없이 다 마셔 버렸다. 이에 여러 소년들은 모두 놀라 이상히 여겨 말하기를, "부처님은 살생을 경계하였는데 능히 고깃국을 마셨으니, 어찌 중이라 할 수 있겠습니까?"라고 하였다. 대사가 말씀하기를 "죽인 것은 내가 아니지만 그것을 살리는 것은 내게 있다" 하고, 마침내 옷을 벗고 물에 등을 돌려 설사를 하였다. 그러자 무수한 물고기가 항문으로부터 쏟아져 나오는데, 발랄하기가 마치 봄물을 타고 흘러내리는 듯하였고, 번쩍 번쩍 비늘을 번뜩이며 어지러이 물위에서 뛰놀았다. 대사는 돌아보고 물고기에게 이르기를, "발랄한 물고기들아, 이제부터는 멀리 강해(江海)로 가서 노닐데, 미끼를 탐하다가 다시는 가마솥에 삶기는 괴로움을 당하지 않도록 조심하라"고 하였다. 이리하여 여러 소년들은 탄복하고 그물을 거두어 가지고 돌아갔다.[66]

64 박윤호, 「진묵 일옥의 선풍 연구」, 동국대대학원(석사), 2008, 78쪽.

65 최래옥, 「한국불교 설화의 양상」, 『한국문화연구』, 3집, 경희대출판부, 2000, 364쪽.

이 일화는 살생(殺生)에 대한 진묵의 가르침을 잘 설명해 준다. 여기서 진묵이 죽은 물고기를 살려냈다는 것이 중요한 게 아니라, 스님이 아무 거리낌 없이 매운탕을 먹었다는 데 있다. 형식적인 계율로 보면 살생을 해서도 안 되고 고기를 먹는 것도 불교적 계행(戒行)에 어긋난다. 그러나 진묵은 이러한 형식에 구애받지 않는다. 중요한 것은 생명의 중요성을 통절히 깨닫는 것이고 살생을 몸소 실천하는 것이다. 여기서도 진묵의 행적은 연애도 하고 살생도 했던 원효와 흡사하다. 겉으로 보면 타락한 중이지만 성속(聖俗)을 뛰어 넘는 무애(無碍)의 경지를 보게 된다.

원불교 경전인 『대종경(大宗經)』에 의하면, 한 제자가 소태산 박중빈(少太山 朴重彬: 1891~1943)에게 진묵대사도 주색(酒色)에 끌리는 바가 있었던 듯한데 사실이냐 물었는데 그는 이렇게 답변하였다.

> 내 들으니, 진묵대사는 술을 좋아하시되 하루는 술을 마신다는 것이 간수를 한 그릇 마시고도 아무 일이 없었다 하며, 또 한 번은 감나무 아래에 계시는데 한 여자가 사심을 품고 와서 놀기를 청하는지라, 그 원을 들어주려 하시다가 홍시가 떨어지매 무심히 그것을 주우려 가시므로 여자가 무색하여 스스로 물러갔다는 말이 있나니, 어찌 그 마음에 술이 있었으며 여색이 있었겠는가. 그런 어른은 술 경계에 술이 없었고, 색 경계에 색이 없으신 여래(如來)시니라.[67]

진묵은 계율의 옹색함에 얽매이지 않고 자유자재로 운신하였던 걸

66 이일영 편, 『진묵대사소전』, 보림사, 1983, 68~69쪽.

67 『大宗經』, 「第8佛地品」, 제7장.

출한 스님이었다. 그러하였기 때문에 입적(入寂)한지 약 3백 년이 지난 오늘날까지도 그는 전라남북도와 경상남도를 포함한 남부지방에서 민중의 벗이자 영웅으로 인구에 회자(膾炙)되고 있는 것이다.[68]

진묵은 선과 악, 어느 쪽에도 얽매이지 않았다. 오직 제도(濟度)사업의 목적만이 있을 뿐이었다. 때문에 색을 취해도 제도(濟度)사업이 되고, 색을 취하지 않아도 제도사업이 되었다. 그러나 수행력이 미달한 자가 이것을 그릇 모방하면 본의를 잊고 악과(惡果)를 짓게 된다. 자신이 구경(究竟)의 진경(眞境)에 도달했는가 여부는 스스로 알 일이다.[69]

진묵의 교화력은 명리승(名利僧)들에게는 도외시되었지만, 일반 속계(俗界)에서는 대단한 경이심(驚異心)을 환기했던 모양으로 그의 『유적고』가 특히 유생(儒生)들에 의해 전해지고 또 간행된 이유도 실로 여기에 있었다.

많은 진묵의 일화를 통해 알 수 있듯이, 진묵의 삶은 항상 당시의 헐벗고 가난한 민중들 속에서 민중들과 같이 하면서도 불교의 정신을 잃지 않는 삶의 모습을 보여 주고 있다. 많은 일화는 항상 진묵이 당시 민중들과 자연스럽게 어울리면서 보여 주는 기행(奇行)에 대한 기록들이다. 진묵에 있어서 특이한 점 하나는 신중(神衆)이 스님의 향다(香茶)의 조석(朝夕) 예경(禮敬)을 받을 수 없다고 사양한 사실과, 소승(小乘)의 이상인 아라한(阿羅漢)을 스님이 경시한 사실이다. 이와 같은 사실은 진묵 스스로 대승불교에 대한 의식을 강하게 지니고

68 백승종, 「소태산 대종사와 진묵신앙의 관계 연구」, 『원불교학』, 제3집, 원광대출판부, 215쪽.

69 한기두, 「진묵의 법풍」, 『한국불교학연구총서(148, 조선시대편)』, 불함문화사, 2004, 247쪽.

있었던 것으로 볼 수 있다.[70]

이처럼 진묵이 아라한을 경시하였다는 것은 교리상으로도 중대한 문제로서, 과거의 이 나라 불교사상 일찍이 찾아볼 수 없던 일이다. 아라한이라 하는 성자(聖者)는 소승불교의 극과(極果)로서 소승불교에서는 이 이상의 극과가 없다. 이를 진묵이 경시하였다는 것은 자기는 소승불교의 사상을 배제하고 불타가 되는 것을 극과로 하는 대승불교사상을 신봉한다는 것을 스스로 표명한 것이라 볼 수 있다.[71]

또한 진묵을 부처님의 응신(應身) 내지 화신(化身)으로 민중들 속에서 받들게 된 데는 핍박받아 온 호남지역의 소망이 담겨져 있기도 하다. 그러나 서산(西山)이나 사명(泗溟)과 같은 당시의 고승들과는 대조적으로 유독 진묵만이 부처님 화신불(化身佛)로 더 숭앙된 데는 전라도 지역에서 역사적으로 끊임없이 지속되어 온 미륵신앙의 일환으로 여겨지는 바 있다.[72]

진묵이 어려서 봉서사에 들어가 사문(沙門)이 되었으니 어려서부터 장성하기까지 행동거지가 보통 사람보다 뛰어났고, 마음이 넓으며 기(機)에 따라 깊이 통달하였으니, 거의 저 화엄(華嚴)의 소성(小性; 元曉)처럼 뛰어났고, 조계(曹溪)의 목우자(牧牛子; 知訥)처럼 변재(辯才)가 있고, 사물에 통달하여 그와 더불어 어깨를 나란히 하기가 어려

---

70 김동화, 「진묵대사의 사상」, 『한국역대고승전』, 삼성문화미술재단, 1971.
유병덕, 김홍철, 양은용, 「호남지역의 진묵신앙 유포현황과 그 민중적 성격」, 『한국종교』, 제21집, 1996, 17쪽.
김방룡, 「설화를 통해본 진묵 일옥의 삶과 사상」, 『한국불교학』, 제44집, 한국불교학회, 2006, 327쪽.

71 김동화, 「한국역대고승전발췌」, 『진묵대사소전』, 보림사, 1983, 148~149쪽.

72 유병덕, 김홍철, 양은용, 「호남지역의 진묵신앙 유포현황과 그 민중적 성격」, 『한국종교』, 제21집, 1996, 19쪽.

웠으니, 참으로 과량대인(過量大人)이라 하겠다.[73]

이와 같이 진묵의 행적은 원효와 다름없는 것으로 이해된다. 진묵은 드러난 행적으로 보면 술도 마시고 고기도 먹고 불교의 계율을 쫓지 않는 타락한 중으로 보이기도 한다. 그러나 그것은 세속을 떠나지 않기 위한 방편에 지나지 않았다. 형식적인 계율이 문제가 아니라 진정한 보살행(菩薩行)이 중요하고 중생에 대한 자비의 실천이 중요하였다.

이러한 진묵의 무애행은 세간과 출세간을 가리지 않고 자유자재로 넘나드는 것이며, 성속을 걸림 없이 넘나드는 경지라 할 수 있다.

이러한 무애행의 경지는 유교의 지평에서도 이해될 수 있다. 진정한 유학은 수기치인지도(修己治人之道)요, 내성외왕(內聖外王)의 도를 추구한다. 먼저 수기를 위한 학문의 길, 내면적 자아실현의 길을 추구한다. 이 경지는 종교적 초월의 경지라 할 수 있다. 그러나 유학은 내면적 자기수양에서 멈추지 않는다. 반드시 나라와 백성을 근심하고 걱정해야 한다. 벼슬에 나아가든 아니 나가든 나라와 백성에 대한 우환의식을 가져야 한다. 이처럼 유학도 세간과 출세간을 자유롭게 넘나들 때 진유(眞儒)라 할 수 있고, 그가 곧 대장부(大丈夫)요 군자(君子)요 성인(聖人)이다. 유학자 김동준이 진묵을 존경하고 도의 지교를 할 수 있었던 것은 바로 이러한 지묵의 무애행(無碍行)을 높이 평가했기 때문이다. 그러므로 진묵을 가리켜 이름은 스님이지만 행실은 유학자라고 평가했던 것이다. 김동준이 진묵을 이렇게 본다는 것은 진묵이 세속적 가치, 현실세계, 인간세의 가치와 의미를 결코 소홀히 하지 않았음을 의미한다. 불교적 '상구보리 하화중생(上求菩提 下

73 石顚鼎鎬 撰, 「石顚文鈔」, 震默祖師無縫塔并序.

化衆生)'의 길이 곧 유학의 수기치인(修己治人), 내성외왕(內聖外王)이라 이해한 것이다.

또한 진묵에게서 우리는 유불도(儒佛道) 회통의 경지를 발견하게 된다. 그는 비록 불교에 몸담은 스님이었지만, 유학이나 도가에 대해서도 폭넓게 이해하고 소통한 큰 스님이었다.[74] 그것은 우선 진묵의 생애와 사상을 후세에 전한 김동준을 통해서 알 수 있다. 김동준은 사계 김장생의 문인으로 진묵을 존경하여 '진도인(眞道人)'이라 하였고, 진묵의 죽음을 애도하여 '이 중은 이름만 중이지 행실은 유학자이니 슬픔을 이기지 못한다'고 하였다. 또한 진묵은 어머니에 대한 효성이 지극하였다 한다.

앞서 소개했듯이 진묵은 김동준에게 『강목(綱目)』 한 질을 빌려 바랑 속에 넣어서 온 일이 있었다. 이때 김동준은 사람을 시켜 뒤따라가 보게 하였다. 진묵은 걸어가면서 펴보고 한 권을 다 보면 땅에 버리고, 또 한 권을 빼내어 뒤져보고는 땅에 버렸다. 이렇게 하여 절에 이르자 모두 버리고 돌아보지도 않고 들어섰다. 타일에 김동준이 진묵에게 말하기를, "책을 빌려보고 땅에 버리는 것은 무엇 때문인가?" 하니, 진묵은 "고기를 잡았으면 통발은 잊어버리지요" 하였다. 선생이 편마다 어려운 곳을 들어 물으니, 모르는 곳이 없이 환하였다고 한다.[75] 여기서 진묵이 "고기를 잡았으면 통발은 잊으시오"라고 한 말은 『장자』의 "통발은 물고기를 잡기 위한 것이니, 물고기를 잡고나면 통발을 잊을 것이요, 올가미는 토끼를 잡기위한 도구이니, 토끼를 잡고 나면 올가미를 잊어야 한다. 말은 뜻을 얻기 위한 것이니, 뜻을 파악했으면 말

---

74 유병덕, 김홍철, 양은용, 「호남지역의 진묵신앙 유포현황과 그 민중적 성격」, 『한국종교』, 제21집, 17~18쪽.

75 이일영 편, 『진묵대사소전』, 보림사, 1983, 66쪽.

은 잊어버려야 한다"[76]는 말에서 인용한 말이다. 이는 또 "달을 보았으면 손가락은 잊어야 한다"는 불교의 가르침과도 상통한다.

또한 진묵이 태고사(太古寺)에 머무를 때 지었다 하는[77] 이 시에서 장자의 대자유인의 경지와 소요유(逍遙遊)의 경지를 느끼게 한다.

> 하늘을 이불로 땅을 자리로 산을 베개로 삼고
> 달을 촛불로 구름을 병풍으로 바다를 술통으로 만들어
> 크게 취하여 거연(居然)히 일어나 춤을 추니
> 도리어 긴 소매자락 곤륜산(崑崙山)에 걸릴까 하노라.[78]

태고사(太古寺)는 대둔산 아래 위치한 절로 신라 신문왕(神文王) 때 원효대사가 창건하였으며, 고려 말 태고보우국사(太古普愚國師)가 중창(重創)하고, 조선 중엽 진묵대사가 삼창(三創)하였다. 하늘을 이불로 삼고, 땅을 자리로 삼고, 산을 베개로 삼고, 달을 촛불로 삼고, 구름을 병풍으로 삼고, 바다를 술통으로 만들어 크게 취해 춤을 추니, 소매 자락이 곤륜산에 걸릴까 걱정한다는 표현에서 천지자연과 하나로 호흡하는 대진인(大眞人)의 기상을 보게 된다. 생사를 뛰어넘고 천인의 경계를 초월하고 성속(聖俗)에 걸림 없는 대자유인 진묵의 모습을 연상케 한다. 일생을 소요유(逍遙遊)로서 일관한 진묵의 행장을 통

76 『莊子』, 「外物篇」, "筌者所以在魚 得魚而忘筌 蹄者所以在兎 得兎而忘蹄 言者所以在意 得意而忘言."

77 이일영 편, 앞의 책, 170~171쪽.

78 같은 책, 79쪽, "師嘗吟偈子曰 天衾地席山爲枕 月燭雲屛海作樽 大醉居然仍起舞 却嫌長袖掛崑崙"(鳳棲寺의 影閣柱聯에는 "天衾地褥山爲枕 月燭雲屛海作樽 大醉擧然因起舞 小嫌長袖掛崑崙"이라 되어 있음).

해 다분히 노장적인 분위기를 느낄 수 있다.[79] 진묵의 생애는 생과 시, 진(眞)과 속(俗)을 넘어 자유자재하다. 마치 『장자』의 '소요유(逍遙遊)'에 등장하는 진인(眞人)의 모습처럼 자유자재하고 절대자유의 경지를 지향하고 있다.[80] 이러한 진묵의 무애행(無碍行)은 유교적 관점에서도 충분히 이해되고 소통된다. 그는 초월의 높은 경지를 지니면서도 결코 현실을 떠나지 않고, 위대한 부처의 길을 걸으면서도 인간적 효를 망각하지 않았다. 형식적 계율에 얽매이지 않고 중생제도(衆生濟度)라는 대승의 보살도(菩薩道)를 실천하였다. 이러한 진묵의 무애행은 문자로 얽어진 어설픈 이론보다 훨씬 값지다고 생각된다.

79 박윤호, 「진묵 일옥의 선풍 연구」, 동국대대학원(석사), 2008, 37쪽.

80 김방룡, 「설화를 통해본 진묵 일옥의 삶과 사상」, 『한국불교학』, 제44집, 한국불교학회, 2006, 329쪽.

3장
대순(大巡)사상의 유교적 이해

1. 시작하는 말

종교와 철학은 역사적으로 밀접히 연관되어 있고, 상호 보완적 관계에 있다. 오늘날 동양철학이 불교, 유교, 도가(도교)에 근거를 두고 있고, 또 서양철학도 일부 기독교에 그 바탕을 두고 있다고 볼 때 더욱 그렇다. 철학이 인간을 중심으로 존재를 문제 삼고, 그 존재의 인식을 따져 물으며, 어떻게 사는 것이 가치 있는 삶인가를 묻는 작업이라면, 종교는 세속을 초월해서 성스런 가치(聖)를 추구하며, 절대자를 경배하고 믿으며, 내세에 대한 복음을 추구한다는 데 그 특징이 있다.

21세기 현대사회는 첨단과학의 시대요, 물질 내지 경제적 가치가 중시되는 시대다. 현대인은 과학을 맹신하고 과학기술의 위력 앞에 인간의 존엄과 가치가 여지없이 무시되고 있다. 또한 물질만능의 세태 앞에 인간성의 위기와 인간존엄이 위기를 맞고 있다. 현대인의 영혼은 메말라 가고 피곤에 지쳐 있다. 현실적 이해(利害)에 목숨을 걸고 당장의 성패에 전력 질주한다. 이렇게 현대인이 당면한 황량한 정신적 환경에서 종교는 하나의 청량제처럼 고마운 존재다.

대순(大巡)사상은 천도교(天道敎), 원불교(圓佛敎), 증산도(甑山道) 등과 함께 서세동점(西勢東漸)의 한말에 태동한 민족종교의 하나다. 대순진리회(大巡眞理會)의 자료에 의하면, 증산 강일순(甑山 姜一淳: 1871~1909)이 "이조 말엽 극도로 악화된 종교적, 정치적, 사회적 도탄기를 당해, 음양합덕(陰陽合德), 신인조화(神人調化), 해원상생(解冤相生), 도통진경(道通眞境)의 대순진리에 의한 종교적 법리로 인간을 개조하면, 정치적 보국안민(輔國安民)과 사회적 지상천국이 자연히 실현되어, 창생(蒼生)을 구제할 수 있다는 전대(前代) 미증유(未曾有)의 위대한 진리를 선포하며, 이에 수반된 삼계공사(三界公事)를 행하였다"[1]고 한다. 강증산은 자신이 새로운 종교의 깃발을 들게 된 배경을 김형렬에게 다음과 같이 설명하고 있다. 즉 "서양인 이마두(利瑪竇)가 동양에 와서 지상천국을 세우려 하였으되, 오랫동안 뿌리를 박은 유교의 폐습으로 쉽사리 개혁할 수 없어 그 뜻을 이루지 못하였지만, 다만 천상과 지하의 경계를 개방하여 제각기의 지역을 굳게 지켜 서로 넘나들지 못하던 신명(神明)을 서로 왕래케 하고, 그가 사후에 동양의 문명신(文明神)을 거느리고 서양에 가서 문운(文運)을 열게 되었다고 평가하였다. 그리고 이로부터 지하신(地下神)은 천상의 모든 묘법(妙法)을 본받아 인세(人世)에 그것을 베풀었다 하였다. 그는 또 서양의 모든 문물은 천국의 모형을 본 딴 것이라 하고, 그 문명은 물질에 치우쳐 인류의 교만을 조장하고, 마침내 천리(天理)를 흔들고 자연을 정복하려는 데서, 모든 죄악을 끊임없이 저질러 신도(神道)의 권위를 떨어뜨렸으므로, 천도와 인사의 상도(常道)가 어겨지고, 삼계(三界)가 혼란하여 도(道)의 근원이 끊어지게 되니, 원시의 모든 신성

1 『대순진리회요람』, 대순진리회교무부, 2003, 10쪽.

(神性)과 불(佛)과 보살(菩薩)이 회집(會集)하여 인류와 신명계(神明界)의 이 겁액을 구천(九天)에 하소연하므로, 자신이 서양 대법국(大法國) 천계탑(天啓塔)에 내려와 천하를 대순(大巡)하다, 이 동토(東土)에 그쳐 모악산(母岳山) 금산사(金山寺) 삼층전(三層殿) 미륵금불(彌勒金佛)에 이르러 30년을 지내다, 최제우(崔濟愚)에게 제세대도(濟世大道)를 계시하였으나, 그가 능히 유교의 전헌을 넘어 대도(大道)의 참 뜻을 밝히지 못하므로, 갑자년(甲子年)에 드디어 천명(天命)과 신교(神敎)를 거두고 신미년(辛未年)에 강세(降世)하였다"[2]고 하였다. 여기에서 강증산은 기독교, 불교, 유교, 최수운(崔水雲)을 넘어서는 자신의 종교적 위상을 천명하고, 삼계대권(三界大權)을 주재하여 선천의 모든 도수(度數)를 뜯어고치고 후천의 새 운수를 열어 선경(仙境)을 만들겠다는[3] 종교적 포부를 밝히고 있다.

이어 도주(道主) 정산 조철제(鼎山 趙哲濟)가 종통(宗統)을 계승하여, 9년의 공부 끝에 1917년(丁巳)에 상제(上帝) 강증산의 삼계대순의 진리를 감오(感悟)했다고 한다.[4] 또한 도전(都典) 박한경(朴漢慶)은 1958년(戊戌) 3월 6일 도주 정산 조철제의 유명(遺命)으로 종통을 계승하였고, 1969년(己酉) 4월에 전반적인 기구를 개편하고 종단(宗團) '대순진리회(大巡眞理會)'를 정식으로 창설하였다 한다.[5]

본 연구는 유교적 관점에서 대순사상을 이해하는 데 목적이 있다. 이는 대순진리회의 경전인 『전경(典經)』에 이미 유교적 단서가 많이 나타나 있을 뿐 아니라, 대순사상의 형성에 있어 유교적 배경이 깊게

2 『典經』, 대순진리회출판부, 1989, 155~156쪽.

3 같은 책, 271쪽.

4 같은 책, 191쪽.

5 『대순진리회요람』, 13쪽.

깔려 있다고 보기 때문이다. 이를 통해 대순사상과 유교의 보편성을 찾아보는 동시에 또 차이성은 무엇인가를 검토해 보고자 한다. 이를 위해 먼저 대순사상의 유교적 배경을 살펴보고, 대순사상을 음양합덕(陰陽合德), 신인조화(神人調化), 해원상생(解冤相生), 도통진경(道通眞境)으로 나누어 유교적 관점에서 이해하고자 한다.

2. 대순사상의 유교적 배경

대순사상은 그 형성과정에서 유(儒), 불(佛), 도(道) 3교의 영향을 받은 것으로 추정된다. 그것은 여러 정황으로 입증되는데, 예를 들면 강증산이 정유년(丁酉年)에 정남기(鄭南基)의 집에 글방을 차리고, 아우 영학(永學)과 형렬(亨烈)의 아들 찬문(贊文)과 그 이웃 서동(書童)들을 가르칠 때 유, 불, 선 음양참위(陰陽讖緯)를 통독(通讀)하고, 이것이 천하를 광구(匡救)함에 한 도움이 되리라 생각하고, 얼마 동안 글방을 계속하다 인심과 속정(俗情)을 살피고자 주유(周遊)의 길을 떠났다든가,[6] 신경원이 강증산을 배알하기에 증산이 그에게 "네가 올 것을 알고 있었다" 하고, 양지 한 장을 주어 유불선(儒佛仙) 세 글자를 쓰게 하고, 강증산이 유자(儒字) 밑에 중니(尼丘), 불자(佛字) 곁에 서역(西域), 선자(仙字) 곁에 고현(古縣)이라 써 그 양지를 불살랐다[7]는 기록에서도 알 수 있다.

그런데 그중에서도 유교에 대한 관심은 매우 컸던 것으로 보인다. 『전경』에 의하면 강증산은 "세상에는 충(忠)이 없고 효(孝)가 없고 열

---

6 『典經』, 17쪽.

7 같은 책, 88쪽.

(烈)도 없다. 그러므로 천하가 모두 병들어 있느니라"[8]고 하여, 당시 천하의 병통이 충이 없고 효가 없고 열도 없는 것으로 진단하였다. 여기에서 '충효열(忠孝烈)'은 유학이 전통적으로 중시해 왔던 윤리 덕목으로, 충(忠)은 국가윤리요 효(孝)는 가정윤리요 열(烈)은 개인, 가정, 국가를 아우르는 윤리로 중시되었다. 또한 대순사상은 그 형성과정에서 유교의 경전을 중시했음을 알 수 있다.[9]

이와 같이 사서삼경은 물론 『통감(通鑑)』, 『소학(小學)』 등 유학에서의 필수적인 경전들을 도장(道場)에 비치하고 있었음을 알 수 있다. 특히 그 가운데에서도 강증산은 『대학』을 중시하였고,[10] 또 『대학』의 다른 장을 외워 주며 잘 기억하라고 당부하였다.[11]

---

8 『대순지침』, 대순진리회출판부, 1984, 30쪽.

9 『典經』, 215쪽(道主께서 甲午年 가을에 朴漢慶에게 『史略』 上下卷과 四書三經의 舊版을 구하게 하시므로, 이때에 『通鑑』, 『小學』, 『大學』, 『論語』, 『孟子』, 『詩傳』, 『書傳』, 『中庸』, 『周易』의 구판을 구하여 올렸더니, 이 책들은 그 후에 道場에 비치되었도다).

10 姜甑山이 실제로 독서를 강조한 것은 『大學』 經 제1장이라고 생각된다. 『典經』에 인용한 원문 내용은 이와는 다른 것으로 수정되어야 할 것으로 생각된다. (그 후에 상제께서 宗徒들의 지혜를 깊게 하는 일에 골몰하시더니, 어느 날 宗徒들에게 "『大學』右 經1章을 많이 외우라. 거기에 大運이 있나니라"고 말씀하셨도다.
어느 날 상제께서 형렬에게 『大學』에 있는 右 經1章을 외워주시니, 그 글은 다음과 같다. "盖孔子之言而曾子述之 其餘十章 則曾子之意而門人記之也 舊傳 頗有錯簡 今因程子所定而更考經文 別有序次如左(대개 孔子의 말씀을 曾子가 기록하였고, 그 나머지 10장은 曾子의 뜻을 문인이 기록한 것이다. 옛 책에 잘못 이어진 책장이 있으므로 이제 程子가 정한 것에 인하여, 다시 經의 글을 상고하여 따로 차례하기를 왼편과 같이 한다)"

11 『典經』, 179~180쪽.(『典經』에 있는 『大學』의 내용과 『大學』의 원문과는 약간의 차이가 있다. 『大學』원문을 괄호 속에 표기하였다.) "如(若)有一介臣 斷斷猗(兮) 無他技 其心休休焉 其如有容(焉) 人之有技 若己有之 人之彥聖 其心好之 不啻若目(自)其口出 寔能容之 以(能)保我子孫黎民 尙亦有利哉 人之有技娼疾以惡之 人之彥

여기에서 강증산은『대학』제1장을 종도(宗徒)들에게 많이 암기하도록 가르쳤는데, 경1장(經1章)은『대학』의 이른바 '3강령(綱領) 8조목(條目)'의 대체(大體)를 밝힌 것으로, 대개 공자의 뜻을 증자(曾子)가 서술한 것으로 전해진다. 또 하나 종도들에게 강조한『대학』의 글은『서경(書經)』주서(周書)의「태서편(泰誓篇)」의 말을 인용한 것으로,『대학』전10장(傳10章)에 있는 글이다. 이는 진목공(秦穆公)이 백리해(百里奚)와 건숙(蹇叔)의 간언(諫言)을 듣지 않고 정(鄭)나라를 쳤다가 실패하고 후회하여 쓴 글이다.

또한 강증산은 아우 영학에게 부채 한 개에 학을 그려주고, "집에 가서 부치되, 칠성경(七星經)의 무곡(武曲) 파군(破軍)까지 읽고 또 대학을 읽으라. 그러면 도에 통하리라"[12]고 하였고, 또 종도들에게『대학』의 '물유본말(物有本末) 사유종시(事有終始) 지소선후(知所先後) 즉근도의(卽近道矣)'와, '기소후자박(其所厚者薄) 기소박자후(其所薄者厚) 미지유야(未之有也)'라는 말을 거울로 삼고 일하라[13]고 훈계하였다. 강증산은 도통(道通)의 한 과정으로『대학』을 권독(勸讀)하였고, "물(物)에는 본말(本末)이 있고 일에는 종시(終始)가 있으니, 선후(先後)를 알면 곧 도(道)에 가깝다"는 말과 "그 근본이 어지러우면서 말단을 다스리는 자는 없으며, 그 두텁게 해야 할 바에 엷게 하고 그 엷게 해야 할 바에 두텁게 하는 자는 있지 않다"는 경 1장의 말을 거울로 삼아야 한다고 강조하였다. 여기에서 후하게 해야 할 바란 가정을 가리키고, 엷게 해야 할 바란 국가와 천하를 말한다. 이는 국가나 천하는 가정의 확대라 보고, 가정에 비해 국가나 천하는 먼 것으

聖 而違之 俾不通 是不能容 以不能保我子孫黎民 亦曰殆哉."

12 『典經』, 267쪽.

13 같은 책, 243쪽.

로 본 것이다.

또 강증산은 갑진년(甲辰年) 2월 굴치(屈峙)에 있을 때, 영학에게 『대학』을 읽으라 명하였으나 이를 듣지 않았다는 기록이 있고,[14] 처음부터 영학은 도술(道術)을 배우기를 원했으나 상제(강증산)는 그것을 원치 않고 『대학』을 읽으라 했는데도 명을 어기고 술서(術書)를 공부하므로, 시를 보내어 깨닫게 했으나 상제의 말을 듣지 않더니 기어코 죽게 되었다[15]고 기록하고 있다. 강증산이 아우 영학에게 얼마나 『대학』의 독서를 권장했는가를 잘 알 수 있다. 강증산이 유학의 사서삼경 가운데 특별히 『대학』을 강조했던 이유가 무엇인가 하는 문제는 좀 더 숙고를 요한다. 다만 『대학』이 유교 경전 가운데 유학의 규모와 체계를 일목요연하게 설명하고 있는 경서라는 점에서 그 의미를 찾아야 하지 않을까 생각된다. 그 밖에도 강증산은 『서경』을 강조하기도 하였는데,[16] 『서경』의 서문을 많이 읽으면 도에 통하고, 『대학』의 상장(上章)을 반복해 읽으면 활연관통(豁然貫通)의 경지에 이르게 된다 하여, 『서경』과 『대학』의 독서를 강조하였다. 아울러 『서경』「우서(虞書)」의 '역상일월성신(曆象日月星辰) 경수인시(敬授人時)'에 대해 "천지가 해와 달이 아니면 빈껍데기요, 해와 달은 지인(知人)이 아니면 헛그림자요, 요임금이 해와 달의 법칙을 알아내어 백성에게 가르쳤으

---

14 같은 책, 273쪽.

15 같은 책, 274쪽.

16 같은 책, 167쪽(상제께서 堯의 '曆象 日月星辰 敬授人時'에 대해서 말씀하시기를, "천지가 日月이 아니면 빈껍데기요, 日月은 知人이 아니면 虛影이요, 唐堯가 日月의 法을 알아내어 백성에게 가르쳤으므로 하늘의 은혜와 땅의 이치가 비로소 인류에게 주어졌나니라" 하셨도다).
같은책, 238쪽(상제께서 항상 말씀하시기를 "『書傳』 序文을 많이 읽으면 道에 통하고, 『大學』 上章을 되풀이 읽으면 豁然貫通한다" 하셨느니라).

므로, 하늘의 은혜와 땅의 이치가 비로소 인류에게 주어졌다"고 해석하였다.

또한 강증산은 『맹자』의 한 구절을 종도들에게 일러 주면서 그 책에 더 볼 것이 없노라고 하였는데, 그 문장은 『맹자』 「고자하(告子下)」의 "天將降大任於斯(是)人也 必先勞(苦)其心志 苦(勞)其筋骨 餓其體膚 窮(空)乏其軆(身) 行拂亂其所爲 是故(所以)動心忍性 增(曾)益其所不能(하늘이 장차 큰 책임을 이 사람에게 내리려 함에는, 반드시 먼저 그 마음과 뜻을 괴롭게 하며, 그 힘줄과 뼈를 수고롭게 하며, 몸과 살을 주리게 하며, 몸을 궁핍하게 하여, 행하려 하는 것을 거슬리고 어지럽게 하는 것이니, 마음을 움직이고 본성을 참아서 그 능치 못한 것을 더하는 것이다)"[17]이다.

그 밖에도 『정역(正易)』을 저술한 한말의 유학자 일부 김항(一夫 金恒: 1826~1898)에 대한 언급도 보인다.[18] 김항의 꿈에 의해 강증산은 옥경(玉京)에 올라 천존(天尊)의 부름을 받고 광구천하(匡救天下)의 뜻을 상찬한 것으로 묘사되고 있고, 또 김항이 강증산에게 '요운(曜雲)'이란 호를 주고 공경한 것으로 전해진다. 강증산은 김형렬의 집에서 그의 시종을 받아 명부공사(冥府公事)를 행하였는데, 강증산

17 『典經』, 50쪽(『典經』에 인용된 글은 괄호 안의 글자에서 보듯이, 『孟子』의 원문과 다소 차이가 있다).

18 같은 책, 17쪽(금구 내주동을 떠나신 상제께서는 익산군 이리를 거쳐 다음날 金一夫를 만나셨도다. 그는 당시 詠歌舞蹈의 敎法을 문도에게 펼치고 있던 중, 어느 날 一夫가 꿈을 꾸었도다. 한 使者가 하늘로부터 내려와서 一夫에게 姜士玉과 함께 玉京에 오르라는 天尊의 명하심을 전달하는도다. 그는 사자를 따라 士玉과 함께 玉京에 올라가니라. 사자는 높이 솟은 주루금궐 曜雲殿에 그들을 안내하고 天尊을 배알하게 하는 도다. 天尊이 상제께 匡救天下의 뜻을 상찬하고 극진히 우대하는도다. 一夫는 이 꿈을 꾸고 이상하게 생각하던 중 돌연히 상제의 방문을 맞이하게 되었도다. 一夫는 상제께 曜雲이란 호를 드리고 공경하였도다).

이 형렬에게 "조선명부(朝鮮冥府)를 전명숙(全明淑)으로, 청국명부(淸國冥府)를 김일부(金一夫)로, 일본명부(日本冥府)를 최수운(崔水雲)으로 하여금 주장하게 하노라"고 말하였다 한다.[19] 이를 통해 김일부는 강증산에 의해 청국명부를 주관하는 위상을 갖게 된다.

또 면암 최익현(勉庵 崔益鉉)이 체포되었다는 소식을 듣고, 강증산은 "최익현의 거사로써 천지신명이 크게 움직인 것은 오로지 그 혈성(血誠)의 감동에 인함이나 그의 재질이 대사를 감당치 못할 것이고, 한재(旱災)까지 겹쳤으니 무고한 생민의 생명만을 잃을 것이니라. 때는 실로 흥망의 기로라 의병을 거두고 민족의 활로를 열었느니라"고 평가 하였다.[20]

또한 어느 날 강증산은 전라도 고부 와룡리에 이르러 종도들에게 "이제 혼란한 세상을 바르려면 황극신(皇極神)을 옮겨와야 한다"고 말하고, "황극신은 청국 광서제(光緖帝)에게 응기하여 있다"고 하면서, "황극신이 이 땅으로 옮겨 오게 될 인연은 송우암(宋尤庵)이 만동묘(萬東廟)를 세움으로부터 시작되었느니라"고 하였다.[21] 여기에서 강증산이 황극신과 연관하여 송시열(宋時烈)의 역할과 위상에 대해 재평가하고 있음을 볼 수 있다.

또 강증산은 "선도(仙道)와 불도(佛道)와 유도(儒道)와 서도(西道)는 세계 각 족속의 문화의 바탕이 되었나니, 이제 최수운(崔水雲)을 선도(仙道)의 종장(宗長)으로, 진묵(震默)을 불교의 종장으로, 주회암(朱晦庵)을 유교의 종장으로, 이마두(利瑪竇)를 서도(西道)의 종장으로 각각 세우노라"[22] 하여, 주자를 유교의 종장으로 규정하고 있다.

---

19 같은 책, 99쪽.

20 같은 책, 107쪽.

21 같은 책, 140쪽.

또 「운합주(運合呪)」에서도 '원형이정(元亨利貞) 천지지도(天地之道) 인의예지(仁義禮智) 인신지도(人神之道)'[23]라 하여, 『주역』의 원형이정(元亨利貞) 인의예지(仁義禮智), 『맹자』의 인의예지(仁義禮智)를 인용해 천지지도(天地之道)와 인신지도(人神之道)로 설명하고 있다.

그 밖에도 대순에서 사용하는 명덕(明德), 지선(至善), 평천하(平天下), 인(仁), 성경신(誠敬信), 무자기(無自欺) 등도 유교적 용어라고 할 수 있다.

이렇게 볼 때, 강증산이 창도한 대순사상의 저변에는 유교적 자취가 뚜렷하고, 그 형성과정에서의 유교적 영향을 짐작하기 어렵지 않다. 이는 불교나 도가가 궁극적으로 출세간(出世間)을 지향하는 데에 대해, 유교는 현실의 문제, 세속의 문제, 인간의 문제를 중시한다는 점에서 유교와의 접목 내지 대화의 필요성이 가능하다고 생각된다. 왜냐하면 대순사상이 아무리 초탈(超脫)의 세계, 내세를 지향한다 해도 현실의 지평, 인간과 세속을 결코 떠날 수 없기 때문이다.

3. 대순사상의 유교적 이해

(1) 음양합덕(陰陽合德)

음양합덕(陰陽合德)은 대순사상의 출발점이다. 이는 대순에서 선천의 천지가 음양상극(陰陽相剋)의 원리로 빚어져 대립, 갈등의 시대가 초래되었는데, 음양합덕을 통해 신인조화(神人調化), 해원상생(解寃相

22 같은 책, 181~182쪽.

23 같은 책, 207쪽.

生), 도통진경(道通眞境)이 이루어질 수 있다고 보기 때문이다. 따라서 음양합덕에 대한 이해가 선행되어야 신인조화, 해원상생, 도통진경도 이해가 가능하다.[24]

『대순지침』에 의하면 "도(道)가 음양(陰陽)이며 음양이 이치이며, 이치가 곧 경위(經緯)며 경위가 법이라는 진리를 깨달아야 한다"[25]고 한다. 여기에서 도(道), 음양(陰陽), 리(理), 경위(經緯), 법(法)은 하나로 상통된다. 대순에서의 음양은 곧 도가 되고 리가 되고 경위가 되고 법이 되는 것이다. 따라서 음양은 우주만물의 근원이며, 만사만물의 생성원리이며, 인간 삶의 법도가 되는 것이다.

이에 대해 유교에서의 음양은 두 가지 측면에서 이해할 수 있다. 하나는 음(陰)과 양(陽)을 서로 반대되는 두 측면으로 이해하는 경우이고, 다른 하나는 태극(太極)과 함께 일체 존재의 생성 · 변화를 일삼는 기(氣)로 보는 경우이다. 전자의 경우는 햇볕을 양으로 보고 그늘을 음으로 보듯이, 이 세계 모든 존재는 서로 반대되는 성질이 공존하는데, 이 서로 다른 두 가지를 음양으로 표상해 보는 것이다. 후자의 경우는 태극은 리로, 음양은 기로써[26] 우주만물을 구성하는 존재적 실체로 보는 경우인데, 주로 성리학적 해석이라고 볼 수 있다. 이런 점에서 보면 대순에서의 음양이해는 성리학에서의 음양이해와는 구별되는 측면이 있다.

대순에서의 음양합덕이란 음양의 조화를 의미한다. 대순경전에 의하면, 인간은 양(陽)이 되고 신(神)은 음(陰)이 되니, 음양이 상합(相

---

24 이경원, 「대순종지의 사상적 구조와 음양」, 『대순사상논총』, 제2집, 대진대 대순사상학술원, 1997, 535쪽.

25 『대순지침』, 18쪽.

26 『栗谷全書』, 卷20, 「聖學輯要 2」, "理者 太極也 氣者 陰陽也."

合)한 연후에 변화지도(變化之道)가 있게 된다고 한다.[27] 신과 인간관계를 음양의 관계로 보고, 음양의 조화, 신과 인간의 합덕에서 온갖 변화가 가능하다 하였다.

또한 『전경』의 「음양경(陰陽經)」에서는 다음과 같이 음양의 합덕에 대해 설명하고 있다.[28] 천(天; 乾)은 양(陽), 지(地; 坤)는 음(陰), 해(日)는 양, 달(月)은 음, 신은 음, 인간은 양, 암컷은 음, 수컷은 양, 안은 음, 밖은 양, 오른 편은 양, 왼편은 음, 숨은 것은 음, 드러난 것은 양, 앞은 양, 뒤는 음이라 하고, 이와 같이 천지 만사가 모두 음양 가운데에 이루어지고, 만물의 이치가 모두 이 음양 가운데서 이루어진다고 하였다. 마찬가지로 천지는 음양으로써 변화를 이루고, 신인(神人)은 음양으로써 조화를 이룬다고 하였다. 이처럼 대순에서 음양은 만사가 이루어지는 근본이며, 만물이 생성 · 변화하는 근본이다.

마찬가지로 『전경』의 「음양경」에서 천(天)은 지화(地化)가 없으면 그 아래에 펼 수가 없고, 지(地)는 천공(天功)이 없으면 그 위에서 이룰 수가 없다 하고, 천지가 화(和)해서 만물이 창성(暢盛)하고 천지가 편안해서 만상이 구비된다 하였다.[29] 천지의 조화는 곧 음양의 조화요 합덕이다. 하늘과 땅의 상보적 협력과 조화가 만물 창성의 길이요 만상이 갖추어지는 길이다. 음양이 합덕하면 천지가 무한한 덕을 내려주게 되는데, 이때의 덕은 선덕(善德)이다. 그리고 음양은 각각 정음(正陰), 정양(正陽)이어야 하며, 일음일양(一陰一陽)이어야 한다.[30]

---

27 『典經』, 309쪽.

28 같은 책, 207쪽(乾定坤順 乾陽坤陰 日行月行 日陽月陰 有神有人 神陰人陽 有雄有雌 雌陰雄陽 有內有外 內陰外陽 有右有左 左陰右陽 有隱有顯 隱陰顯陽 有前有後 前陽後陰 天地之事 皆是陰陽中有成 萬物之理 皆是陰陽中有遂 天地以陰陽成變化 神人以陰陽成造化).

29 같은 책, 207쪽.

강증산은 "선천에서는 삼상(三相)의 탓으로 음양이 고르지 못하다" 하고,[31] "선천에서는 하늘만 높이고 땅은 높이지 아니하였으되, 이것은 지덕(地德)이 큰 것을 모름이라. 이 뒤로는 하늘과 땅을 일체로 받들어야 하느니라"[32]고 하였다. 선천에서는 음양이 고르지 못했다고 진단하고, 이는 하늘만 높이고 땅은 높이지 아니한 것인데, 지덕(地德)의 중요성을 망각한 것이라 하였다.

이런 관점에서 그는 "후천에서는 그 닦은 바에 따라 여인도 공덕이 서게 되리니, 이것으로써 예부터 내려오는 남존여비(男尊女卑)의 관습은 무너지리라"[33]고 하였다. 후천에서는 천지가 합덕하고, 남녀가 서로 존중되며, 하늘의 공덕과 땅의 공덕이 함께 존중되는 즉 음양합덕이 되어야 한다 하였다. 강증산이 한말시대의 한계를 뛰어넘어 남존여비의 관습이 무너질 것을 예언하고, 지덕의 중요성, 여성의 중요성, 물질의 중요성을 강조한 것은 그 의미가 크다. 그것은 선천의 시대가 지나치게 양 중심으로 치우친 데에 대한 반성이요 경고의 의미가 있었다. 후천의 시대는 천덕과 지덕이 합덕하고, 남성과 여성이 서로 화목하고 존중하며, 정신과 물질이 함께 조화를 이루는 음양합덕이어야 한다고 본 것이다.

이러한 대순의 음양합덕은 동양의 오랜 전통사상에 연원하는 것이라고 생각된다. 음양사상은 본래 동양사상의 기층을 이룬다. 유교뿐만이 아니라 도가 내지 도교의 경우도 음양 내지 기철학의 기반을 가

---

30 정대진, 「대순진리회와 대순종지」, 『대순진리학술논총』, 제1집, 대진대 대진학술원, 2007, 25쪽.

31 『典經』, 123쪽.

32 같은 책, 232쪽.

33 같은 책, 233쪽.

지고 있다. 특히 유교는 『주역』을 통해 태극과 함께 음양이 일컬어졌는데,[34] 성리학에서는 이 태극과 음양을 일체 존재가 성립하는 실체 개념으로 인식하였다.[35] 태극은 형이상자로서의 도(道)를 말하고, 음양은 형이하자로서의 기(器)를 말한다. 그리고 태극은 리(理)로, 음양은 기(氣)로 인식되어, 이 세계 만사만물을 태극음양, 이기로 설명하는 성리학의 존재론이 형성되기에 이르렀다.[36]

또한 음양은 기로써 음기(陰氣), 양기(陽氣)로 분류되며, 음양이 분화된 기가 바로 금목수화토(金木水火土)의 오행(五行)이며, 이 오행이 다양하게 엉기어서 만물이 생성된다고 보았다.[37]

그러나 다른 한편으로는 햇볕을 양(陽), 그늘을 음(陰)이라고 한데서 연유하여, 위에서 인용한 것처럼 서로 반대되는 성질의 것이 공존하는 세계에서 하나는 음(陰)이라고 하고 다른 하나는 양(陽)이라고 불렀다.[38] 즉 하늘이 양이라면 땅은 음이요, 해가 양이라면 달은 음이고, 남성, 수컷이 양이라면 여성, 암컷은 음이라고 보았다. 여기에서의 음양은 사물에서 서로 반대되는 성질을 표상한 말로, 유교에서는 음 홀로서나 양 홀로서는 생성이 불가하다고 본다. 천지만물은 모두가 음양 이기(二氣)의 교감(交感)으로 화성(化成)하고, 화생(化生)된

---

34 『周易』, 「繫辭上」, "易有太極 是生兩儀 兩儀生四象 四象生八卦."

35 朱子도 陰陽을 서로 반대되는 성질로 본 경우도 있다(『性理大全』, 卷27, 「陰陽」, "陰陽有相對言者 如夫婦男女東西南北是也."

36 『二程全書』, 卷15, 「伊川語錄」, "所以陰陽者是道也 陰陽氣也 氣是形而下者 道是形而上者."

37 周濂溪의 「太極圖說」 참조.

38 이렇게 음양을 상보적 대대(對待)관계로 보는 것은 『周易』의 보편적 사유인데, 특히 다산 정약용(茶山 丁若鏞)의 경우 성리학적 해석을 거부하고 그늘을 陰, 햇볕을 陽이라고 보았다(『與猶堂全書』, 「中庸講義」, "陰陽之名 起於日光之照掩 日所隱曰陰 日所映曰陽 本無體質 只有明闇."

만물은 또 그 나름 음양(陰陽) 이질(二質)의 어느 한쪽에 속하여 그것만으로 생성할 수 없고, 필연적으로 다른 한쪽의 대상과 만나야 한다. 즉 음은 양을 구하고 양은 음을 구해야 생성할 수 있다.[39] 반드시 음과 양이 서로 만나 화합하는 데서 만사만물의 생성 · 변화가 가능하다. 이때 음과 양은 상보적(相補的) 관계하에 있다. 음이나 양은 그 홀로서는 부족하다. 음은 양을 만날 때 비로소 그 부족함이 보구(補救)되고, 양은 음을 만날 때 비로소 그 부족함이 보구된다. 음과 양은 서로 반대의 성질을 갖고 있지만, 대립갈등의 적대관계가 아니라 자신의 부족함을 보완해 주는 고마운 존재다. 타방(他方)의 보구를 통해 자신의 불완전성을 극복하게 된다. 음과 양은 서로 다른 둘이지만 하나로 만나야 한다. 하나의 존재 양태로 있지만 음은 음이고 양은 양이다. 즉 음과 양은 서로 다른 둘이지만 하나로 있고, 하나로 있지만 음은 음이고 양은 양이어서 둘이다(一而二 二而一).[40] 이러한 유교의 음양묘합(陰陽妙合)의 원리와 대순의 음양합덕(陰陽合德)의 종지(宗旨)는 결코 다르지 않은 것으로 보인다. 다만 유학 특히 성리학에서는 이 음양을 태극과 함께 형이상, 형이하의 존재적 실체로 본다는 점에서 다른 점이 있다.

---

39 김충렬, 『유가의 윤리』, 배영사, 1983, 27쪽.

40 대순(大巡)의 음양합덕(陰陽合德)의 상보적 정신은 한국 전통사상의 특징을 이룬다. 율곡은 이기지묘(理氣之妙)를 통해 理氣의 상보성을 말하고 있고(황의동, 『율곡 이이』, 살림, 2007, 70~73쪽), 원효는 화쟁론(和諍論)에서 상보성의 논리를 전개하고 있으며, 단군신화에서도 음양묘합(陰陽妙合)의 사유를 볼 수 있다.

(2) 신인조화(神人調化)

신인조화(神人調化)는 대순사상의 종지(宗旨)의 하나다. 신과 인간이 하나가 되어 협력하고 돕는 유기적(有機的) 관계를 말한다. 즉 신이 사람이고 사람이 신이므로, 신과 사람의 구분이 없는 완전한 진인(眞人)이 후천에서 탄생하는 것이다. 신과 인간이 어울려 완전히 새로운 인간이 탄생하는 인간개조요 정신개벽이 곧 신인조화사상이다.[41] 다시 말하면 인간이라는 존재 속에 신을 내포하고, 신이라는 존재 속에 인간이 내포된 전체적인 통일을 의미한다.[42]

『전경』의 「음양경」에 의하면 "신은 사람이 없으면 뒤에 의탁할 바가 없고, 사람은 신이 없으면 앞에서 인도해 의지할 것이 없다. 신인(神人)이 화(和)해야 만사가 이루어지고, 신인이 합해야 백공(百工)이 이루어진다. 신명(神明)은 사람을 기다리고 사람은 신명을 기다린다. 음양이 상합하고 신인이 상통한 연후에야 천도가 이루어지고 지도가 이루어지며, 신사(神事)가 이루어져 인사가 이루어지고, 인사가 이루어져 신사가 이루어진다"[43]고 하였다. 신과 인간의 상호 의존적 관계와 상보적 역할을 잘 설명해 주고 있다. 신인이 서로 조화해야 만사가 이루어질 수 있고, 신인이 서로 합해 하나가 되어야 온갖 일들이 이루질 수 있다는 것이다. 아울러 음양이 상합하고 신인이 상통한 후에야

---

41 정대진, 「대순진리회와 대순종지」, 『대순진리학술논총』, 제1집, 대진대 대진학술원, 2007, 27쪽.

42 이경원, 「대순종지의 사상적 구조와 음양」, 『대순사상논총』, 제2집, 대진대 대순사상학술원, 1997, 506쪽.

43 『典經』, 207쪽, "神無人 後無托而所依 人無神 前無導而所依 人和而萬事成 神人合而百工成 神明竢人 人竢神明 陰陽相合 神人相通 然後天道成而地道成 神事成而人事成 人事成而神事成."

천도가 이루어지고 지도가 이루어지며, 신사가 이루어지고 인사가 이루어진다 하였다. 이와 같이 대순사상은 천리와 인사의 합일성을 밝혀 만상만유(萬象萬有)가 도 안에서 생성 존재하고 있는 진리를 확신케 해야 한다[44]고 보았다.

그런데 대순에서는 구천상제(九天上帝)의 삼계대순(三界大巡)의 역사를 근거로 하고 있으므로, 인간계의 활동보다 신계(神界)의 활동이 먼저 선행되고 있음을 알 수 있다.[45] 이는 대순사상이 신과 인간을 함께 말하지만, 일단 신인(神人)의 선후관계를 전제하는 것이다. 이렇게 대순에서 인간보다 신을 먼저 말하는 것은 유학에서 인간을 천지(신)의 소생자(所生者)라고 볼 때는 인간이 천지(신)의 자식이지만, 태어난 이후 인간 중심의 공능(功能)을 말할 때에는 인간이 부모인 천지(신)와 동열선상에 위치한다고 보는 것과 같다.[46]

그런데 대순에서의 인간은 구천대원조화주(九天大元造化主)인 구천상제(九天上帝) 주재하의 인간이다.[47] 이런 관점에서 "선천에는 모사(謀事)가 인간에게 있고 성사(成事)는 천(天)에 있다 하였으되, 이제는 모사는 천에 있고 성사는 인간에 있다"[48]고 하였다. 선천의 세계에서 모사(謀事)는 인간의 할 일이었다면, 성사(成事)는 천의 소위(所爲)라고 보았지만, 후천에서는 반대로 모사는 천의 소임이라면 성사는 인간에게 달려 있다고 보았다. 선후천을 막론하고 모사와 성사가 신인(神人)의 공능에 달려 있지만, 후천에서는 오히려 인간의 역할이

44 『대순지침』, 45쪽.

45 정대진, 같은 글, 15쪽.

46 김충렬, 『동양사상산고』, 범학, 1979, 162쪽.

47 『대순지침』, 50쪽.

48 『典經』, 257쪽.

더욱 중요하다고 본 것이다.

이와 같이 대순사상에는 인존(人尊)의 정신이 깔려 있다. 강증산은 "천존(天尊)과 지존(地尊)보다 인존(人尊)이 크니, 이제는 인존시대라. 마음을 부지런히 하라"[49]고 선언하였다. 이는 후천의 시대를 인존의 시대로 규정한 것인데, 매우 중요한 의미를 갖는다.

인존은 천존과 지존에 대비되는 말로, 그 궁극적 가치는 신의 존재와 관련이 있다. 천존이란 신의 존재가 하늘이라는 경계에 머물며 그 역사(役事)를 행하는 것을 말하며, 지존이란 신의 존재가 땅이라는 경계에 머물며 역사하는 것을 말한다. 이에 대해 인존은 신의 존재가 사람에게 붙어 역사하는 것을 말하는데, 이로써 인간의 가치가 최고도로 실현되는 상태가 된다.[50]

그는 또 "옛적부터 위로 천문에 통하고 아래로 지리에 달함은 있었으나, 중간에 인의(人義)를 살핌은 없었나니, 이제 나오리라"[51]고 하여, 과거에는 천문지리의 통달에 치우쳤지만, 이제는 인간존재의 해명, 인간 삶의 의리가 주요한 문제로 대두됨을 예고하였다. 이처럼 대순사상이 하늘과 땅의 문제 즉 종교적, 정신적 천의 문제, 자연적, 물질적 지의 문제를 넘어서서, 인간의 문제를 주목하고 강조한 것은 매우 특징적이라고 할 수 있다. 이는 천을 말하더라도 인간을 위한 천, 지를 말하더라도 인간을 위한 지, 즉 다시 말하면 신을 말하더라도 인간을 위한 신, 물질을 말하더라도 인간을 위한 물질을 강조한 데 그 본의가 있다. 오늘날 현대인이 첨단과학기술과 풍요로운 물질문명에 매몰되어, 인간성의 상실, 인간소외에 직면해 있다고 볼 때, 대순의

---

49 같은 책, 244쪽.

50 정대진, 같은 글, 27쪽.

51 『典經』, 256쪽.

인존시대 선언이 갖는 의미는 매우 중요하다. 또 다른 한편으로는 신에 매몰되어 인간을 보지 못하고 잘못된 신앙에 빠져 인간의 존엄을 망각하는 '신에 의한 인간소외'에 대한 경고적 의미가 있다. 그리고 이 인존사상은 바로 평화사상으로, 가정화목, 사회화합, 인류화평을 이룩하는 대순진리이다.[52]

모든 종교는 신으로부터 인간에게로 방향을 바꾸어 '신학의 인간화'를 고민해야 한다. 또 일체의 과학문명은 인간화함으로써 그 진정한 의의를 가질 수 있다. 신인이 인(人)에 내재하고 물질이 인간에게 승화하여, 천지의 요소가 일신에 화육(化育)하는 의미에 있어서의 인간이라야 할 것이다.[53]

이러한 대순의 신인조화와 인존사상은 유교의 종지와도 상통한다. 유학은 본래 천인합일(天人合一)을 전제할 뿐 아니라 이상으로 삼고 있다.[54] 군자는 천행(天行)의 건(健)을 본받아 자강불식(自彊不息)하며,[55] 대인(大人)은 천지와 더불어 그 덕이 합하고, 일월(日月)과 더불어 그 밝음이 합하고, 사시(四時)와 더불어 그 차례가 합하며, 귀신과 더불어 길흉(吉凶)을 합한다.[56] 이와 같이 군자는 하늘, 즉 천도의 굳셈(健)을 본받아 스스로 강해지기를 멈추지 않으며, 대인의 덕은 천

---

52 『대순지침』, 20쪽.

53 유승국, 「동아시아 기조로서의 도와 현대사회」, 『대순진리학술논총』, 제3집, 대진대대진학술원, 2008, 23쪽.

54 유학은 인간의 본성이 天에 근거한다고 본다(『中庸』, "天命之謂性"). 人性이 곧 天性이다. 따라서 인간은 그 天性대로 사는 것이 인간의 바른 길이다. 天理, 天性, 天道에 합일하는 인간의 삶이 人道요 옳은 길이라고 할 수 있다.

55 『周易』, 「乾卦 象傳」, "天行健 君子以 自彊不息."

56 같은 책, 「乾卦 九四爻」, "夫大人者 與天地合其德 與日月合其明 與四時合其序 與鬼神合其吉凶."

지, 일월, 사시, 귀신과 하나로 합일한다고 보았다. 또 율곡은 천지의 변화는 오심(吾心)의 발용과 같다 하였고,[57] 천지만물이 본래 나와 일체라고 하였다.[58] 또 성인의 덕은 천과 하나가 되어 신묘해 헤아릴 수 없다 하고,[59] 천과 인간이 하나의 이치니, 감응에 어긋남이 없다[60]고 하였다. 이처럼 유교는 인간의 본래성을 말할 때도 천에 근거해 인간의 본성을 말하고, 또 인간이 살아가야 할 도덕적 당위를 말할 때에도 천도 내지 천리에 합당한 인간의 행위를 이상으로 삼는다. 즉 존재와 당위 모두 천인합일을 전제하는 것인데, 천인합일은 곧 대순의 신인조화와 상통하는 의미다.

또한 대순이 인존시대의 도래를 주장하고, 인존사상을 강조하는 것과 마찬가지로, 유교도 인간의 중요성과 역할에 대해 강조한다. 유교도 인간이 천(천지)의 소산자요 천성을 부여받은 존재로 인식하지만, 이 세상은 인간이 주체가 되어 천지만물을 경영한다고 생각한다. 즉 유교는 인간을 천지와 병렬해 그 지위를 특수화시켜 본다.[61] 그리고 유교는 인간을 천의 대행자로 보고,[62] 하늘처럼 인간을 존중한다. 또한 유교는 인간의 주체성을 중시하여 대동(大同)세계에 이르는 것도, 인(仁)을 실현하는 것도,[63] 성인이 되고 군자가 되는 것도 내가 노

---

57 같은 책, 「乾卦 九四爻」, "夫大人者 與天地合其德 與日月合其明 與四時合其序 與鬼神合其吉凶."

58 『栗谷全書』, 卷10, 書2, 「答成浩原」, "天地之化 吾心之發也 ……."

59 같은 책, 卷22, 「聖學輯要4」, "聖人之德 與天爲一 神妙不測."

60 같은 책, 拾遺, 卷6, 「天道人事策」, "天人一理 感應不差."

61 『荀子』, 「天論篇」, "天有其時 地有其財 人有其治 夫是之謂能參."
『書經』, 「泰誓上」, "惟天地 萬物之母 惟人 萬物之靈."

62 같은 책, 「皐陶謨」, "天工人其代之."

63 『論語』, 「述而篇」, "子曰 仁遠乎哉 我欲仁 斯仁至矣."

력하면 된다고 생각한다. 그것은 인간성 속에 이미 그 가능성을 가지고 있다고 보기 때문이다.

이렇게 볼 때, 대순의 종지인 신인조화와 유교의 천인합일, 대순의 인존사상과 유교의 인본사상은 상통할 여지가 많다.

(3) 해원상생(解冤相生)

대순사상의 또 하나의 종지는 해원상생(解冤相生) 또는 보은상생(報恩相生)이다. 해원상생(解冤相生)이라고 할 때 '원(冤)'의 의미는 모든 사물이나 인간 누구나 자연스러운 욕구를 가지고 있으면서 이를 충족시키지 못해 생기는 감정을 가리킨다. 여기에는 상대로 인해 발생한 원망(怨望)의 감정으로서의 '원(怨)' 뿐만 아니라 자기 스스로 이루지 못한 소원도 포함된다.[64]

해원(解冤)은 척(慼)을 푸는 일이다. 척을 맺는 것도 나요 푸는 것도 나라는 것을 깨닫고, 내가 먼저 풀면 상대도 스스로 풀리게 되니, 양 편이 척이 풀려 해원(解冤)이 되고 해원이 되어야 상생이 된다.[65] 이는 달리 말하면 "남에게 척을 짓지 말고 남을 잘되게 하라"는 것으로서, 화합, 단결, 상부상조를 강조하고 그것을 실천토록 교화하라[66]는 종지다.

그러면 이와 같이 대순이 해원상생, 보은상생을 종지로 삼게 된 배경은 무엇일까? 이에 대해 강증산은 김형렬에게 이렇게 설명한다. 즉 선천에서는 인간 사물이 모두 상극(相剋)에 지배되어 세상이 원한이

---

64 정대진, 같은 글, 30쪽.

65 『대순지침』, 27쪽.

66 같은 책, 27쪽.

쌓이고 맺혀 삼계를 채웠으니, 천지가 상도(常道)를 잃어 갖가지의 재화가 일어나고 세상은 참혹하게 되었다 한다. 그러므로 자신이 천지의 도수를 정리하고 신명(神明)을 조화하여 만고의 원한을 풀고 상생의 도로 후천의 선경(仙境)을 세워 세계의 민생을 건지고자 한다 하였다. 무릇 크고 작은 일을 가리지 않고 신도(神道)로부터 원(冤)을 풀어야 하니, 먼저 도수를 굳건히 하여 조화하면 그것이 기틀이 되어 인사가 저절로 이룩될 것이라 하였다. 이것이 곧 삼계공사(三界公事)라고 하였다.[67]

여기에서 보듯이 강증산은 선천의 세계를 상극의 질서로 인해 원한이 삼계를 가득 채운 것으로 진단하였다. 천지가 상도를 잃어 온갖 재화가 일어나고 참혹한 세상이 되었다. 음양의 상극으로 천지공사(天地公事)는 먼저 음양의 해원으로부터 이루어져야 한다는 것이다.[68]

그것은 반상의 차별, 남녀의 차별, 지역의 차별 더 나아가서는 민족적 차별, 경제적 차별, 정치적 차별에 대한 증산 나름대로의 해석이요 처방이라고 할 수 있다. 더욱이 당시 조선은 서양세력의 정치적, 문화적, 군사적 침략과 위협하에 있었고, 일본의 침략이 노골화되는 때였기 때문이다.

그런데 강증산은 인류 역사상 최초의 원(冤)의 역사를 요(堯)의 아들인 단주(丹朱)로부터 설명하였다.[69] 강증산이 원의 시원을 요의 아들인 단주에게서 찾는 것은 매우 이채로운 일이다. 그는 단주의 원이 순(舜)에게 미치고, 다시 수 천년 원의 뿌리가 세상에 박히고 원의 종

---

67 『典經』, 98쪽.

68 이경원, 「대순종지의 사상적 구조와 음양합덕론」, 『대순사상논총』, 제2집, 대진대 대순사상학술원, 1997, 521쪽.

69 『典經』, 130쪽.

자가 대대로 퍼져, 그 원이 천지에 가득하여 인간이 파멸의 지경에 이르렀다고 한다. 따라서 쌓인 원을 풀고 원에 의해 생긴 모든 불상사를 없애고, 영원한 평화를 이룩하는 해원공사(解冤公事)를 베풀어야 한다는 것이다. 강증산은 "촌 양반은 읍내의 아전을 아전 놈이라 하고, 아전은 촌 양반을 촌 양반놈이라 하나니, 나와 너가 서로 화해하면 천하가 다 해원하리라"[70]고 하였다. 당시 반상의 척을 풀어야 한다는 것이다. 그리고 그는 해원의 세대가 도래했음을 다음과 같이 선언한다. 지금은 신명(神明) 해원(解冤)의 시대라 하고, 동일한 50년 공부에 어떤 사람을 해원할까. 최제우는 경신(庚申)에 득도(得道)하여 시천주(侍天主)를 얻었는 바 기유(己酉)까지 50년이 되었다고 하였다.[71] 또 지금은 해원시대니 양반을 찾아 반상의 구별을 가리는 것은 그 선령의 뼈를 깎는 것과 같고 망하는 기운이 따른다 하였다. 그러므로 양반의 인습을 속히 버리고 천인을 우대해야 척이 풀려 좋은 시대가 올 것이라 하였다.[72] 또 이제는 해원시대라 하고, 남녀의 분별을 틔워 제각기 하고 싶은 대로 하도록 풀어놓았으나, 이후에는 건곤(乾坤)의 위치를 바로잡아 예법을 다시 세울 것이라고 박공우에게 말하였다.[73]

이와 같이 강증산은 '해원의 시대'를 선언하고, 반상의 해원, 남녀의 해원을 말하고, 동학혁명에 희생된 전봉준(全奉準)과 동학을 부르짖다 희생된 최제우(崔濟愚)의 해원을 언급하였다. 대순에서 원을 푼다는 말은 다름 아닌 사랑이다. 그래서 "원수의 원을 풀고 그를 은인과 같이 사랑하라. 그러면 그도 덕(德)이 되어서 복(福)을 이루게 되

---

70 같은 책, 107쪽.

71 같은 책, 163쪽.

72 같은 책, 222쪽.

73 같은 책, 109~110쪽.

나니라"[74]고 말하게 되는 것이다. 이와 같이 해원상생은 척을 짓지 않는 것이며, 은혜를 저버리지 않는 것이며, 남을 잘되게 하는 것이다.[75]

그런데 강증산은 상호 대립갈등의 원인을 지기(地氣)가 통일되지 못해 그렇다고 설명한다. 즉 지기가 통일되지 못함으로 인해 그 속에서 살고 있는 인류는 제각기 사상이 엇갈려 제각기 생각하여 반복 투쟁한다 하고, 이를 없애려면 해원으로써 만고의 신명을 조화하고 천지의 도수를 조정해야 하고, 이것이 이룩되면 천지는 개벽(開闢)되고 선경(仙境)이 세워진다 하였다.[76]

여기에서 지기가 통일되지 못했다 함은 음양의 부조화를 의미하는 것으로, 우주, 자연, 인간 모두가 음양이 합덕하지 못해 사상과 주장이 엇갈리고, 이해와 득실이 갈등하게 된다고 보았다. 따라서 해원으로써 신명을 조화하고 천지의 도수를 조정하여, 천지의 개벽과 도통선경(道通仙境)을 이룩해야 한다고 보았다.

이렇게 볼 때, 대순의 해원은 곧 너와 나, 주객, 피차의 대립을 넘어선 큰 사랑의 길로써, 불교의 대자대비(大慈大悲)요 유교의 인(仁)이요 기독교의 박애(博愛)와 다를 바 없다. 그리고 대순사상은 이 해원을 통해 개인과 개인의 화해, 집단과 집단의 평화, 나라와 나라의 친선, 민족과 민족의 우애를 통해 선경(仙境)의 이상세계를 추구한 것이라고 볼 수 있다.

또한 해원은 상생의 도요 호생(好生)의 덕으로 화민정세(化民靖世)의 길이기도 하다. 증산은 "제생의세(濟生醫世)는 성인의 도요, 재민혁세(災民革世)는 웅패(雄霸)의 술(術)이라. 벌써 천하가 웅패가 끼친

74 같은 책, 231쪽.

75 정대진, 같은 글, 32쪽.

76 『典經』, 130~131쪽.

괴로움을 받은지 오래되었도다. 그러므로 이제 내가 상생의 도로써 화민정세하리라. 너는 이제부터 마음을 바로잡으라. 대인을 공부하는 자는 항상 호생(好生)의 덕을 쌓아야 하느니라. 어찌 억조창생(億兆蒼生)을 죽이고 살기를 바라는 것이 합당하리오"[77]라고 하였다. 여기에서 해원의 길은 너도 살고 나도 살며, 너도 좋고 나도 좋은 상생의 길이 되고 평화의 길이 된다. 죽이는 것이 아니라 살리는 것이 해원의 본래적인 정신이다. 그것이 호생의 덕이고 대인의 길이기도 하다. 이런 관점에서 대순사상은 교육의 본의도 신인의 해원에 있다고 말한다. 즉 "이 세상에 학교를 널리 세워 사람을 가르침은 장차 천하를 크게 문명화(文明化)하여 삼계의 역사에 붙여 신인의 해원을 풀려는 것이나, 현하의 학교 교육이 배우는 자로 하여금 관리 봉록 등 비열한 공리(公利)에만 빠지게 하니, 그러므로 관 밖에서 성도(成道)하게 되었느니라" 하였다.[78]

대순에서의 해원, 보은은 인간과 인간의 관계에만 국한된 것이 아니라, 신과 인간의 해원도 필요하다는 것인데, 이는 달리 말하면 신, 인간, 자연 모두를 망라한 해원을 말하는 것이다. 이렇게 볼 때, 대순의 해원사상은 인간과 자연 그리고 신을 넘나드는 대 사랑의 정신이며, 천하 만물의 생명을 존중하고 사랑하는 평화사상이라고 할 수 있다.

결론적으로 선천의 도수를 뜯어고치고 후천의 무궁한 선경의 운로(運路)를 열어서, 선천에서의 상극에 따른 모든 원한을 풀고, 상생의 도로써 세계의 창생을 건지는 데 대순의 목적이 있다고 할 수 있다.[79]

이러한 대순의 해원사상, 보은사상은 유교의 인(仁)을 방불(髣髴)

77 같은 책, 160쪽.

78 같은 책, 160쪽.

79 같은 책, 312쪽.

한다. 유교는 궁극적으로 인을 개인적으로 실현하고, 사회적으로 실현하는 데 있다. 즉 '인피천하(仁被天下)'가 유교의 이상이다. 이를 유교에서는 충서(忠恕)라고도 한다.[80] 충(忠)은 자기 자신에 대해 인을 실현하는 것이고, 서(恕)는 남, 타인을 향해 인을 실현하는 것이다.[81] 인(仁)은 유교의 진리적 언표로서 성(性), 도(道), 심(心) 등과 상통하는 개념이지만, 일반적으로 남을 사랑하는 것,[82] 즉 인간과 자연, 사물에 대한 사랑으로 해석된다. 인(仁)은 내가 서고 싶으면 남도 서게 해 주고, 내가 어떤 목표에 도달하고 싶으면 남도 도달케 해 주는 것이다.[83] 또 인(仁)은 곧 충서(忠恕)인데, 나에게 베풀어서 원치 아니하는 바를 남에게 베풀지 않는 것이다.[84] 그리고 이는 내 마음을 헤아려 남을 헤아리는 동정의 도리인 '혈구지도(絜矩之道)'와도 같다.[85]

맹자는 "군자는 동물이 산 것을 보고서 그 죽는 것을 차마 볼 수 없고, 그 죽는 소리를 듣고서는 그 고기를 차마 먹지 못한다"고 하였다.[86] 맹자는 인인(仁人)이 어찌 백성을 그물질하는 '망민(罔民)'을 차마 할 수 있겠느냐고 하였고,[87] 한 불의(不義)를 행하고 한 무고(無辜)한 사람을 죽이고서 천하를 얻는 일은 할 수 없다고 하였다.[88]

---

80 『論語』, 「里仁篇」, "子曰參乎 吾道一以貫之 曾子曰唯 …… 曾子曰 夫子之道 忠恕而已矣."

81 같은 책, 「里仁篇」, 朱子註, "盡己之謂忠 推己之謂恕."

82 같은 책, 「顔淵」, "樊遲問仁 子曰愛人."

83 같은 책, 「雍也篇」, "夫仁者 己欲立而立人 己欲達而達人."

84 『中庸』, 제13장, "忠恕 違道不遠 施諸己而不願 亦勿施於人."

85 『大學』, 傳10章.

86 『孟子』, 「梁惠王上」, "君子之於禽獸也 見其生 不忍見其死 聞其聲 不忍食其肉."

87 같은 책, 「梁惠王上」.

88 같은 책, 「公孫丑上」, "行一不義 殺一不辜而得天下 皆不爲也."

이러한 유교의 인(仁)은 넓은 의미에서 대순의 해원과 상통한다고 생각된다. 왜냐하면 대순의 해원도 결국은 타인의 억울함, 원한, 원, 척을 풀어 주어 서로가 화해하고 상생하는 데 그 본의가 있기 때문이다. 문제는 원의 원인, 정도, 가해자의 반성과 상관없이, 해원을 통해 대화해(大和諧), 큰 사랑의 시대를 열어야 한다는 대순의 종지는 역시 종교적 차원에서 이해된다. 예컨대 공자는 원(怨)에 대해 덕(德)으로써 갚는 것을 반대하고, 직(直)으로써 원(怨)을 갚고 덕(德)으로써 덕(德)을 갚으라 하는 것이니,[89] 이런 점에서 대순과 유교의 사랑의 논리에도 약간의 차이는 있는 것으로 보인다.

(4) 도통진경(道通眞境)

대순사상의 궁극적 목적, 이상적 지향점은 도통진경(道通眞境)에 있는데,[90] 이는 달리 말하면 도통선경(道通仙境)이라고 할 수 있다. 즉 도통진경이란 도(道)를 통한 참된 경지요,[91] 진리로서의 도가 온 천하에 두루 통해서, 인간이 바라는 참되고 진실한 이상세계가 되는 것을 말한다.[92]

이는 유교의 대동(大同)세계와 비슷하다.[93] 대동세계는 대도(大道)

---

89 『論語』, 「憲問篇」, "或日 以德報怨何如 子日 何以報德 以直報怨 以德報德."

90 '道通眞境'의 宗旨는 道主 趙鼎山이 '無極道'를 창도할 때 나온 개념인데, 그 근거는 역시 姜甑山의 天地公事에 연원한다(정대진, 「대순진리회와 대순종지」, 『대순진리학술논총』, 제1집, 36쪽).

91 최동희, 「'도를 통한 참된 경지'에 대한 이해」, 『대순사상논총』, 제5집, 대진대 대순사상학술원, 1998.

92 정대진, 「도통진경의 이해」, 『대순사상논총』, 제5집, 대진대 대순사상학술원, 1998, 8쪽.

가 행해지는 세상으로, 천하 모든 것들이 공공(公共)의 것이 된다. 즉 네 것 내 것이 없는 절대 평등의 세계다. 이를 위해서는 먼저 도덕적으로 훌륭한 현자(賢者)와 전문적 자질이 있는 능력있는 자들을 뽑아 신의(信義)를 가르치고 화목을 닦도록 해야 한다. 그러므로 사람들은 자기 부모만을 홀로 부모로 여기지 않고 남의 부모까지도 공경하며, 자기 자식만을 홀로 자식으로 여겨 사랑하는 것이 아니라 남의 자식까지도 사랑한다. 노인들은 여생을 마칠 곳이 보장되어 있고, 젊은이들은 각기 쓸모가 있어 저마다 일터에서 일을 하며, 어린이는 아무런 문제없이 잘 양육되어진다. 또한 홀아비, 과부, 고아, 무의탁 노인, 심신장애자 등 모든 사회적 불우계층이 버림받지 아니하고 생계를 보장받는다. 그리하여 남자들은 직분이 있고 여자들은 짝을 만나 결혼을 해 가정을 갖는다. 재화가 땅에 버려지는 것을 미워하지만 반드시 그것을 자기만의 소유로 감추지 않는다. 능력이 자기 몸에서 다 발휘되지 아니함을 미워하지만 그 능력을 반드시 자기만을 위해 사용하지 않는다. 즉 돈이 많다고 자기만을 위해 쓰지 않으며, 능력이 있다고 해서 그 능력을 자기만을 위해 쓰지 않는다는 말이다. 부와 능력을 남을 위해, 사회를 위해 쓰는 것이다. 그러므로 불만이 있는 자들이 비밀리에 모여 음모를 하는 일이 없고, 도둑이나 강도들이 남의 재물을 강탈하는 일이 벌어지지 않으니, 집집마다 대문을 활짝 열어 놓고 살고 높은 담장 없이 사니, 이런 세상을 대동(大同)이라 한다고 하였다.[94] 이처럼 유교의 대동세계는 천하위공(天下爲公)의 평등한 세상

---

93 이항녕, 「도통진경 사상의 현대적 의의」, 『대순사상논총』, 제5집, 31~33쪽.

94 『禮記』, 「禮運篇」, "大道之行也 天下爲公 選賢與能 講信修睦 故人不獨親其親 不獨子其子 使老有所終 壯有所用 幼有所長 鰥寡孤獨廢疾者 皆有所養 男有分 女有歸 貨惡其棄於地也 不必藏於己 力惡其不出於身也 不必爲己 是故謀閉而不興 盜竊亂

이요, 절대 사랑의 세계다.[95]

그러면 대순에서 말하는 도통(道通)이란 무엇인가? 이를 위해 먼저 대순에서의 도(道)란 무엇인가 검토해 보기로 하자. 『대순지침』에 의하면 "도(道)가 음양이며 음양이 이치이며, 이치가 곧 경위(經緯)며, 경위가 법(法)이라는 진리를 깨달아야 한다"[96]고 한다. 여기에서 도, 음양, 리(理), 경위, 법은 하나로 상통된다. 또 "우주대원(宇宙大元)의 진리가 도(道)이며, 도는 사람만이 깨달아 닦을 수 있으므로, 도인(道人)으로써 본분에 알맞는 참된 말과 참된 행위를 준행(遵行)해야 한다"[97]하고, "도는 우주만상의 시원이며 생성 · 변화의 법칙이고, 덕(德)은 곧 인성의 신맥(新脈)이며, 신맥은 정신의 원동력이므로, 이 원동력은 윤리도덕만이 새로운 맥이 될 것이다"[98]라고 하였다.

여기에서 볼 때, 대순에서의 도(道)는 우주대원의 진리, 우주만상의 시원, 생성 · 변화의 법칙으로 설명된다.[99] 이 도는 우주와 인간을 통섭(統攝)하는 근원적 진리이며, 만사만물의 생성 · 변화의 법칙이며, 인간이 지켜가야 할 도리로서의 도가 된다. 이런 논리로 보면 대순에서의 인도와 천도는 다른 것이 아니다. 천도가 곧 인도요, 인도는 천도에 근거한 것이다. 여기에서도 신인조화(神人調化)가 드러나고

賊而不作 故外戶而不閉 是謂大同."

95 황의동, 『유교와 현대의 대화』, 예문서원, 2002, 31쪽.

96 『대순지침』, 18쪽.

97 같은 책, 23쪽.

98 같은 책, 44쪽.

99 박용철은 道를 길로서의 道, 순환과정으로서의 道, 法으로서의 道, 본체 · 본원으로서의 道, 無로서의 道, 理로서의 道, 心으로서의 道, 인간 당위법칙으로서의 道, 玄妙한 의미로서의 道로 정의하고 있다(「도통진경에 대한 이해」, 『대순사상논총』, 제5집, 대진대 대순사상학술원, 1998, 352~360쪽 참조).

신인합일(神人合一)이 잘 나타나 있다. 따라서 도통(道通)이란 다름 아닌 우주자연에 대한 이해와 인간에 대한 이해가 하나로 소통되는 경지를 말한다. 대순경전에 의하면 "내 마음을 거울과 같이 닦아서 진실하고 정직한 본질을 회복했을 때 도통에 이른다"[100] 또 "내가 도통 줄을 대두목(大頭目)에게 보내리라. 도통하는 방법만 일러 주면 되려니와 도통될 때에는 유불선(儒佛仙)의 도통신(道通神)들이 모두 모여 각자가 심신으로 닦은 바에 따라 도에 통하게 하느니라. 그러므로 어찌 내가 홀로 도통을 맡아 행하리오"[101]라고 상제께서 말했다 한다. 따라서 상제의 말씀을 항상 마음에 새겨 언행과 처사가 일치되게 생활화하여 세입미진(細入微塵)되고, 마음이 무욕청정(無慾淸淨)되었을 때 도통진경(道通眞境)에 이르리라 하였다.[102]

여기에서 도통에의 길은 수도(修道)로 연결된다. 즉 내 마음을 거울과 같이 깨끗이 닦아 진실하고 정직한 본질을 회복하는 것이다. 달리 말하면 언행과 처사가 일치하여 마음이 무욕청정(無慾淸淨)에 이르렀을 때, 도통의 경지에 이르고 그것이 바로 도통진경이라는 것이다.

대순의 도통은 유교에서의 수신(修身)의 경지로서 마치 『대학』의 '명명덕(明明德)' 과 같다고 할 수 있다. 즉 격물치지(格物致知), 성의정심(誠意正心)으로 이루어진 명명덕의 경지다.[103] 이는 달리 말하면, 궁리(窮理)와 거경(居敬)을 말하고 지행(知行)을 말한다. 몸과 마음, 심신이 바르게 되고 지행이 일치된 경지를 말한다.

대순에서의 도통진경은 수도를 통해 가능한 것인데, 이에 대해 구

100 『대순지침』, 38쪽.

101 『典經』, 172쪽.

102 『대순지침』, 39쪽.

103 『大學』에서는 修己의 조목을 格物, 致知, 誠意, 正心으로 제시하고 있다.

체적으로 검토해 보고자 한다. 대순의 경전에 의하면 수도는 인륜을 바로 행하고, 도덕을 밝혀 나가는 일인데, 이것을 어기면 도통을 받을 수 없다고 한다. 수도의 목적은 도통이니, 수도를 바르게 하지 못했을 때는 도통을 받을 수 없다는 것을 알아야 한다 하고, 도통은 도인들 자신의 수도 여하에 달려 있다[104]고 하였다. 대순에서의 수도는 도통이 목적이고, 도통의 방법이 곧 수도라고 할 수 있다.

대순사상은 수도를 위해 인간의 마음을 중시하고, 마음과 몸의 건강과 평안을 도모한다. 대순사상은 인간을 중시하기 때문에 수기적 측면에서 마음을 강조한다. 심(心)은 귀신의 추기(樞機)요 문호(門戶)요 도로(道路)라 하고, 추기를 열고 닫고 문호를 나아가고 들어오고 도로를 왕래하는 것이 신(神)이어서, 혹은 선이 있고 혹은 악이 있다고 한다. 그리고 선한 것은 본받고 악한 것은 고쳐야 하는데, 오심(吾心)의 추기, 문호, 도로가 천지보다 크다고 하였다.[105] 또 천용(天用), 지용(地用), 인용(人用)이 통틀어 마음에 있다[106]고 하여, 천용, 지용, 인용이 궁극적으로 내 마음에 있다고 하였다. 이처럼 대순사상에서 우리 마음은 귀신의 통로로 중시되었을 뿐만 아니라, 우주자연, 인간만사가 모두 내 마음에 달려 있음을 분명히 하였다.

마찬가지로 마음은 일신을 주관하여 만기(萬機)를 통솔 이용한다 하고, 마음이 몸의 주(主)로써 모든 병과 악을 낚아 들이는 것이라 하였다. 그러므로 마음의 발로에 사심을 버리고 예법에 합당케 행하는 것이 안심(安心)이라고 하였다.[107] 이러한 관점에서 『전경』에서는 “병

104 『대순지침』, 37쪽.

105 『典經』, 48쪽.

106 같은 책, 48쪽.

107 『대순지침』, 48쪽.

은 걸리는 것이 아니라 자기에게서 일어난다" 하고, 여동빈도 "몸의 병에는 약이 있으나 마음의 병은 고치기 어렵다" 하였고, 옛 사람들도 "모든 병이 마음에 따라 생긴다"고 하였으니, 마음이 내 몸을 좌우한다는 것을 깨달아야 한다고 하였다.[108]

또 "인간의 복록(福祿)은 내가 맡았으나 맡겨 줄 곳이 없어 한이로다. 이는 일심을 가진 자가 없는 까닭이라. 일심을 가진 자에게는 지체 없이 베풀어 주리라"[109] 하였고, 또 "진심(眞心)을 굳게 지키면 복이 먼저 온다"고 하였다.[110] 이처럼 현세적 복이나 경제적 이로움도 결국 일심을 가진 자, 참된 마음의 소유자에게 돌아온다고 보았다.

또한 "이제 범사에 성공이 없음은 한마음을 가진 자가 없는 까닭이라. 한마음만을 가지면 안 되는 일이 없느니라. 그러므로 무슨 일을 대하든지 한마음을 갖지 못한 것을 한할 것이로다. 안되리라는 생각을 품지 말라"[111]고 하여, 범사의 성공도 한마음을 가진 자 만이 할 수 있다 하였다.

그렇지만 "진실로 마음을 간직하기란 죽기보다 어렵다"[112] 하고, "나를 믿고 마음을 정직히 하는 자는 하늘도 두려워 한다"[113]고 하였다. 여기에서 마음을 잘 간직하고 지키는 것이 죽기보다 어려운 과제임을 말하고, 마음을 참되고 정직하게 하는 자는 하늘도 두려워 한다고 하였다. 여기서 인간 내면의 진실성 확보, 정직한 심체(心體)의 확립이 수도의 요체임을 알 수 있다.

108 같은 책, 49쪽.
109 같은 책, 234쪽.
110 같은 책, 234쪽.
111 같은 책, 234~235쪽.
112 같은 책, 235쪽.
113 같은 책, 235쪽.

이런 관점에서 강증산은 인간은 욕망을 채우지 못하면 분통이 터져 큰 병에 걸린다 하고, 이제 먼저 난법(亂法)을 세우고 그 후에 진법(眞法)을 내리니, 모든 일을 풀어 각자의 자유의사에 맡기니, 범사에 마음을 바로 하라고 하였다. 그리고 사곡(私曲)한 것은 모든 죄의 근본이요, 진실은 만복의 근원이 된다 하고, 이제 신명(神明)으로 하여금 사람에게 임해 마음에 먹줄을 겨누게 하고 사정(私情)의 감정을 번갯불에 붙이리라 하였다.[114]

그런데 대순사상은 인간의 마음과 몸은 결코 떨어질 수 없고 유기적이라고 보아, 마음과 함께 몸도 건강하고 편안해야 한다고 본다. 심안신태(心安身泰)란 마음이 안정되어야 몸이 태평하다는 뜻이라 하고,[115] 마음으로 닦고 몸으로 행하여, 심신이 일치 되도록 해야 한다고 하였다. 그래서 대순진리를 심수덕행(心修德行)하고 정심입의(正心立義)하여 문달(聞達)을 마음에서 지워 버려야 하며, 명덕(明德)을 수행하고 재덕(才德)을 계발하여 지선(至善)에 이르도록 힘써 나가야 한다[116]고 하였다. 또 큰 병의 약은 안심(安心) 안신(安身)이라 하였으니 깊이 명심해야 한다[117]고 하였다.

여기에서 대순의 안심안신(安心安身), 심안신태(心安身泰)가 수도의 원칙으로 제시된다. 이는 심신의 건강과 평안을 말하는 것으로, 심신을 유기적으로 본 데서 가능한 것이다. 그리고 대순사상은 심수덕행(心修德行)을 말하는데, 심덕(心德)의 수행은 곧 몸과 마음의 수양을 의미하는 말이다.

114 같은 책, 255쪽.
115 『대순지침』, 49쪽.
116 같은 책, 45~46쪽.
117 같은 책, 48쪽.

유교도 개인의 수기를 만사의 근본으로 삼는다. 즉 천자로부터 서인에 이르기 까지 모두가 수신으로 근본을 삼는다.[118] 이는 대순에서 수도를 강령으로 중시하는 것과 마찬가지다. 유교는 수기를 위해 마음공부를 매우 중시한다. 공자는 마음이란 잡으면 있고 버리면 없어져, 드나듦이 때가 없이 그 향하는 곳을 알지 못한다고 하였다.[119] 또 맹자는 학문의 도리란 다름 아닌 행방불명된 마음을 도로 찾는 '구방심(求放心)'이라고 하였다.[120] 우리 마음은 몸을 주재하는데 마음은 가변적이다. 마음을 어떻게 갖느냐가 수기의 핵심이다. 대순사상이 수도에 있어 마음을 중시했듯이, 유교의 경우도 마음공부를 매우 중시하였다. 그래서 유교에서는 입심(立心), 조심(操心), 정심(正心), 실심(實心), 부동심(不動心), 존심(存心), 양심(養心) 등 다양한 마음공부를 제시하고 있다.

또한 대순경전에서는 "포덕(布德), 교화(敎化), 수도(修道) 및 모든 것이 성(誠), 경(敬), 신(信)을 떠나서는 이루어질 수 없다는 것을 깨달아야 한다" 하고, "성(誠), 경(敬), 신(信)으로 해원상생을 이루며 생사판단(生死判斷)도 결정되는 것이다"[121]라고 하였다. 따라서 도인들은 '성경신'을 요체로 삼아, 위로 상제님을 받들고 아래로는 사회의 모든 인사가 상제가 대순한 진리대로 이룩되어가는 진리임을 깊이 심도록 노력해야 한다[122]고 하였다.

또한 복록과 수명이 성경신에 있다 하고,[123] 성현으로 추존(推尊)받

118 『大學』, 經1章, "自天子至於庶人 壹是皆以修身爲本."

119 『孟子』, 「告子上」, "孔子曰 操則存 舍則亡 出入無時 莫知其鄕 惟心之謂與."

120 같은 책, 「告子上」.

121 『대순지침』, 54쪽.

122 같은 책, 32쪽.

123 같은 책, 38쪽.

는 옛사람은 성(誠)을 평생 값진 보배로 삼아 지성으로 진리를 수행한 분들이라 하였다.[124] 이는 성경신이 대순사상에 있어 얼마나 중요한 수도의 요체인가를 잘 말해 주는 것이다.

이렇게 볼 때, 대순에서의 성(誠)의 의미는 진실로서의 성, 진실된 행위를 담는 정성의 성, 구천상제에 대한 신앙이 바탕이 된 일심으로 요약된다.[125]

이와 같이 대순에서 강조하는 3대 요체로서의 성경신(誠敬信)은 유교적 냄새가 짙게 풍긴다. 성경신은 모두가 유교 경전에 많이 등장하는 윤리개념이다.[126] 특히 『중용』의 경우는 성(誠)과 중(中)을 핵심으로 삼고 있으며, 신(信)도 『논어』, 『맹자』등 유가 경전에 많이 인용되고 있다. 더욱이 송대 성리학에 와서는 성(誠)과 경(敬)은 유교윤리의 중핵으로 강조되어 왔다. 조선조에 와서도 퇴계, 율곡 등 선유들에 의해 성과 경은 매우 중요한 윤리개념으로 사용되어 왔다.

이렇게 볼 때, 비록 대순에서의 성경신에 대한 이해가 유교와 조금 다르다 할지라도 용어의 차용은 유교적이라고 하지 않을 수 없다.[127]

그러면 대순에서의 성경신이 구체적으로 어떤 의미를 갖는지 검토해 보기로 하자. 대순에서는 "성(誠)은 기심(欺心)이 없어야 하며, 경(敬)은 예절을 바르게 행하는 것이며, 믿음은 의심을 품지 않아야 하는 것이다"라고 말한다. 대순에서는 성(誠)을 스스로 속임이 없는 '무자기(無自欺)' 로 해석한다. 즉 "있는 말로 일을 꾸미면 천하가 부수려

124 같은 책, 41쪽.

125 이경원, 「誠의 의미에 대한 사상사적 연구」, 『대순사상논총』, 제9집, 대진대 대순사상학술원, 2000, 247쪽.

126 성리학에서 誠과 敬은 윤리적 의미만이 아니라 본체론적 개념으로 사용되기도 한다.

127 최제우(崔濟愚)도 동학(東學)에서 誠, 敬, 信을 매우 중시해 사용하고 있다.

해도 못 부술 것이요, 없는 말로 일을 꾸미면 부서질 때는 여지가 없나니라" 하여 무자기(無自欺)를 뜻한다 한다.[128] 또 "크고 작은 일을 천지의 귀신이 살피시나니라" 하였으니, 도인들은 이를 명심하여 암실에서도 마음을 속이지 말아야 한다고 하였다.[129] 또한 과오를 경계하기 위하여 예부터 "자기가 자기를 속이는 것은 자신을 버리는 것이요, 마음을 속이는 것은 신을 속임이다"고 하였으니, 신을 속이는 것은 곧 하늘을 속임이 되는 것이니, 어느 곳에 용납되겠는가 깊이 생각하라고 하였다.[130]

이와 같이 성(誠)은 거짓이 없고 꾸밈이 없는, 한결같이 상제님을 받드는 일이다.[131] 성(誠) 자체는 하늘의 도요, 성하고자 함은 사람의 도이니, 지극한 성(誠)으로 바르게 도 닦기를 힘써야 한다고 하였다.[132] 그리고 성은 사람의 정(精), 기(氣), 신(神)의 합일의 진성(眞誠)이라 하여,[133] 성을 인간의 정기(精氣)요 정신(精神)이라고 보았다.

대순에서의 이러한 성(誠)에 대한 이해는 유교적 이해와 다르지 않다. 주자는 '성(誠)을 진실하여 거짓이 없는 것'으로 해석하였다.[134] 율곡은 주자의 해석을 따라 성(誠)을 실(實)로 보고, 진실하여 거짓이 없는 것은 천도요, 진실하여 거짓이 없고자 하는 것은 인도라 하였다.[135] 이처럼 유교에서도 성은 진실, 참으로 해석된다. 특히 『중용』은

128 『대순지침』, 24쪽.

129 같은 책, 28쪽.

130 같은 책, 42쪽.

131 같은 책, 51쪽.

132 같은 책, 41쪽.

133 같은 책, 51쪽.

134 『中庸』, 제21장, 朱子註, "誠者 眞實無妄之謂 ……."

135 『栗谷全書』, 拾遺, 卷6, 「四子言誠疑」, "眞實無妄者 天道也 欲其眞實無妄者 人道也."

성을 강조하여 성(誠)은 사물의 끝과 시작으로, 성이 아니면 물(物)도 없다고 한다.[136] 이처럼 유가경전에서의 성은 송대 성리학에 와서 실(實)로 구체화되어 진실(眞實), 실천(實踐), 실용(實用)의 의미를 갖게 되는데, 참으로서의 진실이 성(誠)의 본질적 의미라고 할 수 있다. 이렇게 볼 때, 대순에서 성(誠)을 불기심(不欺心)으로 보는 것처럼, 유교에서도 성의(誠意)를 무자기(毋自欺)로 보아 군자는 반드시 그 홀로 있을 때를 삼간다(愼獨)고 하는 것이다.[137]

다음은 대순에서의 경(敬)에 대해 검토해 보기로 하자. 경은 위에서 말한 대로 예절을 바르게 행하는 것으로 설명된다. 지성으로 봉축(奉祝)함에 변함이 없고 양면이 없는 것을 경(敬)이라 하고, 경은 예의범절을 갖추어 처신처세(處身處世)하는 것이라 하였다.[138] 이러한 대순에서의 경의 의미는 공경(恭敬), 공순(恭順)의 의미가 매우 짙다. 성(誠)을 다하는 지성(至誠)이 곧 경(敬)이라고 할 수 있다.

유교도 경(敬)을 매우 중시하여 강조한다. 『논어』에서는 '집사경(執事敬),'[139] '행독경(行篤敬),'[140] '수기이경(修己以敬)'[141]을 말하고, 『주역』에서는 경이직내(敬以直內) 의이방외(義以方外)'[142]를 말한다. 경은 송대 성리학에 와서 수양론의 중핵으로 강조된다. 송대 정이천(程伊川)은 경(敬)을 '주일무적(主一無適)'으로 해석하였고,[143]

---

136 『中庸』, 제25장, "誠者 物之終始 不誠無物 是故君子誠之爲貴."

137 『大學』, 傳7章, "所謂誠其意者 毋自欺也 …… 故君子必愼其獨也."

138 『대순지침』, 52쪽.

139 『論語』, 「子路篇」.

140 같은 책, 「衛靈公篇」.

141 같은 책, 「憲問篇」.

142 『周易』, 「坤卦 象傳」.

143 『二程全書』, 卷15, 「伊川語錄」, "敬者 主一之謂 敬所謂一者 無適之謂."

퇴계는 경을 일심의 주재요 만사의 근본이라 하였다.[144] 그리고 심(心)은 일신의 주재인데, 경(敬)은 또한 일심(一心)의 주재가 된다 하였다.[145] 따라서 경(敬) 한 글자는 성학(聖學)의 시작을 이루고 끝을 이루는 것으로 중시되었다.[146] 이와 같이 성리학에서 경은 한 마음의 주재이며 만사의 근본으로, 하나의 수양원리일 뿐 아니라 인간 정신의 주체로 규정되었다. 또 경(敬)은 리(理)를 체득하고 진리를 이해하는 방법으로 제시되었고, 천리를 보존하고 인욕을 막는 수양의 첩경이 되기도 했다.

이러한 성리학에서의 경의 의미에 비하면 대순에서의 경의 의미는 주로 실천적 측면, 인간의 대인(對人), 대사(對事), 대신(對神) 관계에서의 정성스러움, 공경하는 마음가짐을 의미하는 것이었다.[147]

끝으로 신(信)은 '의심을 품지 않는 믿음'을 말한다. 즉 의심 없는 굳은 신념을 말한다. 신은 성경(誠敬)과 밀접히 연관되어 있다. 진실하고 공경하는 마음을 가질 때 믿음도 굳건해 진다. 자신에게 진실하지 못하면 믿음도 약해질 수밖에 없다. 대순에서의 신(信)은 종교적 신념, 신앙적 믿음의 성격이 매우 짙다.

유교에서도 신(信)은 중요한 덕목의 하나였다. 일찍이 신(信)은 인의예지신(仁義禮智信) 오상(五常)의 하나로서, 선진경전에서 다양하게 강조되었다. 『논어』에서는 '주충신(主忠信),'[148] 사교(四敎)로서의 '문행충신(文行忠信)'[149]을 말하였고, 자공(子貢)이 정치를 물었을 때

144 『退溪全書』, 「大學圖說」, "敬者, 一心之主宰 而萬事之本根也."

145 같은 책, 「心學圖說」, "心者 一身之主宰 而敬又一心之宰."

146 같은 책, 「小學圖」, "吾聞敬之一字 聖學之所以成始而成終者也."

147 정대진은 敬을 主一無適하는 정신, 모든 禮의 근본으로 설명하기도 한다(「대순진리회의 신조」, 『대순진리학술논총』, 제2집, 대진대 대진학술원, 2008, 26쪽).

148 『論語』, 「學而篇」.

족식(足食), 족병(足兵)에 '민신지(民信之)'를 말하고, 백성들은 믿음이 없으면 설 수 없다(民無信不立)고 하였다.[150] 또 『주역』에서는 충신(忠信)은 덕에 나아가는 길이라 하고,[151] 『맹자』에서는 오륜(五倫)의 하나로서 '붕우유신(朋友有信)'을 일컫기도 하였다.[152]

이렇게 볼 때, 믿음이라는 신(信)은 충(忠)과 함께 충신(忠信)으로, 또 의(義)와 함께 신의(信義)로도 사용되는데, 이는 신(信)이 진실, 참을 전제로 하기 때문이다. 즉 진실하여 거짓이 없을 때 믿음이 가능하기 때문이다. 따라서 신(信)은 충(忠), 성(誠), 의(義)와 상통하는 것을 알 수 있다.

대순에서의 신(信)이나 유교에서의 신의 의미가 다른 것은 아니지만, 대순경전에서 신을 '의심을 품지 않는 믿음'이라 설명하고 있듯이, 종교적, 신앙적 측면에서의 믿음을 강조하는 데 특징이 있다고 생각된다.

그런데 도통진경(道通眞境)의 길은 인간 개인의 안심안태(安心安身), 심안신태(心安身泰)만으로는 부족하다. 개인을 넘어 사회, 국가, 천하로 까지 확충되어야 한다. 이를 대순에서는 광제창생(廣濟蒼生), 광구천하(匡救天下), 포덕천하(布德天下), 화민정세(化民靖世), 평천하(平天下) 등 다양하게 설명한다. 이에 대한 대순경전의 언급을 보기로 하자. 증산은 말하기를 "내가 평천하(平天下)할 터이니 너희는 치천하(治天下)하라. 치천하는 오십년 공부이니라. 매인이 여섯 명씩 포덕(布德)하라"[153] 하였고, "사람마다 도략(韜略)이 부족하므로 천하를

149 같은 책, 「述而篇」.

150 같은 책, 「顔淵篇」. "子貢問政 子曰足食足兵 民信之 …… 民無信不立."

151 『周易』, 「乾卦 九三爻」, "忠信 所以進德也 ……."

152 『孟子』, 「藤文公 上」.

도모치 못하노니, 만일 웅재대략(雄才大略)이 있으면 어찌 가만히 있으랴. 나는 실로 천하를 도모하여 창생(蒼生)을 건지려 하노라"[154] 하였다. 또 하루는 김형렬에게 "삼계대권(三界大權)을 주재하여 조화로써 천지를 개벽하고, 후천선경(後天仙境)을 열어 고해(苦海)에 빠진 중생들을 널리 건지려 하노라"[155] 하였다.

이와 같이 대순이 지향하는 이상세계는 인간 각자가 심신이 건전하여 도인이 되고, 우주자연의 이치와 인간의 도리를 알아 실천하여 도통에 이르는 동시에, 나아가서는 가정과, 사회, 국가, 세계가 서로 화해하고 사랑하는 평화로운 지상천국, 지상낙원을 희구했던 것이다.

이처럼 대순이 개인의 수도를 뛰어 넘어 사회적, 정치적, 지상천국, 지상낙원을 추구하는 것은 유교의 정신과 상통한다. 즉 유교는 개인적 수기를 강조하지만, 여기에서 멈출 수 없다. 가정, 사회, 국가, 세계로 인(仁)의 실현이 확충되어야 한다. 이것이 바로 수신(修身), 제가(齊家), 치국(治國) , 평천하(平天下)의 논리다. 이러한 정신은 유가경전이 공통적으로 지향하는 바이기도 하다. 『대학』에서는 명명덕(明明德)과 신민(新民; 親民)을 말하고, 구체적으로는 개인적 수기로서의 격물(格物), 치지(致知), 성의(誠意), 정심(正心), 수신(修身)을 말하고, 사회적 실현으로의 제가(齊家), 치국(治國), 평천하(平天下)를 일컫게 된다. 또 『중용』에서는 성기(成己)와 성물(成物)을 말하고, 『논어』에서는 수기(修己)와 안민(安民; 安百姓, 治人)을 말하고, 『맹자』에서는 정기(正己)와 물정(物正)을 말하는 것이다.[156] 이처럼 유교

---

153 『典經』, 41쪽.

154 같은 책, 53쪽.

155 같은 책, 314쪽.

156 황의동, 『율곡학의 선구와 후예』, 예문서원, 1999, 48~49쪽.

는 내면적으로는 성인과 같은 인격을 함양하고(內聖), 밖으로는 왕도를 실현해야(外王) 하는 것이다. 이렇게 볼 때, 유교는 결국 수기치인지도(修己治人之道)요 내성외왕지도(內聖外王之道)인 것이다. 이런 점에서 대순의 광제창생(廣濟蒼生), 광구천하(匡救天下), 포덕천하(布德天下), 평천하(平天下)는 유교의 정신과 서로 통한다고 볼 수 있다.

강증산은 광제창생을 위해 개벽(開闢)을 말하고, 삼계공사(三界公事)를 주창한다. 그는 시속(時俗)에서 말하는 개벽장(開闢長)은 삼계의 대권을 주재하여 비겁에 쌓인 신명(神明)과 창생을 건지는 개벽장을 말한다[157] 하고, 개벽의 중요성을 다음과 같이 강조하고 있다. 즉 "우리는 개벽해야 하나니, 대개 나의 공사는 옛날에도 지금도 없으며, 남의 것을 계승함도 아니오, 운수에 있는 일도 아니오, 오직 내가 지어 만드는 것이니라. 나는 삼계의 대권을 주재하여 선천의 도수를 뜯어고치고 후천의 무궁한 선운(仙運)을 열어 낙원을 세우리라" 하고, "너는 나를 믿고 힘을 다하라"고 하였다.[158] 또 "나는 하늘도 뜯어고치고 땅도 뜯어고치고, 사람에게도 신명으로 하여금 가슴 속에 드나들게 하여 다 고쳐 쓰리라. 그러므로 나는 약하고 병들고 가난하고 천하고 어리석은 자를 쓰리니, 이는 비록 초목이라도 기운을 붙이면 쓰게 되는 연고이니라" 하였다.[159]

그는 자신이 개벽의 주체라 하고, 삼계의 대권을 주재하여 선천의 도수를 뜯어 고치고, 후천의 무궁한 선운(仙運)을 열어 지상낙원을 건설하겠다고 하였다. 그리고 하늘도 뜯어 고치고 땅도 뜯어 고치고 사람의 신명(神明)도 고치겠다고 말한다. 그 일환으로 약하고 병들고

157 『典經』, 97쪽.

158 같은 책, 98쪽.

159 같은 책, 245쪽.

가난하고 천하고 어리석은 자를 쓰겠다고 하여, 그의 개벽의 본의가 어디에 있는가를 잘 말해 주고 있다.

그는 삼계가 개벽되지 아니함은 선천에서 상극이 인간지사(人間之事)를 지배하였으므로, 원한이 세상에 쌓이고 따라서 천지인(天地人) 삼계가 서로 통하지 못해 이 세상에 참혹한 재화가 생겼다고 보았다.[160] 이렇게 볼 때, 그가 말하는 삼계공사는 곧 천지인의 삼계를 개벽함이요, 이 개벽은 남이 만들어 놓은 것을 따라 하는 일이 아니고 새로 만들어지는 것이니, 예전에도 없었고 이제도 없으며, 남에게서 이어받은 것도 아니요, 운수에 있는 일도 아니요, 다만 상제에 의해 지어져야 되는 일이라고 하였다.[161] 이렇게 볼 때, 강증산이 말하는 삼계공사는 곧 천지공사(天地公事)를 말하는데, '천지의 도수를 정리하고 신명을 조화하여 만고의 원한을 풀고 상생의 도로 후천의 선경을 세워 세계의 민생을 건지는 일'을 말한다.[162]

대순에서의 개벽정신은 유교에서도 여러 가지 형식으로 표현된다. 개벽이란 증산이 말하듯이, 하늘도 뜯어 고치고 땅도 뜯어고치고 인간의 심성도 뜯어 고친다는 전면적인 개혁, 변화를 의미한다. 유교에서 인간의 마음을 고치고 바르게 해야 한다는 것은 여러 경전이나 유학자들에 의해 다양하게 언급되고 있다. 공자, 맹자도 당시 현실에서는 개혁주의자였다. 그들은 당시 춘추전국시대의 말폐현상을 날카롭게 비판하였고, 현실개혁의 뜻을 품고 중국 천하를 주유(周遊)했던 것이다. 우리나라의 경우도 15세기 사화시대에 도학(道學)에 의한 지

160 같은 책, 312쪽.

161 같은 책, 312쪽.

162 정대진, 「대순진리회의 신조」, 『대순진리학술논총』, 제2집, 대진대 대진학술원, 2008, 17쪽.

치(至治)혁명을 주도했던 정암 조광조(靜菴 趙光祖)나 16세기 조선조의 개혁을 주장했던 율곡 이이(栗谷 李珥) 그리고 17, 8세기 국가적 위기에서 조선조 사회의 전면적인 개혁을 주장했던 반계 유형원(磻溪 柳馨遠), 연암 박지원(燕巖 朴趾源), 담헌 홍대용(湛軒 洪大容), 초정 박제가(楚亭 朴齊家), 다산 정약용(茶山 丁若鏞) 등 실학자들에게서 그 정신을 엿볼 수 있다.

다만 대순에서의 개벽사상은 종교적 차원에서 천지도수의 개벽을 외치고, 인간 심성의 변화도 종교적 신명을 통한 개벽을 말한다는 점에서 다소의 차이가 있다. 또한 대순에서는 도통진경(道通眞境)의 길로 포덕(布德)이 제시된다. 포덕은 인도를 선도하여 윤리도덕의 상도(常道)를 바로 이룩하는 것이다. 포덕은 덕을 편다는 말이니, 겸허(謙虛)와 지혜(智慧)의 덕으로 사(私)로 인하여 공(公)을 해치지 말고 보은(報恩)의 길을 열어 주는 것이다.[163] 해원상생 대도의 참뜻을 전하는 것이 포덕이며, 포덕천하(布德天下)가 되어야 광제창생(廣濟蒼生)이 되는 것이다.[164] 이렇게 볼 때, 앞으로의 선경(仙境)세계에 동참할 길을 알려 주는 일을 대순에서는 포덕(布德)이라 하였다.[165]

이렇게 볼 때, 대순에서의 포덕(布德)은 '덕(德)을 널리 편다', '윤리도덕의 상도(常道)를 이룩한다', '해원상생(解冤相生) 대도(大道)의 참 뜻을 전파한다', '장차 도통선경(道通仙境)의 세계에 동참하는 길을 알려 준다'는 등 다양하게 설명되고 있다. 포덕은 한편 개인적인 수도를 통해 훌륭한 도덕인으로써 남에게 도덕적 영향을 미치는 것이라면, 다른 한편으로는 종교적 차원에서 대순의 진리를 전파하고

163 『대순지침』, 19쪽.

164 같은 책, 21쪽.

165 같은 책, 44쪽.

광제창생, 포덕천하, 도통선경의 길에 동참할 것을 널리 홍보한다는 종교적 의미로 해석된다.

| 참고문헌 |

『家禮』, 『近思錄』, 『論語』, 『大方便佛報恩經』, 『大乘本生心地觀經』, 『大學』, 『孟子』, 『佛說菩薩睒子經』, 『山海經』, 『書經』, 「西銘」, 『性理大全』, 『宋元學案』, 『荀子』, 『尸迦羅越六方禮經』, 『新唐書』, 『禮記』, 『莊子』, 『正蒙』, 『周易』, 『朱子大全』, 『朱子語類』, 『中庸章句』, 『昌黎集』, 『春秋左傳』, 『通書』, 『河南程氏遺書』, 『漢書』, 『皇極經世書』, 『孝經』, 『後漢書』

『葛庵集』, 『高麗史』, 『困齋集』, 『光海君日記』, 『국역 大東野乘』, 『국역 肅宗實錄』, 『국역 仁祖實錄』, 『圭庵集』, 『魯西遺稿』, 『大巡典經』, 『大乘起信論疏』, 『大宗經』, 『東國新續三綱行實圖』, 『梅月堂集』, 『明齋先生年譜』, 『明齋言行錄』, 『明齋遺稿』, 『明齋遺稿補遺』, 『木溪逸稿』, 『眉巖集』, 『復泉遺稿』, 『沙溪年譜』, 『沙溪遺稿』, 『沙溪全書』, 『思齋集』, 『三國史記』, 『三國遺事』, 『三峰集』, 『瑞山鄭氏世譜』, 『雪峰遺稿』, 『星湖僿說』, 『蘇齋集』, 『宋子大全』, 『愼獨齋遺稿』, 『愼獨齋全書』, 『陽村集』, 『與猶堂全書』, 『涅槃經宗要』, 『五洲衍文長箋散稿』, 『牛溪集』, 『栗谷全書』, 『隱峰全書』, 『疑禮問答』, 『一蠹集』, 『入學圖說』, 『靜庵集』, 『貞蕤閣集』, 『正祖實錄』, 『重峰遺事』, 『重峰集』, 『淸州韓氏平章公派譜』, 『春亭集』, 『退溪全書』, 『圃隱集』, 『河西全集』, 『抗義新編』, 『湖南節義錄』, 『湖山錄』, 『花潭集』, 『華西雅言』, 『華西集』, 『晦庵先生實記』, 『晦齋集』

강경훈, 「중암 강이천의 문학 연구」, 동국대대학원(박사), 2001.

금장태, 「동서교섭과 근대한국사상의 추이에 관한 연구」, 성균관대대학원(박사), 1979.

김경호, 「율곡 이이의 심성론에 관한 연구」, 고려대대학원(박사), 2001.

김문준, 「우암 송시열의 철학사상에 관한 연구」, 성균관대대학원(박사), 1995.

송석구, 「율곡의 철학사상 연구 －성의정심을 중심으로－」, 동국대대학원(박사), 1980.

오석원, 「19세기 한국 도학파의 의리사상에 관한 연구」, 성균관대대학원(박사), 1991.

이동준, 「16세기 한국성리학파의 역사의식에 관한 연구」, 성균관대대학원(박사), 1975.

이봉규, 「송시열의 성리학설 연구」, 서울대대학원(박사), 1996.

이홍군, 「율곡 성리학의 주자철학적 계승과 전변」, 충남대대학원(박사), 2006.

정원재, 「지각설에 입각한 이이철학의 해석」, 서울대대학원(박사), 2001.

한기범, 「사계 김장생과 신독재 김집의 예학사상연구」, 충남대대학원(박사), 1991.

황의동, 「율곡의 철학사상에 관한 연구 －이기지묘를 중심으로－」, 충남대대학원(박사), 1987.

강경훈, 박용만, 김덕수 역주, 『죽창선생집』, 태학사, 2006.

강대희 편저, 『진주강씨 역대 중요인명사전』, 도서출판 뿝힌글, 1988.

고영섭, 『불교와 생명』, 불교춘추사, 2008.

금장태, 『유교와 한국사상』, 성균관대출판부, 1980.

금장태, 『유학사상의 이해』, 집문당, 1996.

김경탁, 『율곡의 연구』, 한국연구도서관, 1960.

김승혜, 『유교의 뿌리를 찾아서』, 지식의풍경, 2001.

김용덕, 『조선후기사상사 연구』, 을유문화사, 1987.

김종서 등, 『교육학개론』, 교육과학사, 1988.

김충열, 『고려유학사』, 고려대출판부, 1987.

김충열, 『동양사상산고』, 범학, 1979.

김충열, 『유가의 윤리』, 배영사, 1983.

노사광 저, 정인재 역, 『중국철학사(송명편)』, 탐구당, 1989.

박종홍, 『한국사상사논고』, 서문당, 1977.

배종호, 『한국유학사』, 연세대출판부, 1978.

배종호, 『한국유학의 철학적 전개』, 중, 연세대출판부, 1983.

범강수 저, 홍우흠 역, 『주자와 그 철학』, 영남대출판부, 1988.

범해 찬, 김윤세 역, 『동사열전』, 광제원, 1991.

徐復觀, 『중국인성론사』, 대만상무인서관, 1969.

梁啓超, 『儒家哲學』, 대만중화서국, 중화민국66년 2월.

오석원, 『한국도학파의 의리사상』, 유교문화연구소, 2005.

유명종, 『조선후기성리학』, 이문출판사, 1985.

유정동, 『동양철학의 기초적 연구』, 성균관대출판부, 1986.

유홍열, 『국사백과사전』, 동아문화사, 1975.

이경원, 「대순종지의 사상적 구조와 음양」, 『대순사상논총』, 제2집, 대진대대순 사상학술원, 1997.

이병관 편, 『동국명현언행록』, 대성학회, 1927.

이병도, 『율곡의 생애와 사상』, 서문당, 1979.

이병도, 『한국유학사』, 아세아문화사, 1987.

이상익, 『기호성리학연구』, 한울아카데미, 1998.

이어령, 『한국인의 신화』, 서문당, 1978.

이일영 편, 『진묵대사소전』, 보림사, 1983.

이지관, 「불전상에 나타난 효」, 『한국불교학』, 제3집, 한국불교학회, 1977.

정약용 저, 민족문화추진회 편, 『국역 다산시문집』, 1, 솔, 1994.

정종, 『공자의 교육사상』, 집문당, 1980.

陳大齊, 『荀子學說』, 중화문화출판, 1954.

차기진, 『조선 후기의 서학과 척사론 연구』, 한국교회사연구소, 2002.

최영성, 『한국유학사상사 1』, 아세아문화사, 1996.

최완기, 『한국성리학의 맥』, 느티나무, 1993.

현상윤, 『조선유학사』, 민중서관, 1948.

황의동, 『우계학파연구』, 서광사, 2005.

황의동, 『유교와 현대의 대화』, 예문서원, 2002.

황의동, 『율곡 이이』, 살림출판사, 2007.

황의동, 『율곡사상의 체계적 이해』, 1, 서광사, 1998.

황의동, 『율곡철학연구』, 경문사, 1987.

황의동, 『율곡학의 선구와 후예』, 예문서원, 1999.

황의동, 『한국사상』, 청주대출판부, 1993.

황의동, 『한국의 유학사상』, 서광사, 1995.

『대순지침』, 대순진리회출판부, 1984.

『대순진리회요람』, 대순진리회교무부, 2003.

『우리의 생활예절』, 성균관대출판부, 1997.

『典經』, 대순진리회출판부, 1989.

『청소년을 위한 생활예절』, 성균관대출판부, 1997.

『효의 세상 정토의 세상』, 사찰문화연구원출판부, 1994.

강경훈, 「죽창선생집 해제」, 『죽창선생집』, 태학사, 2006.

강필선, 「화서선생의 철학사상」, 『화서학논총』, 2, 화서학회, 2006.

김교빈, 「율곡철학에서의 필연성과 가변성에 대한 연구」, 『율곡학연구총서(논문편2)』, 율곡학회, 2007.

김기종, 「진묵선사유적고서」, 『진묵대사소전』, 보림사, 1983.

김덕균, 「선진유가의 욕망이론」, 『동양철학』. 제6집, 한국동양철학회, 1993.

김동화, 「진묵대사의 사상」, 『한국역대고승전』, 삼성문화미술재단, 1971.

김동화, 「한국역대고승전발췌」, 『진묵대사소전』, 보림사, 1983.

김문준, 「우암 송시열의 수양론과 의리실천」, 『송자학논총』, 제3집, 송자연구소, 1996.

김방룡, 「설화를 통해서 본 진묵 일옥의 삶과 사상」, 『한국불교학』, 제44집, 한국불교학회, 2006.

김방룡, 「증산교와 진묵대사」, 『연구논문』, 원광대출판부, 2002.

김영곤, 「震默禪師遺事跋」, 『진묵대사소전』, 보림사, 1983.

김영태, 「한국불교사에 나타난 효」, 『한국불교학』, 제3집, 한국불교학회, 1977.

김용헌, 「율곡학의 비판적 계승, 낙학파」, 『조선유학의 학파들』, 예문서원, 1996.

김형효, 「율곡과 메를리 뽕띠와의 비교 연구」, 『율곡학연구총서(논문편1)』, 율곡학회, 2007.

노영찬, 「현대사회의 가치와 율곡의 사고구조」, 『율곡학연구』, 제1집, 한림대율곡학연구소, 2005.

박윤호, 「진묵 일옥의 선풍연구」, 동국대대학원(석사), 2008.

배종호, 「한국유학사에 있어서의 사계의 위치」, 『사계사상연구』, 사계신독재양선생기념사업회, 1991.

백승종, 「소태산 대종사와 진묵신앙의 관계연구」, 『원불교학』, 제3집, 1989.

소순자, 「불교 효윤리의 중국적 전개」, 『한국의 청소년 문화』, 한국청소년효문화학회, 제11집, 2008.

송석준, 「명재 윤증의 심학사상」, 『무실과 실심의 유학자 명재 윤증』, 청계, 2001.

신하령, 「주희의 천리인욕론」, 『동양철학』, 제4집, 한국동양철학회, 1993.

안병주, 「율곡의 천재적 자질과 율곡사상의 자득지미」, 『한국사상의 본질과 율곡학』, 율곡사상연구원, 1980.

오석원, 「문열공 중봉 조헌」, 『동국18현』, 하, 율곡사상연구원, 1999.

오석원, 「화서 이항로 성리학의 특징과 의의」, 『화서학논총』, 창간호, 화서학회, 2004.

오석원, 「화서의 의리사상과 위정척사사상」, 『화서학논총』, 창간호, 화서학회, 2004.

유남상, 「우암의 이기심성론과 의리사상에 관한 연구」, 『우암사상연구논총』, 사문학회, 1992.

유병덕 외, 「호남지역의 진묵신앙 유포현황과 그 민중적 성격」, 『한국종교』, 제21집, 1995.

유승국, 「동아시아 기조로서의 도와 현대사회」, 『대순진리학술논총』, 제3집, 대진대진학술원, 2008.

유승국, 「사계 김장생의 예학에 관한 연구」, 『한국사상과 현대』, 동방학술원, 1988.

유승국, 「조선조 철학사상의 전개와 그 특성」, 『철학사상의 제문제2』, 한국정신문화연구원, 1984.

유승국, 「한국 예학사에 있어서의 사계의 위치」, 『사계사상연구』, 사계신독재양선생기념사업회, 1991.

윤사순, 「명재의 성리학적 실학」, 『도산학보』, 제4집, 도산학술연구원, 1995.

이강수, 「선진시대 유가와 도가의 학의 개념」, 『인문과학』, 제59집, 연세대인문과학연구소, 1988.

이경원, 「誠의 의미에 대한 사상사적 연구」, 『대순사상논총』, 제9집, 대진대대순사상학술원, 2000.

이동희, 「기호성리학의 형성과 전개」, 『유학연구』, 제2집, 충남대유학연구소, 1994.

이동희, 「율곡은 주기적이 아니면서 주기적이다」, 『율곡학연구총서(논문편2)』, 율곡학회, 2007.

이명수, 「인간욕구의 근대적 해석」, 『동양철학의 자연과 인간』, 아세아문화사, 1998.

이상호, 「신독재 김집의 성리사상」, 『신독재사상연구』, 사계신독재양선생기념사업회, 1993.

이항녕, 「도통진경사상의 현대적 의의」, 『대순사상논총』, 제5집, 대진대 대순사상학술원, 1998.

이형성, 「고봉과 호남의 여러 유학자들」, 『고봉 기대승 연구』, 이화, 2009.

장세호, 「김장생의 이기심성설」, 『철학논총』, 제8집, 영남철학회, 1992.

정대진, 「대순진리회와 대순종지」, 『대순진리학술논총』, 제1집, 대진대대진학술원, 2007.

정대진, 「도통진경의 이해」, 『대순사상논총』, 제5집, 대진대 대순사상학술원, 1998.

정두경, 「죽창집서문」, 『죽창선생집』, 태학사, 2006.

정익섭, 「호남 가단을 배경으로 한 하서 김인후 연구」, 『하서 김인후의 사상과 문학』, 제1집, 하서기념회, 1994.

조민환, 「주희 천리인욕지변에 관한 미학적 연구」, 『유교사상연구』, 제6집, 한국유교학회, 1993.

채무송, 「퇴율성리학의 비교연구」, 『율곡사상논문집』, 율곡문화원, 1973.

최동희, 「'도를 통한 참된 경지' 에 대한 이해」, 『대순사상논총』, 제5집, 대진대 대순사상학술원, 1998.

최래옥, 「한국불교설화의 양상」, 『한국문화연구』, 3집, 경희대출판부, 2000.

최영진, 「율곡 이기론에 있어서의 의양과 자득」, 『율곡학연구총서(논문편2)』, 율곡학회, 2007.

한기두, 「진묵의 법풍」, 『한국불교학연구총서(조선시대편)』, 불함문화사, 2004.

한기범, 「강혼」, 『한밭인물사』, 대전직할시, 1993.

한기범, 「명재 윤증의 자주적 예학사상」, 『무실과 실심의 유학자 명재 윤증』, 청계, 2001.

한기범, 「조선 중기 대전지방의 역사와 문화」, 『대전시사자료집』, 3, 대전광역시 사편찬위원회, 2008.

황의동, 「김장생의 성리학연구」, 『동서철학연구』, 제20호, 한국동서철학회, 2000.

황의동, 「도산사상에 관한 고찰」, 『학생생활연구』, 제11집, 청주대학생생활연구소, 1989.

황의동, 「사계 김장생 사상의 연원에 대한 검토」, 『철학연구』, 제95집, 대한철학회, 2005.

황의동, 「우암의 성리학과 의리사상」, 『송자학논총』, 제3집, 송자연구소, 1996.

황의동, 「우암의 성리학과 학문적 위상」, 『한국사상과 문화』, 제42집, 한국사상문화학회, 2008.

황의동, 「유학의 학문관」, 『역과 철학』, 관중유남상선생정년퇴임기념논총간행위원회, 1993.

황의동, 「율곡의 경세사상과 대동세계의 구현」, 『율곡학』, 제3집, 율곡사상연구원, 1991.

황의동, 「율곡의 무실사상」, 『한국사상사』, 원광대출판부, 1991.

황의동, 「율곡의 이기설에 관한 고찰」, 『동서철학연구』, 제3호, 한국동서철학연구회, 1986.

| 찾아보기 |

ㄴ

ㅅ

ㅇ

ㅈ

ㅊ